任昉与南朝士风

杨 赛著

图书在版编目（CIP）数据

任昉与南朝士风 / 杨赛著 .—北京：商务印书馆，2021

ISBN 978 - 7 - 100 - 15589 - 2

Ⅰ．①任…　Ⅱ．①杨…　Ⅲ．①任昉（460—508）—人物研究　Ⅳ．①K825.6

中国版本图书馆 CIP 数据核字（2017）第 297891 号

任昉与南朝士风

杨　赛　著

商　务　印　书　馆　出　版

（北京王府井大街 36 号　邮政编码 100710）

商　务　印　书　馆　发　行

北京顶佳世纪印刷有限公司印刷

ISBN 978 - 7 - 100 - 15589 - 2

2021 年 5 月第 1 版　　开本 710×1000　1/16

2021 年 5 月北京第 1 次印刷　　印张 24¼

定价：128.00 元

目录

序 …………………………………………………………… 1

Preface ……………………………………………………… 1

前言　南朝烟水中的任昉 ……………………………… 1

第一章　任昉身世考…………………………………………… 1

第一节　任昉的父族……………………………………… 2

第二节　任昉的母族……………………………………… 7

第三节　任昉的占籍 …………………………………… 12

第四节　任昉的名号 …………………………………… 15

第二章　任昉仕履考 ……………………………………… 21

第一节　南朝士族的识鉴 ……………………………… 22

第二节　仕刘宋 ………………………………………… 40

第三节　仕萧齐 ………………………………………… 47

第四节　仕萧梁 ………………………………………… 55

第三章　任昉与南朝文士集团 …………………………… 64
第一节　任昉与王俭文士集团 ……………… 65
第二节　任昉与萧子良文士集团……………… 74
第三节　任昉与萧衍文士集团 ……………… 105

第四章　任昉与南朝地记 ……………………………… 122
第一节　陆澄的地记…………………………… 123
第二节　任昉的地记…………………………… 126

第五章　任昉与南朝文献 ……………………………… 135
第一节　任昉聚书与南朝文风 ……………… 136
第二节　任昉与南朝目录学 ………………… 147

第六章　《文章缘起》与南朝文章学 ………………… 161
第一节　《文章缘起》的真伪问题 ………… 162
第二节　《文章缘起》与南朝文章学 ……… 177
第三节《文章缘起》的体例 ………………… 184
第四节　《文章缘起》与南朝文原论 ……… 193
第五节《文章缘起》与南朝文体分类 …… 206
第六节　《文章缘起》的影响与流传 ……… 226

第七章　任昉之笔 ……………………………………… 231
第一节　南朝文笔之辨………………………… 232
第二节　任笔的内容…………………………… 247
第三节　任笔的特点…………………………… 258
第四节　任笔的影响…………………………… 269

目　录

第八章　任昉之诗　…………………………………… 273
　　第一节　任昉的诗型……………………………… 274
　　第二节　任昉的诗风……………………………… 280
　　第三节　任昉诗派　……………………………… 298

附录　任昉年谱　……………………………………… 311
主要参考文献　………………………………………… 344
跋 ……………………………………………………… 359

序

人生是一场梦，六朝人梦最多，因为六朝最敏感、最柔弱、最具有诗学的因素——任昉就是因梦而生的。

据《梁书》本传说，任昉的母亲裴氏，“尝昼寝，梦有彩旗盖四角悬铃，自天而坠，其一铃落入裴怀中，心悸动，既而有娠，生昉”。故任昉幼而好学，早知名。

杨赛学弟也是怀着梦想，从湖南来到上海，在六朝城墙下安营扎寨的；他聪颖好学，善于模仿；硕士阶段受教于湖南师大，是辞赋研究名家郭建勋教授的弟子，能用骈文记笔记，无论这些笔记是否经过他事后的修改，都令我惊诧不已。

我很羡慕中国现代文学中胡适、鲁迅、郭沫若、闻一多、朱自清等人能研究、能翻译、能创作的传统，深感现在学术界思想狭窄，分工太细，过于单一，弄得能研究就不能创作，能创作就不能翻译，能翻译就不能研究。于是想身体力行，在研究的同时尝试写一点儿诗和散文，翻译一点儿日文书籍，并希望我的学生也继承下去，大家一起建造21世纪的新景观。而杨赛学弟就是能研究，能写作，诗、散文、歌词都写得很好的人，我很喜欢。

古典文学研究各领域有点儿厚此薄彼，古往今来，六朝大都被忽视，最被忽视的是齐梁。齐梁人中，关于任昉和他的《文章缘起》的研究几乎是一片荒地。

垦荒固然艰难，但令人激动。他在选择这个题目以后的激动，超过了想象中的艰难。我参与了蓝图的规划，提供了一点儿种子和化肥；他开始探索、发现，驾着简陋的车，去开辟山林。

任昉与沈约并称“沈诗任笔”。“沈诗”，现在的研究多起来了；而“任笔”，许多人还不知道是怎么回事。其实任不仅有“笔”，也有“诗”。“任诗”代表了齐梁时期另外一条诗歌革新的路线，在永明诗歌革新方面也有突出的贡献。

任昉还是南朝一流的志怪小说家，因为现在流传的《述异记》本子不好，错讹甚多，被人误解，研究的人也很少；任昉又是齐梁时期一流的目录学家、地理学家，因为著作的佚失，知道他这方面成就的人也不多。他写的《文章缘起》，是第一部专门的文原学著作，对齐梁时期的文体学产生了巨大影响，唐宋元明清的诸多文体理论家，都受到他的深刻影响。但由于四库馆臣认为《文章缘起》是伪作，致使后人一直没有认真关注这本著作的价值。作为宋、齐、梁三朝著名的文学家、地理学家、小说家、目录学家、政治家、学问家，他对南朝的社会生活、文化生活产生了重要影响。对任昉进行全面、系统的研究，具有重要的学术意义。

相信此书的出版，将为南朝任昉与士风研究，树立起一座界碑。

曹　旭

上海师范大学人文学院教授、上海市文史研究馆馆员

Preface

"Ren Fang and the Scholars of the Southern Dynasties" is a meticulous work on the following six topics:

Using the literature of the precious genealogies present in the Shanghai Library, and paralleling them to corresponding biographical histories, this work is a textual research into Ren Fang's (460–508) genealogy, designation, and his relation with the scholar official culture of his time. Ren Fang was born in a family of high ranking literati. His forefathers were from the Bochang County, in the Le'an Commandary of Shandong Province. When the Jin Dynasty moved to the East, the Bochang County, i.e. present-day Yangzhou, was reestablished in Southern Yan District. Ren Fang's mother descended from the Pei clan in Wenxi County, which was an important clan too. He was a cousin of crown prince Wen Hui, Xiao Ziliang, and Pei Ziye. From childhood on, Ren Fang was appreciated by the nobility, and he had a very high reputation.

With the essays and genealogy as thread, assembling these with other concerning historical records, and using the method of selecting evidence from literary works to prove history, and vice versa, this work is a textual study of the undertakings of Ren Fang. Moreover, taking the way Ren Fang made friends as thread, it is a textual study of the circumstances of the going and coming of the group of cultured people of the time, and it gives a new analysis of the viewpoint of rejecting social relationship. The work reveals how Ren Fang, using his own influence, promoted and cultivated a large number of literati of low descent. These literati all exerted an important influence on the literary innovation and the political reforms of the Liang Dynasty (502–557). The Ren Fang's social life have promoted the symbiosis of the noble families of the North and the South, and, moreover, have strengthened the connection between the socialites and the hermits. This further promoted the development of science, and promoted innovation within poetic genres. These are new concepts unraveled by the author.

The author has investigated Ren Fang's importance for the tendency of cataloguing in the Southern Dynasties. Ren Fang was a very successful cataloguer. From the age of 16 onwards, he was a study clerk, and he started to make handwritten copies of literary works. He took office for more than thirty years, until his death in Xin'an. During this time, he collected more than 10,000 volumes and he studied a large number of catalogues. Shortly after the Liang Dynasty was established, he received the order to collect books, and, moreover, he compiled the *Tianjian wunian mige sibu shumu* (Catalogue of the Four Collections of the Imperial Library of the 5th year of Tianjian (506)). This shows the importance Ren Fang had for the initiation of cataloguing in later generations.

A textual study of the *Wenzhang yuanqi* (The Origin of Styles). Ren Fang's *Wenzhang yuanqi* assembles the fruits of the compilatory studies of author's separate compilations(*bieji*) and general compilations(*zongji*) since the Han Dynasty(206 BCE–220 CE). It has taken up ideas of early Buddhism, and has included up to 84 literary genres. Moreover, the origin of each of these styles is explained. The author has investigated the opinion formulated by people of the Qing Dynasty that there are four proofs that the *Wenzhang yuanqi* is a forgery, through applying the following three criteria to the text: "essay," "origin," and "beginning," resp. referring to style, originating in Buddhism, and originating in Confucianism. He gives six proofs to explain that the present version of the *Wenzhang yuanqi* is, generally speaking, the original version of the work done by Ren Fang.

It clarifies the poetic system of Ren Fang. Zhong Rong (fl. 502–519) summed up four main aspects in his discussion of the characteristics of Ren Fang's poetry: (1) erudition and refinement, (2) clear expression, (3) an effort to use new allusions, and (4) no pursuit for the grotesque. "Erudition and refinement" refer to the elegant style and harmonious sound of Ren's poetry, while "clear expression" refers to Ren's ability to give a realistic representation of the object described. These two aspects had been important features of prose writing, yet Ren applied these techniques also to poetry composition. As a result, he made a significant contribution to make Southern Dynasties poetry more like an essay and poem. In the poetic arena of the Qi Dynasty (479–502) and the Liang Dynasty (502–557), he also founded a Ren Fang "school" by introducing the technique of using allusions. The practice of using allusions in poetic works began in the Jian'an era (196–220), and thrived during the Jin (265–420) and Song Dynasties (420–479) in the hands of Fu Xian (239–294), Ying Qu (190–252), Yan Yanzhi (384–456), Xie Lingyun (385–433), Xie Zhuang (421–466), and Liu Jun (430–464). Ren Fang was fond of many different kinds of new allusions to sources by various scholars and historians. His poetic style was profound and refined. It was close to Confucianism but different from Daoism, the later pursued straight for the extraordinary and the grotesque. According to the thread provided in the *Shi Pin* and *Nanqi shu-Wenxue zhuanlun*, it is developed that the Qi and Liang periods were deeply influenced by the poetic style of Ren Fang's poems. This includes such persons as Xie Chaozong (?–483), Qiu Lingju(?–?) , Liu Xiang(?–?) , Tan Chao(?–?480), Zhong Xian(?–?), Yan Ze(?–?) , Gu Zexin(?–?) , Wang Rong(467–493), Liu E, Qiu Chi(464–508), Liu Bao(481–511), Liu Xiaochao(481–539), and Wang Sengru(465–522). Shen Yue (441–513) and Ren Fang are representatives of the two types of intellectual current in the innovation in Five-words poems that developed since the Song Dynasty, and of the two tendencies in literary innovation that characterize the period of the Six Dynasties(220 or 222–589). Having come to the later period of the Liang Dynasty, these two intellectual currents merged, and, in the end, instigated a completely new revolution in both content and format of *Gongti* poetry. The study of the poetic system of Ren Fang remains of exceptional importance up to this day.

The work systematically investigates "*Renbi*" (essay). The concept of "*bi*"is widely used in the Southern Dynasties. However, its meaning is to a great extent confused and unclear. The author addresses the meaning of '*bi*' in its historical evolution, from the meaning of '*Yanbi*' (spoken language and written language) prior to the Qin Dynasty (prior to 221 BCE), over '*Daobi*' (knife and brush) in the Qin and Han periods (221 BCE–220 CE), to '*Shibi*' and '*Wenbi*' (poetry and essay) in the period posterior to the Han Dynasty, proved that "*bi*" refers to written language, historical and official literature, and all texts apart from poetry, the author concludes that "*Renbi*" is a concept opposed to "*Ren poetry*". It comprises all other writings by Ren Fang, apart from his poems. The functions of the arguments and narrative of "*Renbi*" are very strong. There is a very strong emotional flavor, an abundant use of typical historical stories, a natural appropriateness, a meticulous style of writing, and a smooth tactfulness. The style of "*Renbi*" is directly inspired by Fu Xian (234–294) and Wang Jian(452–489), and has, in its turn, influenced Wei Shou(507–572) of the Northern Qi Dynasty (550–577) and Yu Xin(513–581) of the Chen Dynasty (557–589). Seen from the perspective of the developmental history of "*Pianwen*" (parallel prose), "*Renbi*" is a turning point from the Song Dynasty to the Chen Dynasty, and has, in this sense, greatly contributed to the further development of "*Pianwen*".

Using the method of juxtaposition and mutual proof of texts, the author makes Ren Fang's biography in the *Liangshu* (History of the Liang Dynasty) and the *Nanshi* (History of the Southern Dynasties) as the fundamental thread. With respect to the related historical materials of historical essays, encyclopaedia or reference books (*leishu*), general compilations (*zongji*) and separate compilations (*bieji*), as well as genealogies, he develops a classification and ordering. First, basing himself on historical material of which the trustworthiness is high, he makes up a chronology in the materials, and compiles a Chronicle of Ren Fang. Thereafter, he decides on the authenticity of historical materials through making a comparison of similarities and dissimilarities in historical materials with respect to the layout of the historical materials. He sorts out the writing errors in the historical materials to prove the authenticity of the historical materials and correct the mistakes in them.

He also explains the causes of these similarities and dissimilarities. The author succeeds in grasping the difficulties, doubts, and essential questions that developed within the research on Ren Fang. Digging out the material layer by layer, each conclusion is established on solid investigations and tight argumentations that are convincing. In many places, he fills up the existing lacks in our research of Ren Fang.

Prof. dr. Bart Dessein
Dean of Department of Languages and cultures
Faculty of Arts and Philosophy in Ghent University, Belgium
President and Chair of European Association for Chinese Studies

前言　南朝烟水中的任昉

如果要体验汉唐，你可以去西安，在大唐芙蓉城的灯影里、在法门寺的金光大道上，臆想盛世的浮华；也可以在夕阳西下、荒草虫吟中爬上茂陵，感受那份沉寂千年的落寞。如果要眺望南宋，你可以去杭州，在西湖码头边打捞一代衣冠的倒影；或是去宁波，在东钱湖畔追踪公卿大臣们残留在神道间的足音。如果要窥探南朝呢，你可以去到烟水古都南京，于晨钟暮鼓之中，登上石头城，山围故国，潮打空城，临风怀想朱雀桥边、乌衣巷口那段悲欣交集的岁月。

你看，那宋齐梁陈的帝王，流星般地在南朝的夜空里闪烁，熄灭了一盏，又点亮一盏。那一篇篇猩红的本纪，每翻过一页，就翻出一片残忍与温热。士子的家族、仕途、命运都在南朝政治倾轧的浪尖上漂荡。

透过任昉，我们月亮般地观照到南朝士人心灵深处。

任昉的父辈，本是乐安的世族，随晋文帝过了长江，侨迁到南兖州，从风尘漫漫的北国迁到烟水葱郁的江南。一个“侨”字，浓缩了北族数百年的辛酸。一个“南”字，包裹着骨子里的乡恋。他们把内心深处的情结，小心翼翼地隐藏在名字当中。任昉，字彦升，小字阿堆。“昉”是齐语，寄寓着北地士族柳絮般弥漫的乡愁。“彦”是美士，寄托着南朝士子对魏晋名士风流的追慕。“堆”是南方俗字，饱含着族老对晚辈一鸣惊人的厚望。

任昉，他身材修长，面容一定清瘦。孝友纯至，幼而好学，他在长辈们的期许中成长。16岁即步入仕途，做地方的主簿，做朝廷的见习生，做将军府的文书，上太学，考秀才，判刑狱，校典籍，在刘秉、刘景素、王俭、萧子良、萧衍等人的幕府里流转，在刘宋、萧齐、萧梁的政治旋涡里浮沉。他的每一个脚步，都踩在南朝文人辗转错乱的车辙里。

任昉，他一生贫困，耕不能饱，禄不代耕，食不果腹，衣不蔽体，却聚书万余册。终其一生，任昉都在聚书、抄书、编书、研书。书，是他的安身立命之所。书，把他和刘孺、徐勉、刘之遴、江革、张绾、殷钧、萧琛、何宪、崔慰祖、沈约、孔休源、王僧孺、吴中陆氏等众多同道聚集到一起，在充满江南意韵的山水间，吟诗诵文，疗饥疗俗。

任昉研习了刘向、班固、挚虞、荀勖、王俭等人的书目，四部七略，烂熟于心。他受命搜集遗书，将散落的齐、梁故籍抄在秘阁，继而进行编目和整理。他在目录学上的功绩，屡屡被后人提起。

任昉在陆澄的基础上，写就《地理书》《地记》两部书，将南朝地记搜罗完备，是南朝地记的集大成者。任昉将地方人物传记辑录起来，是杂传的专家。

任昉的《文章缘起》，是南朝三部代表性文章学著作之一。钟嵘一味品诗，刘勰精于说理，任昉热衷考源。文章学是南朝文人共同的事业。《文章缘起》就是在南朝文章学兴盛的基础上写成的。任昉总结了汉代以来编纂别集和总集的经验，吸收了佛教与经学的缘起思想，归纳了当时常见的84种文体，并一一道出其本原。他将大部分文体都推源于汉代，与那些认为文体源于六经或战国的论述相比，更符合南朝文章学的情况，体现了文章从经术中独立的总趋势。《文章缘起》在著述体例上保留了南朝文章别集命名时的原有信息，为我们深入研究这一时期的别集提供了新线索。《文章缘起》的分类主要是从编纂上来考虑的，文体的分类注重文章的形式而不是内容，所收的文体达84类之多。这种分类法对《文选》和《文心雕龙》都产生了重要影响。中国古代文体学可分为五类：释名学、文原学、文类学、文选学、文体评论学。释名学以刘熙的《释名》为代表，文体评论学以《文心雕龙》《诗品》为代表，文原学和文类学以《文章缘起》为代表。《文章缘起》的文原思想一直影响到清代。

文学史上常讲“沈诗任笔”，任昉是齐梁的大手笔，冠绝南朝。先秦的笔，是言笔。笔，只是一种代言的工具。秦汉的笔，是刀笔。左手拿刀，右手拿笔，在竹简上、木牍上边写边改，是非功过、生死荣辱，都维系在这刀笔里。刀笔吏，每每被公卿们唾弃。南朝的笔，是文笔，是诗笔。笔头里有文，笔头里有诗，笔头里有感情，就是大手笔。笔端系着士人的手，更连着士人的心。这支笔，包含天地，融汇古今。南朝士人，都看重笔。笔里头有学业、有家业，也有事业。他们借笔，超乎私利，弥合分歧，洞穿时空，把零零散散的历史，缝成一件百衲袈裟，温暖着苦难深重的黎民百姓。由刀笔到文笔，文人走到了历史的前台。由文笔到诗笔，文人找到了心灵的安放之所。任昉把王俭府里的辛酸写到《王文宪集序》里，把萧子良府里的沉浮写到《齐竟陵文宣王行状》里，把萧衍帐下的荣辱写在一篇篇禅让文告里。他的笔，琢词自工，用事圆润，委婉周密，情与气偕。

萧统精挑细选地将任昉的笔拾掇在《文选》里，作为千百年来文人们的教材，供人去读，去思考，去模仿。甚至，它还越过了长江，越过了黄河，越过了无数沙漠与绿洲。北朝的士人，在谈论任昉的笔。在敦煌藏经洞的《文选》写本里，就有任昉的笔。任昉笔，是文章的大宪法。历朝历代的皇帝要登基，发布第一号文件，都要参考任昉笔。我们不能确定历史上，蓝眼睛、黑皮肤的人是否熟读过任昉笔。但我们确信，韩愈、柳宗元、欧阳修、苏轼、归有光都熟读过它。那些伟大散文家的笔端，浸润着的，是任昉精磨过的南朝烟水。整个中国文学，都在南朝烟水里墨色生香。

南朝，是一个诗的时代，敬神要作诗，送别要作诗，丧葬要作诗，上学要作诗，吃饭要作诗，饮酒要作诗。有释奠诗，有送别诗，有燕飨诗，有游仙诗，有挽诗，有奉和诗，还有赠答诗。南朝人把苦难与幸福、平淡与隽永、相聚与离散都酿成诗。南朝的诗，是案头的诗、文士的诗。南朝人品人、品棋、品书、品画，也品诗，也斗诗。有人说任昉早年的诗不如沈约，任昉便将一生的才情化到诗里。他的诗，善诠事理、拓体渊雅，竞须新事，词不贵奇。他的诗，与沈约的一起，同居《诗品》中品。沈约的诗有鲍照的逸气，有声韵的流利。任昉化笔为诗，以笔为诗，诗中透着理致与才气。

任昉终老新安，那里到处都有他生命的遗迹。富资河的两条支流，一曰昉溪，一曰升溪，溪旁有石曰任公钓台，溪上有杠曰任公桥，溪头有岭曰昉岭，岭上有亭曰升亭，亭下有寺曰任公寺，寺外有坟曰昉坑。任昉和他的子嗣，在新安山水里诗意地栖居。

那，就让我们乘着古徽州的扁舟顺江回溯，一路倾听南朝文人们纵横跌宕、丧乱离合的交响曲。

第一章

任昉身世考

南朝十分讲究门阀，士人的父族、母族、占籍对其仕途、社会交往、文艺创作都有直接影响。如果做更细致的考察，甚至连士人的姓名，都藏有士族文化的密码。本章以整个南朝士文化为背景，全面考察任昉的父族、母族、占籍和名号。

第一节　任昉的父族

姚察在《梁书·任昉传》中评论江淹与任昉说："淹能沉静，昉持内行，并以名位终始，宜哉。江非先觉，任无旧恩，则上秩显赠，亦末由也已。"[①]李延寿却在《南史·任昉传》中提出了截然相反的观点："而淹实先觉，加之以沉静；昉乃旧恩，持之以内行。"[②]任昉到底有没有旧恩？他的身世究竟怎样？

一、史书中的世系

对于乐安任氏的世系，史书多语焉不详。一般可查的，有以下 6 条基本史料。

（一）《梁书·任昉传》："任昉字彦升，乐安博昌人，汉御史大夫敖之后也。父遥，齐中散大夫。"[③]

（二）《南史·任昉传》："遥兄遐，字景远，少敦学业，家行甚谨，位御史中丞、金紫光禄大夫。"[④]

（三）《汉书·张周赵任申屠传》："陈豨反，（任）敖坚守，封为广阿侯，食邑千八百户。高后时为御史大夫……孝文元年薨，谥曰懿侯。传子至曾孙越人，坐为太常庙酒酸不敬，国除。"[⑤]

（四）《诗经·大雅·大明》："挚仲任氏，自彼殷商，来嫁于周，曰嫔于京。……大任有身，生此文王。"[⑥]段玉裁说："女子后姓，所以别于

① ［唐］姚思廉，《梁书》，北京：中华书局，1973 年，第 258 页。
② ［唐］李延寿，《南史》，北京：中华书局，1975 年，第 1463 页。
③ ［唐］姚思廉，《梁书》，北京：中华书局，1973 年，第 251 页。
④ ［唐］李延寿，《南史》，北京：中华书局，1975 年，第 1452 页。
⑤ ［汉］班固，《汉书》，北京：中华书局，1962 年，第 2098 页。
⑥ ［清］阮元校刻，《十三经注疏》，北京：中华书局，1980 年，第 507 页。

男子先氏，即《春秋》纪季姜之比。”[①]任姓是周文王之母。注曰：“挚国，任姓之中女也。”[②]

（五）马瑞辰说：“《晋语》司空季子曰：‘黄帝之子得姓者十四人，为十二姓：任、姬、酉、祁、己、滕、葴、荀、僖、佶、儇、依是也。’《广韵》：‘黄帝二十五子，十二人各以德为姓，第一为任氏。’是任姓出自黄帝之证。”[③]任姓是黄帝之后。

（六）《新唐书·宰相世系表》：“任姓出自黄帝少子禹阳，受封于任，因以为姓。十二世孙奚仲，为夏车正，更封于薛。又十二世孙仲虺，为汤左相。太戊时有臣扈，武丁时有祖巳，皆徙国于邳。祖巳七世孙成侯，又迁于挚，亦谓之挚国。汉有御史大夫广阿侯任敖，世居于沛，其后徙居渭南。”[④]

据以上史料，可还原任昉世系为：

表1：任昉世系表一

黄帝	→[⑤]	禹阳	……	奚仲	……	仲虺	……	臣扈	……	祖巳	……
成侯	……	任敖	……	任遐							
				任遥							

《新唐书·宰相世系表》：“薛氏出自任姓。黄帝孙颛顼少子阳封于任，十二世孙奚仲为夏车正，禹封为薛侯，其地鲁国薛县是也。”[⑥]“黄帝孙颛顼少子阳封于任”与“任姓出自黄帝少子禹阳，受封于任”相抵触，可见《新唐书·宰相世系表》所载有误。

① ［清］马瑞辰，《毛诗传笺释》，北京：中华书局，1989年，第802页。
② ［清］阮元校刻，《十三经注疏》，北京：中华书局，1980年，第506页。
③ ［清］马瑞辰，《毛诗传笺释》，北京：中华书局，1989年，第802页。
④ ［宋］欧阳修、［宋］宋祁，《新唐书》，北京：中华书局，1975年，第2883页。
⑤ →表示父子关系，……表示世系不明。任昉身世考表2同此例。
⑥ ［宋］欧阳修、［宋］宋祁，《新唐书》，北京：中华书局，1975年，第2989页。

二、家谱中的世系

上海图书馆家谱收藏室有《任氏家谱》，其中有梁奉祀公任昉第四子北叟所撰《乐安宗系考原》，其中说：

昔在轩辕，四妃二十五子，得姓者十四人……是生苍林、禺阳。禺阳亦曰大禺，封于任，始以为姓。……次弟仲阳，亦同任姓之赐。……大禺生禺号。禺号生禺京。禺京生徭梁，父子居南北海，称曰海司。徭梁生番禺，是始为舟。番禺生奚仲。奚仲生吉光，夏禹时掌车正，建侯于薛，继迁于邳。又十二世生仲虺，亦曰莱朱，为商汤左相，作诰，备言五常之德，为见知之圣。配亨历代帝王庙。臣扈、祖巳，皆仲胄裔。至帝乙时，祖己（巳）七世至成，始迁于挚，有女曰太任，归周，诞文王。逮武王继世，复侯雍滑于薛，有女归周公旦。又封其胄子于任，实代风姓，司太皞与有济之祀。薛，侯国，历夏、商、周三代，传六十四世，至愍侯洪为楚所灭。任，伯爵，战国时犹在后，亦为楚所灭。当春秋时，薛定侯籍生仲子厘，厘生质，质生太公悝。娶鲁南宫氏，生不齐，为孔子弟子，身通六艺，去以楚人者。盖薛先灭于齐，半分于楚、鲁，亦灭于楚。故居鲁多称楚。如庄子居濮，陶朱居定陶，皆以为楚人，亦随时兴废，以属者也。然推其所本，虽世次名谥不可尽考，而渊源上溯，则受姓之初可以知所自出矣。作任姓原始。[①]

南朝谱牒之学盛行，士人都有撰家谱的风气。《隋志》即有裴子野所撰《裴氏家传》。《裴氏宗谱》载："吾宗子野为著作郎，著有《裴氏家传》，自周秦以下世次，俱列载传中，不具录。"[②]《隋书经籍志考证》著录梁《宋谱》四卷，梁有刘湛《百家谱》二卷，齐《帝谱》十卷，齐

① 任起煌，《任氏宗谱》，上海图书馆藏，1924 年木活字本，第 3 卷。

② 裴汝曾等主纂，裴以珍等编，《云阳裴氏城分重修宗谱》，1931 年绿野堂木活字本。

王俭《百家集谱》十卷，梁王逡之《续俭百家谱》四卷等。[①]又《南齐书·贾渊传》载：“先是谱学未有名家，渊祖弼之广集百氏谱记，专心治业。晋太元中，朝廷给弼之令史书吏，撰定缮写，藏秘阁及左民曹。渊父及渊三世传学，凡十八州士族谱，合百帙七百余卷，该究精悉，当世莫比。永明中，卫将军王俭抄次《百家谱》，与渊参怀撰定。……（渊）撰《氏族要状》及《人名书》，并行于世。”[②]王僧孺集《十八州谱》七百一十卷，《百家谱集》十五卷，《东南谱集抄》十卷。[③]此四家中，裴子野与任昉是从中表亲，王俭是任昉的亲密上司，王僧孺是任昉的好朋友，由任昉的第四个儿子北叟作一个详细的任氏家谱，是完全可能的。据《乐安宗系考原》，可原任氏世系如下[④]：

表2：任昉世系表二

黄帝	→	禹阳	→	禺号	→	禺京	→	徭梁	→	番禺	→
奚仲	→	吉光	……	仲虺	……	臣扈	……	祖巳	……	成侯	……
雍滑	……	箱	→	仲子厘	→	质	→	太公悝	→	不齐	

任氏以不齐为第一世。不齐是孔子的弟子。《史记·仲尼弟子列传》：“任不齐字选。”裴骃《史记集解》：“郑玄曰：楚人。”[⑤]《乐安宗系考原》系不齐以下至于任昉凡33世之世系曰：

表3：任昉世系表三

										登	
不齐	→	衍	→	仪	→	景	→	鄗	→	伟	→

① ［清］姚振宗，《隋书经籍志考证》，《二十五史补编》本，上海：开明书店，1935年，第323页。
② ［梁］萧子显，《南齐书》，北京：中华书局，1972年，第907页。
③ ［唐］姚思廉，《梁书》，北京：中华书局，1973年，第474页。
④ ［梁］萧子显，《南齐书》，北京：中华书局，1972年，第907页。
⑤ ［汉］司马迁，《史记》，北京：中华书局，1959年，第2221页。

（续表）

		栗		座				固			
		章									
镈	→	敖	→	竟	→	但	→	越人	→	定	
嚣								宏		邵	→
								公			
光	→	隗	→	屯	→	胜	→	世	→	喆	→
								众		煐	
								仁			
竣	→	观	→	罕	→	憬	→	惠	→	康	→
旐		览				頀		禺			
昊											
桂	→	嘉	→	荣	→	常	→	兰	→	澄	→
		誕						课		豫	
熙	→	遐				东里					
		遥	→	昉	→	西华					
						南容					
						北叟					

较之《三国志》《世说新语》注所引《南史》《梁书》《元和姓纂》《集古后录》《名贤氏族言行类稿》《姓解》诸传所记任氏家乘，此世系完整清晰，十分详细，基本上是可信的。尚有一条，《南史·任昉传》："奉世叔、父母不异严亲，事兄嫂恭谨。"[①]本传所说的世叔，当指从叔昝，兄嫂则不知道是什么人。本世系不系，不知何故。

六朝特别重视门第。自汉末魏初，用九品中正选举，出现了所谓下品无高门，上品无寒士的局面。那些年轻的士族子弟，在刚入仕的时候，他们的社会地位就已经基本确定了。任氏起自汉御史大夫广阿侯任敖，

① ［唐］李延寿，《南史》，北京：中华书局，1975 年，第 1454 页。

世为著姓。[①]到任遐与任昉，都当上了御史大夫的清职。

姚察说“无旧恩”，当指昉于“建武中，位不过列校”，升明末，又没有为梁武帝立大功。相对于沈约和范云，任昉不过是写了几封禅让文告而已。赵翼说：“江左世族无功臣。”[②]这里也暗含任昉虽身出士族，但无功于天下之意。任昉的伯父任遐为御史大夫，但任昉的父亲任遥却只授了一个散骑常侍，基本上是一个闲职，俸禄微薄，所以任昉家中一直都很贫困。任昉在《启萧太傅固辞夺礼》中说到他家中的窘况：“昉往从未宦，禄不代耕。饥寒无甘旨之资，限役废晨昏之半。”[③]李延寿说“乃旧恩”，是指任昉与梁武帝在竟陵王西邸互约提挈之事。

第二节　任昉的母族

陈寅恪说：“盖唐代社会承南北朝之旧俗，通以二事评人品之高下。此二事，一曰婚，二曰宦。凡婚而不娶名家女，与仕而不由清望官，俱为社会所不齿。”[④]任昉《刘先生夫人墓志铭》说：“禀训丹阳，弘风丞相。籍甚二门，风流远尚。”[⑤]墓主人之夫刘瓛系晋丹阳尹惔六世孙，墓主人王氏系晋丞相導之后，两家皆系高门。在南北朝时代，婚和宦本紧密相连，不能分开，一般而言，有什么样的联姻，就会有什么样的仕途。南朝士族多承母教，南朝士子的修养与学识与母亲的教育有很大关系，如《南齐书·王融传》：“（融）母临川太守谢惠宣女，惇敏妇人也。教融书学。”[⑥]

---

① ［晋］陈寿，《三国志》，北京：中华书局，1971 年，第 748 页。
② ［清］赵翼著、王树民校证，《廿二史札记校证》，北京：中华书局，1984 年，第 253 页。
③ ［清］严可均，《全上古三代秦汉三国六朝文》，北京：中华书局，1958 年，第 3200 页。
④ 陈寅恪，《元白诗笺证稿》，北京：生活、读书、新知三联书店，2001 年，第 116 页。
⑤ ［梁］萧统编，［唐］李善注，《文选》，上海：上海古籍出版社，1997 年，第 2569 页。
⑥ ［梁］萧子显，《南齐书》，北京：中华书局，1972 年，第 817 页。

一、河东裴氏

《南史·任昉传》提到其母曰："遥妻河东裴氏，高明有德行。"[①]这里似乎看不出母亲对任昉的影响。

任母裴氏有两个品格。一是高明。《尚书·周书·洪范》："高明，柔克。"注曰："高明谓天，言天为刚德，亦有柔克，不干四时。喻臣当执刚以正君，君亦当执柔以纳臣。"[②]《礼记·中庸》："博厚，所以载物也；高明，所以覆物也；悠久，所以成物也。博厚配地，高明配天，悠久无疆。"[③]《南史·宋宗室诸王传》："庐陵以帝子之重，兼高明之姿，衅迹未彰，祸生忌克，痛矣！"[④]可见，所谓的高明，就是像天一样能高屋建瓴，有见识，有气度，是士大夫应有的优秀品格。二是有德行。在东晋南北朝时代，有德行是对高门女子很高的评价。《北史·后妃》："襄城王母桑氏有德行，并蒙恩礼。"[⑤]《晋书·宣穆张皇后传》："后少有德行，智识过人。"[⑥]《北史·崔逞传》："（崔夤）妻，乐安王长女晋宁公主也，贞烈有德行。"[⑦]《晋书·列女传》："浑弟湛妻郝氏亦有德行。"[⑧]有德行也是对士的极高评价。《左传·襄公三十一年》："故君子在位可畏，施舍可爱，进退可度，周旋可则，容止可观，作事可法，德行可象，声气可乐，动作有文，言语有章，以临其下，谓之有威仪也。"[⑨]《礼记·射义》："是故天子以备官为节，诸侯以时会天子为节，卿大夫以循法为节，士以不失职为节。故明乎其节之志，以不失其事，则功成

---

① ［唐］李延寿，《南史》，北京：中华书局，1975 年，第 1452 页。
② ［清］阮元校刻，《十三经注疏》，北京：中华书局，1980 年，第 109 页。
③ 同上注，第 1633 页。
④ ［唐］李延寿，《南史》，北京：中华书局，1975 年，第 380 页。
⑤ ［唐］李延寿，《北史》，北京：中华书局，1974 年，第 487 页。
⑥ ［唐］房玄龄，《晋书》，北京：中华书局，1974 年，第 948 页。
⑦ ［唐］李延寿，《北史》，北京：中华书局，1974 年，第 879 页。
⑧ ［唐］房玄龄，《晋书》，北京：中华书局，1974 年，第 2510 页。
⑨ ［清］阮元校刻，《十三经注疏》，北京：中华书局，1980 年，第 2016 页。

而德行立。德行立，则无暴乱之祸矣。”[①]

程章灿说：“一般来说，世族自身都有较好的文化教育条件，如亲族的文化修养普遍较高，累代相传积累了较多的藏书等。由于婚姻中讲究门当户对，其母族外家一系也往往有相同或相近的文化背景。因此，堪任子弟辈教育职责的就不仅有本家的父亲、叔伯及同族宗人，还有母系的舅父、外祖等……在六朝世族家庭中，母亲往往扮演了主要的教育者的角色，这类现象屡见不鲜。”[②]根据任昉本传的记录，我们推测裴氏可能对任昉的学识、品行方面产生了潜移默化的影响。《南史·任昉传》还记载了裴氏生任昉时的一个梦：“尝昼卧，梦有五色采旗盖四角悬铃，自天而坠，其一铃落入怀中，心悸因而有娠。占者曰：‘必生才子’。”[③]在皇帝的本传里记载出生时的祥瑞并不稀奇，但在文人传记里就很少见。那么，这个祥瑞究竟暗示了什么呢？为什么占者说任母会生一个才子呢？

五色即彩色。曹丕诗曰：“华叶耀人目，五色难可纪。”[④]《礼记·月令》：“（季夏之月）命妇官染采。”注曰：“采，五色。”[⑤]《经籍纂诂》：“彩，经典皆作采。”[⑥]《说文·彡部》：“彩，文章也。”《左传·桓公二年》：“君人者，将昭德塞违，以临照百官，犹惧或失之，故昭令德以示子孙。是以……锡、鸾、和、铃，昭其声也；三辰旂旗，昭其明也。”《尔雅·释天》：“长寻曰旐，继旐曰旆，注旄首曰旌，有铃曰旂，错革鸟曰旟，因章曰旃。旌旂。”[⑦]《孟子·万章下》：“庶人以旃，士以旂，大夫以旌。”注曰：“旃，旂旌有铃者。”[⑧]《说文·㫃部》：“旂，旗有众铃以令众也。”[⑨]扬雄《法言·吾子》：“好书而不要诸仲尼，书肆也；好说而不要诸仲尼，说铃也。”注曰：“铃以喻小声，犹小说不合大雅。”[⑩]任

① ［清］阮元校刻，《十三经注疏》，北京：中华书局，1980年，第1014页。
② 程章灿，《世族与六朝文学》，长春：黑龙江教育出版社，1998年，第7页。
③ ［唐］李延寿，《南史》，北京，中华书局，1975年，第1452页。
④ 逯钦立，《先秦汉魏晋南北朝诗》，北京：中华书局，1983年，第392页。
⑤ ［清］阮元校刻，《十三经注疏》，北京：中华书局，1980年，第1371页。
⑥ ［清］阮元校刻，《经籍纂诂》，《续修四库全书》本，第39卷。
⑦ ［清］阮元校刻，《十三经注疏》，北京：中华书局，1980年，第2610页。
⑧ 同上注，第2745页。
⑨ ［汉］许慎，《说文解字》，北京：中华书局，1963年，第140页。
⑩ ［汉］扬雄著，汪荣宝校注，《法言义疏》，北京：中华书局，1987年，第74页。

昉诞生时的祥瑞，预兆着他日后将要成为文章俊士，号令文坛。所以占卜的人才说："必生才子。"这从侧面可证任昉从小就受到母亲的高度期待。宋人邓林《任彦升》说："铃悬四角五采旗，分明天产真英奇。"[①]

自然，任昉对母亲的情谊也很重。《梁书·任昉传》说："续遭母忧。常庐于墓侧，哭泣之地，草为不生。"[②]《南史·任昉传》："遭继母忧，昉先以毁瘠，每一恸绝，良久乃苏，因庐于墓侧，以终丧礼。哭泣之地，草为不生。昉素强壮，腰带甚充，服阕后不复可识。"[③]

二、任昉表亲

教养与期待之外，裴氏对任昉仕途的影响，很难考索。裴氏为河东巨族，当时有详尽的家谱，如：裴松之《裴氏家传》四卷[④]，裴子野《续裴氏家传》三卷[⑤]。《世说新语·文学》篇注"裴荣有风姿才气"，任诞篇注"裴颖娶王戎长女"，就是引的《裴氏家传》。但今天我们已经看不到完整的裴氏家谱了，现存可供我们推考任昉母族的，唯有3条材料。一为《梁书·裴子野传》："裴子野，字几原，河东闻喜人，晋太子左率康八世孙。兄黎，弟楷、绰，并有盛名，所谓'四裴'也。曾祖松之，宋太中大夫。祖骃，南中郎外兵参军。父昭明，通直散骑常侍。……子野于昉为从中表。"[⑥]二为《南齐书·武穆裴皇后传》："武穆裴皇后，讳惠昭，河东闻喜人也。祖朴之，给事中。父玑之，左军参军。"[⑦]三为《南齐书·武十七王传》："穆皇后生文惠太子、竟陵文宣王子良。"[⑧]根据这些材料，我们大致列出任昉的母族：

---

① ［宋］陈起编，《江湖小集》，文渊阁四库全书本，第13卷，第370页。
② ［唐］姚思廉，《梁书》，北京：中华书局，1973年，第252页。
③ ［唐］李延寿，《南史》，北京，中华书局，1975年，第1454页。
④ ［唐］魏徵，《隋书》，北京：中华书局，1973年，第977页。
⑤ ［唐］姚思廉，《梁书》，北京：中华书局，1973年，第444页。
⑥ 同上注，第441页。
⑦ ［梁］萧子显，《南齐书》，北京：中华书局，1972年，第391页。
⑧ 同上注，第691页。

表4：任昉母族表

<table>
<tr><td></td><td></td><td></td><td></td><td>齐武帝</td><td></td><td rowspan="3">文惠太子
萧子良</td></tr>
<tr><td></td><td></td><td></td><td></td><td>×[①]</td><td>→</td></tr>
<tr><td>朴之</td><td>→</td><td>玑之</td><td>→</td><td>武穆皇后</td><td></td></tr>
<tr><td>松之</td><td>→</td><td>驷</td><td>→</td><td>昭明</td><td>→</td><td>黎、子野、楷、绰</td></tr>
<tr><td></td><td></td><td>待考</td><td>→</td><td>任母裴氏</td><td></td><td></td></tr>
<tr><td></td><td></td><td></td><td></td><td>×</td><td>→</td><td>任昉[②]</td></tr>
<tr><td></td><td></td><td></td><td></td><td>任遥</td><td></td><td></td></tr>
</table>

从这个表可以看出，任昉、文惠太子与萧子良兄弟、裴子野，是从中表的关系。南朝的士大夫是很重视中表亲的。《宋书·王镇恶传》："镇恶军人与毅东来将士，或有是父兄子弟、中表亲亲者，镇恶令且斗且共语，众并知高祖自来，人情离懈。"[③]《宋书·刘敬宣传》："敬宣八岁丧母，昼夜号泣，中表异之。"[④]《宋书·傅隆传》："傅僧佑，祖父弘仁，高祖外弟也，以中表历显官。"[⑤]《宋书·沈庆之传》："庆之一夜携子孙徙居之，以宅还官。悉移亲戚中表于娄湖，列门同闬焉。"[⑥]《梁书·王志传》："志年九岁，居所生母忧，哀容毁瘠，为中表所异。"[⑦]《隋书·经籍志·史部·氏姓类》《旧唐书·经籍志·乙部·杂谱牒类》有《永元中表簿》六卷。任昉母死尽哀，照例应得到中表亲更多的提携。永明八年（490），任昉母忧服除，即拜太子步兵校尉，除管东宫书记，进入了文惠太子的幕府。第二年，又转入竟陵王萧子良幕府。中表亲的关照，使任昉迈上康庄的仕途。任昉在任上并未忘记母族的扶持，他曾多次接

① ×表示婚姻关系。
② 任昉兄不知其名，亦不知是否为裴氏所生，故不记。
③ ［梁］沈约，《宋书》，北京：中华书局，1974 年，第 1367 页。
④ 同上注，第 1409 页。
⑤ 同上注，第 1547 页。
⑥ 同上注，第 2003 页。
⑦ ［唐］姚思廉，《梁书》，北京：中华书局，1973 年，第 318 页。

济那些贫穷的外戚，《南史·任昉传》说："外氏贫阙，恒营奉供养。"[①]任昉的仕途，部分得益于其母族的大力提携。

《梁书·裴子野传》说："乐安任昉有盛名，为后进所慕，游其门者，昉必相荐达。子野于昉为从中表，独不至，昉亦恨焉。"[②]这时任昉的地位十分尊贵，一时文人士大夫都争相与他交游。《南史·张缵传》："子野性旷达，自云'年出三十，不复诣人'。"[③]裴子野生性高傲，是当时隐士们的领袖，他不去任昉府上凑热闹，实在是性格使然，也有显隐之间的嫌隙，倒并不一定说明他们之间亲情淡薄。事实上，裴子野对于亲戚是很关照的。《颜氏家训》说："裴子野有疏亲故属饥寒不能自济者，皆收养之。"[④]《梁书·裴子野传》说："外家及中表贫乏，所得俸悉分给之。"[⑤]任昉天监七年（508）过世后，四个儿子流离失所。当时，裴子野36岁，正处在失业之中，他要到40岁才被范缜举荐。所以，当时裴子野纵然有心，也没有办法救济任昉后人。

第三节　任昉的占籍

任昉本传说任昉是乐安博昌人。博昌在当时属于北朝之地，为其郡望，到底是今天的什么地方？任昉世居何处？

一、乐安任氏

《任氏宗谱》："始祖昉公来自兖州乐安郡博昌县。按兖，《禹贡》九州之一，春秋为鲁国，今为兖州府。乐安，古郡名，今为武定州。博昌，

① ［唐］李延寿，《南史》，北京：中华书局，1975年，第1454页。
② ［唐］姚思廉，《梁书》，北京：中华书局，1973年，第441页。
③ ［唐］李延寿，《南史》，北京：中华书局，1975年，第1257页。
④ ［梁］颜之推，《颜氏家训》，四部丛刊本，卷上，第20页。
⑤ ［唐］姚思廉，《梁书》，北京：中华书局，1973年，第444页。

古县名，今为寿光县。后又为博兴县，俱青州界，春秋属齐国，今属山东青州府。"[①]《汉书·地理志》说："千乘郡……县十五：千乘、东邹、湿沃、平安、博昌、蓼城、建信、狄、琅槐、乐安、被阳、高昌、繁安、高宛、延乡。"颜师古注曰："高帝置，莽曰建信，属青州。"[②]《后汉书·千乘贞王伉传》："（汉和帝）永元七年，改（千乘）国名乐安。"[③]《后汉书·郡国志》："洛阳东千五百二十里……（乐安）九城：临济、千乘、高苑、乐安、博昌、蓼城、利、益、寿光。"[④]《晋书·地理志》："乐安国置八县：高苑、临济、博昌、利益、蓼城、邹、寿光、东朝阳。"博昌之名取自昌水。应劭曰："昌水出东莱昌阳。"司马瓒曰："从东莱至博昌，经历宿水，不得至也。取其嘉名耳。"[⑤]《南齐书·州郡志》："冀州，宋元嘉九年分青州置。青州领齐、济南、乐安、高密、平昌、北海、东莱、太原、长广九郡，冀州领广川、平原、清河、乐陵、魏郡、河间、顿丘、高阳、勃海九郡。泰始初，遇虏寇，并荒没。今所存者，泰始之后更置立也。二州共一刺史。郡县十无八九，但有名存，案《宋志》自知也。"[⑥]

任昉本传说他是乐安博昌人，主要表明他是北方来的高门士族。青州战国时期属齐地，秦时置齐郡，汉时置齐国，是许多士族的郡望之地。博昌更是任姓、蒋姓等著族的郡望。裴松之注《三国志·魏志·王昶传》引《任嘏别传》曰："（任）嘏，乐安博昌人。世为著姓，夙智性成，故乡人为之语曰：'蒋氏翁，任氏童。'"[⑦]

博昌是今天的哪里呢？张基地认为在今天的山东博兴县，其说节录如下。

---

① 任起熣，《任氏宗谱》，上海图书馆藏，1924 年木活字本，第 2 卷。
② ［汉］班固，《汉书》，北京：中华书局，1962 年，第 1580 页。
③ ［南朝宋］范晔，《后汉书》，北京：中华书局，1965 年，第 1797 页。
④ 同上注，第 3472 页。
⑤ ［唐］房玄龄，《晋书》，北京：中华书局，1974 年，第 450 页。
⑥ ［梁］萧子显，《南齐书》，北京：中华书局，1972 年，第 260 页。
⑦ ［晋］陈寿，《三国志》，北京：中华书局，1971 年，第 748 页。

任昉里籍何处，大体有三说：一是博兴说，一是广饶说，一是寿光说。广饶说，是因为博昌移徙寿光时，乐安辖博昌，乐安郡治在广饶，无需辩说。寿光说，其依据就是任昉存世之年，即是博昌曾移徙于寿光的那一段时间。其说有误。据历代史志所述博昌沿革可知，博昌徙移寿光时间在孝武帝大明八年（464），并在原博昌境内侨置乐陵县，北齐（550～577）将侨乐陵县改名乐安县，“隋开皇六年（586），复于博昌故城置寿光县”（《寿光县志》），隋开皇十六年（596）复将乐安县改名为博昌县。也就是说，隋开皇十六年（596）是博昌名实复归博兴境内之时，如此，则博昌徙移寿光境时间为464～596年。任昉生于460年，卒于508年，看其存世时间，似与博昌徙移寿光境时间464～596年相符合。若论其里籍，当以博昌故治今山东博兴县为宜。[①]

二、世居扬州

任昉的世居，得从东晋的侨政制度说起。由北南迁的士族，依然聚族而居，东晋政府就把他们在北方居住地的名称也搬过来，叫作侨立。《南齐书·高帝纪》：“寓居江左者，皆侨置本土，加以南名。”[②]东晋治下的青州、乐安、博昌，都是侨立的。《晋书·地理志》：“自元帝渡江以后，于广陵侨置青州。”[③]《宋书·州郡志》：“青州刺史，治临淄。江左侨立，治广陵。”[④]青州在广陵，即今天的扬州。

扬州才是任昉的出生与生长之地。《通典·州郡》：“东晋末，以广陵控接三齐，故青、兖二州刺史皆镇于此。宋亦置广陵郡，文帝兼置南兖州。齐并因之。梁亦曰南兖州。”[⑤]当时的扬州，是青州、兖州、南兖

① 张基地，《任昉里籍略考》，2010年8月10日稿本。
② ［梁］萧子显，《南齐书》，北京：中华书局，1972年，第1页。
③ ［唐］房玄龄，《晋书》，北京：中华书局，1974年，第451页。
④ ［梁］沈约，《宋书》，北京：中华书局，1974年，第1093页。
⑤ ［唐］杜佑，《通典》，北京：中华书局，1988年，第4801页。

州三州州府所在，是南朝政治、文化的重镇。任氏一族随士族东渡，迁居到南兖州。《任氏宗谱》说："彦升世家兖州。"[①]本传说他举兖州秀才。

东晋以来，王导为了调和南、北士族之间的矛盾，让东晋这个南迁政权能站得住脚，竭力拉拢南方士族。在东晋，南方士族一度位居显职。到了宋、齐，南方士族在政治上仍然受到限制。《南齐书·张绪传》中有一则材料可以说明这个问题："绪善言，素望甚重，太祖深加敬异。仆射王俭谓人曰：'北士中觅张绪，过江未有人，不知陈仲弓、黄叔度能过之不耳？'……（齐太祖）欲用绪为右仆射，以问王俭，俭曰：'南士由来少居此职。'褚渊在座，启上曰：'俭年少，或不尽忆。江左用陆玩、顾和，皆南人也。'俭曰：'晋氏衰政，不可以为准则。'上乃止。"[②]南方出生的张绪口才出众，齐太祖想要起用他担任仆射之职。王俭说南方士族从来没有担任过这么高的职务。坐在一边的褚渊提醒他，东晋之初，有陆玩、顾和担任过这个职务。王俭反驳说，那是因为东晋贵族南迁，根基不稳，所以不得不妥协。这说明，随着南迁的政权越来越稳定，南方士族受到北方出身的士族的排挤，侨迁士族，一律标举自己的北方郡望。

通过上面的考察，我们知道，任昉的郡望在乐安博昌，即今天的山东博兴，出生地当在广陵，即今天的江苏扬州。

第四节　任昉的名号

周一良说："东晋南北朝时人之名，往往反映宗教信仰，民间风俗以及宗教来源等。"[③]任昉，字彦升，小字阿堆，官名任中丞、谥号敬子。任昉的这些名号与当时的士风有着密切的关系。

---

① 任起煃，《任氏宗谱》，上海图书馆藏，1924 年木活字本，第 3 卷。

② ［梁］萧子显，《南齐书》，北京：中华书局，1972 年，第 600 ～ 601 页。

③ 周一良，《魏晋南北朝史札记》，北京：中华书局，1985 年，第 267 页。

一、名昉

《春秋公羊传·隐公二年》："始灭昉于此乎。"注曰："昉，适也，齐人语。"疏曰："解云，胡毋生齐人，故知之。"[①]《说文解字·日部》："昉，明也，从日方声。"[②]《玉篇·日部》："昉，明也，适也。"[③]《广韵》："昉，明也。"[④]"昉"是一个今字，《集韵》说："昉，眪，明也，古作眪。"[⑤]《经籍纂诂》："昉，始也。"[⑥]昉从字形上解，是明亮的意思；太阳升起的地方，又引申为起始之义；同声同训，在齐地人的方言中，又有适当的意义。任昉之取名，还暗寓了他世居齐地的出身。

二、字彦升

《诗经·郑风·羔裘》："邦之彦兮。"注曰："彦，士之美称。"[⑦]《尔雅·释训》："美女为媛，美士为彦。"[⑧]《说文·彡部》："彦。美士有文人所言也。"[⑨]南朝士人，取字多用"彦"。如王氏一门即有韫字彦文，述字彦思，节字彦道，又玄谟字彦德，玄载字彦休，玄邈字彦远；萧氏一门有谌字彦孚，诞字彦伟，诔字彦文；江氏一门有蒨字彦标，昙字彦德，禄字彦遐；褚氏一门有澄字彦道，照字彦宣。其他则有滕演字彦将，惠琛字彦瑜，惠严字彦威，孟颢字彦重，王蕴字彦深；垣护之字彦宗，丘景宾字彦先，孔琳之字彦琳，何尚之字彦德，何偃字彦夷，周颙字彦伦，沈宪字彦璋，鲁宗之字彦仁，陆澄字彦深，萧秀字彦达，贺穆夫字彦和，范云字彦龙，朱异字彦和，祖劭字彦先，王沇字彦流，刘

---

① ［清］阮元校刻，《十三经注疏》，北京：中华书局，1980 年，第 2202 页。
② ［汉］许慎，《说文解字》，北京：中华书局，1963 年，第 139 页。
③ 中华书局编辑部，《小学名著六种》，北京：中华书局，1998 年，第 77 页。
④ 同上注，第 79 页。
⑤ 同上注，第 97 页。
⑥ ［清］阮元纂刻，《经籍纂诂》，《续修四库全书》本，第 39 卷。
⑦ ［清］阮元校刻，《十三经注疏》，北京：中华书局，1980 年，第 340 页。
⑧ 同上注，第 2591 页。
⑨ ［汉］许慎，《说文解字》，北京：中华书局，1963 年，第 185 页。

勰字彦和，庾震字彦文，吉翂字彦霄，甄恬字彦约，孔淳之字彦深，庾诜字彦宝等。更有甚者，有祖孙同用彦为字者：柳世隆字彦绪，孙偃字彦游；有叔侄同用彦字者：怀慰字彦泰，从子怀吁字彦度。[①]

南朝士子品藻人物十分看重容貌，故多以美士为字。《说文·日部》："昇。日上也。从曰升声，古只用升。"《经籍纂诂》："昇，本作升，俗加日。《韵会》作升。"[②]升者，日上也。昉者，日方也，皆有初始之意，合于古人"展名取同义"之例。[③]《南史·任昉传》说昉的伯父遐，字景远，也是展名取字。由此可以推出，任昉的本字应为"彦升"，写作"彦昇"，是由于后人的附会。南朝人喜欢用俗字，取字、取小名用俗字，也是士大夫一时风气。

三、小名阿堆

《南史·任昉传》："（昉）年十二，从叔晷，有知人之量，见而称其小，名曰阿堆。"[④]赵彦卫《云麓漫钞》："古人多言阿字，如秦皇阿房宫，汉武阿娇金屋。晋尤甚，阿戎、阿连等语极多。"[⑤]"阿"是长辈对小辈的爱称。《日知录》卷三二："《三国志·吕蒙传》注：鲁肃拊蒙背曰：非复吴下阿蒙。刘孝标《世说》注：阮籍谓王浑曰：与卿语不如与阿戎语。皆是其小时之称也。……阿者，语助之辞，古人以为慢应声。"[⑥]与"升"一样，"堆"也是个俗字。《说文·𠂤部》："𠂤。小𠂤也。象形。"徐铉等曰："今俗作堆。"[⑦]堆即𠂤的俗字。段玉裁注："《周语》：'夫高山而荡以为魁陵粪土。'贾逵、韦昭皆曰小𠂤曰'魁'，即许之𠂤也……

① 见《宋书》《南齐书》《梁书》《陈书》《南史》诸传。
② ［清］阮元校刻，《经籍纂诂》，《续修四库全书》本，第39卷。
③ ［汉］王充，《论衡》，上海：上海人民出版社，1974年，第383页。
④ ［唐］李延寿，《南史》，北京：中华书局，1975年，第1452页。
⑤ ［宋］赵彦卫，《云麓漫钞》，北京：中华书局，1996年，第168页。
⑥ ［清］顾炎武，《日知录集释》，上海：上海古籍出版社，2006年，第32卷，第2400页。
⑦ ［汉］许慎，《说文解字》，北京：中华书局，1963年，第303页。

其字俗作‘堆’，‘堆’行而‘阜’废矣。”[①]梁武帝《撰〈孔子正言〉竟述怀诗》：“白水凝涧溪，黄落散堆阜。”[②]可见南朝堆阜并用。

在南朝，小学不受士大夫重视。《南齐书·陆澄传》：“澄谓尚书令王俭曰：‘《孝经》、小学之类，不宜列在帝典。’”[③]王俭答澄曰：“疑《孝经》非郑所注，仆以此书明百行之首，实人伦所先，《七略》《艺文》，并陈之六艺，不与《苍颉》《凡将》之流也。”陆澄为宋、齐时代一流的学问家，他对地理学做了深入研究，却对《孝经》、小学十分轻视。赵翼说：“齐高帝少为诸生，即位后，王俭为辅，又长于经礼，是以儒学大振。”任昉正是在王俭的赏识和提携下进入仕途的。王俭十分重视《孝经》，但对于《苍颉》《凡将》一类的小学书籍，却十分轻视。这说明，小学淡出南朝士大夫的学术视野。颜延之曾经批评说：“夫文字者，坟籍根本。世之学徒，多不晓字：读《五经》者，是徐邈而非许慎；习赋诵者，信褚诠而忽吕忱；明《史记》者，专徐、邹而废篆籀；学《汉书》者，悦应、苏而略《苍》《雅》。不知书音是其枝叶，小学乃其宗系。至见服虔、张揖音义则贵之，得《通俗》《广雅》而不屑。一手之中，向背如此，况异代各人乎？”[④]故时人以俗字行世。那么，阜又有何含义呢？《吕氏春秋·审应览·重言》：“有鸟止于南方之阜，其三年不动，将以定志意也；其不飞，将以长羽翼也；其不鸣，将以览民则也。是鸟虽无飞，飞将冲天；虽无鸣，鸣将骇人。”[⑤]任氏一族从北方昌水之滨徙居到南边的扬州，任昉的小名叫作阿堆，很有可能寄寓了族人对他的厚望，希望他有朝一日能像栖息在南方之阜的那只小鸟一样一鸣惊人，一飞冲天。所以，他那位有知人之术的叔叔对他说：“阿堆呀，你是咱们

---

① ［清］段玉裁，《说文解字注》，上海：上海古籍出版社，1988 年，第 1450 页。
② 逯钦立，《先秦汉魏晋南北朝诗》，北京：中华书局，1983 年，第 1530 页。
③ ［梁］萧子显，《南齐书》，北京：中华书局，1972 年，第 683 页。
④ 王利器，《颜氏家训集解》，北京：中华书局，1993 年，第 220 页。
⑤ ［秦］吕不韦辑、［汉］高诱注、［清］毕沅校，《吕氏春秋》，上海：上海古籍出版社，1996 年，第 316 ～ 317 页。

家的千里驹呀。”宋人邓林《任彦升》说：“阿堆文章妙一时，士林往往推元龟。”[①]

四、任中丞

《梁书·任昉传》：“寻转御史中丞。”[②]《汉魏六朝百三名家集》有《任中丞集》一卷，梁任昉撰。《增定汉魏六朝别集》有《任中丞集》，梁任昉撰。

五、谥号敬子

《梁书·任昉传》：“追赠太常卿，谥曰敬子。”[③]《南史·丘迟传》：“迟辞采丽逸，时有钟嵘著《诗评》云：‘范云婉转清便，如流风回雪。迟点缀映媚，似落花依草。虽取贱文通，而秀于敬子。’”[④]六朝谥例，按其官位之大小而分别王、公、侯、伯、子。[⑤]任昉天监七年（508）过世时，忝位新安太守、宁朔将军，属子爵，当谥敬子。死者凡赠太常卿的，一般都谥为敬子。《南齐书·江敩传》：“赠（江敩）散骑常侍、太常，谥曰敬子。”[⑥]《南史·刘悛传》：“赠（悛）太常、常侍、都尉如故。谥曰敬子。”[⑦]《梁书·刘孺传》：“父悛，齐太常敬子。”[⑧]

综上所考，任氏是乐安的著姓，随士族东迁，侨居南兖州，即今天的扬州。任氏一门多人担任过清显的官职，与他家交往的多为贵族。任昉从小就能受到族中长辈与交好贵族的赏识与期许。任母为闻喜裴氏，与武穆裴皇后是本家，任昉与文惠太子萧长懋、竟陵王萧子良、裴子野

---

① ［宋］陈起编，《江湖小集》，文渊阁四库全书本，第 13 卷，第 370 页。
② ［唐］姚思廉，《梁书》，北京：中华书局，1973 年，第 254 页。
③ 同上。
④ ［唐］李延寿，《南史》，北京：中华书局，1975 年，第 1764 页。
⑤ ［清］赵翼，《陔余丛考》，北京：中华书局，1963 年，第 16 卷。
⑥ ［梁］萧子显，《南齐书》，北京：中华书局，1972 年，第 759 页。
⑦ ［唐］李延寿，《南史》，北京：中华书局，1975 年，第 1006 页。
⑧ ［唐］姚思廉，《梁书》，北京：中华书局，1973 年，第 591 页。

是中表亲。任母见识高明，品德高尚。任昉从小受到母亲的教育和影响，奉母尽孝，得到文惠太子、竟陵王的赏识，这对任昉在齐的仕途起过一定的积极影响。任昉的名字中暗含南朝士人的文化传统。“昉”出自齐语，暗寓了任昉出自北地高门。“升”是展名成字，“彦”是美士的意思，六朝人自以风流相激赏，大都喜欢以“彦”为字。任昉小名阿堆，“堆”是南方俗字，其间暗含了一飞冲天、一鸣惊人之义，寄托了任氏家族的厚望。任昉曾为御史中丞，这是一个清显的职位，所以后人尊称他为任中丞。任昉死后被赠太常卿，根据南朝谥法，太常卿一般谥作敬子，因此，后人尊称他为任敬子。

第二章
任昉仕履考

南朝士族十分看重识鉴，以孝友、好学、魁伟作为优秀士子的基本衡量标准。孝友强化了士子的家族观念，重家轻国、重孝轻忠的价值导向是南朝政局混乱的根源。南朝士族都重视学习，学习的重点由经学、史学、玄学逐步拓展到文学，推动了南朝文学的繁荣。南朝士子重视身高，这与士族的原籍、社会的动荡以及士人所担当的使命有关。然而，就算具备了以上三个基本条件，南朝士子的发展还要受到政治气候的直接影响。

任昉出身普通的北方士族家庭，因为孝友纯至，幼而好学，容貌甚伟，被族中长辈、交好士族所称道，16岁即应本地州府的征召为僚属，因为写得一手好文章，被王俭看中，经历了宋、齐、梁三朝，出入王侯幕府，沉浮坎坷，先后担任过22个职务。寿命不长，晚年显赫，齐末梁初青年士子，很多都得到他的奖掖。

第一节　南朝士族的识鉴

刘孝标《广绝交论》："近世有乐安任昉，海内髦杰，早绾银黄，夙招民誉。"[①]任昉年纪轻轻就广受赞誉，步入仕途。《南史·任昉传》："褚彦回尝谓遥曰：'闻卿有令子，相为喜之。所谓百不为多，一不为少。'由是闻声藉甚。"[②]褚渊是任昉的叔父任遐的至交。《南史·褚渊传》："及高帝辅政，王俭议加黄钺，任遐曰：'此大事，应报褚公。'帝曰：'褚脱不与，卿将何计？'遐曰：'彦回保妻子，爱性命，非有奇才异节，遐能制之。'果无违异。"[③]南朝士子要出来做官，首先得通过州辟，举秀才，释褐。要从州辟，就得有人推荐。推荐人有两种，一是族中长辈，二是当地名士。南朝士族，聚族而居，内亲外戚对那些孝顺友爱、聪明好学、身材高大的后辈交口称赞，以提高他的声誉。当地名士中有交好者，知道了这个突出青年的情况，也跟着称赞起来。

东汉末年以来，推举与征辟制度的推行，逐渐形成了一套基本稳定的识鉴制度，杜密、李膺、郭太、许劭等名士的品评，对士子的仕途有重要影响。《世说新语·识鉴》载有 28 则此类故事。黄巾军起义之后，士人流移，改由乡里、族中有名望的人来识鉴。[④]到南朝，士族已经成为与皇族、宦官鼎立的重要势力。识鉴更为重要了，会赏识人的和被人赏识的，都叫有人伦识鉴。褚渊（435 ～ 482）、王俭（452 ～ 489）、何点（436 ～ 504）、徐勉（466 ～ 535），都有识鉴的本领。《南齐书·褚渊传》："与从弟炤同载出，道逢太祖，渊举手指太祖车谓炤曰：'此非常人也。'出为吴兴，高帝饷物别，彦回又语人曰：'此人才貌非常，将来

① ［唐］李延寿，《南史》，北京：中华书局，1975 年，第 257 页。

② 同上注，第 1452 页。

③ 同上注，第 752 页。

④ 聂石樵，《魏晋南北朝文学史》，北京：中华书局，2007 年，第 1 ～ 5 页。

不可测也。’及顾命之际，引高帝豫焉。”[①]《梁书·何点传》：“点雅有人伦识鉴，多所甄拔。知吴兴丘迟于幼童，称济阳江淹于寒素，悉如其言。”[②]《南史·徐勉传》：“勉谓所亲曰：‘王郎名高望促，难可轻襞衣裾。’融后果陷于法，以此见推识鉴。”[③]凡受到他们赏识的年轻士子，都会有一定成就。《梁书·张稷之传》：“稷之少方雅，有识鉴。”[④]《陈书·萧允传》：“允少知名，风神凝远，通达有识鉴，容止酝藉，动合规矩。”[⑤]《陈书·沈君理传》：“君理美风仪，博涉经史，有识鉴。”[⑥]《南史·萧允传》：“风神凝远，通达有识鉴，容止酝藉。”[⑦]南朝甚至还出现了同辈之间的识鉴。《南齐书·高帝纪》：“（萧承之）少有大志，才力过人，宗人丹阳尹摹之、北兖州刺史源之并见知重。”[⑧]《梁书·武帝纪》：“融俊爽，识鉴过人，尤敬异高祖。每谓所亲曰：‘宰制天下，必在此人。’”[⑨]《梁书·顾协传》：“外氏诸张多贤达有识鉴，从内弟率尤推重焉。”[⑩]《梁书·张缵传》：“缵有识鉴，自见元帝，便推诚委结。”[⑪]《陈书·徐敬成传》：“敬成幼聪慧，好读书，少机警，善占对，结交文义之士，以识鉴知名。”[⑫]这说明，到了南朝，为名士、长辈所主导的垂直层面的品评有所松动，平行层面的交游在士子政治发展上占有十分重要的地位。

以现代人才学来考察，这种情况有点像皮格马利翁现象。一个孩子从小就被族中的长辈和州中的名士认为了不起，全族的人都会来关注他，

---

① ［梁］萧子显，《南齐书》，北京：中华书局，1972 年，第 426 页。
② ［唐］姚思廉，《梁书》，北京：中华书局，1973 年，第 733 页。
③ ［唐］李延寿，《南史》，北京：中华书局，1975 年，第 1478 页。
④ ［唐］姚思廉，《梁书》，北京：中华书局，1973 年，第 156 页。
⑤ ［唐］姚思廉，《陈书》，北京：中华书局，1972 年，第 287 页。
⑥ 同上注，第 299 页。
⑦ ［唐］李延寿，《南史》，北京：中华书局，1975 年，第 502 页。
⑧ ［梁］萧子显，《南齐书》，北京：中华书局，1972 年，第 2 页。
⑨ ［唐］姚思廉，《梁书》，北京：中华书局，1973 年，第 2 页。
⑩ 同上注，第 444 页。
⑪ 同上注，第 503 页。
⑫ ［唐］姚思廉，《陈书》，北京：中华书局，1972 年，第 190 页。

社会也会很认真地培养他，于是，他就能得到更多的资源与激励，成就自然比那些不受人关注的孩子要大得多。六朝政界人才建立功业的年龄相对较轻[①]，识鉴是一个重要的原因。

南朝士族的识鉴主要有三条重要标准：一曰孝友，二曰好学，三曰魁伟。

一、孝友

《南史·任昉传》："昉孝友纯至，每侍亲疾，衣不解带，言与泪并，汤药饮食必先经口。"[②]又说："以父丧去官，泣血三年，杖而后起。……昉父遥本性重槟榔，以为常饵，临终尝求之，剖百许口，不得好者，昉亦所嗜好，深以为恨，遂终身不尝槟榔。遭继母忧，昉先以毁瘠，每一恸绝，良久乃苏，因庐于墓侧，以终丧礼。哭泣之地，草为不生。昉素强壮，腰带甚充，服阕后不复可识。"又说："奉世叔父母不异严亲，事兄嫂恭谨。外氏贫阙，恒营奉供养。禄奉所收，四方饷遗，皆班之亲戚，即日便尽。"齐武帝曾经表扬过任昉的孝道："齐武帝谓昉伯遐曰：'闻昉哀瘠过礼，使人忧之，非直亡卿之宝，亦时才可惜。宜深相全譬。'"[③]任昉在《吊乐永世书》中说："永世孝友之至，发自天真。"

孝友是中国传统士大夫的六行之首，《周礼·大司徒》："六行：孝、友、睦、姻、任、恤。"[④]《周礼·大司乐》："以乐德教国子中和、祗庸、孝友。"[⑤]《尚书·周书·君陈》："惟尔令德孝恭，惟孝友于兄弟。"[⑥]《尔雅·释训》："善兄弟为友。"[⑦]《孔子家语·五帝德》："舜孝友闻于

---

① 朱大谓，《魏晋南北朝政界名人成才年龄结构剖析》，见《六朝史论》，北京：中华书局，1998年，第141～157页。

② ［唐］李延寿，《南史》，北京：中华书局，1975年，第1452页。

③ ［唐］姚思廉，《梁书》，北京：中华书局，1973年，第254页。

④ ［清］阮元校刻，《十三经注疏》，北京：中华书局，1980年，第160页。

⑤ 同上注，第337页。

⑥ 同上注，第273页。

⑦ 同上注，第60页。

四方，陶渔事亲。”[①]《晋书·孝友传·序言》：“大矣哉，孝之为德也。分浑元而立体，道贯三灵；资品汇以顺名，功苞万象。用之于国，动天地而降休征；行之于家，感鬼神而昭景福。若乃博施备物，尊仁安义，柔色承颜，怡怡尽乐，击鲜就养，亹亹忘劬，集包思藙黍之勤，循陔有采兰之咏，事亲之道也。属属如在，哀哀罔极，聚薪流恸，衔索兴嗟，晒风树以陨心，頫（俯）寒泉而沫泣，追远之情也。审德筮仕，正务移官，居高匪危，在丑无争，协修升以匡化，怀履冰而砥节，立身之行也。”[②]孝友之德，自后汉以来，受到士大夫阶层的提倡，到晋更受推重。《晋书》甚至立有孝友传，史臣序曰：“尊亲之道，礼经之明训；孝友之义，诗人之美谈，是知人伦之本，罔兹攸尚。”[③]“葛洪之父以孝友闻，行为士表。”[④]

东晋士族南渡，将孝友作为士人的文化传统，在南方得到保存和发扬。“晋氏始自中朝，逮于江左，虽百六之灾遄及，而君子之道未消，孝悌名流，犹为继踵。”[⑤]孝友成为南朝士大夫最重要的品质，为王俭、萧子良、萧衍幕府中诸文士共同遵循的行为规范。《南齐书·褚渊传》：“（褚渊）爰初弱龄，清风夙举。登庸应务，具瞻允集。孝友著于家邦，忠贞彰于亮采。”[⑥]《南齐书·竟陵文宣王子良》：“肇自弱龄，孝友光备。”[⑦]《南齐书·朱谦之传》：“吴兴沈颢闻而叹曰：‘弟（谦之）死于孝，兄（选之）殉于义。孝友之节，萃此一门。’”[⑧]虞羲《与萧令王仆射书为袁彖求谥》：“袁侍中体高亮之宏姿，挺孤奇之逸操，孝友结于衡间，忠正表于邦域，怀抱七经，该综百氏，清文丽目，几义穷神。”[⑨]

① ［魏］王肃，《孔子家语》，四部丛刊本，第5卷。
② ［唐］房玄龄，《晋书》，北京：中华书局，1974年，第2273页。
③ 同上注，第2294页。
④ 王明，《抱朴子内篇校释》，北京：中华书局，1986年，第339页。
⑤ ［唐］房玄龄，《晋书》，北京：中华书局，1974年，第2274页。
⑥ ［梁］萧子显，《南齐书》，北京：中华书局，1972年，第431页。
⑦ 同上注，第701页。
⑧ 同上注，第963页。
⑨ ［唐］欧阳询，《艺文类聚》，北京：中华书局，1965年，第726页。

《梁书·刘遵传》："贤从中庶，奄至殒逝，痛可言乎！其孝友淳深，立身贞固，内含玉润，外表澜清。美誉嘉声，流于士友，言行相符，终始如一。"[①]《梁书·沈颉传》："颉内行甚修，事母兄弟孝友，为乡里所称慕。永明三年，征著作郎；建武二年，征太子舍人，俱不赴。永元二年，又征通直郎，亦不赴。"[②]《梁书·刘讦传》："讦幼称纯孝，数岁，父母继卒，讦居丧，哭泣孺慕，几至灭性，赴吊者莫不伤焉。后为伯父所养，事伯母及昆姊，孝友笃至，为宗族所称。"[③]《梁书·安成王秀传》载其《诏隐教》："两韩（处士河东韩怀明、南平韩望）之孝友纯深"。[④]《南史·谢晦传》："（谢璞）幼孝友，祖安深赏爱之，位光禄勋。"[⑤]《南史·任昉传》："昉孝友纯至，每侍亲疾，衣不解带，言与泪俱，汤药饮食必先经口。"[⑥]

文士集团出身的皇室，也以孝友相标榜。萧绎《金楼子·兴王》："（梁武帝）遭献太后忧，哭踊大至，居丧之哀，高柴不能过也。每读孝子传，未曾终轴辄辍书悲恸。由是家门爱重，不使垂堂。"[⑦]《梁书·昭明太子萧统传》："宽绰居心，温恭成性，循时孝友，率由严敬。咸有种德，惠和齐圣；三善递宣，万国同庆。"[⑧]

孝友是南朝人入仕最基本的条件。南朝人认为，在家孝友与出仕忠诚是一致的。《宋书·列传跋》："史臣曰：夫求忠臣必于孝子之门，盖以类得之也。"[⑨]《宋书·后废帝纪》诏曰："夫寝梦期贤，往诰垂美，物色求良，前书称盛。朕以冲昧，嗣膺宝业，思仰述圣猷，勉弘政道，兴言多士，常想得人。可普下牧守，广加搜采。其有孝友闻族，义让光闾，

① ［唐］姚思廉，《梁书》，北京：中华书局，1973 年，第 593 页。
② 同上注，第 745 页。
③ 同上注，第 747 页。
④ 同上注，第 343 页。
⑤ ［唐］李延寿，《南史》，北京：中华书局，1975 年，第 528 页。
⑥ 同上注，第 1452 页。
⑦ ［梁］萧绎，《金楼子》，文渊阁四库全书本，第 1 卷，第 40 页。
⑧ ［唐］姚思廉，《梁书》，北京：中华书局，1973 年，第 169 页。
⑨ ［梁］沈约，《宋书》，北京：中华书局，1974 年，第 2212 页。

或匿名屠钓，隐身耕牧，足以整厉浇风，扶益淳化者，凡厥一善，咸无遗逸。虚轮伫帛，俟闻嘉荐。”[①]这也说明，家族的实力对南朝士子的仕途有着重要的影响。这从客观上导致士人家重于国，孝重于忠，朝廷更替频繁。

二、好学

《梁书·任昉传》载：“幼而好学，早知名。”[②]《南史·任昉传》：“幼而聪敏，早称神悟。”又说任昉：“四岁诵诗数十篇，八岁能属文，自制《月仪》，辞义甚美。”[③]任昉一生的学问，起始于刘宋，成熟于萧齐，发扬于梁代。始于刘宋的，是辞章之学；成熟于萧齐的，是目录之学。他的这两门学问，都在萧梁时期得到发展，自成一家。

孔子十分提倡好学。《论语·学而》：“子曰：‘君子食无求饱，居无求安，敏于事而慎于言，就有道而正焉，可谓好学也已。”[④]《论语·公冶长》：“子贡问曰：‘孔文子何以谓之文也？’子曰：‘敏而好学，不耻下问，是以谓之文也。’”又载：“子曰：‘十室之邑，必有忠信如丘者焉，不如丘之好学也。’”《论语·雍也》：“哀公问：‘弟子孰为好学？’孔子对曰：‘有颜回者好学，不迁怒，不贰过，不幸短命死矣，今也则亡，未闻好学者也。’”《论语·泰伯》：“子曰：‘笃信好学，守死善道，危邦不入，乱邦不居，天下有道则见，无道则隐。邦有道，贫且贱焉，耻也。邦无道，富且贵焉，耻也。’”[⑤]《论语·阳货》：“子曰：‘由也，女闻六言六蔽矣乎？’对曰：‘未也。’居，吾语女：‘好仁不好学，其蔽也愚；好知不好学，其蔽也荡；好信不好学，其蔽也贼；好直不好学，其蔽也绞；好勇不好学，其蔽也乱；好刚不

---

① ［梁］沈约，《宋书》，北京：中华书局，1974年，第178页。

② ［唐］姚思廉，《梁书》，北京：中华书局，1973年，第251页。

③ ［唐］李延寿，《南史》，北京：中华书局，1975年，第1452页。

④ ［清］阮元校刻，《十三经注疏》，北京：中华书局，1980年，第5页。

⑤ 同上注，第72页。

好学，其蔽也狂。’”[①]《论语·子张》：“子夏曰：‘日知其所亡，月无忘其所能，可谓好学也已矣。’”[②]

晋宋以来，好学成为品评士族子弟的主要标准。好学的青年得到族中长辈、高士、业师的高度评价。《梁书·丘仲孚传》：“丘仲孚字公信，吴兴乌程人也。少好学，从祖灵鞠有人伦之鉴，常称为千里驹也。”[③]《梁书·谢征传》：“征幼聪慧，璟异之。常谓亲从曰：‘此儿非常器，所忧者寿；若天假其年，吾无恨矣。’既长，美风采，好学善属文。”[④]《梁书·韦爱传》：“爱少而偏孤，事母以孝闻。性清介，不妄交游，而笃志好学，每虚室独坐，游心坟素，而埃尘满席，寂若无人。年十二，尝游京师，值天子出游南苑，邑里喧哗，老幼争观，爱独端坐读书，手不释卷，宗族见者，莫不异焉。”[⑤]《梁书·王宗懔传》：“懔少聪敏好学，昼夜不倦，乡里号为‘童子学士’。”[⑥]《梁书·许懋传》：“笃志好学，为州党所称。”[⑦]《梁书·庾黔娄传》：“黔娄少好学，多讲诵《孝经》，未尝失色于人，南阳高士刘虬、宗测并叹异之。”[⑧]

受到好评的士子能较快地得到地方官的征辟，有的甚至直接受到最高统治者的提拔。汤用彤说：“陈群立九品，评人高下，各为辈目。傅玄品才有九。《人物志》言人流之业十有二焉。有清节家，师氏之任也。有法家，司寇之任也。有术家，三孤之任也。有国体，三公之任也。有器能，冢宰之任也。有臧否，师氏之佐也。有智意，冢宰之佐也。有伎俩，司空之佐也。有儒学，安民之任也。有文章，国史之任也。有辩给，行人之任也。有雄杰（骁雄），将帅之任也。夫圣王体天设位，序列官

① ［清］阮元校刻，《十三经注疏》，北京：中华书局，1980 年，第 155 页。
② 同上注，第 171 页。
③ ［唐］姚思廉，《梁书》，北京：中华书局，1973 年，第 770 页。
④ 同上注，第 718 页。
⑤ 同上注，第 226 页。
⑥ 同上注，第 584 页。
⑦ 同上注，第 575 页。
⑧ 同上注，第 650 页。

司，各有攸宜，谓之名分。人才禀体不同，所以亦异，则有名目，以名目之所宜，应名分（名位）之所需。合则名正，失则名乖。……盖适性任官，治道之本，欲求其适宜，乃不能不辩大小同异。”[①]《晋书·武帝纪》武帝诏曰：“士庶有好学笃道，孝弟忠信，清白异行者，举而进之。”[②]《梁书·元帝纪》：“既长好学，博总群书，下笔成章，出言为论，才辩敏速，冠绝一时……与裴子野、刘显、萧子云、张缵及当时才秀为布衣之交，著述辞章，多行于世。”[③]《梁书·南平王伟传》：“少好学，笃诚通恕，趋贤重士，常如不及，由是四方游士，当世知名者，莫不毕至。”[④]《宋书·王弘传》：“弘少好学，以清恬知名……弱冠，为会稽王司马道子骠骑参军主簿。”[⑤]《宋书·龚颖传》：“龚颖，遂宁人也。少好学，益州刺史毛璩辟为劝学从事。”[⑥]《宋书·殷淳传》：“淳少好学，有美名。少帝景平初，为秘书郎。”[⑦]《南齐书·明僧绍传》：“弟僧暠，亦好学，宋孝武见之，迎颂其名，时人以为荣。”[⑧]《南齐书·沈驎士传》：“驎士少好学，家贫，织帘诵书，口手不息。宋元嘉末，文帝令尚书仆射何尚之抄撰五经，访举学士，县以驎士应选。”[⑨]《南齐书·虞遐传》：“遐字景远，好学，有义行，兼与太祖素游，褚渊、王俭并见亲爱。官至光禄大夫。”[⑩]《南齐书·王思远传》：“（王）暠之字士明。少孤，好学有义行。”[⑪]《梁书·袁粲传》：“韦粲字长蒨，车骑将军叡之孙，北徐州刺史放之子也。有父风，好学仗气。”[⑫]

---

① 汤用彤，《魏晋玄学论稿》，上海：上海古籍出版社，2001 年，第 4 ～ 5 页。
② ［唐］房玄龄，《晋书》，北京：中华书局，1974 年，第 57 页。
③ ［唐］姚思廉，《梁书》，北京：中华书局，1973 年，第 135 页。
④ 同上注，第 38 页。
⑤ ［梁］沈约，《宋书》，北京：中华书局，1974 年，第 1311 页。
⑥ 同上注，第 2242 页。
⑦ 同上注，第 1579 页。
⑧ ［梁］萧子显，《南齐书》，北京：中华书局，1972 年，第 928 页。
⑨ 同上注，第 943 页。
⑩ 同上注，第 608 页。
⑪ ［梁］萧子显，《南齐书》，北京：中华书局，1972 年，第 767 页。
⑫ ［唐］姚思廉，《梁书》，北京：中华书局，1973 年，第 605 页。

王、徐、沈等显族，一门数代好学。如王家。《宋书·王僧绰传》："王僧绰……幼有大成之度，弱年众以国器许之。好学有理思，练悉朝典。"[①]《宋书·王僧达传》："少好学，善属文。"[②]《宋书·王绚传》："少以敏惠见知。及长，笃志好学，官至秘书丞。"[③]又如徐家。《宋书·徐广传》："家世好学，至广尤精，百家数术，无不研览。谢玄为州，辟广从事西曹。"[④]如沈家。《宋书·自序》："（沈）穆夫字彦和，少好学，亦通《左氏春秋》。王恭命为前军主簿……亮字道明，清操好学，善属文。未弱冠，州辟从事……（璞）年十许岁，智度便有大成之姿，好学不倦，善属文，时有忆识之功。尤练究万事，经耳过目，人莫能欺之。居家精理，姻族资赖……（约）年十三而孤，少颇好学，虽弃日无功，而伏膺不改。"[⑤]好学成为这些显族的传统，是其保持、扩大家族势力的重要保障。

一些家里贫穷或地位卑贱的士族子弟，将好学作为仕进之梯。《宋书·刘怀肃传》："家世贫窭，而躬耕好学。"[⑥]《宋书·宗彧传》："家贫好学，虽文义不逮炳，而真澹过之。"[⑦]《梁书·刘勰传》："勰早孤，笃志好学。"[⑧]《梁书·江淹传》："江淹字文通，济阳考城人也。少孤贫好学，沉静少交游。起家南徐州从事，转奉朝请。"[⑨]《梁书·刘峻传》："峻好学，家贫，寄人庑下，自课读书，常燎麻炬，从夕达旦，时或昏睡，爇其发，既觉复读，终夜不寐，其精力如此。"[⑩]《梁书·褚球传》："球少孤贫，笃志好学，有才思。"[⑪]《梁书·江子一传》："子一少好学，

---

① ［梁］沈约，《宋书》，北京：中华书局，1974 年，第 1850 页。
② 同上注，第 1951 页。
③ 同上注，第 2184 页。
④ 同上注，第 1547 页。
⑤ 同上注，第 2445 ～ 2466 页。
⑥ 同上注，第 1403 页。
⑦ 同上注，第 2291 页。
⑧ ［唐］姚思廉，《梁书》，北京：中华书局，1973 年，第 710 页。
⑨ 同上注，第 247 页。
⑩ 同上注，第 701 页。
⑪ 同上注，第 590 页。

有志操，以家贫阙养，因蔬食终身。”[①]《梁书·卞华传》：“华幼孤贫好学。年十四，召补国子生，通《周易》。既长，兼治五经，与平原明山宾、会稽贺玚同业友善。”[②]

知名的隐士，大多是好学者。《宋书·郭兴宗传》：“少好学，以业尚素立见称。”[③]《南齐书·刘虬传》：“虬少而抗节好学，须得禄便隐。”[④]《梁书·范元琰传》：“及长好学，淡于荣利。”[⑤]

那些任侠好游的青年得不到较高的评价。《宋书·宗悫传》：“时天下无事，士人并以文义为业，炳素高节，诸子群从皆好学，而悫独任气好武，故不为乡曲所称。”[⑥]《宋书·荀伯子传》：“伯子少好学，博览经传，而通率好为杂戏，遨游闾里，故以此失清涂。”[⑦]有些能武能文，有些甚至弃武从文。《梁书·杨公则传》：“性好学，虽居军旅，手不辍卷，士大夫以此称之。”[⑧]《宋书·沈演之传》：“家世为将，而演之折节好学，读老子日百遍，以义理业尚知名。”[⑨]有的由务农改为治学。《梁书·沈峻传》：“沈峻字士嵩，吴兴武康人。家世农夫，至峻好学，与舅太史叔明师事宗人沈驎士，在门下积年，昼夜自课，时或睡寐，辄以杖自击，其笃志如此。”[⑩]

有习经学者。《宋书·臧焘传》：“臧焘字德仁，东莞莒人，武敬皇后兄也。少好学，善三礼。贫约自立，操行为乡里所称。”[⑪]《梁书·王规传》：“年十二，五经大义，并略能通。既长，好学有口辩。”[⑫]《梁书·司

① ［唐］姚思廉，《梁书》，北京：中华书局，1973 年，第 608 页。
② 同上注，第 676 页。
③ ［梁］沈约，《宋书》，北京：中华书局，1974 年，第 1573 页。
④ ［梁］萧子显，《南齐书》，北京：中华书局，1972 年，第 939 页。
⑤ ［唐］姚思廉，《梁书》，北京：中华书局，1973 年，第 746 页。
⑥ ［梁］沈约，《宋书》，北京：中华书局，1974 年，第 1971 页。
⑦ 同上注，第 1627 页。
⑧ ［唐］姚思廉，《梁书》，北京：中华书局，1973 年，第 197 页。
⑨ ［梁］沈约，《宋书》，北京：中华书局，1974 年，第 1865 页。
⑩ ［唐］姚思廉，《梁书》，北京：中华书局，1973 年，第 678 页。
⑪ ［梁］沈约，《宋书》，北京：中华书局，1974 年，第 1543 页。
⑫ ［唐］姚思廉，《梁书》，北京：中华书局，1973 年，第 581 页。

马筠传》:“筠孤贫好学,师事沛国刘瓛,强力专精,深为瓛所器异。既长,博通经术,尤明三礼。”[①]《梁书·孔子祛传》:“孔子祛,会稽山阴人。少孤贫好学,耕耘樵采,常怀书自随,投闲则诵读。勤苦自励,遂通经术,尤明《古文尚书》。”[②]《梁书·范述曾传》:“范述曾字子玄,吴郡钱唐人也。幼好学,从余杭吕道惠受五经,略通章句。”[③]《梁书·皇侃传》:“皇侃,吴郡人,青州刺史皇象九世孙也。侃少好学,师事贺玚,精力专门,尽通其业,尤明三礼、《孝经》《论语》。”[④]《梁书·刘昭传》:“子绍,字言明,亦好学,通三礼。”[⑤]除了传统的三礼、《孝经》《论语》《毛诗》《尚书》之外,南朝许多士人还学习佛学。[⑥]《宋书·雷次宗传》:“雷次宗,字仲伦,豫章南昌人也。少入庐山,事沙门释慧远,笃志好学,尤明三礼、《毛诗》,隐退不交世务。”[⑦]《梁书·范元琰传》:“及长好学,博通经史,兼精佛义。然性谦敬,不以所长骄人。”[⑧]《梁书·何胤传》:“胤字子季,点之弟也。年八岁,居忧哀毁若成人。既长好学。师事沛国刘瓛,受《易》及《礼记》《毛诗》;又入钟山定林寺听内典:其业皆通。而纵情诞节,时人未之知也;唯瓛与汝南周颙深器异之。”还有由经学转向玄学的。《梁书·陆云公传》:“云公五岁诵《论语》《毛诗》,九岁读《汉书》,略能记忆。从祖倕、沛国刘显质问十事,云公对无所失,显叹异之。既长,好学有才思。州举秀才。”[⑨]《南史·沈洙传》:“洙少方雅好学,不妄交游。通三礼、《春秋左氏传》。精识强记,五经章句,诸子史书,问无不答。仕梁为尚书祠部郎,时年盖二十余。大同中,学者多涉猎文史,不为章句,而洙独积思经术,吴郡朱异、会稽贺琛甚嘉之。及异、琛于士

① [唐] 姚思廉,《梁书》,北京:中华书局,1973 年,第 674 页。
② 同上注,第 680 页。
③ 同上注,第 679 页。
④ 同上注,第 680 页。
⑤ 同上注,第 692 页。
⑥ 高文强,《佛教与永明文学批评》,武汉:湖北教育出版社,2006 年。
⑦ [梁] 沈约,《宋书》,北京:中华书局,1974 年,第 2292 ~ 2293 页。
⑧ [唐] 姚思廉,《梁书》,北京:中华书局,1973 年,第 746 页。
⑨ 同上注,第 724 页。

林馆讲制旨义，常使洙为都讲。”[①]这说明汉代经学传统在南朝受到挑战。

有习史学者。《宋书·刘祖康传》：“（刘）谦之，好学，撰《晋纪》二十卷。”[②]《宋书·范晔传》：“少好学，博涉经史，善为文章，能隶书，晓音律。年十七，州辟主簿，不就。”[③]《南齐书·臧荣绪传》：“纯笃好学，括东西晋为一书，纪、录、志、传百一十卷。隐居京口教授。南徐州辟西曹，举秀才，不就。”[④]《梁书·江蒨传》：“蒨好学，尤悉朝仪故事，撰《江左遗典》三十卷，未就，卒。”[⑤]

有习玄学者。《宋书·袁粲传》：“愍孙（粲）少好学，有清才。”[⑥]《宋书·张敷传》：“性整贵，风韵甚高，好读玄书，兼属文论。少有盛名。高祖见而爱之，以为世子中军参军，数见接引。”[⑦]《梁书·萧景传》：“景八岁随父在郡，居丧以毁闻。既长好学，才辩能断。”[⑧]《梁书·谢举传》：“幼好学，能清言，与览齐名。”[⑨]《梁书·萧视素传》：“性静退，少嗜欲，好学，能清言，荣利不关于口，喜怒不形于色。在人间及居职，并任情通率，不自矜高，天然简素，士人以此咸敬之。”[⑩]由宋至梁，呈逐渐式微态势。

有习书、画等杂艺者。《梁书·陆杲传》：“杲少好学，工书画。”[⑪]《梁书·殷钧传》：“钧时年九岁，以孝闻。及长，恬静简交游，好学有思理。善隶书，为当时楷法，南乡范云、乐安任昉并称赏之。”[⑫]《梁

---

① ［唐］李延寿，《南史》，北京：中华书局，1975 年，第 1745 页。
② ［梁］沈约，《宋书》，北京：中华书局，1974 年，第 1446 页。
③ 同上注，第 1819 页。
④ ［梁］萧子显，《南齐书》，北京：中华书局，1972 年，第 936 页。
⑤ ［唐］姚思廉，《梁书》，北京：中华书局，1973 年，第 335 页。
⑥ ［梁］沈约，《宋书》，北京：中华书局，1974 年，第 2229 页。
⑦ 同上注，第 1395 页。
⑧ ［唐］姚思廉，《梁书》，北京：中华书局，1973 年，第 367 页。
⑨ 同上注，第 529 页。
⑩ 同上注，第 763 页。
⑪ 同上注，第 398 页。
⑫ ［唐］姚思廉，《梁书》，北京：中华书局，1973 年，第 407 页。

书·萧几传》："性温和，与物无竞，清贫自立。好学，善草隶书。"[①]

最为普遍的，是习文学。《宋书·袁豹传》："豹字士蔚，亦为谢安所知，好学博闻，多览典籍。初为著作佐郎。"[②]《梁书·袁峻传》："峻早孤，笃志好学，家贫无书，每从人假借，必皆抄写，自课日五十纸，纸数不登，则不休息。讷言语，工文辞。"[③]《梁书·柳恽传》："柳恽字文畅，河东解人也。少有志行，好学，善尺牍。"[④]《梁书·徐勉传》："勉幼孤贫，早励清节。年六岁，时属霖雨，家人祈霁，率尔为文，见称耆宿。及长，笃志好学……自幼而长，文章之美，得之天然，好学不倦，居无尘杂，多所著述，盈帙满笥，淡然得失之际，不见喜愠之容。"[⑤]《梁书·徐摛传》："摛幼而好学，及长，遍览经史。属文好为新变，不拘旧体。"[⑥]《梁书·江革传》："长子行敏，好学有才俊。"[⑦]《梁书·刘苞传》："少好学，能属文。"[⑧]《梁书·钟嵘传》："嵘与兄岏、弟屿并好学，有思理。"[⑨]《梁书·谢几卿传》："既长好学，博涉有文采。"[⑩]对于出身贫贱又好学的文士，任昉和沈约十分提携他们。《梁书·吴均传》："吴均字叔庠，吴兴故鄣人也。家世寒贱，至均好学有俊才，沈约尝见均文，颇相称赏。"[⑪]《梁书·王籍传》："籍七岁能属文，及长好学，博涉有才气，乐安任昉见而称之。"[⑫]《梁书·刘杳传》："杳少好学，博综群书，沈约、任昉以下，每有遗忘，皆访问焉。"[⑬]

---

① ［唐］姚思廉，《梁书》，北京：中华书局，1973 年，第 596 页。
② ［梁］沈约，《宋书》，北京：中华书局，1974 年，第 1498 页。
③ ［唐］姚思廉，《梁书》，北京：中华书局，1973 年，第 688 页。
④ 同上注，第 331 页。
⑤ 同上注，第 386 页。
⑥ 同上注，第 446 页。
⑦ 同上注，第 526 页。
⑧ 同上注，第 688 页。
⑨ 同上注，第 694 页。
⑩ 同上注，第 708 页。
⑪ 同上注，第 698 页。
⑫ 同上注，第 713 页。
⑬ 同上注，第 715 页。

王氏、崔氏、刘氏、谢氏、裴氏这样的大家族都以文学传家。《梁书·王筠传》载其《与诸儿论家世集》云："史传称安平崔氏及汝南应氏，并累世有文才，所以范蔚宗云：崔氏'世擅雕龙'。然不过父子两三世耳；非有七叶之中，名德重光，爵位相继，人人有集，如吾门世者也。沈少傅约语人云：'吾少好百家之言，身为四代之史，自开辟已来，未有爵位蝉联，文才相继，如王氏之盛者也。'汝等仰观堂构，思各努力。"[①]《宋书·王微传》："微少好学，无不通览，善属文，能书画，兼解音律、医方、阴阳术数。年十六，州举秀才。"[②]《梁书·王僧儒传》："六岁能属文，既长好学。家贫，常佣书以养母，所写既毕，讽诵亦通。"[③]《梁书·王筠传》："筠幼警寤，七岁能属文。"[④]又如谢家。《宋书·谢灵运传》："灵运少好学，博览群书，文章之美，江左莫逮。从叔混特知爱之。"[⑤]《南齐书·谢朓传》："朓少好学，有美名，文章清丽。"[⑥]《南齐书·谢超宗传》："好学，有文辞，盛得名誉。"[⑦]又如刘家。《南史·刘孝绰传》："文集数十万言，行于时。兄弟及群从子侄当时有七十人，并能属文，近古未之有也。"[⑧]又如裴家。《梁书·裴邃之传》："裴邃之词采早著，兼思略沉深，夏侯亶之好学辩给，夔之奢豪爱士，韦放之弘厚笃行，并遇主逢时，展其才用矣。"[⑨]《梁书·裴子野传》："子野生而偏孤，为祖母所养，年九岁，祖母亡，泣血哀恸，家人异之。少好学，善属文。"[⑩]

① ［梁］沈约，《宋书》，北京：中华书局，1974 年，第 487 页。
② 同上注，第 1665 页。
③ ［唐］姚思廉，《梁书》，北京：中华书局，1973 年，第 469 页。
④ ［梁］沈约，《宋书》，北京：中华书局，1974 年，第 487 页。
⑤ 同上注，第 1473 页。
⑥ ［梁］萧子显，《南齐书》，北京：中华书局，1972 年，第 825 页。
⑦ 同上注，第 635 页。
⑧ ［唐］李延寿，《南史》，北京：中华书局，1975 年，第 1012 页。
⑨ ［唐］姚思廉，《梁书》，北京：中华书局，1973 年，第 424 页。
⑩ 同上注，第 441 页。

三、魁伟

《梁书·任昉传》载："身长七尺五寸。"[①]这个身高，指处于青春发育期的身高。南朝1尺折合今24.7厘米[②]，任昉身高约185厘米，从体质人类学来说，南朝人恐怕没有这么高，在当时算是身材高大了。《梁书·吕僧珍传》说："身长七尺五寸，容貌甚伟。"[③]

谷川道雄说，中古名士对容止的重视，体现了浓厚的贵族文士情趣，把身体性和精神性融合为一体而创造出的高贵人格作为理想。[④]阎步克认为，先秦、战国、秦汉以来的儒家传统注重容止，并将之视作一种教养。体貌丰伟是自汉至唐的主要铨选标准。[⑤]

容貌魁伟一直是士大夫人物审美的重要标准。《史记·孔子世家》里说孔子"长九尺有六寸，人皆谓之长人"[⑥]。《战国策·齐语》："邹忌修八尺有余，身体昳丽。"[⑦]《汉书·东方朔传》东方朔自言"长九尺三寸，目若悬珠，齿若编贝"[⑧]。《后汉书·李通传》："（通）父守，身长九尺，容貌绝异。"[⑨]《后汉书·文苑传》："赵壹，体貌魁梧，身长九尺，美须豪眉，望之甚伟。"[⑩]《晋书·嵇康传》："身长七尺八寸，美词气，有风仪，而土木形骸，不自藻饰，人以为龙章凤姿，天质自然。"[⑪]

在早期的士大夫中间，还流传着一些关于身高的迷信，个子高的人要长寿一点。王充《论衡》驳斥了这一谬说："语称上世之人，侗长佼

① ［唐］姚思廉，《梁书》，北京：中华书局，1973年，第251页。

② 邱隆，《中国历代度量衡单位量值表及说明》，《中国计量》2006年第10期。

③ ［唐］姚思廉，《梁书》，北京：中华书局，1973年，第211页。

④ 〔日〕谷川道雄，《六朝貴族における人格と身体研究論集》，滨松市：河合文化教育研究所，2006年。

⑤ 阎步克，《中古士族的容止崇尚与古代选官的以貌取人》，见《国学：多学科的视角》，北京：北京大学出版社，2007年，第321～348页。

⑥ ［汉］司马迁，《史记》，北京：中华书局，1959年，第1090页。

⑦ ［汉］刘向，《战国策》，上海：上海古籍出版社，1985年，第324页。

⑧ ［汉］班固，《汉书》，北京：中华书局，1962年，第2841页。

⑨ ［南朝宋］范晔，《后汉书》，北京：中华书局，1965年，第573页。

⑩ 同上注，第2628页。

⑪ ［唐］房玄龄，《晋书》，北京：中华书局，1974年，第1369页。

好，坚强老寿，百岁左右；下世之人短小陋丑，夭折早死。何则？上世和气纯渥，婚姻以时，人民禀善气而生，生又不伤，骨节坚定，故长大老寿，状貌美好。下世反此，故短小夭折，形面丑恶。此言妄也。”[①]

南朝士人都很看重身高。《梁书·王茂传》：“身长八尺，洁白美容观。齐武帝布衣时，见之叹曰：‘王茂年少，堂堂如此，必为公辅之器。’”[②]《梁书·康绚传》：“绚身长八尺，容貌绝伦，虽居显官，犹习武艺。”[③]《梁书·鱼弘传》：“鱼弘，襄阳人。身长八尺，白皙美姿容。”[④]《梁书·何敬容传》：“敬容身长八尺，白皙美须眉。性矜庄，衣冠尤事鲜丽，每公庭就列，容止出人。”[⑤]《梁书·韦粲传》：“韦粲好学仗气，身长八尺，容貌甚伟。”[⑥]《南史·柳仲礼传》：“仲礼，勇力兼人，少有胆气，身长八尺，眉目疏朗。”[⑦]《南史·崔偃传》：“偃，年十八便身长八尺，博涉书记，善虫篆。”[⑧]《南史·鲍泉传》：“泉美须髯，善举止，身长八尺，性甚警悟。博涉史传，兼有文笔。”[⑨]《南齐书·刘善明传》：“善明身长七尺九寸。”[⑩]《梁书·到溉传》：“溉身长八尺，美风仪，善容止，所莅以清白自修。”[⑪]《梁书·范岫传》：“岫身长七尺八寸，恭敬俨恪，进止以礼。”[⑫]《梁书·羊侃传》：“侃少而瑰伟，身长七尺八寸，雅爱文史，博涉书记，尤好《左氏春秋》及孙吴兵法。”[⑬]《梁书·韦放传》：“放身长七尺七寸，腰带八围，容貌甚伟。”[⑭]《梁书·吕僧珍传》：

---

① ［汉］王充，《论衡》，四部丛刊景通津草堂本，第 18 卷，第 729 页。
② ［唐］姚思廉，《梁书》，北京：中华书局，1973 年，第 175 页。
③ 同上注，第 291 页。
④ 同上注，第 422 页。
⑤ 同上注，第 531 页。
⑥ 同上注，第 605 页。
⑦ ［唐］李延寿，《南史》，北京：中华书局，1975 年，第 992 页。
⑧ 同上注，第 1143 页。
⑨ 同上注，第 1529 页。
⑩ ［梁］萧子显，《南齐书》，北京：中华书局，1972 年，第 526 页。
⑪ ［唐］姚思廉，《梁书》，北京：中华书局，1973 年，第 568 页。
⑫ 同上注，第 392 页。
⑬ 同上注，第 557 页。
⑭ 同上注，第 423 页。

"身长七尺五寸，容貌甚伟。在同类中少所亵狎，曹辈皆敬之。"[①]《宋书·自序》："（沈林子）时年十八，身长七尺五寸。"[②]《梁书·张缵传》："起家秘书郎，时年十七。身长七尺四寸，眉目疏朗，神采爽发。"[③]《梁书·陶弘景传》："及长，身长七尺四寸，神仪明秀，朗目疏眉，细形长耳。读书万余卷。善琴棋，工草隶。未弱冠，齐高帝作相，引为诸王侍读，除奉朝请。"[④]《陈书·江德藻传》："德藻好学，善属文。美风仪，身长七尺四寸。"[⑤]《南史·顾越传》："长七尺三寸，美须眉。"[⑥]

七尺五寸是南朝士大夫审美的基本标准。刘之遴《启皇太子》："生有七尺之形，终为一棺之土。"[⑦]身高不满七尺，是一个很大的缺陷，甚至会对仕途造成很大的负面影响。《晋书·戴洋传》："为人短陋，无风望。"[⑧]《南史·沈攸之传》："攸之少孤贫，元嘉二十七年，魏军南攻，朝廷发三吴之众，攸之亦行。及至建邺，诣领军将军刘遵考求补白丁队主。遵考以为形陋不堪，攸之叹曰：'昔孟尝君身长六尺为齐相，今求士取肥大者哉。'因随庆之征讨。"[⑨]齐高祖时代，像侍中这样的职位，一般以美姿容者担当。《通典·职官典》："齐侍中高功者，称侍中祭酒。其朝会，多以美姿容者兼官。"[⑩]《南齐书·陆慧晓传》："后欲用（陆慧晓）为侍中，以形短小，乃止。"[⑪]任昉《为萧扬州荐士表》中说到"势门上品，犹当格以清谈；英俊下僚，不可限以位貌"，这正好可以说明位貌在当时铨选中相当重要。

重视身高的风气，首先来自皇室。南朝开国帝王，大多都是行伍出

---

① ［唐］姚思廉，《梁书》，北京：中华书局，1973 年，第 211 页。
② ［梁］沈约，《宋书》，北京：中华书局，1974 年，第 2453 页。
③ ［唐］姚思廉，《梁书》，北京：中华书局，1973 年，第 493 页。
④ 同上注，第 742 页。
⑤ ［唐］姚思廉，《陈书》，北京：中华书局，1972 年，第 456 页。
⑥ ［唐］李延寿，《南史》，北京：中华书局，1975 年，第 1753 页。
⑦ ［唐］姚思廉，《梁书》，北京：中华书局，1973 年，第 571 页。
⑧ ［唐］房玄龄，《晋书》，北京：中华书局，1974 年，第 2469 页。
⑨ ［唐］李延寿，《南史》，北京：中华书局，1975 年，第 964 页。
⑩ ［唐］杜佑，《通典》，北京：中华书局，1988 年，第 548 页。
⑪ ［梁］萧子显，《南齐书》，北京：中华书局，1972 年，第 807 页。

身，皇帝及皇室成员一般身材高大。《宋书·武帝本纪》："及长，身长七尺六寸，风骨奇特。"[①]《宋书·文帝本纪》："时年十四，长七尺五寸，博涉经史，善隶书。"[②]《宋书·刘劭传》："（刘劭，年）十三，加元服。好读史传，尤爱弓马，及长，美须眉，大眼方口，长七尺四寸。亲览宫事，延接宾客，意之所欲，上必从之。"[③]《宋书·南郡王义宣传》："白皙，美须眉，长七尺五寸，腰带十围。"[④]《南史·齐高帝纪》："高帝以宋元嘉四年丁卯岁生，姿表英异，龙颡钟声，长七尺五寸，鳞文遍体。"[⑤]《南齐书·萧嶷传》："嶷身长七尺八寸，善持容范，文物卫从，礼冠百僚，每出入殿省，皆瞻望严肃。"[⑥]《梁书·萧子显传》："子显伟容貌，身长八尺。好学，工属文。"[⑦]《陈书·高祖纪》："（高祖）身长七尺五寸，日角龙颜，垂手过膝。"[⑧]其次，身高是北方人对南方人的地域歧视的体现。因为北方势族更重身高和军功，身材比南方也要高一些。[⑨]《文献通考》："昔者战国常用之矣，蜀人之怯懦，吴人之短小，皆尝以抗衡于上国，夫安得禁兵而用之?"[⑩]此外，南朝的官制也对身高有要求。南朝文士出仕之初，往往要在幕府里兼任武职，外放太守一定要做挂职将军，这对身高也有一定的要求，所谓资兼文武。《梁书·到洽传》："谢朓文章盛于一时，见洽深相赏好，日引与谈论。每谓洽曰：'君非直名人，乃亦兼资文武。'"[⑪]《南史·张永传》："永涉猎书史，能

① ［梁］沈约，《宋书》，北京：中华书局，1974 年，第 1 页。
② 同上注，第 71 页。
③ 同上注，第 2423 页。
④ 同上注，第 1799 页。
⑤ ［唐］李延寿，《南史》，北京：中华书局，1975 年，第 1241 页。
⑥ ［梁］萧子显，《南齐书》，北京：中华书局，1972 年，第 414 页。
⑦ ［唐］姚思廉，《梁书》，北京：中华书局，1973 年，第 511 页。
⑧ ［唐］姚思廉，《陈书》，北京：中华书局，1972 年，第 1 页。
⑨ 阎步克，《中古士族的容止崇尚与古代选官的以貌取人》，见《国学：多学科的视角》，北京：北京大学出版社，2007 年，第 321 ～ 348 页。
⑩ ［元］马端临，《文献通考》，文渊阁四库全书本，第 152 卷，第 12013 页。
⑪ ［唐］姚思廉，《梁书》，北京：中华书局，1973 年，第 403 页。

为文章，善隶书，骑射杂艺，触类兼善。又有巧思，益为文帝所知。”①

当然，也有一些身材矮小者，因其才华特别出众，受到世人的重视。这算是特例了，史书往往也要写上一笔。《宋书·范晔传》：“晔长不满七尺，肥黑，秃眉须。善弹琵琶，能为新声。”②《梁书·王筠传》：“筠状貌寝小，长不满六尺。性弘厚，不以艺能高人，而少擅才名，与刘孝绰见重当世。”③《南史·萧赉传》：“同弟赉字文奂，形不满六尺，神识耿介。幼好学。”④《南史·何尚之传》：“尚之爱尚文义，老而不休。与太常颜延之少相好狎，二人并短小，尚之常谓延之为沐，延之目尚之为猴。同游太子西池，延之问路人云：‘吾二人谁似猴?’路人指尚之为似。延之喜笑，路人曰：‘彼似猴耳，君乃真猴。’”⑤《南史·江禄传》：“禄字彦遐，幼笃学有文章，工书善琴。形貌短小，神明俊发。”⑥《南史·刘彀传》：“显从弟彀字仲宝。形貌短小，儒雅博洽，善辞翰，随湘东王在蕃十余年，宠寄甚深。”⑦

孝友、好学、魁伟三个基本条件都具备的任昉，应该有很好的仕途，年纪轻轻就应该位极人臣。然而，他一生却辗转多方，多年不得志，直到晚年才勉强实现自己的政治抱负。其间的种种缘由，考察于下。

第二节　仕刘宋

一、宋丹阳尹刘秉主簿，宋后废帝元徽三年（475），任昉16岁

任昉的仕途是从刘宋开始的。他的第一份职务，是丹阳尹刘秉的主

① ［唐］李延寿，《南史》，北京：中华书局，1975年，第805页。
② ［梁］沈约，《宋书》，北京：中华书局，1974年，第1841页。
③ ［唐］姚思廉，《梁书》，北京：中华书局，1973年，第486页。
④ ［唐］李延寿，《南史》，北京：中华书局，1975年，第1106页。
⑤ 同上注，第785页。
⑥ 同上注，第944页。
⑦ 同上注，第1241页。

簿。《梁书·任昉传》说："宋丹阳尹刘秉辟为主簿。时昉年十六。"[①]《南齐书·百官志》，丹阳尹为侍中所领，位次九卿下。刘秉是刘宋的宗室，为王朝的四大元老之一。《南齐书·高帝纪》："太祖戎服出殿庭槐树下，召四贵集议。太祖谓刘秉曰：'丹阳国家重戚，今日之事，属有所归。'秉让不当。太祖次让袁粲，粲又不受。太祖乃下议，备法驾诣东城，迎立顺帝。于是长刀遮粲、秉等，各失色而去。"[②]从州辟要身出名家才成。《梁书·康绚传》："齐文帝为雍州刺史，所辟皆取名家，绚特以才力召为西曹书佐。"[③]主簿是一个什么样的官职呢？顾炎武说："《周礼·司会》注：'主计会之簿书。'疏云：'簿书者，古有简策以记事，若在君前，以笏记事。后代用簿。簿，今手版。故云吏当持簿，簿则簿书也。'"[④]所谓主簿，就是地方官的书记员，跟在地方官旁边对其行事做一些文字记载。官阶在九品以下，不算是朝官，只能视作在地方府衙做见习生。不过，主簿却是一般士子仕进的必由之路，一般都要待上几个月。按理，任昉应该有个好前程，但年轻气盛的任昉却出了意外。《梁书·任昉传》："以气忤秉子。久之，为奉朝请。"[⑤]刘秉有两个儿子，一个叫刘承，一个叫刘俣。任昉不知得罪了其中的哪一个，也不知道是因为什么事而得罪的。任昉到底做了多久的丹阳尹主簿，似乎不可考。但《文选·出郡传舍哭范仆射》李善注引刘璠《梁典》说："十六举秀才第一。"[⑥]因此我们知道，任昉担任丹阳尹主簿、奉朝请都是元徽二年（474）的事。本传所谓"久之"，不过一年的时间，实际上并不久。这次开罪刘家人，并不是坏事。据《梁书·陶季直传》，刘秉跟袁粲两人对萧道成权势日盛很不满，想找陶季直联手扳倒萧道成，于是找陶季直商量对策。陶季直认为他们是

---

① ［唐］姚思廉，《梁书》，北京：中华书局，1973 年，第 254 页。

② ［梁］萧子显，《南齐书》，北京：中华书局，1972 年，第 10 页。

③ ［唐］姚思廉，《梁书》，北京：中华书局，1973 年，第 290 页。

④ ［清］顾炎武，《日知录》，文渊阁四库全书本，第 24 卷，第 2216 页。

⑤ ［唐］姚思廉，《梁书》，北京：中华书局，1973 年，第 254 页。

⑥ ［梁］萧统，《文选》，上海：上海古籍出版社，1986 年，第 1100 页。

两个儒生，成不了事，坚决不参与。后来，刘秉被萧道成以谋反罪处死。[①]

二、宋奉朝请，元徽三年（475），任昉16岁

《南史·任昉传》："初为奉朝请。"《宋书·百官志》："奉朝请，无员，亦不为官。汉东京罢省三公、外戚、宗室、诸侯，多奉朝请。奉朝请者，奉朝会请召而已。晋武帝亦以宗室外戚为奉车、驸马、骑都尉，而奉朝请焉。元帝为晋王，以参军为奉车都尉，掾属为驸马都尉，行参军、舍人为骑都尉，皆奉朝请。后省奉车、骑都尉，唯留驸马都尉、奉朝请。永初以来，以奉朝请选杂，其尚主者唯拜驸马都尉。三都尉并汉武帝置。孝建初，奉朝请省。驸马都尉、三都尉秩比二千石。"[②]奉朝请召，跟在皇帝身边，知晓一些朝廷大事，比起在地方官府上做主簿，见识相对要广一些，因此是一个十分重要的见习岗位，一般由皇帝的贵戚或重臣之后担任。如《宋书·后妃武帝胡婕妤传》："太后兄子元庆，位至奉朝请。"[③]这是外戚任朝请之例。《宋书·檀道济传》载刘宋名臣檀道济之孙"孺乃被宥，世祖世，为奉朝请"[④]。这是三公后代任奉朝请之例。《宋书·刘义宗传》宗室刘谟、刘遐也曾官奉朝请。[⑤]这是宗室任奉朝请之例。《宋书》还有驸马都尉、奉朝请徐道娱[⑥]、吕训[⑦]、荀伯子[⑧]、潘思先[⑨]、刘秀之[⑩]、顾琛[⑪]、沈焕[⑫]、沈劭[⑬]等人。奉朝请不是朝官，也

---

① ［梁］沈约，《宋书》，北京：中华书局，1974年，第761页。
② 同上注，第1245页。
③ 同上注，第1283页。
④ 同上注，第1344页。
⑤ 同上注，第1469页。
⑥ 同上注，第384页。
⑦ 同上注，第1406页。
⑧ 同上注，第1627页。
⑨ 同上注，第1700页。
⑩ 同上注，第2073页。
⑪ 同上注，第2076页。
⑫ 同上注，第2447页。
⑬ 同上注，第2459页。

没有品第，不受朝廷编制限制，人数很多，到了萧齐，更为泛滥。《南齐书·百官志》："永明中，奉朝请至六百余人。"《宋书·王敬弘传》："子恢之被召为秘书郎，敬弘为求奉朝请，与恢之书曰：'秘书有限，故有竞。朝请无限，故无竞。吾欲使汝处于不竞之地。'太祖嘉而许之。"因此，士族青年都把奉朝请作为做朝官的开始，《南史·任昉传》说是"初为"，意为解褐了，起家了。南朝文士中，荀伯子[1]、江谧[2]、谢超宗[3]、崔慰祖[4]、王茂[5]、沈约[6]、范岫[7]、明山宾[8]、夏侯亶[9]、江革[10]、司马褧[11]、孙颢[12]、沈崇傃[13]、刘霽[14]、司马筠[15]、刘昭[16]、何逊[17]、刘沼[18]、刘勰[19]、任孝恭[20]、伏暅[21]、郑灼[22]、庾杲之[23]、山宾[24]等都是以奉朝请为基础步入仕途的。奉朝请之后，一般可外派为刺史。《宋书·明帝纪》："以奉朝请郑黑为司州刺史。"又："奉朝请孔玉为宁州刺史。"[25]也有的升任朝廷中的重要职务。《南史·任孝恭传》："外祖丘它与武帝有旧，帝

---

① ［梁］沈约，《宋书》，北京：中华书局，1974 年，第 1627 页。
② ［梁］萧子显，《南齐书》，北京：中华书局，1972 年，第 569 页。
③ 同上注，第 635 页。
④ 同上注，第 901 页。
⑤ ［唐］姚思廉，《梁书》，北京：中华书局，1973 年，第 175 页。
⑥ 同上注，第 205 页。
⑦ 同上注，第 391 页。
⑧ 同上注，第 405 页。
⑨ 同上注，第 418 页。
⑩ 同上注，第 523 页。
⑪ 同上注，第 567 页。
⑫ 同上注，第 645 页。
⑬ 同上注，第 649 页。
⑭ 同上注，第 657 页。
⑮ 同上注，第 674 页。
⑯ 同上注，第 692 页。
⑰ 同上注，第 693 页。
⑱ 同上注，第 708 页。
⑲ 同上注，第 710 页。
⑳ 同上注，第 726 页。
㉑ 同上注，第 774 页。
㉒ ［唐］姚思廉，《陈书》，北京：中华书局，1972 年，第 441 页。
㉓ ［唐］李延寿，《南史》，北京：中华书局，1975 年，第 1209 页。
㉔ 同上注，第 1243 页。
㉕ ［梁］沈约，《宋书》，北京：中华书局，1974 年，第 166 页。

闻其有才学，召入西省撰史。初为奉朝请，进直寿光省，为司文侍郎，俄兼中书通事舍人。”[①]

三、宋征北将军刘景素行参军，元徽三年（475），任昉16岁

《梁书·任昉传》：“迁征北行参军。”征北行参军，是讲任昉在征北将军府上做行参军。《宋书·百官志》载，征东、征南、征西、征北将军各一人，魏武帝时置，秩三千石，位次三公。[②]当时的征北将军，是建平王刘景素。《宋书·后废帝纪》：“镇北将军，南徐州刺史建平王景素进号征北将军，并开府仪同三司。”《宋书·刘景素传》刘琎上向萧道成上书曰：“王博闻而容众，与谏而爱士，与人言呴呴若有伤。闻人之善，誉而进之，见人之恶，掩而诲之。”《宋书·刘景素传》：“景素少爱文义，有父风。”《南史·刘景素传》：“景素好文章书籍。招集才义之士，以收名誉，由是朝野属意。”《宋书·刘景素传》：“景素因此稍为自防之计，与司马庐江何季穆、录事参军陈郡殷沵、记室参军济阳蔡履、中兵参军略阳垣庆延、左右贺文超等谋之，以参军沈颙、毌丘文子、左暄、州西曹王潭等为爪牙。季穆荐从弟豫之为参军，景素遣豫之、潭、文超等去来京邑，多与金帛，要结才力之士。”与任昉同在建平王府任职的有江淹、刘琎、王螭、何昌宇、李尉之。《梁书·江淹传》：“宋建平王素好士，淹随景素在南兖州。”《南齐书·刘琎传》：“举秀才，建平王景素征北主簿，深见礼遇。”《宋书·刘景素传》：“景素败后，故记室参军王螭、故主簿何昌宇并上书讼景素之冤。齐受禅，建元初，故景素秀才刘琎又上书曰。”[③]元徽三年（475），罢免刘景素的征北将军。任昉就不再担任此职了。与任昉同在建平王府的有江淹，乐法才，任主簿，征北刑

---

① ［唐］李延寿，《南史》，北京：中华书局，1975年，第1784页。
② ［梁］沈约，《宋书》，北京：中华书局，1974年，第1225页。
③ 同上注，第1863页。

狱参军。[①]行参军的级别与奉朝请相当。《宋书·百官志》："参军、舍人为骑都尉，皆奉朝请。"[②]到军中历练，是南朝士子较普遍的做法。任昉后来做义兴、新安太守，兼任将军，这个行参军为后来的任职打下一定的基础。据南朝诸史记载，担任过征北行参军职务的士子较多，还有殷琰[③]为江夏王刘义恭征北行参军，邓琬[④]为南谯王刘义宣征北行参军，薛安都[⑤]为王濬征北行参军，垣崇祖[⑥]、王湛[⑦]为义阳王征北行参军，江观[⑧]为建安王征北行参军，恒护之[⑨]、诸葛诩[⑩]、萧惠基[⑪]、刘昭[⑫]等人也曾担任过征北行参军之职。南朝文人，很多有从军做行参军的经历，如顾亮[⑬]做过桓谦中军行参军，谢晙[⑭]做过中军行参军。

四、宋后废帝太学博士，元徽四年（476），任昉17岁

《南史·任昉传》："举兖州秀才，拜太学博士。"[⑮]但《梁书·任昉传》却说他是"太常博士"[⑯]。究竟哪一种说法准确呢？太常博士自古有之，是掌管祖先祭祀的官员，周时有春官宗伯，秦时有奉常，汉时有太常。后汉以来，这个职务逐渐虚化。到了南朝，就更加式微了。《宋书·百官志》："太常，一人。舜摄帝位，命伯夷作秩宗，掌三礼，即其任也。周时曰宗伯，是为春官，掌邦礼。秦改曰奉常，汉因之。景帝中年，更名

① ［梁］沈约，《宋书》，北京：中华书局，1974年，第302页。
② 同上注，第1245页。
③ 同上注，第2203页。
④ 同上注，第2129页。
⑤ 同上注，第2216页。
⑥ ［梁］萧子显，《南齐书》，北京：中华书局，1972年，第459页。
⑦ 同上注，第616页。
⑧ ［唐］姚思廉，《梁书》，北京：中华书局，1973年，第523页。
⑨ ［梁］沈约，《宋书》，北京：中华书局，1974年，第1448页。
⑩ 同上注，第2428页。
⑪ ［梁］萧子显，《南齐书》，北京：中华书局，1972年，第810页。
⑫ ［唐］姚思廉，《梁书》，北京：中华书局，1973年，第692页。
⑬ ［梁］沈约，《宋书》，北京：中华书局，1974年，第1336页。
⑭ 同上注，第1559页。
⑮ ［唐］李延寿，《南史》，北京：中华书局，1975年，第252页。
⑯ ［唐］姚思廉，《梁书》，北京：中华书局，1973年，第254页。

曰太常。应劭曰：‘欲令国家盛大常存，故称太常。’前汉常以列侯忠孝敬慎者居之，后汉不必列侯也。”又：“博士，班固云，秦官。史臣案，六国时往往有博士，掌通古今。汉武建元五年，初置五经博士。……而聪明有威重者一人为祭酒。魏及晋西朝置十九人，江左初减为九人，皆不知掌何经。元帝末，增《仪礼》《春秋公羊》博士各一人，合为十一人。后又增为十六人，不复分掌五经，而谓之太学博士也。秩六百石。”中国的博士制度始于战国，到秦成为定制，是国家的智库，汉代则将博士视为掌握专门之学的高等教育专家。赵翼说：“按博士本师长之称，汉武帝立五经博士，为置弟子五十人，后四方来学者皆诣博士受业，故其时弟子称师皆曰博士。沿及六朝，此风不改。《宋书》：王微为儿时从博士读《小小章句》。《北史》：刘昼知宋世良家多书，乃求为其子博士，恣意披览。北齐张景仁教太原王绍德书，武成帝又令景仁侍后主书，后主呼为博士。登极后，与左右语，犹称张博士。武成又为琅琊王俨求博士，得张雕武与景仁，号二张博士。后周文帝置学东馆，教诸将子弟，以樊深为博士。可见博士犹先生云尔。”[①]《梁书》本传说任昉拜太常博士，那是沿袭了东晋以前的说法，是不准确的。《南齐书·百官志》：“太常。……领官如左：博士，谓之太学博士；国子祭酒一人，博士二人，助教十人。建元四年，有司奏置国学，祭酒准诸曹尚书，博士准中书郎，助教准南台御史。选经学为先。若其人难备，给事中以还明经者，以本位领。”[②]唐长孺说：“我们根据史籍，知道所谓博士，本来是指专经的儒生，由于设置授徒或充当家馆客，多为儒生，又成为学徒对老师的称谓。”[③]南朝太学博士有两类，其一是掌握了某门专门之学，担负起国家教育和智库的专家学者。如《宋书·礼志》中提到的荀万秋、徐藻、王膺、顾雅、陆澄、虞龢、周山文、孙豁之、司马兴之、王温之、江长、

① ［清］赵翼：《陔余丛考》，清乾隆五十五年（1785）湛贻堂藏本，第37卷。

② ［梁］萧子显，《南齐书》，北京：中华书局，1972年，第315页。

③ 唐长孺，《魏晋南北朝史论拾遗》，北京：中华书局，1983年，第279页。

徐宏、孙勃、王祀、徐乾、徐道娱、江邃、袁朗、徐道娱、陈珉、傅休、王夔之、刘绲、殷灵祚等人。[①]但任昉明显不属于这类太学博士。任昉在职时还只有16岁，就算他再怎么聪颖，也不大可能成为皇家智库或专家。这说明，在当时，太学博士进一步虚化，更倾向于指代学生而不是学官，与奉朝请差不多。按《宋书·百官志》，博士为六品，有品第，领薪水，南朝士子都把它当作入仕的阶梯。与任昉情况相似的还有范泰[②]、贾匪之[③]、颜竣[④]、萧嶷[⑤]、到㧑[⑥]、陆澄[⑦]、贾渊[⑧]、周捨[⑨]、萧琛[⑩]、顾协[⑪]、徐摛[⑫]、王僧孺[⑬]、刘之遴[⑭]、刘之亨[⑮]、范缜[⑯]、贺玚[⑰]等。

在刘宋一朝，不到20岁的任昉共做了四个职位：丹阳尹主簿、奉朝请、征北行参军、太学博士，或应州辟，或潜幕府，或为学官，或任军职。根据现有的史料，我们无法确切地考实任昉在刘宋王朝中履职的基本情况，联系当时士人的普遍情况，我们知道他的职位很卑微，俸禄也很少。

第三节　仕萧齐

在刘宋王朝基层转了一圈，本该升职的任昉，却碰上了改朝换代。

---

① ［梁］沈约，《宋书》，北京：中华书局，1974年，第327～532页。
② 同上注，第1615页。
③ 同上注，第1851页。
④ 同上注，第1959页。
⑤ ［梁］萧子显，《南齐书》，北京：中华书局，1972年，第405页。
⑥ 同上注，第647页。
⑦ 同上注，第681页。
⑧ 同上注，第906页。
⑨ ［唐］姚思廉，《梁书》，北京：中华书局，1973年，第375页。
⑩ 同上注，第396页。
⑪ 同上注，第445页。
⑫ 同上注，第446页。
⑬ 同上注，第469页。
⑭ 同上注，第572页。
⑮ 同上注，第574页。
⑯ 同上注，第671页。
⑰ 同上注，第672页。

他曾两次在刘宋宗室府里做幕僚。他的第一个主子刘秉因不满萧道成权势过盛，被萧道成所杀。[①]第二个主子刘景素年轻时就有美名，朝野有人希望他取代宋废帝，他听从谣言，起兵造反，被萧氏所灭。[②]萧道成将刘宋宗室逐个消灭后，于479年坐上了皇位。萧道成对刘景素旧部心存猜忌。《宋书·刘景素传》记载刘景素死后，他的僚属故记室参军王螭、故主簿何昌宇并上书讼景素之冤，齐受禅，建元初年，故景素秀才刘琎又上书要以王礼返葬刘景素，萧道成都没有回应。对于刘景素的旧僚，萧道成是这样处理的："垣庆延、祗祖、左暄、贺文超并伏诛，殷沵、蔡履徙梁州，何季穆先迁官，故不及祸，其余皆逃亡，值赦得免。"[③]尽管任昉在事发前已离开刘景素府转任太学博士，应在赦免之列，但这并不表示萧道成不追究。在萧道成主政的宋升明元年（477）到齐建元四年（482）的六年间，任昉一直都在赋闲中。

一、齐卫将军王俭丹阳尹主簿，永明二年至永明三年（484 ～ 485），任昉 25 ～ 26 岁

《梁书·任昉传》："永明初，卫将军王俭领丹阳尹，复引为主簿。"[④]任昉《王文宪集序》："二年，以本官领丹阳尹。"因此，我们知道，任昉重做丹阳尹主簿在永明二年（484）。任昉此次得以重登仕途，主要是因为他的文章写得好，被王俭看中。《梁书·任昉传》："俭雅钦重昉，以为当时无辈。"[⑤]任昉《王文宪集序》说："昉行无异操，才无异能，得奉名节，迄将一纪。"王俭卒于永明七年（489），由此上推十二年，当为升明二年（478），任昉19岁。直到萧道成过世，王俭才能起用任昉，让他帮助写一些文稿。王俭当时的地位很高，任昉做他的主簿，

① ［梁］萧子显，《南齐书》，北京：中华书局，1972年，第12页。
② 同上注，第10页。
③ ［梁］沈约，《宋书》，北京：中华书局，1974年，第1863页。
④ ［唐］姚思廉，《梁书》，北京：中华书局，1973年，第252页。
⑤ 同上。

应该是一个很有前途的职位。但好景不长，便解丹阳尹。任昉《王文宪集序》："三年，解丹阳尹。"王俭在与文惠太子、萧子良集团的斗争中节节失利，不再担任丹阳尹，任昉自然也就不能做丹阳尹主簿了。任昉与王俭府里文士们的交游活动，我们放到下一章再来专门讨论。

二、齐司徒竟陵王刑狱参军事，永明三年（485），任昉26岁

《梁书·任昉传》："迁司徒刑狱参军事。"[①]任昉从王俭幕府出来后，随即进入萧子良幕府。当时萧子良为司徒，任昉做司徒刑狱参军事，主要负责审理囚犯，品级与主簿差不多。如范云就曾任征北南郡王刑狱参军事，领主簿如故，迁尚书殿中郎[②]，岑之敬曾任武陵王安西府刑狱参军事[③]，何之元曾任安西刑狱参军[④]，荀伯玉曾任齐高帝冠刑狱参军[⑤]，杜之伟曾任邵陵王刑狱参军[⑥]。这是一个比较卑微的职位。《陈书·杜之伟传》："又转刑狱参军。之伟年位甚卑，特以强识俊才，颇有名当世。"[⑦]这为任昉后来出任御使中丞打下一定的基础。任昉这一次能在复杂的政治斗争中顺利脱身，没有受到宋、齐易代的影响，当与他的母族有关系。

三、齐武帝尚书殿中郎，永明三年（485），任昉26岁

《梁书·任昉传》："入为尚书殿中郎。"[⑧]《晋书·职官志》，尚书郎，西汉旧置四人，分掌匈奴单于营部、羌夷吏民、户口垦田和财帛委书等。至魏，尚书郎有殿中、吏部、驾部凡二十三郎。[⑨]刘宋置二十曹

① ［唐］姚思廉，《梁书》，北京：中华书局，1973年，第254页。
② 同上注，第230页。
③ ［唐］姚思廉，《陈书》，北京：中华书局，1972年，第462页。
④ 同上注，第466页。
⑤ ［唐］李延寿，《南史》，北京：中华书局，1975年，第1167页。
⑥ 同上注，第1787页。
⑦ ［唐］姚思廉，《陈书》，北京：中华书局，1972年，第454页。
⑧ ［唐］姚思廉，《梁书》，北京：中华书局，1973年，第254页。
⑨ ［唐］房玄龄，《晋书》，北京：中华书局，1974年，第731页。

郎。[①]接待外使是尚书殿中郎的职责之一。任昉与宗夬同接魏使。《梁书·宗夬传》："永明中，与魏和亲，敕夬与尚书殿中郎任昉同接魏使，皆时选也。"[②]在当时，接待魏使的人要求学识、文笔、辩才俱佳。《南齐书·谢朓传》："寻以本官兼尚书殿中郎。隆昌初，敕朓接北使，朓自以口讷，启让不当，不见许。"《梁书·范缜传》范缜之子范胥："有口辩，大同中，常兼主客郎，对接北使。"《梁书·范岫传》："永明中，魏使至，有诏妙选朝士有词辩者，接使于界首，以岫兼淮阴长史迎焉。"在接待北方来使的过程中经常发生一些有趣的争辩。《南齐书·张融传》："上使融接北使李道固，就席，道固顾之而言曰：'张融是宋彭城长史张畅子不？'融频蹙久之，曰：'先君不幸，名达六夷。'"尚书殿中郎不算高级别官员。《南齐书·陆慧晓传》："太祖辅政，除为尚书殿中郎。邻族来相贺，慧晓举酒曰：'陆慧晓年踰三十，妇父领选，始作尚书郎，卿辈乃复以为庆邪？'"[③]《南史·庾杲之传》："杲之尝兼主客郎对魏使，使问杲之曰：'百姓那得家家题门帖卖宅？'答曰：'朝廷既欲扫荡京洛，克复神州，所以家家卖宅耳。'魏使缩鼻而不答。"[④]

四、齐司徒竟陵王萧子良记室参军，永明三年（485），任昉26岁

《梁书·任昉传》："转司徒竟陵王记室参军。"[⑤]《宋书·百官志》："宋太宗已来，皇子、皇弟虽非都督，亦置记室参军。"《通典·职官》："建安王为雍州刺史，表求管记，乃以江革为征北记室参军。革弟观又为参军兼记室。任昉曰：'文房之任，总卿兄弟。'故历代皆为文士之华选云。"[⑥]任昉的仕途，可比照同由竟陵王府出身的范云。《梁书·范云传》：

---

① ［梁］沈约，《宋书》，北京：中华书局，1974年，第1236页。
② ［唐］姚思廉，《梁书》，北京：中华书局，1973年，第299页。
③ ［梁］萧子显，《南齐书》，北京：中华书局，1972年，第805页。
④ ［唐］李延寿，《南史》，北京：中华书局，1975年，第1210页。
⑤ ［唐］姚思廉，《梁书》，北京：中华书局，1973年，第254页。
⑥ ［唐］杜佑，《通典》，北京：中华书局，1988年，第524页。

“王为丹阳尹，召为主簿，深相亲任。……转补征北南郡王刑狱参军事，领主簿如故，迁尚书殿中郎。子良为司徒，又补记室参军事，寻授通直散骑侍郎、领本州岛大中正。”[①]记室参军主要从事起草文件以及参谋咨询工作，其职能可比晋后东海王司马越记室参军孙惠：“职文疏，预参谋议。”[②]任昉因父母相继去世，服丧去职。《梁书·任昉传》：“以父忧去职。性至孝，居丧尽礼。”

五、齐文惠太子步兵校尉，管东宫书记，永明八年（490），任昉31岁

《梁书·任昉传》：“服阕，续遭母忧，常庐于墓侧，哭泣之地，草为不生。服除，拜太子步兵校尉，管东宫书记。”[③]《南史·任昉传》说这次出仕得到了齐明帝的赏识：“齐明帝深加器异，欲大相擢引，为爱憎所白，乃除太子步兵校尉，掌东宫书记。”此两处记录任昉除太子步兵校尉，掌东宫书记时间不相同。一为服除，当为永明八年（490），入文惠太子东宫。一为明帝所擢，当在建武元年（494），入东昏侯东宫。任昉并非被齐明帝所提拔进入东昏侯东宫，《南史》本传所记有误。任昉服父母丧尽孝，得到从中表亲文惠太子的赏识，加之有竟陵王萧子良的推荐，即进入太子府。《南齐书·竟陵文宣王传》：“又与文惠太子同好释氏，甚相友悌。”[④]《宋书·百官志》：“屯骑校尉、步兵校尉、越骑校尉、长水校尉、射声校尉。五校并汉武帝置。……秩二千石。”[⑤]太子翊军、步兵、屯骑三校尉，属东宫职僚，一般由甲族有才望的年轻士子担任。《梁书·庾于陵传》：“旧事，东宫官属，通为清选，洗马掌文翰，尤其

① ［唐］姚思廉，《梁书》，北京：中华书局，1973 年，第 230 页。
② ［唐］房玄龄，《晋书》，北京：中华书局，1974 年，第 1883 页
③ ［唐］姚思廉，《梁书》，北京：中华书局，1973 年，第 254 页。
④ ［梁］萧子显，《南齐书》，北京：中华书局，1972 年，第 700 页。
⑤ ［梁］沈约，《宋书》，北京：中华书局，1974 年，第 1254 ～ 1255 页。

清者。近世用人，皆取甲族有才望，时于陵与周捨并擢充职。”[①]太子步兵校尉，有武职与文职两种。武职可领军作战，如沈庆之，《宋书·孝武帝纪》：“时缘江蛮为寇，太祖遣太子步兵校尉沈庆之等伐之。”[②]文职可作表上疏，任昉即掌东宫书记，如范述曾职事。《梁书·范述曾传》：“齐初，至南郡王国郎中令，迁尚书主客郎、太子步兵校尉，带开阳令。述曾为人謇谔，在宫多所谏争，太子虽不能全用，然亦弗之罪也。竟陵王深相器重。”[③]

六、齐东昏侯仪曹郎，永明八年（490），任昉31岁

《南齐书·王慈传》有“仪曹郎任昉议”文字。《南史·孔休源传》：“武帝尝问吏部尚书徐勉，求一有学艺解朝仪者，为尚书仪曹郎。”《通典·职官》：“魏尚书有仪曹郎，掌吉凶礼制。历代多有，例在吏部篇。宋、齐仪曹属祠部。”[④]任昉仪曹郎任上作有《齐明帝谥议》。

七、齐东昏侯中书侍郎，永元二年庚辰（500），任昉41岁

《梁书·任昉传》:“明帝崩,迁中书侍郎。”[⑤]还记载了任昉这次受到提拔的原因:“昉雅善属文,尤长载笔,才思无穷,当世王公表奏,莫不请焉。昉起草即成,不加点窜。沈约一代词宗,深所推挹。”[⑥]《梁书》据国史立传,有美必书之,有恶必讳之,故但录其文采,纡意于梅虫儿一事则隐焉。[⑦]被《梁书》隐瞒的逸闻,多记于《南史》中。《南史·任昉传》载:“永元中,纡意于梅虫儿,东昏中旨用为中书郎。”《南史·茹法珍传》:“茹法珍,会稽人;梅虫儿,吴兴人,齐东昏时并为制局监,俱见爱幸。自江祏、始安王遥光

① ［唐］姚思廉,《梁书》,北京：中华书局,1973年,第254页。
② ［梁］沈约,《宋书》,北京：中华书局,1974年,第110页。
③ ［唐］姚思廉,《梁书》,北京：中华书局,1973年,第769页。
④ ［唐］杜佑,《通典》,北京：中华书局,1988年,第639页。
⑤ ［梁］沈约,《宋书》,北京:中华书局,1974年,第253页。
⑥ ［唐］姚思廉,《梁书》,北京:中华书局,1973年,第254页。
⑦ ［清］赵翼著,王树民校证,《廿二史札记校证》,北京:中华书局,1984年,第192页。

等诛后,及左右应敕捉刀之徒并专国命,人间谓之刀敕,权夺人主。都下为之语曰:'欲求贵职依刀敕,须得富豪事御刀。'"《南齐书·东昏侯纪》:"自是法珍、虫儿用事,并为外监,口称诏敕;中书舍人王咺之与相唇齿,专掌文翰。"是知任昉擢中书郎,为永元二年(500)事。

任昉纡意于梅虫儿,似与竟陵王旧部受明帝、东昏侯猜忌有关。萧鸾辅政,先后废弑郁林、海陵二王,对萧道成的子孙,尽行杀戮。[①]竟陵王子良早薨,然其子息仍不免于杀戮,其旧部也难逃猜忌。原出文惠太子府和竟陵王府的士人,不得不投到梅虫儿手下。今检《南史》《梁书》,见诸史籍者,除任昉之外,还有合桑偃、王亮诸人。《南史·萧昭胄传》:"子良故防合桑偃为梅虫儿军副,结前巴西太守萧寅,谋立昭胄。"《梁书·王亮传》:"亮少乏才能,无闻时辈,昔经冒入群英,相与岂薄,晚节谄事江祏,为吏部,末协附梅虫儿、茹法珍,遂执昏政。"[②]《南史·任昉传》载昉拜中书令,"谢尚书令王亮,亮曰:'卿宜谢梅,那忽谢我。'"这似乎是实话。《南齐书·王亮传》:"及祏遇诛,群小放命,凡所除拜,悉由内宠,亮更弗能止。外若详审,内无明鉴,其所选用,拘资次而已,当世不谓为能。"昉所谢者,以亮出竟陵王府,当所引荐也。亮所不受者,纡意于外监,有伤清望也。文同《嘲任昉》:"幸自文章亦可怜,不消一事已为贤。何如却逐虫儿去,忍耻更来王亮前。"[③]任昉一直记着这次耻辱。日后范缜上表要求起用王亮,御史中丞任昉就写《奏弹范缜》来弹劾范缜。《南齐书·百官志》:"中书监一人,令一人,侍郎四人,通事舍人无员。"[④]据《宋书·百官志》,中书侍郎掌奏案章及诏命,直西省。[⑤]但永元二年(500)梅、茹之文翰由王咺之所掌,诏命都非出自任昉之手。永元三年(501),梅虫儿、茹法珍、王咺之被诛,任昉得无事。这说明任昉涉梅、茹等人之事不深。任昉任上与刘沨共掌秘阁四部。

① [清]赵翼著,王树民校证,《廿二史札记校证》,北京:中华书局,1984年,第254页。
② [唐]姚思廉,《梁书》,北京:中华书局,1973年,第270页。
③ [宋]文同,《丹渊集》,文渊阁四库全书本,第12卷,第294页。
④ [梁]萧子显,《南齐书》,北京:中华书局,1972年,第323页。
⑤ [梁]沈约,《宋书》,北京:中华书局,1974年,第1245页。

(《南史·何宪传》)

八、齐司徒晋安王萧宝义右长史，齐东昏侯永元三年（501），任昉42岁

《梁书·任昉传》：“永元末，为司徒右长史。”[①]永元末的司徒为萧宝义。《南齐书·东昏侯纪》：“三年春，以骠骑大将军晋安王宝义为司徒。”《南史·萧宝义传》：“宝义少有废疾，不堪出人间，止加除授，为都督、扬州刺史，仍以始安王遥光代之。”萧宝义重病不能履司徒之职，职为萧衍所领。任昉实际上是在萧衍的霸府上任职。萧宝义于永元三年(501）春为司徒，任昉直到年末才为右长史，因为此年的十二月，萧衍在南齐朝的势力达到鼎盛，最终取代了萧齐。此后任昉的历次提拔，都与萧衍有关。

九、齐骠骑大将军萧衍记室参军，齐和帝中兴二年（502），任昉43岁

《梁书·任昉传》：“高祖克京邑，霸府初开，以昉为骠骑记室参军。”[②]《梁书·武帝纪》：“（十二月）授高祖中书监、都督扬、南徐二州诸军事、大司马、录尚书、骠骑大将军、扬州刺史，封建安郡公，食邑万户，给班剑四十人，黄钺、侍中、征讨诸军事并如故；依晋武陵王遵承制故事。”[③]萧衍得势后，立即将任昉引入府中，以兑现多年前两人的一场戏言相托。任昉为记室参军，专门负责撰写禅让文告。《梁书·任昉传》：“梁台建，禅让文告，多昉所具。”[④]《南史·任昉传》：“专主文翰。”今考之《梁书·武帝纪》，昉所撰文告有：《封梁公诏》《进梁公爵

① ［唐］姚思廉，《梁书》，北京：中华书局，1973年，第253页。
② 同上注，第254页。
③ 同上注，第13页。
④ 同上注，第254页。

为王诏》《禅位诏》《齐帝禅位梁诏》《策梁公九锡文》《禅位梁王策》《禅梁玺书》《禅梁册》《为齐宣德皇后临朝答梁王令》《宣德皇后再敦劝进梁王令》《宣德皇后重敦劝梁王令》。

任昉在萧齐担任九个职务，见遇于王俭、萧子良兄弟，然而王俭与萧氏兄弟失和，又遭齐明帝萧鸾猜忌，不得不投靠东昏侯朝中的太监梅虫儿，直到南齐末年，才受到萧衍的提拔，仕途得以通达。

第四节　仕萧梁

一、梁武帝黄门侍郎，天监元年（502），任昉43岁

《梁书·任昉传》："高祖践阼，拜黄门侍郎。"[①]《宋书·百官志》："给事黄门侍郎，四人，与侍中俱掌门下众事。……掌侍从左右，关通中外，诸王朝见，则引王就坐。"[②]梁武帝萧衍刚登基，就让任昉做黄门侍郎，跟随左右，作为其智囊，可见他对任昉的信任。黄门侍郎是一个十分重要的职位，刘向在写信给其儿子刘歆的信中说："黄门郎，显处也。"[③]与任昉同任的，还有范云、沈约和萧象。《梁书·范云传》："东昏既诛，侍中张稷使云衔命出城，高祖因留之，便参帷幄，仍拜黄门侍郎，与沈约同心翊赞。"[④]《梁书·桂阳嗣王象传》："高祖平京邑，赠给事黄门侍郎。"[⑤]萧衍于天监元年（502）夏四月登基。任昉任黄门郎即在此时，但任职不长，即获升迁。

① ［唐］姚思廉，《梁书》，北京：中华书局，1973年，第253页。
② ［梁］沈约，《宋书》，北京：中华书局，1974年，第1243页。
③ 同上。
④ ［唐］姚思廉，《梁书》，北京：中华书局，1973年，第230页。
⑤ 同上注，第364页。

二、梁武帝吏部郎中，天监元年（502）和天监三年（504），任昉43岁，45岁

《梁书·任昉传》："迁吏部郎中。"[①]《梁书·武帝纪》："丁卯，加领军将军王茂镇军将军。以中书监王亮为尚书令、中军将军，相国左长史王莹为中书监、抚军将军，吏部尚书沈约为尚书仆射长兼侍中，范云为散骑常侍、吏部尚书。"[②]《文选·出郡传舍哭范仆射》注引《梁典》曰："范云为吏部尚书。又曰：昉为吏部侍郎。"[③]任昉就是在这时进入吏部任郎中的。天监二年（503），范云卒，《文选》李善注引刘璠《梁典》曰："天监二年，仆射范云卒。任昉自义兴贻沈约书曰：永念平生，忽为畴昔。然此郡，谓义兴也。"由此可知，任昉已赴义兴。《梁书·任昉传》："重除吏部郎，参掌大选，居职不称。"任昉给梁武上了一封《吏部郎表》："郎官之重，千金非譬。爰在前世，实光选造。清通为首，终遂弗居。深识为度，累荐无获。承乏摄官，顾知其望。方今皇明御宇，升长咸亨。泾渭缙绅，无谬衡石。抑扬庶品，亦自能官。顾己循涯，孰用祗荷。唯知死所，未识所报。"任昉因为不称职被罢了吏部郎职务。任昉为什么不称职呢？《文选》卷二十三《出郡传舍哭范仆射》有"浚冲得茂彦，夫子值狂生"一句，李善注曰："夫子，谓范云。狂生，昉自谓也。"任昉因狂生之故而解职。又《南史·任昉传》："昉好交结，奖进士友，不附之者亦不称述，得其延誉者多见升擢，故衣冠贵游莫不多与交好，坐上客恒有数十。"[④]任昉在选官任上，大力提拔南方士族和寒族，为当时北方士族所不容，被人称为狂生，这或许是任昉遭解职的真正原因。

① ［唐］姚思廉，《梁书》，北京：中华书局，1973年，第253页。
② 同上注，第35页。
③ ［梁］萧统，《文选》，上海：上海古籍出版社，1986年，第1101页。
④ ［唐］李延寿，《南史》，北京：中华书局，1975年，第1455页。

三、梁武帝著作郎，天监元年（502），任昉43岁

《梁书·任昉传》："寻以本官掌著作。"[①]《宋书·百官志》："汉东京图籍在东观，故使名儒硕学，著作东观，撰述国史。著作之名，自此始也。魏世隶中书。晋武世，缪征为中书著作郎。元康中，改隶秘书，后别自为省，而犹隶秘书。著作郎谓之大著作，专掌史任。晋制，著作佐郎始到职，必撰名臣传一人。宋氏初，国朝始建，未有合撰者，此制遂替矣。"刘知几《史通》："当魏太和中，始置著作郎，职隶中书，其官即周之左史也。晋元康初，又职隶秘书，著作郎一人，谓之大著作，专掌史任，又置佐著作郎八人，宋、齐已来，以"佐"名施于"作"下。旧事，佐郎职知博采，正郎资以草传，如正、佐有失，则秘监职思其忧。其有才堪撰述，学综文史，虽居他官，或兼领著作。亦有虽为秘书监，而仍领著作郎者。若中朝之华峤、陈寿、陆机、束皙，江左之王隐、虞预、干宝、孙盛，宋之徐爰、苏宝生，梁之沈约、裴子野，斯并史官之尤美，著作之妙选也。而齐、梁二代又置修史学士，陈氏因循，无所变革，若刘陟、谢昊、顾野王、许善心之类是也。"[②]任昉掌著作郎，有别于沈、裴二人。沈、裴二人著以正史。任昉有《杂传》二百四十七卷、《地记》二百五十二卷、《地理书钞》九卷，皆杂述之类，参行于正史。[③]

四、梁武帝义兴太守，天监二年（503），任昉44岁

《梁书·任昉传》："天监二年，出为义兴太守。"[④]是知任昉除黄门侍郎、吏部郎中并掌著作为天监元年（502）事。《宋书·州郡志》："义兴

① ［唐］姚思廉，《梁书》，北京：中华书局，1973年，第254页。
② ［唐］刘知己，《史通》，四部丛刊本，第11卷。
③ ［唐］姚思廉，《梁书》，北京：中华书局，1973年，第258页。
④ 同上注，第254页。

太守，晋惠帝永兴元年，分吴兴之阳羡、丹阳之永世立。永世寻还丹阳。本扬州，明帝泰始四年，度南徐。”《南齐书·州郡志》：“南徐州，镇京口。吴置幽州牧，屯兵在焉。丹徒水道入通吴会，孙权初镇之。……今京城因山为垒，望海临江，缘江为境，似河内郡，内镇优重。宋氏以来，桑梓帝宅，江左流寓，多出膏腴。领郡如左：……义兴郡，永明二年，割属扬州，后复旧。”《梁书·任昉传》：“在任清洁，儿妾食麦而已。友人彭城到溉，溉弟洽，从昉共为山泽游。及被代登舟，止有米五斛。既至无衣，镇军将军沈约遣裙衫迎之。”[①]《南史·任昉传》：“岁荒民散，以私奉米豆为粥，活三千余人。时产子者不举，昉严其制，罪同杀人。孕者供其资费，济者千室。在郡所得公田奉秩八百余石，昉五分督一，余者悉原，儿妾食麦而已。友人彭城到溉，溉弟洽，从昉共为山泽游。及被代登舟，止有绢七匹，米五石。至都无衣，镇军将军沈约遣裙衫迎之。”[②]

五、梁武帝御史中丞，天监二年至五年（503～506），任昉44～47岁

《梁书·任昉传》：“寻转御史中丞。”[③]《通典·职官》：“又《职官录》曰：‘梁吏部郎旧视中丞，迁侍中。’又陈吏部郎中秩六百石。”[④]《宋书·百官志》：“御史中丞，一人。掌奏劾不法。”[⑤]《南齐书·百官志》：“今中丞则职无不察，专道而行，驺辐禁呵，加以声色，武将相逢，辄致侵犯，若有卤簿，至相驱击。宋孝建二年制，中丞与尚书令分道，虽丞郎下朝相值，亦得断之，余内外众官，皆受停驻。”[⑥]

① ［唐］姚思廉，《梁书》，北京：中华书局，1973年，第254页。
② ［唐］李延寿，《南史》，北京：中华书局，1975年，第1454页。
③ ［唐］姚思廉，《梁书》，北京：中华书局，1973年，第254页。
④ ［唐］杜佑，《通典》，北京：中华书局，1988年，第633页。
⑤ ［梁］沈约，《宋书》，北京：中华书局，1974年，第1250页。
⑥ ［梁］萧子显，《南齐书》，北京：中华书局，1972年，第324页。

六、梁武帝秘书监，天监二年至六年（503～507），任昉 44～48 岁

《梁书・任昉传》：“秘书监。”[①]《宋书・百官志》：“汉桓帝延熹二年，置秘书监。……掌艺文图籍。”[②]《通典・职官志》：“宋与晋同，梁曰秘书省。”[③]任昉领秘书监一职，主要负责收集图书，撰写秘阁书目。《梁书・任昉传》：“自齐永元以来，秘阁四部，篇卷纷杂，昉手自雠校，由是篇目定焉。”[④]

七、梁武帝前军将军，天监二年至五年（503～506），任昉 44～47 岁

《梁书・任昉传》：“领前军将军。”《宋书・百官志》：“左军将军，右军将军，前军将军，后军将军。……晋武帝初，置前军、右军……是为四军。”[⑤]《梁书・王志传》：“天监元年，以本官领前军将军。”[⑥]王志为任昉前任。任昉的任职，可比照范岫。《梁书・范岫传》：“入为给事黄门侍郎，迁御史中丞、领前军将军、南北兖二州大中正。永元末，出为辅国将军……”[⑦]

八、梁武帝宁朔将军，天监六年至七年（507～508），任昉 48～49 岁

《梁书・任昉传》：“六年春，出为宁朔将军。”《南齐书・百官志》：“冠军将军、辅国将军、宁朔将军、宁远将军，龙骧将军。”[⑧]赵翼《廿二

---

① ［唐］姚思廉，《梁书》，北京：中华书局，1973 年，第 254 页。
② ［梁］沈约，《宋书》，北京：中华书局，1974 年，第 1246 页。
③ ［唐］杜佑，《通典》，北京：中华书局，1988 年，第 733 页。
④ ［唐］姚思廉，《梁书》，北京：中华书局，1973 年，第 254 页。
⑤ ［梁］沈约，《宋书》，北京：中华书局，1974 年，第 1248 页。
⑥ ［唐］姚思廉，《梁书》，北京：中华书局，1973 年，第 319 页。
⑦ 同上注，第 392 页。
⑧ ［梁］萧子显，《南齐书》，北京：中华书局，1972 年，第 314 页。

史考异》："《南齐志》，宁朔将军列于辅国之后。据此志官品先后次之，似宁朔当在龙骧之后矣。"宁朔将军是五将军中官品最低的。唐杜佑《通典》："晋郡守皆加将军，无者为耻。"[①]一般在出任地方官之前，都会加封为将军。《梁书·王份传》王份于天监初："迁宁朔将军……兰陵太守。"[②]这是齐以来的通例。如《梁书·王志传》："征拜黄门侍郎，寻迁吏部侍郎。出为宁朔将军、东阳太守。"[③]《梁书·王琳传》："（王份）除宁朔将军、零陵内史。"[④]《梁书·萧子恪》："初为宁朔将军，淮陵太守。"[⑤]《梁书·范岫传》："出为宁朔将军，南蛮长史，南义阳太守。"[⑥]《梁书·孙廉传》："齐初，为宁朔将军，钱塘令。"

九、梁武帝新安太守，天监六年至七年（507～508），任昉48～49岁

《梁书·任昉传》："出为新安太守。"《任氏宗谱》收有当年的任命书："皇帝敕曰：朝廷设官，欲振纪纲，励风俗，弼成国家之治。苟非其人，曷胜其任。新安太守任昉，身贤发科，授以期职，式克只慎，以举其官，是以锡之敕命，以示褒嘉。夫郡守者，上守君德，下守民心，文以守内，武以守外，其益坚尔志，益竭尔责，毋私于法，毋倚于势，毋讦以为直，毋奇以为能。制行懋修，殊报在望，汝往钦哉，毋潜朕命，天监六年（疑有缺文）十五日下。"[⑦]任昉这次外放新安，主要是养病。沈约《送任彦升出守新安诗》："有志须身健，关心在□□。□□□□□，□□□□难。湖海方连旱，新安适少宽。为州人不乏，千万强加餐。"[⑧]《南史·任昉

① ［唐］杜佑，《通典》，北京，中华书局，1988年，第906页。
② ［唐］姚思廉，《梁书》，北京：中华书局，1973年，第325页。
③ 同上注，第319页。
④ 同上注，第325页。
⑤ 同上注，第507页。
⑥ 同上注，第392页。
⑦ 任起煌《任氏宗谱》，上海图书馆藏，1924年木活字本，第2卷。
⑧ 同上。

传》："武帝闻问，方食西苑绿沈瓜，投之于盘，悲不自胜。因屈指曰：'昉少时常恐不满五十，今四十九，可谓知命。'"[①]新安因为山水好，适合士大夫前往修身养性。《宋书·羊欣传》："太祖重之，以为新安太守，前后凡十三年，游玩山水，甚得适性。"[②]《梁书·萧几传》："为新安太守，郡多山水，特其所好，适性游履，遂为之记。"[③]《梁书·徐摛传》："摛商较纵横，应答如响，高祖甚加叹异，更被亲狎，宠遇日隆。领军朱异不说，谓所亲曰：'徐叟出入两宫，渐来逼我，须早为之所。'遂承间白高祖曰：'摛年老，又爱泉石，意在一郡，以自怡养。'高祖谓摛欲之，乃召摛曰：'新安大好山水，任昉等并经为之，卿为我卧治此郡。'中大通三年，遂出为新安太守。"[④]《宋书·州郡志·扬州》："新安太守，汉献帝建安十三年，孙权分丹阳立曰新都，晋武帝太康元年更名。领县五。户一万二千五十八，口三万六千六百五十一。去京都水一千八百六十，陆一千八百。"[⑤]《南齐书·州郡志》："新安郡：始新、黟、遂安、歙、海宁。"[⑥]《梁书·任昉传》："在郡不事边幅，率然曳杖，徒行邑郭。民通辞讼者，就路决焉。为政清省，吏人便之。"[⑦]《南史·任昉传》："在郡尤以清洁著名，百姓年八十以上者，遣户曹掾访其寒温。尝欲营佛斋，调枫香二石，始入三斗，便出教长断，曰：'与夺自己，不欲贻之后人。'郡有蜜岭及杨梅，旧为太守所采，昉以冒险多物故，实时停绝，吏人咸以百余年未之有也。为家诫，殷勤甚有条贯。"[⑧]

《南史·羊欣传》："文帝重以为新安太守。在郡十三年，乐其山水，尝谓子弟曰：'人生仕宦至二千石，斯可矣。'及是便怀止足。"[⑨]任昉做

---

① ［唐］李延寿，《南史》，北京：中华书局，1975 年，第 1454 页。
② ［梁］沈约，《宋书》，北京：中华书局，1975 年，第 1454 页。
③ ［唐］姚思廉，《梁书》，北京：中华书局，1973 年，第 597 页。
④ 同上注，第 447 页。
⑤ ［梁］沈约，《宋书》，北京：中华书局，1974 年，第 1037 页。
⑥ ［梁］萧子显，《南齐书》，北京：中华书局，1972 年，第 246 页。
⑦ ［唐］姚思廉，《梁书》，北京：中华书局，1973 年，第 254 页。
⑧ ［唐］李延寿，《南史》，北京：中华书局，1975 年，第 1455 页。
⑨ 同上注，第 932 页。

了一个二千石太守，死在任上，却十分贫困，只有桃花米二十石。《南史·任昉传》：“卒于官，唯有桃花米二十石，无以为敛。遗言不许以新安一物还都，杂木为棺，浣衣为敛。阖境痛惜，百姓共立祠堂于城南，岁时祠之。”[①]主政新安，饶有政绩的还有萧颖胄、徐摛、伏暅等人。《南史·萧颖胄传》：“出为新安太守，吏人怀之。”[②]《南史·徐摛传》：“中大通三年，遂出为新安太守。为政清静，教人礼义，劝课农桑，期月风俗便改。”[③]《南史·伏暅传》：“徙新安太守，在郡清恪如永阳时。人赋税不登者，辄以太守田米助之。郡多麻苎，家人乃至无以为绳，其厉志如此。属县始新、遂安、海宁并同时生为立祠。”[④]

任昉在新安的政绩很好，深受当地百姓敬重，留下许多遗址。《任氏宗谱》曰：“富资，溪名。在新安郡。唐曰歙州，今日徽州府歙县之北四十里宁泰乡十二都，因昉公梁天监六年春为郡守，游息于其所。公殁，郡民感慕，更名曰昉溪，与夫村岭僧坊亦皆以昉名之。岭有亭，名曰升亭。又有别流，名曰升溪。溪畔有磐石，名曰任公钓台。有徒杠，名曰任公桥。其所奉祀之堂名曰任公祠。唐刺史卢公嫌斥其名，始改溪村比曰任公。米县令张侯又改其寺曰任公。后人以岭与亭咸以任公称之。任氏子孙世为桑梓，因黄巢寇掠，散奔他处。后有许姓居其傍，而公之子祠寺，任氏子姓仍岁奉蒸尝焉。”[⑤]洪适《文章缘起跋》：“郡之为郡，且千岁守将不知几人，独公至今有名字。并城四十里，曰村曰溪，皆以任著，旁有僧坊亦借公为重，则遗爱在人，盖与古循吏比。”[⑥]

任昉在宋齐间职位不过列校，幸而在竟陵王府得遇萧衍。萧衍得势后，立即兑现当年的约定，让他做了骠骑记室参军，将他拉至幕府。登

① ［唐］李延寿，《南史》，北京：中华书局，1975年，第1454页。
② 同上注，第1407页。
③ 同上注，第1521页。
④ 同上注，第1732页。
⑤ 任起煃，《任氏宗谱》，上海图书馆藏，1924年木活字本，第2卷。
⑥ ［梁］任昉撰，［明］陈懋仁补注、［清］方熊补注，《文章缘起》，《邵武徐氏丛书》初刻一卷本。

基后，又让任昉任黄门郎，跟随左右。为吏部郎中、御史中丞，为著作郎、秘书监，镇守义兴、新安，可谓显矣。

任昉自小以孝友、好学、容貌魁伟为乡党州闾所称许，就州辟，举秀才，为学官。在刘宋宗室与朝廷之间辗转，地位卑微。萧齐建国，又因其在前朝的经历受到萧道成的猜忌。萧道成死后，任昉受到王俭的提拔，负责为王俭起草文件。但王俭文士集团很快就在萧子良、萧长懋的强劲攻势下解体，任昉跟随王俭其他门客一道改投到萧子良帐下。萧子良兄弟与任昉为从表亲，任昉的仕途本该大有前景。没料到文惠太子夺位失败，皇位落到萧鸾手中。萧鸾对原萧子良门下的文士百般压制，他在位的数年间，任昉的职位一直得不到提升。在万般无奈的情况下，任昉只得随萧子良故僚忍辱投到东昏朝太监梅虫儿等人手下。直到萧衍得势，原萧子良集团文士才得以重用，在各个职位上施展政治抱负。任昉受到梁武帝的激赏，守内镇外，仕途方至于通达。然而身体病弱，只好到新安颐养，天不假年，遂终于野。任昉、沈约为萧梁两大文臣，以文章著述盛行于当世。然而，今世之学者，大多看重沈约的诗文而不重视任昉的文笔。生前，沈约号称隐侯，任昉字彦升；生后，却是隐侯不隐，彦升不升，历史竟然如此难以预料。

第三章

任昉与南朝文士集团

南朝士子要在仕途上有所作为，除孝敬长辈、爱好学习、容貌伟岸，受到乡党州闾推举之外，还要主动交游，到王侯将相的幕府里去广泛地结交名士，增加阅历，扩大知名度。这种士风可上溯到汉代，梁孝王、淮南王、汉武帝等人都喜欢接赏文士。汉末魏初的三曹，晋代的贾谧、张华，刘宋的文帝、武帝、明帝也很好士。到了齐、梁朝，形成了王俭文士集团、萧子良文士集团、萧衍文士集团、萧统文士集团这样的规模很大的文士集团，为士子们提供了交流的平台，许多北地望族和素门凡流都由此步入仕途。任昉与这四大文士集团都有着密切的关系。他出仕之初曾在刘秉、刘景素的幕府，19 岁进入王俭文士集团，26 岁进入萧子良文士集团，42 岁进入萧衍文士集团，逐渐成为梁代文士的中坚人物，为萧梁朝引荐和培养了大批人才，将永明以来所形成的文学革新理念贯穿到齐梁文学的整个过程。从 16 岁入刘秉幕府算起，到 49 岁终于新安任上，任昉 33 年的交游生涯，3 年投靠了宗府强权集团，3 年投靠了竖臣宠吏，剩余的 27 年都在文士集团中度过。任昉的交游受到时人、后世的关注。任昉本传中，插入了刘孝标的《广绝交论》，对其进行评价。研究任昉的交游，可以帮助我们更完整地了解南朝文人的生活状态，更好地把握南朝文学革新的脉络与体系。

第一节 任昉与王俭文士集团

齐武帝永明七年（489）五月三日，侍中、中书令、太子少傅、领国子祭酒、卫军将军、开府仪同三司、南昌公王俭薨于建康官舍，享年38岁。当时尚在家中守服的任昉，拾掇王俭一生的遗文，编成《齐太尉王俭集》六十卷[①]，并持笔为该集作序。在序文中，任昉隐晦地表达了自己对王俭复杂的感情，一方面是悼恩，另一方面是愧疚。

一、悼恩

任昉感谢王俭的知遇之恩。任昉在《王文宪集序》中说："昉行无异操，才无异能，得奉名节，迄将一纪。一言之誉，东陵侔于西山；一盼之荣，郑璞逾于周宝。士感知己，怀此何极。"[②]从王俭过世上推一纪，乃是宋顺帝升明二年（478）。当时，挟"六世名德"的王俭年纪轻轻就担当了吏部郎的重任，为即将建国的萧道成选聘人才。

王俭出身琅玡临沂王氏，为北地望族。其祖父王昙首在拥立宋高祖刘裕、诛杀徐羡之、平定谢晦中立了大功，被封为侍中、右卫将军、骁骑将军，死后，又被追封为豫宁县侯，配飨太祖庙庭。[③]其父王僧绰为王昙首长子，继承了父亲的爵位，被宋太祖长女东阳献公主招为驸马。元嘉二十六年（449），王僧绰做了尚书吏部郎，参掌大选，《宋书·王僧绰传》说他"究识流品，谙悉人物，拔才举能，咸得其分"[④]。元嘉二十八年（451），29岁的王僧绰得以迁侍中，任以机密。两年后（453），刘劭弑逆，王僧绰遇害，享年31岁。王俭由其叔父王僧虔抚养成人。齐世

① ［唐］魏徵，《隋书》，北京：中华书局，1973年，第1075页。
② ［清］严可均，《全上古三代秦汉三国六朝文》，北京：中华书局，1958年，第3202～3203页。
③ ［梁］沈约，《宋书》，北京：中华书局，1974年，第1678～1680页。
④ 同上注，第1850页。

祖即位，王僧绰平反，被追赠为散骑常侍、金紫光禄大夫。王俭继承了父亲的爵位。王俭不仅世为高门，戚系更是皇族。何点作《齐书赞》云：“（褚）渊既世族，（王）俭亦国华；不赖舅氏，遑恤国家！”[①]之所以称王俭为舅氏，是因为王俭的嫡母是武康公主，妻子是阳羡公主。

任昉的父亲任遥一直都在王俭府上做幕僚。任昉“尝以笔札见知”，19 岁即受到王俭的格外关注。王俭十分赏识任昉的文章：“自傅季友以来，始复见任子。若孔门是用，其入室升堂。”他自己写了文章，请任昉修订。任昉更改了几个，王俭拍着茶几赞叹道：“后世谁知子定吾文！”[②]王俭本人也是萧齐文章大家，齐高帝建国文笔如《策齐公九锡文》《策命齐王》《再命玺书》等均出自其手。任昉称他“公自幼及长，述作不倦。固以理穷言行，事该军国，岂直雕章缛采而已哉。若乃统体必善，缀赏无地，虽楚、赵群才，汉、魏众作，曾何足云，曾何足云”[③]。

然而，当时位高权重的王俭却没给任昉安排任何公职。原因之一是，任昉曾进入过刘宋朝宗室刘秉、刘景素的幕府。这两人都是萧道成的政敌。原因之二是，王俭本人也受到萧道成的猜忌。齐高帝建元二年(480)，担任萧齐选职一年左右的王俭要求辞去吏部职务。王氏一门两代三个吏部郎，王僧绰、王僧虔、王俭都曾担当选职。刘宋时，江湛要推荐王俭的伯父王微出任吏部郎，王微就回绝说：“天爵且犹灭名，安用吏部郎哉！”他写信给弟弟王僧绰说：“且持盈畏满，自是家门旧风，何为一旦落漠至此，当局苦迷，将不然邪！”[④]这几乎是句谶语。权盛一时的王僧绰，最终落得个英年见杀的下场。王俭少年得志，为刘宋驸马都尉，历任刘宋秘书郎、太子舍人、秘书丞、司徒右长史、义兴太守、黄门郎、吏部郎等职。入齐，因功加封为南昌县公、左仆射、领吏部。在众多职务中，吏部郎最为显贵，所谓“九流任要，风猷所先，玉石朱素，

① ［唐］姚思廉，《梁书》，北京：中华书局，1973 年，第 733 页。
② ［唐］李延寿，《南史》，北京：中华书局，1975 年，第 1452 页。
③ ［清］严可均，《全上古三代秦汉三国六朝文》，北京：中华书局，1958 年，第 3202 ～ 3203 页。
④ ［梁］沈约，《宋书》，北京：中华书局，1974 年，第 1666 ～ 1667 页。

由斯而定”。不辞此要职，恐怕很难全身而退。王俭的弟弟叫王逊，建元初年（479）为晋陵太守，物议不是很好，被御史中丞陆澄照章弹劾。齐武帝说：“俭门世载德，竭诚佐命，特降刑书，宥逊以远。”[①]齐武帝将王逊贬到永嘉郡，于半途中诛杀了他。王俭在辞呈的开头战战兢兢地说：“臣远寻终古，近察身事，邀恩幸藉，未见其伦。”原来，持盈畏满，担心祸及身家才是王俭这次请求解选的真正动因。萧道成批准了王俭的辞呈，又要加封他为侍中，王俭坚决推辞，只接受了一个散骑常侍的闲职。接替王俭担当选职的是侍中、太子詹事何戢。

齐武帝永明元年（483），王俭重掌选部，进号卫军将军。新上台的齐武帝萧赜十分倚重他：“士流选用，奏无不可。”[②]永明二年（484），领丹阳尹、国子祭酒，做了太学生们的老师，王俭的权力到达了顶峰。齐武帝甚至下令把秘阁藏书都搬到王俭的家里，让他在家里授学。门第显赫的王俭，受到当时的士大夫的倾慕。他担任太学生导师的时候，“十日一还学，监试诸生，巾卷在庭，剑卫令史仪容甚盛。作解散髻，斜插帻簪，朝野慕之，相与仿效”[③]。王俭常常自比为江左风流宰相谢安，集教育、擢拔于一身，一时间，宾客盈门，众文士趋之若鹜，“时人呼入俭府为芙蓉池”[④]。任昉说他“一言之誉，东陵侔于西山；一盼之荣，郑璞逾于周宝”[⑤]。沈约说他“精明外朗，神采傍映。晒瞩接其光景，风云溢乎帷席。嚣喧总至，大薄相填。齐镳共轸，并而不杂”[⑥]。大量文士集中到王俭府中。

就在这一年，王俭将在自己的幕府里潜藏了六年的任昉提拔为丹阳尹主簿。任昉终于走出了萧道成的阴霾，重新获得了政治生命。任昉对

① ［梁］萧子显，《南齐书》，北京：中华书局，1972 年，第 438 页。
② ［唐］李延寿，《南史》，北京：中华书局，1975 年，第 595 页。
③ ［梁］萧子显，《南齐书》，北京：中华书局，1972 年，第 436 页。
④ 同上注，第 615 页。
⑤ ［清］严可均，《全上古三代秦汉三国六朝文》，北京：中华书局，1958 年，第 3203 页。
⑥ ［唐］欧阳询，《艺文类聚》，北京：中华书局，1965 年，第 821 页。

于王俭的知遇之恩，是可想而知的。五年之后，任昉又来到王俭府上凭吊，他“出入礼闱，朝夕旧馆，瞻栋宇而兴慕，抚声名而悼恩”[①]。在王俭府重游一番后，往事又浮现在眼前。

任昉说：“虽单门后进，必加善诱。勖以丹霄之价，宏以青冥之期。”[②]对于有才华的文士，王俭都十分提携，甚至不计其出身。自宋顺帝升明元年（477）开始任吏部郎，至齐武帝永明七年（489）解选过世，王俭参掌大选前后十二年，发现和提拔了大量优秀人才，萧道成、萧衍、萧琛、袁昂、徐勉、何昌宇、殷臻、伏暅、伏曼容、任遥、谢朓、陆杲、庾杲之、孔襘、孔广、何宪、江淹等都曾经受到过王俭的知遇之恩。王俭很早就看出萧道成是雄异之才，力保他做了太傅，又拥戴他建立了齐国。萧琛才智过人，一开始并没有得到王俭的赏识。有一次，王俭在乐游苑宴请宾客，他穿虎皮做的靴子，拄着桃枝做的拐杖，径直坐到王俭身边。通过交谈，王俭十分欣赏他，让他做了丹阳尹主簿。在丹阳尹任上，王俭还在后堂专门接待过袁昂，指着北堂对他说：“卿必居此。”[③]徐勉 18 岁的时候，王俭称他有宰辅之量，常说：“此子非常器也。”[④]何昌宇曾在王俭卫将军府上做长史，王俭对他说：“后任朝事者，非卿而谁?”[⑤]江淹刚做中书侍郎的时候，王俭就对他说：“卿年三十五，已为中书侍郎，才学如此，何忧不至尚书金紫。所谓富贵卿自取之，但问年寿何如尔。”[⑥]《南史·孔广传》：“王俭、张绪咸美之。俭常云：‘广来使人废簿领，匠不须来，来则莫听去。’”[⑦]

对于王俭选贤举能的本领，任昉十分钦佩，说他：“公铨品人伦，各

---

① ［清］严可均，《全上古三代秦汉三国六朝文》，北京：中华书局，1958 年，第 3203 页。
② 同上注。
③ ［唐］姚思廉，《梁书》，北京：中华书局，1973 年，第 451 页。
④ ［唐］李延寿，《南史》，北京：中华书局，1975 年，第 1477 页。
⑤ ［梁］萧子显，《南齐书》，北京：中华书局，1972 年，第 762 页。
⑥ ［唐］李延寿，《南史》，北京：中华书局，1975 年，第 1450 页。
⑦ 同上注，第 1770 页。

尽其用，居厚者不矜其多，处薄者不怨其少。穷涯而反，盈量知归。”[①]沈约在《齐太尉王俭碑》中说：“公深睹兴废，妙识人英，察荣光于河渚，攀龙翼于云汉，倾方寸以奉国，忘七尺以事君。”[②]

任昉与王俭府的文士建立了很好的关系，积累了丰富的人脉。永明二年（484），任昉和萧琛同为丹阳尹主簿，永明三年（485），王俭解丹阳尹，任昉就到了萧子良府，萧琛举南徐州秀才，随后也进入了萧子良府，任司徒记室。萧琛在萧子良府待的时间很长，直到永明十年（492）使魏，他还在萧子良府，迁司徒右长史。[③]任昉与萧琛都很爱好藏书。萧琛曾经说：“少壮三好，音律、书、酒。年长以来，二事都废，惟书籍不衰。”[④]梁孝元帝《特进萧琛墓志铭》曰：“学类五行，书倅三箧。已研金匮，兼探玉牒。石词既拟，栾社兹同。”[⑤]《南史·何宪传》：“（何宪）博涉该通，群籍毕览，天阁宝秘，人间散逸，无遗漏焉。任昉、刘沨共执秘阁四部书，试问其所知，自甲至丁，书说一事，并叙述作之体，连日累夜，莫见所遗。”[⑥]任昉与王融相结识，也是在王俭府。王融是王俭的侄子，比任昉小 8 岁。王融直到永明元年（483）以后才进入萧子良幕府，任竟陵王司徒板法曹行参军。后来，他又到了文惠太子府，迁太子舍人。任昉与萧衍结交，也是在王俭府上，后同时应召为竟陵王文学。谢朓从王俭府出来后，直接进了太子府做舍人，任昉也曾到文惠太子府做过步兵校尉。

任昉还从王俭那里习得了诸多学问。王俭为宋、齐儒宗，著述颇丰，对《尚书》、礼、《春秋》、《孝经》、谱谍、目录学等都有研究。[⑦]在这些

① ［清］严可均，《全上古三代秦汉三国六朝文》，北京：中华书局，1958 年，第 3203 页。
② ［唐］欧阳询，《艺文类聚》，北京：中华书局，1965 年，第 821 页。
③ ［唐］李延寿，《南史》，北京：中华书局，1975 年，第 124 页。
④ ［唐］姚思廉，《梁书》，北京：中华书局，1973 年，第 397 页。
⑤ ［唐］欧阳询，《艺文类聚》，北京：中华书局，1965 年，第 848 页。
⑥ ［唐］李延寿，《南史》，北京：中华书局，1975 年，第 1213 ～ 1214 页。
⑦ 乔好勤，《王俭论》，《武汉大学学报》1985 年第 3 期；乔好勤，《王俭著述考》，《河南图书馆学刊》1985 年第 3 期。

学问中，任昉最受益的是目录之学。王俭撰有《今书七志》。[①]永明三年(485)，任昉作《为王金紫谢齐武帝示皇太子律序启》说："而年世浸远，篇牍讹误，朽编落简，见诬前淑，侮文擅议，取弊后昆，立不倚衡，遂均鸿毛之殒，伤足居忧，忘贻发肤之痛，岂所以临河永叹，合育最灵者也？伏惟陛下施博天地，泽深禹汤，温舒之策，优游虚授，卫展之议，宁失弗经，削秋荼之法，解凝脂之网。"[②]搜书、校书的宏愿，任昉终于在梁初替王俭完成了。

二、怀愧

悼恩之外，任昉还在《王文宪集序》中暗寓了自己的愧疚之情。他说："夫奔竞之涂，有自来矣，以难知之性，协易失之情，必使无讼，事深宏诱。"[③]

永明三年（485）六月，王俭的叔叔，左光禄大夫、开府仪同三司王僧虔薨。王俭的家族势力减弱，文惠太子与齐武帝幸臣暗地角力，咄咄逼人。相对于太子党和竖吏两股政治势力，王俭文士集团明显处于弱势，他尽管没有辞去吏部郎，但不得不交出丹阳尹要职。王俭几乎被架空了，吏部对官员的遴选、考评与任用都陷入了瘫痪状态。

对王俭选拔官员的独立性构成较大干扰的，是一些寒门出身的幸臣。他们逐渐进入南朝齐的政治中心。永明元年（483），小吏出身的茹法亮被封为龙骧将军。永明二年（484），又加封望蔡县男、转给事中，羽林监。永明三年（485），入为中书通事舍人，权势更加鼎盛。王俭常常对人说："我虽有大位，权寄岂及茹公邪！"[④]与茹法亮并为中书舍人，备受齐武帝亲幸的，还有吕文度、吕文显等人。这些人不但掌握着兵权，还

---

① ［清］严可均，《全上古三代秦汉三国六朝文》，北京：中华书局，1958 年，第 3203 页。
② ［唐］欧阳询，《艺文类聚》，北京：中华书局，1965 年，第 979 页。
③ ［清］严可均，《全上古三代秦汉三国六朝文》，北京：中华书局，1958 年，第 3203 页。
④ ［唐］李延寿，《南史》，北京：中华书局，1975 年，第 1929 页。

频频插手吏部事务。越州的长官出现空缺，吕文度推荐了自己的好友费延宗，齐武帝当即让费延宗做了越州刺史。永明年间（483 ～ 493），齐武帝这些亲信干预吏部的情况十分普遍，以至齐武帝不得不布一道命令："亲近不得辄有申荐，人士免官，寒人鞭一百。"[①]直接导致这次解选的关键人物，是文惠太子萧长懋。王俭曾为太子詹侍中，与文惠太子有"师友之义，穆若金兰"[②]。历来多病，体格臃肿的萧长懋长期深居东宫，一般不大出行。但这并不表明他很安分，太平景象后面，藏着很深的阴谋。自永明元年（483）萧长懋被立为太子起，他不但礼接文士，还暗地畜养武人，玩弄羽仪，多所僭疑。永明数年中，二宫兵力全实，太子使宫中将吏更番役筑，宫城苑巷，制度之盛，观者倾京师。齐武帝晚年喜欢游宴，诸多朝政由太子省视。太子不露声色地把一些亲信安插在朝廷的多个机构当中。政变一触即发。

永明五年（487）冬，文惠太子亲临王俭主持的太学视察，其名是来策试诸生，其实是想试探一下王俭的态度。太子问：《曲礼》上说的"无不敬"，下级对上级当然要尊敬，上级对下级是慈爱而非尊敬。在场的王俭、紫金光禄大夫张绪、竟陵王萧子良、临川王萧映都不同意太子的观点。太子又问："《周易·乾卦》本施天位，而《说卦》云'帝出乎震'。震本非天，义岂相主？"王俭答："乾健震动，天以运动为德，故言'帝出震'。"太子又问："天以运动为德，君自体天居位，震雷为象，岂体天所出？"王俭答："主器者莫若长子，故受之以震。万物出乎震，故亦帝所与焉。"[③]太子以《周易》试探，王俭谨慎作答，一方面肯定太子的主导地位，一方面又提醒太子的一切都是皇帝所赐。最后，还引《孝经》中曾子侍孔子的事理，婉转地劝谕太子尽孝。

在永明"市朝晏逸，中外宁和"[④]的假象之下，暗流涌动。文惠太子

① ［梁］萧子显，《南齐书》，北京：中华书局，1972 年，第 978 页。

② ［清］严可均，《全上古三代秦汉三国六朝文》，北京：中华书局，1958 年，第 3203 页。

③ ［梁］萧子显，《南齐书》，北京：中华书局，1972 年，第 399 ～ 400 页。

④ 同上注，第 63 页。

与齐武帝两派势力暗地角力，咄咄逼人。为了不再遭受父辈那样的灾祸，除了退出这场政治游戏之外，王俭别无选择。于是，永明六年（488），正处在事业顶峰的王俭上表向齐武帝提出解选。他把球踢到齐武帝那里，向齐武帝递交了辞呈。齐武帝没有批准这个辞呈。

任昉就在这时转到了竟陵王萧子良府做记室参军，很快又做萧子良的司徒刑狱参军，尚书殿中郎[①]，与宗夬同接魏使[②]。

幕府里的文士纷纷出走，使王俭内外交困，王俭的选职实际上无法继续做下去了。永明七年（489）四月，王俭坚决要求辞去选职。他在宋、齐两朝担任选职差不多有十二年，已经心力交瘁，“盛年已老，孙孺巾冠”。吏部的工作无法正常开展：“三考无闻，九流寂寞。能官之咏，辍响于当时；《大车》之刺，方兴于来日。”曾有芙蓉池盛誉的王俭府，竟然落到“人物徂迁，逝者将半”的凄凉境地。王俭被逼上了绝路。这一次，齐武帝批准了王俭的辞呈，同意他辞去吏部的官职，但加封他为中书监，依旧要参掌选事。一个月之后，王俭就溘然长逝了。

离开王俭府的任昉，本可以得到更多的升迁机会，“齐明帝（当为武帝）深加器异，欲大相抉擢引”[③]。但任昉终究没有升迁，《南史·任昉传》很含糊地道出了个中原因——为爱憎所白，他的升迁之途被齐武帝身边的幸臣茹法亮、吕文度、吕文显等人极力阻止了。作为过渡，任昉顺势转到太子府，做了太子步兵校尉，掌管东宫书记。可惜文惠太子和竟陵王抢班夺权的阴谋败露后，先后早早去世。萧鸾上台掌政，先后废弑了郁林王、海陵王，对于齐高帝所余子孙，也尽行杀戮。[④]竟陵王旧部大都受到萧鸾的猜忌，为了自保，任昉不得不投靠到梅虫儿门下，做了东昏朝的中书郎。梅虫儿、茹法亮一伙，正是王俭当年的政治对手。

---

① ［梁］萧统，《文选》，上海：上海古籍出版社，1986 年，第 1793 页。
② ［唐］姚思廉，《梁书》，北京：中华书局，1973 年，第 299 页。
③ ［唐］李延寿，《南史》，北京：中华书局，1975 年，第 1453 页。
④ ［清］赵翼著，王树民校证，《廿二史札记校证》，北京：中华书局，1984 年，第 254 ～ 255 页。

王俭常说："我虽有大位，权寄岂及茹公邪！"[①]任昉受到王俭的知遇之恩，却两次走入与王俭对立的政治阵营。任昉说自己"行无异操，得奉名节"，这是何等复杂的心情呀。

何焯评《王文宪集序》说："此文虽言集序，直是一篇四六行状。"[②]然而，任昉写到王俭的三次辞选，都语焉不详，并没有把这一段你死我活、惊心动魄的政治斗争写进王俭的生平里。在这篇序言中，任昉竭力粉饰王俭与文惠太子亲密无间的师生关系，力图将王俭文士集团与萧子良文士集团描述为政治同盟体："皇太子不矜天姿，俯同人范，师友之义，穆若金兰。"[③]或许，只有这样，才能勉强消解任昉内心深处的那份尴尬吧。

任昉死后，其孤子朝不谋夕，流离大海之南，寄命瘴疠之地。刘孝标愤然有感，作《广绝交论》，将士人之间的交往分为五种：一曰势交，二曰贿交，三曰谈交，四曰穷交，五曰量交。[④]然而，这五种并不适合任昉与王俭的交往。

尽管屡次背离王俭，在皇族、幸臣的政治圈中浮沉，任昉的士大夫本色却始终没有消退。任昉的一生，恰恰像是踩在王俭的足迹里。王俭为叔父王僧虔所器异，任昉为从叔晷所激赏。王俭至孝至友，任昉孝友纯至。王俭元徽初任秘书丞，编《七志》；任昉梁武帝天监初年任秘书丞，发布《为梁武帝集坟籍令》，作《秘书阁四部书目》。王俭"出为义兴太守，风化之美，奏课为最"[⑤]；任昉"出为义兴太守，在任清洁，儿妾食麦而已"[⑥]。王俭和任昉都担任过黄门侍郎，吏部郎的侍臣。王俭为齐高祖萧道成挑选人才，任昉为梁武帝萧衍延揽文士。王俭一生，唯以

① ［唐］李延寿，《南史》，北京：中华书局，1975 年，第 1929 页。
② ［清］何焯，《义门读书记》，北京：中华书局，1987 年，第 963 页。
③ ［清］严可均，《全上古三代秦汉三国六朝文》，北京：中华书局，1958 年，第 3203 页。
④ ［唐］姚思廉，《梁书》，北京：中华书局，1973 年，第 254 ～ 258 页。
⑤ ［清］严可均，《全上古秦汉三国六朝文》，北京：中华书局，1958 年，第 3203 页。
⑥ ［唐］姚思廉，《梁书》，北京：中华书局，1973 年，第 253 页。

经国为务，车服尘素，家无遗财；任昉不治生产，至乃居无室宅，经常将乞借来的财物散诸亲友。这两位栋梁文臣，一齐一梁，一前一后，一唱一和，是那样合拍。隋王通《中说》曰："延之、王俭、任昉，有君子之心焉。"[①]钱谦益《张异度文集序》曰："余读文中子书，以为文士之行可见鲍照、江淹，古之狂；吴筠、孔珪，古之狷；而颜延之、王俭、任昉，有君子之心焉。尝持是说，以论文上下，古今莫之能违也。"[②]王僧孺的《太常敬子任府君传》写到自己与任昉交游的体会："顾余不敏，厕夫君子之末，可称冥契，是为神交。"[③]任昉与王俭的交往，不也是一种冥契吗？称之为神交，也未为不可。

第二节　任昉与萧子良文士集团

任昉与萧子良生于同年，是从表亲。他们应该从小就有交往，目前找不到直接的史料说明二人早年的交往，但我们可以通过两则间接史料略做推测。任昉在《为范始兴作求立太宰碑表》中说"策名委质，忽焉二纪"。由建武二年（495）上推 24 年，是泰豫元年（472），这时，范云已经和萧子良结识了。任昉《出郡传舍哭范仆射》说："结欢三十载，生死一交情。"范云卒于天监二年（503），由此上推 30 年，是元徽元年（473），范云和任昉已经结识了。从这两条材料可以推测，任昉与萧子良应该至少在 12 岁前就结识了。我们今天能见到的两人交往的最早史料，是时隔 8 年之后，即建元元年（479），任昉被竟陵王辟为记室参军，成为萧子良幕府的正式成员。直到建武元年（494），萧子良薨，任昉撰写《齐竟陵文宣王行状》，任昉与萧子良集团打交道已有 16 年了。对于任昉

① ［隋］王通，《中说》，四部丛刊景宋本，第 3 卷，第 41 页。
② ［清］钱谦益，《牧斋初学集》，四部丛刊景明崇祯十六年刻本，第 33 卷，第 1411 页。
③ ［唐］欧阳询，《艺文类聚》，北京：中华书局，1965 年，第 879 页。

写的这篇行状，历来存在两种不同的评价。批判的意见说它“辞多矫诞，识者病之”。称赞的意见说它“以俪词述实事，于斯体尚称”。一个说矫诞，一个说实事，各执一词，究竟哪一个才算是确评呢？

一、行状文体的发展

我们还是先从行状文体的角度来看吧。《文章缘起》说：“行状。汉丞相仓曹傅胡干作《杨元伯行状》。”《文章辨体序说》：“《文章缘起》云：（行状）始自汉丞相仓曹傅胡干作《杨原伯行状》，然徒有其名而亡其辞。”[①]任昉说汉初即有行状，但其详情今天已经无法考证。但我们还是能从其他的史料考索到行状的一些情况。

《汉书》苏林注有：“行状，年纪也。”[②]唐兰说：“今按《汉书·高祖纪》，诏‘诣相国府，署行、义、年’。苏林注曰：‘行状，年纪也。’知汉时考吏有行状之制也。”[③]这个行状基本相当于现在所言的个人履历。王兆芳《文体通释》：“状者，犬形也，形貌也，官民之事臧否之形状也。《解诂》曰课第长吏不称职者为殿举免之，其有治能者为最，察上尤异。州又状州中吏民茂才异等。又曰，岁尽，赍所状纳京师，名奏事。源出汉初，流有阙名，置五经博士举状，张敞《条奏昌邑王居处状》，赵充《国条上屯田便宜十二事状》。”[④]这类行状是官员业绩考核的凭据，当然要求尽量客观，不得虚饰。《后汉书·东平宪王仓传》：“敞丧母至孝，国相陈珍上其行状。”[⑤]《后汉书·范式传》：“长沙上计掾史到京师，上书表（范）式行状，三府并辟，不应。”[⑥]《后汉书·李善传》：“时钟离意为瑕丘令，上书荐善行状。光武诏拜善及续并为太子舍人。”[⑦]《后

① 詹锳，《文心雕龙义证》，上海：上海古籍出版社，1989 年，第 964 ～ 965 页。
② ［汉］班固，《汉书》，北京：中华书局，1962 年，第 72 页。
③ 黄晖，《论衡校释》，北京：中华书局，1999 年，第 573 页。
④ 范文澜，《文心雕龙注》，北京：人民文学出版社，1958 年，第 489 页。
⑤ ［南朝宋］范晔，《后汉书》，北京：中华书局，1965 年，第 1442 页。
⑥ 同上注，第 2678 页。
⑦ 同上注，第 2679 页。

汉书·陵续传》："（使者）于是阴嘉之，上书说续行状。帝即赦兴等事，还乡里，禁锢终身。"[①]《后汉书·吕强传》："旧典选举委任三府，三府有选，参议掾属，咨其行状，度其器能，受试任用，责以成功。"[②]这类行状相当于现在的情况说明，用于荐举考察官吏，当然也不能有过多的夸饰。

到了东汉，行状的功能发生分化，主要用来记载死者的事迹。《后汉书》《三国志》注多处引用的《先贤行状》就属于此类。[③]王兆芳《文体通释》："行事而趋于正道，既死而亲旧门人表其事状，供诔谥也。初状之于朝，后亦状诸戚友。主于追述行事，得其形貌。"[④]这一类行状在《文选》成书以前，就已经十分成熟了，并出现了多种行状类总集，因而被《文选》当作一种成熟的文体入选。

《文心雕龙》在这些总集、选集的基础上，对行状文体做了讨论："状者，貌也。体貌本原，取其事实，先贤表谥，并有行状，状之大者也。"[⑤]《文章辨体序说》："按行状者，门生故旧状死者行业上于史官，或求铭志于作者之辞也。"[⑥]《文体明辨序说》："汉丞相仓曹傅胡干始作《杨元伯行状》，后世因之。盖具死者世系、名字、爵里、行治、寿年之详，或牒考功太常使议谥，或牒史馆请编录，或上作者乞墓志碑表之类，皆用之。而其文多出于门生故吏亲旧之手，以谓非此辈不能知也。"清江藩《炳烛室杂文行状说》："盖三代时诔而谥，于遣之日读之。后世诔文……'巧于序悲，易入新切'而已。……至典午之时，始有行状，综述生平行事，上之于朝以请谥。任彦升《齐竟陵文宣王行状》，所谓'易名之典，请遵前列'，故《文心雕龙》以状为表谥，则状亦诔之流

---

① ［南朝宋］范晔，《后汉书》，北京：中华书局，1965 年，第 2683 页。

② 同上注，第 2532 页。

③ 盖翠杰，《〈先贤行状〉考证》，《浙江师范大学学报》2002 年第 1 期。

④ 范文澜，《文心雕龙注》，北京：人民文学出版社，1958 年，第 489 ～ 490 页。

⑤ 詹锳，《文心雕龙义证》，上海：上海古籍出版社，1989 年，第 964 ～ 965 页。

⑥ 同上。

也。”[①]《文章缘起》陈懋仁注：“状者，貌也，类也。貌本类实，备史官之采，或乞铭志于作者之辞也。”方熊补注：“先贤表谥，并有行状。盖具死者世系、名字、爵里、行治、寿年之详，或牒考功太常使议谥，或牒史馆请编录，或上作者乞墓志碑表之类皆用之。而其文多出于门生、故吏、亲旧之手，以谓非此辈不能知也。”[②]

这一类行状，索诸南朝史，可考得一二。《梁书·徐勉传》：“大同三年，故佐史尚书左丞刘览等诣阙陈勉行状，请刊石纪德，即降诏许立碑于墓云。”[③]《梁书·袁昂传》：“初，昂临终遗疏，不受赠谥，敕诸子不得言上行状及立志铭，凡有所须，悉皆停省。”[④]《南史·吴均传》：“先是，均将著史以自名，欲撰齐书，求借齐起居注及群臣行状，武帝不许，遂私撰《齐春秋》奏之。”[⑤]这条史料说明当时行状完成以后，都交由朝廷统一收藏，编定成集，作为撰写本朝正史的参考资料。《通典》：“谨按旧仪，凡没者之故吏，得以行状请谥于尚书省，而考行定谥，则有司存。”[⑥]

由于行状出自门生、故吏、亲旧之手，隐恶、虚美不可避免，有的甚至与史志所载相抵牾。如《三国志》注所引：“案（山）涛行状，涛始以景元二年除吏部郎耳。景元与正元相较七八年，以涛行状检之，如本传为审。”[⑦]可见，史官在纂写历史时，还要根据其他史料对行状所记进行考实。对于这一类行状，就不应该以是否夸饰来衡量了。

二、齐竟陵文宣王行状

《竟陵文宣王行状》对萧子良总体评价为：

---

① 詹锳，《文心雕龙义证》，上海：上海古籍出版社，1989 年，第 964 ～ 965 页。
② ［梁］任昉撰，［明］陈懋仁补注、［清］方熊补注，《文章缘起》，《邵武徐氏丛书》初刻一卷本。
③ ［唐］姚思廉，《梁书》，北京：中华书局，1973 年，第 2 页。
④ 同上注，第 455 页。
⑤ ［唐］李延寿，《南史》，北京：中华书局，1975 年，第 1781 页。
⑥ ［唐］杜佑，《通典》，北京：中华书局，1988 年，第 2722 页。
⑦ ［晋］陈寿，《三国志》，北京：中华书局，1971 年，第 607 页。

公道亚生知，照邻几庶，孝始人伦，忠为令德，公实体之，非毁誉所至。天才博赡，学综该明。至若曲台之《礼》，九师之《易》，《乐》分龙、赵，《诗》析齐、韩，陈农所未究，河间所未辑，有一于此，罔不兼综者与？昔沛献访对于云台，东平齐声于杨史，淮南取贵于食时，陈思见称于七步，方斯蔑如也。

本《行状》记有四个方面的内容：一为品行，二为学识，三为政绩，四为招士。我们将这篇行状与任昉于建武二年（496）所写的《为范始兴求立太宰碑表》对读，参合《南齐书·萧子良传》《南史·萧子良传》以及其他相关史料，结合行状文体的特点，对其进行考察。

（一）忠孝好施

忠孝，《齐竟陵文宣王行状》有“孝始人伦，忠为令德，公实体之，非毁誉所至”。《南齐书·裴皇后传》：“武穆裴皇后，讳惠昭，河东闻喜人也。……升明三年，为齐世子妃。建元元年，为皇太子妃。三年，后薨。”[①]《南齐书·竟陵文宣王传》：“穆皇后生文惠太子、竟陵文宣王子良。”[②]《南史·竟陵文宣王传》：“武帝为赣县时，与裴后不谐，遣人船送后还都，已登路，子良时年小，在庭前不悦。帝谓曰：‘汝何不读书？’子良曰：‘孃今何处？何用读书？’帝异之，即召后还县。”[③]《竟陵王萧子良年谱》记此事于泰始二年（466），萧子良七岁。[④]这件事为萧子良赢得孝友的美名。郁林王《追赠竟陵王诏》说道：“肇自弱龄，孝友光备。”[⑤]裴皇后家教甚严，《南齐书·裴皇后传》：“性刚严，竟陵王子良妃袁氏布衣时有过，后加训罚。”[⑥]《南齐书·竟陵文宣王传》：“建

① ［梁］萧子显，《南齐书》，北京：中华书局，1972 年，第 391 页。
② 同上注，第 691 页。
③ ［唐］李延寿，《南史》，北京：中华书局，1975 年，第 1101 页。
④ 南江涛，《齐竟陵王萧子良年谱》，见《中国古典文献学丛刊》，北京：国际炎黄文化出版社，2006 年，第 5 卷。
⑤ ［梁］萧子显，《南齐书》，北京：中华书局，1972 年，第 701 页。
⑥ 同上注，第 391 页。

元二年，穆妃薨，仍为征虏将军，丹阳尹。”[①]裴穆皇后过世时，萧子良正镇守丹阳，从丹阳到建康奔丧，不过一百千米路程，《文宣竟陵王行状》记其“星言奔波，泣血千里”，当然有些夸张。《齐竟陵文宣王行状》又说萧子良“逮衣裳外除，心哀内疚，礼屈于厌降，事迫于权夺，而茹戚肌肤，沉痛疮距”，“非毁誉所至”，是为其服丧期间仍然担任公职开脱。

救济贫困，乐善好施，《齐竟陵文宣王行状》有谓“而廉于殖财，施人不倦”。《南齐书·文宣竟陵王子良传》：“子良敦义爱古。郡民朱百年有至行，先卒，赐其妻米百斛，蠲一民给其薪苏。”[②]又：“开私仓赈属县贫民。”[③]《南史·文宣竟陵王传》：“时有山阴人孔平诣子良讼嫂市米负钱不还。子良叹曰：‘昔高文通与寡嫂讼田，义异于此。’乃赐米钱以偿平。”[④]可见此评非虚。

（二）学识兼综

任昉说到萧子良广泛涉及礼学、易学、乐学、诗学和文献学，知识渊博，《齐竟陵文宣王行状》有谓“至若曲台之《礼》，九师之《易》，《乐》分龙、赵，《诗》析齐、韩，陈农所未究，河间所未辑，有一于此，罔不兼综者与？”

一曰礼学。《南齐书·文惠太子传》：“竟陵王子良曰：‘礼者敬而已矣。自上及下，愚谓非嫌。’”[⑤]《南齐书·舆服志》：“世祖永明初，加玉辂为重盖，又作麒麟头，采画，以马首戴之。竟陵王子良启曰：‘臣闻车旗有章，载自前史，器必依礼，服无舛法。凡盖员象天，轸方法地，上无二天之仪，下设两盖之饰，求之志录，恐为乖衷。又假为麟首，加乎

① ［梁］萧子显，《南齐书》，北京：中华书局，1972年，第694页。
② 同上注，第693页。
③ 同上。
④ ［唐］李延寿，《南史》，北京：中华书局，1975年，第1102页。
⑤ ［梁］萧子显，《南齐书》，北京：中华书局，1972年，第400页。

马头，事不师古，鲜或可施。’建武中，明帝乃省重盖等。”[①]《南齐书·豫章文献王传》载萧嶷死后，萧子良启曰：“臣闻《春秋》所以称王母弟者，以尊其所重故也。是以礼秩殊品，爵命崇异，在汉则梁王备出警入跸之仪，在晋则齐王具殊服九命之赠。江左以来，尊亲是阙，故致衮章之典，废而不传，实由人缺其位，非礼亏省。齐王故事，与今不殊，缔构王业，功述不异。凡有变革随时之宜者，政缘恩情有轻重，德义有厚薄。若事筹前规，礼无异则。”[②]

二曰乐学琴棋。《南齐书·乐志》：“永平乐歌者，竟陵王子良与诸文士造奏之。”[③]《为范始兴作求立太宰碑表》：“琴书艺业，述作之茂。”[④]《南齐书·王秀之传》：“竟陵王子良闻僧祐善弹琴，于座取琴进之，不肯从命。”[⑤]《南齐书·萧惠基传》：“永明中，敕（王）抗品棋，竟陵王子良使惠基掌其事。”[⑥]

三曰易学与玄学。《南齐书·五行志》：“十一年三月，震于东斋，栋崩。左右密欲治缮，竟陵王子良曰：‘此岂可治，留之志吾过，且旌天之爱我也。’明年，子良薨。”[⑦]孙昌武说：“在文宣王西邸中，讲经谈玄是重要的活动内容。”[⑧]《南齐书·周颙传》：“每宾友会同，颙虚席晤语，辞韵如流，听者忘倦。兼善《老》《易》，与张融相遇，辄以玄言相滞，弥日不解。”[⑨]《南齐书·张融传》：“融玄义无师法，而神解过人，白黑谈论，鲜能抗拒。”[⑩]任昉也接受过一些玄学思想。陆倕在《感知己赋》中说：“言追意而不逮，辞欲书而复忘。”任昉《答陆倕感知己赋》中也

---

① ［梁］萧子显，《南齐书》，北京：中华书局，1972 年，第 335 页。
② 同上注，第 415 页。
③ 同上注，第 196 页。
④ ［梁］萧统，《文选》，上海：上海古籍出版社，1986 年，第 1750 页。
⑤ ［梁］萧子显，《南齐书》，北京：中华书局，1972 年，第 801 页。
⑥ 同上注，第 811 页。
⑦ 同上注，第 379 页。
⑧ 孙昌武，《中国文学中的维摩诘与观音》，北京：高等教育出版社，1996 年，第 123 ～ 124 页。
⑨ ［梁］萧子显，《南齐书》，北京：中华书局，1972 年，第 732 页。
⑩ 同上注，第 729 页。

说："心照情交，流言靡惑。万类闇求，千里悬渴。言象可废，筌蹄自默。"言意问题，言象问题，是当时玄学讨论的大问题。可见，任昉也参与了讨论。任昉喻之为"沛献访对于云台"。沛献王刘辅（26 ～ 84），为东汉光武帝之子。《后汉书·光武十王列传》："辅矜严有法度，好经书，善说《京氏易》《孝经》《论语》《传》及图谶。作《五经论》，时号之曰《沛王通论》。在国谨节，终始如一，称为贤王。显宗敬重，数加赏赐。"[①]《东观汉记》："沛献王辅，善《京氏易》，永平五年，少雨，上御云台卦，自以《周易卦林》占之，其繇曰：蚁封穴户，大雨将至，以问辅，辅曰：蹇，艮下坎上，艮为山，坎为水，山出云为雨，蚁穴居，时雨将至，故以蚁为兴居，黄子发相雨。《书》曰：常戊申日，候日欲入时，日上有观云，不问大小，视四方黑者大雨，青者小雨。"[②]《金楼子·说蕃》："刘辅性矜严，有盛名，深沉好经书，善说《京氏易》。论集经传及图谶文，作《五经通论》，儒者得以明事，世号之曰'沛王通论'。明帝甚敬重之，赏赐恩宠加异，数访问以事。京师少雨，上御云台，召尚席取卦具自卦，以《周易卦林》占之，其繇曰：'蚁封穴户，大雨将集。'明日大雨，上即以诏书问辅，辅对深被知遇，诏报曰：'善哉，王次序之也。月为一卦，以当游戏，称为圣王。'"[③]以刘辅类比萧子良在易学方面的成就，可谓相宜。

四曰文献学。《金楼子·说蕃》："竟陵萧子良居鸡笼山西邸，集学士抄五经百家，依《皇览》列为《四部要略》千卷。"[④]《南齐书·竟陵文宣王传》："（永明）五年，正位司徒……移居鸡笼山邸，集学士抄五经、百家，依《皇览》例为《四部要略》千卷。"沈约《和竟陵王抄书诗》："教微因弛辔，维峻属贞期。义乖良未远，斯文焕在兹。超河综绝礼，冠楚缀沦诗。披縢辨蠹册，酌醴访深疑。澄流黜往性，泛略引前滋。

---

① ［南朝宋］范晔，《后汉书》，北京：中华书局，1965 年，第 1427 页。
② ［唐］欧阳询，《艺文类聚》，北京：中华书局，1965 年，第 26 ～ 27 页。
③ ［梁］萧绎，《金楼子》，文渊阁四库全书本，第 3 卷。
④ 同上注，第 3 卷。

汉壁含遗篆，名山多逸词。绿编方委阁，素简日盈辎。空幸参鸳鹭，比秀忝琼芝。挹流既知广，复道还自嗤。”[①]任昉喻之为“东平齐声于杨史”。《东观汉纪·东平宪王苍》：“上以所自作《光武皇帝本纪》示东平宪王苍，苍因上世祖《受命中兴颂》。上甚善之，以问校书郎，此与谁等，皆言类相如、扬雄，前代史岑比之。”[②]东汉东平宪王刘苍（29～83），汉光武帝子，明帝同母弟。《后汉书·东平宪王传》：“苍少好经书，雅有智思，为人美须髯，腰带八围，显宗甚爱重之。……是时中兴三十余年，四方无虞，苍以天下化平，宜修礼乐，乃与公卿共议定南北郊冠冕、车服制度，及光武庙登歌、八佾舞数，语在《礼乐》《舆服志》。……薨，诏告中傅，封上苍自建武以来章奏及所作书、记、赋、颂、七言、别字、歌诗，并集览焉。”[③]《南齐书·乐志》：“永平三年，东平王苍造《光武庙登歌》一章二十六句，其辞称述功德。”[④]《乐府诗集·郊庙歌辞》：“永平三年，东平王苍造《光武庙登歌》一章，称述功德，而郊祀同用汉歌。”[⑤]《金楼子·说蕃》：“刘苍好经史，博学多识，恭肃畏敬。明帝重其器能，特爱异之。入为相，荐郇恁、桓荣等。其后苍数上疏，陈藩职至重，不宜久留京师。苍为人体貌长大，美须髯，腰八尺二寸，故帝言副是腰腹也。帝以所自作《光武本纪》示苍，苍因上世祖《受命中兴颂》，咸言类相如、扬雄，前世史岑也。章帝时王入朝，以王触寒涉道，使中谒者逢迎，赐王乘舆貂袭。”[⑥]以刘苍类比萧子良在礼方面的成就，是合适的。

五曰文学。任昉仅用了两个比喻。一为“淮南取贵于食时”。《汉书·淮南王安》：“淮南王安为人好书，鼓琴，不喜弋猎狗马驰骋，亦欲

---

① ［唐］徐坚，《初学记》，北京：中华书局，1980 年，第 12 卷。
② ［汉］刘珍等撰、吴树平校注，《东观汉记》，北京：中华书局，2008 年，第 240 页。
③ ［南朝宋］范晔，《后汉书》，北京：中华书局，1965 年，第 1433 ～ 1434 页。
④ ［梁］萧子显，《南齐书》，北京：中华书局，1972 年，第 178 页。
⑤ ［宋］郭茂倩，《乐府诗集》，北京：中华书局，1998 年，第 1 页。
⑥ ［梁］萧绎，《金楼子》，文渊阁四库全书本，第 3 卷。

以行阴德拊循百姓，流名誉。招致宾客方术之士数千人，作为《内书》二十一篇，《外书》甚众，又有《中篇》八卷，言神仙黄白之术，亦二十余万言。时武帝方好艺文，以安属为诸父，辩博善为文辞，甚尊重之。每为报书及赐，常召司马相如等视草乃遣。初，安入朝，献所作《内篇》，新出，上爱秘之。使为《离骚传》，旦受诏，日食时上。又献《颂德》及《长安都国颂》。每宴见，谈说得失及方技、赋、颂，昏莫然后罢。"[①]二为"陈思见称于七步"。《三国志·陈思王植传》："陈思王植，字子建。年十岁余，诵读诗、论及辞赋数十万言，善属文。太祖尝视其文，谓植曰：'汝倩人邪？'植跪曰：'言出为论，下笔成章，顾当面试，奈何倩人？'时邺铜爵台新城，太祖悉将诸子登台，使各为赋。植援笔立成，可观，太祖甚异之。……植既以才见异，而丁仪、丁廙、杨修等为之羽翼。太祖狐疑，几为太子者数矣。……撰录植前后所著赋、颂、诗、铭、杂论凡百余篇，副藏内外。"[②]《金楼子·说蕃》："曹子建善属文，魏武帝见其文，谓植曰：'汝倩人邪？'植跪曰：'臣言出为论，下笔成章，故当面试，奈何倩人邪？'时邺铜雀台新成，武帝悉将诸子登台，使各为赋。植援笔立成，文采可观。"[③]

任昉用淮南王刘安与陈思王曹植作比，来说明萧子良文思敏捷。这两条无法验证。萧子良集团的文学活动有三种，一是唱和，二是造新声，三是文学理论研究。萧子良集团中的唱和应答活动十分频繁。私人间的应答很多，大规模的唱和也不在少数。任昉在竟陵王府参加的一些大型唱和活动，现在还有两条记录。其一为永明三年（485），皇太子释奠，王俭、萧子良、王思远、阮彦、王僧令、袁浮丘、沈约、何胤等都有释奠诗，任昉作了《为王嫡子侍皇太子释奠宴诗》。其二为永明三年（485），萧衍"以皇考艰去职"[④]，很多朋友都来给他送行，王融、萧琛、

① ［汉］班固，《汉书》，北京：中华书局，1962 年，第 2145 页。
② ［晋］陈寿，《三国志》，北京：中华书局，1959 年，第 557 ～ 577 页。
③ ［梁］萧绎，《金楼子》，文渊阁四库全书本，第 3 卷。
④ ［唐］姚思廉，《梁书》，北京：中华书局，1973 年，第 2 页。

王延、宗夬、殷芸等人都写了送别诗，任昉写了《别萧咨议衍诗》。至于萧子良本人的文学水平，还是可以略做考证的。沈约《与范述曾论竟陵王赋书》："夫渺泛沧流，则不识涯睚；杂陈钟石，则莫辨宫商。虽复吟诵回环，编离字灭，终无以仰酬睿旨，微表寸长。"[①]沈约作有《奉和竟陵王游仙诗》《奉和竟陵王经刘王献墓》[②]，对萧子良的文学水平应该比较了解，当然其间也不乏奉承之词。萧绎《金楼子·说蕃》："竟陵萧子良，开私仓赈贫民。少有清尚，礼才好士，居不疑之地，倾意宾客，天下才学皆游集焉。善立胜事，夏月客至，为设瓜饮及甘果。著之文教，士子文章及朝贵辞翰皆发教撰录。居鸡笼山西邸，集学士抄五经百家，依《皇览》列为《四部要略》千卷；招致名僧讲论佛法，造经呗新声，道俗之盛，江左未有也。好文学，我高祖、王元长、谢元晖、张思光、何宪、任昉、孔广、江淹、虞炎、何僩、周颙之俦，皆当时之杰，号士林也。"[③]据钟仕伦考证，从萧绎撰写《金楼子》的具体情况、《金楼子》内文的年代记载以及萧绎著书宗旨等方面考辨，得知《金楼子》全书各篇写作时间先后不一，全书最终绝笔于承圣三年（554）。[④]任昉《齐竟陵文宣王行状》写于建武元年（494），在《金楼子·说蕃》之前。《金楼子·说蕃》叙周公至萧子响诸蕃王事，萧子良、刘苍、刘辅、刘苍、曹植均在其中。可见将五位蕃王类比，萧绎也是赞同的。然而，《南齐书·竟陵文宣王子良传》却说："所著内外文笔数十卷，虽无文采，多是劝戒。"[⑤]张溥《南齐萧竟陵集题词》驳斥了这一观点："萧云英著内外文笔数十卷，史谓其无文采，多劝戒，及读任昉《行状》，则云：天才博赡，学综该明，沛献、东平、淮南、陈思，方斯蔑如。予折衷群论，未得其平。比览遗文，斥台使，忧旱沴，狱圄泉铸，动见规启。仁哉言乎，何

① ［唐］徐坚，《初学记》，北京：中华书局，1980年，第21卷。
② 同上注，第23卷。
③ ［梁］萧绎，《金楼子》，文渊阁四库全书本，第3卷。
④ 钟仕伦，《〈金楼子〉的成书时间考辨》，《北京大学学报》2005年第5期。
⑤ ［梁］萧子显，《南齐书》，北京：中华书局，1972年，第701页。

其恫瘝乃心也。”[1]张溥赞同任昉对萧子良学识的评价。

六曰佛学，这点任昉在行状中并没有提到。《南齐书·文惠太子传》：“太子与竟陵王子良俱好释氏，立六疾馆以养穷民。”[2]《佛祖统纪·法运通塞志》：“五年，友州进真珠佛像。司徒竟陵王子良，居西邸招致名僧讲论佛法，造经呗新声。数营斋戒。躬为僧伦赋食行水。尝梦东方普光世界天王如来说净住净行法门。因著《净住子》二十卷及《三宝记》。”[3]张溥《南齐萧竟陵集题词》：“云英敬信释氏，撰《净住子》，《净行法门》三十一条，苦言劝讽，愍泣如雨。”[4]《南齐书·竟陵文宣王传》说：“又与文惠太子同好释氏，甚相友悌。子良敬信尤笃，数于邸园营斋戒，大集朝臣众僧，至于赋食行水，或躬亲其事，世颇以为失宰相体。”[5]《南齐书·顾欢传》：“文惠太子、竟陵王子良并好释法。吴兴孟景翼为道士，太子召入玄圃园。众僧大会，子良使景翼礼佛，景翼不肯。子良送《十地经》与之。”[6]《南齐书·徐孝嗣传》：“子良好佛法，使孝嗣及庐江何胤掌知斋讲及众僧。”[7]沈约于永明元年（483）作《为齐竟陵王发讲疏》记竟陵王礼佛盛事曰：“竟陵王殿下，神超上地，道冠生知，树宝业于冥津，凝正解于冲念，若夫方等之灵邃，甘露之深玄，莫有不游其涂而启其室也。秘藏之被东国者，靡不毕集。皆缮以宝缣，文以丽篆，凝光琼笥，炫彩瑶縢，思欲敷震微言，昭感未悟。乃以永明元年二月八日，置讲席于上邸，集名僧于帝畿，皆深辨真俗，洞测名相，分微靡滞，临疑若晓。同集于邸内之法云精庐，演玄音于六宵，启法门于千载。济济

---

① ［明］张溥著，殷孟伦注，《汉魏六朝百三家集题辞注》，北京：人民文学出版社，1963 年，第 187 页。

② ［梁］萧子显，《南齐书》，北京：中华书局，1972 年，第 401 页。

③ ［宋］释志磐，《佛祖统纪》，文渊阁四库全书本，第 36 卷。

④ ［明］张溥著，殷孟伦注，《汉魏六朝百三家集题辞注》，北京：人民文学出版社，1963 年，第 187 页。

⑤ ［梁］萧子显，《南齐书》，北京：中华书局，1972 年，第 700 页。

⑥ 同上注，第 934 页。

⑦ 同上注，第 772 页。

乎，实旷代之盛事也。”[①]沈约另有《竟陵王造释迦像记》[②]《为文惠太子礼佛愿疏》[③]《为文惠太子解讲疏》[④]。其他史料，可参考汤用彤《汉魏两晋南北朝佛教史》中的相关章节。[⑤]这些佛学活动，对文学产生重大影响的是考定音律。

(三) 政绩良好

行状写到萧子良政绩良好，《齐竟陵文宣王行状》有谓“方于事上，好下规己”。《为范始兴作求立太宰碑表》也说：“故太宰竟陵文宣王臣某，与存与亡，则义刑社稷；严天配帝，则周公其人。体国端朝，出藩入守。进思必告之道，退无苟利之专。”《齐竟陵文宣王行状》分别记述了萧子良在齐高帝、齐武帝和齐明帝三朝的政绩。

> 太祖受命之时，封闻喜县开国公，进号冠军将军。越人之巫，睹正风而化俗；篁竹之酋，感义让而失险。邪叟忘其西戾，龙丘狭其东皋。

齐太祖高皇帝萧道成为萧子良祖父，建元元年（479）登基建国，在位四年。20岁的萧子良被祖父封为闻喜公。《宋书·州郡志·荆州》：“宋初八县，孝武孝建二年，以广戚并闻喜，弘农、临汾并松滋，安邑并永安。”注曰：“江左立侨郡，后并省为县。”[⑥]闻喜是萧子良的父亲齐武帝萧颐发迹之地。《南齐书·武帝纪》：“升明二年……封闻喜县侯，邑二千户。”[⑦]闻喜自宋孝武帝以来，公役繁重。《南齐书·竟陵文宣王传》：“宋世元嘉中，皆责成郡县；孝武征求急速，以郡县迟缓，始遣台使，自

---

① ［唐］释道宣，《广弘明集》，四部丛刊本，第19卷。

② 《全梁文》，第30卷，见［清］严可均：《全上古三代秦汉三国六朝文》，北京：中华书局，1985年，第3123页。

③ 同上注，第3137页。

④ 同上。

⑤ 汤用彤，《汉魏两晋南北朝佛教史》，北京：北京大学出版社，1997年，第324～327页。

⑥ ［梁］沈约，《宋书》，北京：中华书局，1974年，第1122页。

⑦ ［梁］萧子显，《南齐书》，北京：中华书局，1972年，第44页。

此公役劳扰。”[①]《南齐书·周颙传》：“颙言之于太守闻喜公子良曰：‘窃见滂民之困，困实极矣。役命有常，祇应转竭，蹙迫驱催，莫安其所。险者或窜避山湖，困者自经沟渎尔。亦有摧臂斮手，苟自残落，贩佣贴子，权赴急难。每至滂使发动，遵赴常促，辄有柤杖被录，稽颡阶垂，泣涕告哀，不知所振。下官未尝不临食罢箸，当书偃笔，为之久之，怆不能已。交事不济，不得不就加捶罚，见此辛酸，时不可过。山阴邦治，事倍余城；然略闻诸县，亦处处皆踬。唯上虞以百户一滂，大为优足，过此列城，不无凋罄。宜应有以普救倒悬，设流开便，则转患为功，得之何远。’”[②]为缓解这些窘状，萧子良写了两封《陈时政密启》，向皇上提出九条建议：其一为减免租赋，其二为减轻刑狱，其三为控制土木，其四为停息边战，其五为铸钱兴市，其六为兴农富民，其七为公平立法，其八为推选官员，其九为裁减冗员。萧道成惩宋之亡，务从俭约，减免百姓逋租宿债，宽简刑罚。萧子良的建议基本得到采纳。

> 武皇帝嗣位，进封竟陵郡王……兖徐接壤，素渐河润，未及下车，仁声先洽。玉关靖柝，北门寝扃。朝旨以董司岳牧，敷兴邦教，方任虽重，比此为轻。……上穆三能，下敷五典。辟玄闱以阐化，寝鸣钟以体国。翼亮孝治，缉熙中教。夺金耻讼，蹊田自嘿。不雕其朴，用晦其明。声化之有伦，繄公是赖。庠序肇兴，仪形国胄；师氏之选，允师人范。以本官领国子祭酒，固辞不拜。八座初启，以公补尚书令。式是敷奏，百揆时序。夫国家之道，互为公私；君亲之义，递为隐犯。公二极一致，爱敬同归，亮诚尽规，谋猷弘远矣。……旧惟淮海，今则神牧，编户殷阜，萌俗繁滋，不言之化，若门到户说矣。顷之，解尚书令，改授中书监，余悉如故。献纳枢机，丝纶允缉。武皇晏驾，寄深负图。

齐武帝在位期间，继续推行萧道成的治国之策，恢复禄田俸佚，劝

① ［梁］萧子显，《南齐书》，北京：中华书局，1972 年，第 192 页。
② 同上注，第 731 页。

课农商，减免赋役，赈济穷困，从宽执法，注重学校教育，修建孔庙，使社会出现了相对安定的局面。这些举措与萧子良的推动密切相关。萧子良本传对其功绩删节颇多，赵翼在《廿二史札记》中说道："竟陵王子良传，所删亦最多。如谏遣台使督租一疏、请垦荒田一疏、谏租布折钱一疏、谏射雉二疏，共三四千字。"①

圣主嗣兴，地居旦奭。有诏策授太傅，领司徒，余悉如故。坐而论道，动以观德；地尊礼绝，亲贤莫贰。……乃下诏曰："……（竟陵王）体睿履正，神监渊邈。道冠民宗，具瞻惟允。肇自弱龄，孝友光备。爰及赞契，协升景业。燮和台曜，五教克宣。敷奏朝端，百揆惟穆。寄重先顾，任均负图。谅以齐徽二南，同规往哲。方凭保祐，永翼雍熙。"

张溥《南齐萧竟陵集题词》："射雉二启，奏告君父，不离福业，观其恻隐，悬诚身行，津渡断欲。以王公，努力建道场之幡，击甘露之鼓。为黔首先倡，而浮鱼兆殃。外寝，大震。天年不永，其谁为乎？"②赵翼《廿二史札记》："子良亡后，袁彖谓陆慧晓曰：'齐氏微弱已数年矣，爪牙柱石之臣都尽，所余惟风流名士耳，若不立长君，无以镇四海。王融欲立子良，实安社稷，恨其不能断事，以至被杀。今苍生方涂炭，正当沥耳听之。'"③

（四）结士深广

李乃龙说："永明时期召集以八友为核心成员的文人学士开展文化活动，是子良一生中的闪耀亮点。而《行状》却在缕述状主这一段事迹时不著一辞，这是时人在对待同一事件价值看法的错位。在任昉眼中，子良名目繁多的职官居才是体现其体会的表征，其西邸文化活动却意义不

① ［清］赵翼著，王树民校证，《廿二史札记校证》，北京：中华书局，1984 年，第 213 页。
② ［明］张溥著，殷孟伦注，《汉魏六朝百三家集题辞注》，北京：人民文学出版社，1963 年，第 187 页。
③ ［清］赵翼著，王树民校证，《廿二史札记校证》，北京：中华书局，1984 年，第 213 页。

大，以至于可以省略。”[①]这个看法并不准确。萧子良营造良好的环境，延揽大量人才为朝廷效力。《齐竟陵文宣王行状》有谓：

任天下之重，体生民之俊，华衮与缊绪同归，山藻与蓬茨俱逸。良田广宅，符仲长之言；邛山洛水，协应叟之志。丘园东国，镏铢轩冕。乃依林构宇，傍岩拓架，清猿与壶人争旦，缇幕与素濑交辉，置之虚室，人野何辨？高人何点，蹑屩于钟阿；征士刘虬，献书于衡岳，赠以古人之服，宏以度外之礼，屈以好士之风，申其趋王之意，乃知大春屈己于五王，君大降节于宪后，致之有由也。其卉木之奇，泉石之美，公所制山居四时序，言之已详。

这一大段文字，讲了两个方面的意思。其一是西邸的地理环境，所谓“良田广宅，符仲长之言；邛山洛水，协应叟之志。丘园东国，镏铢轩冕。乃依林构宇，傍岩拓架，清猿与壶人争旦，缇幕与素濑交辉，置之虚室，人野何辨?”，描述得并不是很详细。《吴地记》：“鸡笼山，在吴县西三十里。以形似鸡笼，因名。晋太康二年，司空陆玩，葬此山，掘地得石凤飞去，今凤凰墩是也。”[②]《嘉庆重修一统志》：“鸡笼山，在长洲县西北。《吴地记》：在吴县西三十里，以形似名。晋司空陆玩葬此，掘地得石凤飞去。今凤凰墩是也。《舆地记》：凤凰山在县西北，盖即鸡笼也。”[③]《南史·建平宣简王宏传》：“宏少而闲素，笃好文籍，文帝宠爱殊常，为立第于鸡笼山，尽山水之美。”[④]《资治通鉴》说：“豫章雷次宗好学，隐居庐山，尝征为散骑侍郎，不就。是岁以处士征至建康，为开馆于鸡笼山，使聚徒教授。”[⑤]鸡笼山自刘宋以来，就是风景秀美的胜地，许多学者来此修学。王俭有《竟陵王山居赞》：“升堂践室，金晖玉朗。亹亹大韶，遥遥闲赏。道以德弘，声由业广，义重实归，情深虚往。

① 李乃龙，《齐竟陵文宣王行状》，《广西师范学院学报》（哲学社会科学版）2007 年第 1 期。
② ［唐］陆广微，《吴地记》，文渊阁四库全书本，第 1 卷。
③ ［清］穆彰阿，《嘉庆重修一统志》，四部丛刊本，第 2248 卷，第 3440 页。
④ ［唐］李延寿，《南史》，北京：中华书局，1975 年，第 400 页。
⑤ ［宋］司马光，《资治通鉴》，四部丛刊本，第 123 卷，第 4496 页。

濠梁在兹，安事遐想。”[①]也只能略见其鳞爪。对于邸园当时的环境，写得较为翔实的，是王融《栖玄寺听讲毕游邸园七韵应司徒教诗》：

道胜业兹远，心闲地能隟。桂橑郁初裁，兰墀坦将辟。

虚檐对长屿，高轩临广液。芳草列成行，嘉树纷如积。

流风转还径，清烟泛乔石。日汩山照红，松映水华碧。

畅哉人外赏，迟迟眷西夕。[②]

其二是集团人员来源广泛，有较强的包容性。任昉用一句话概括了萧子良门下众人，“华衮与缊绪同归，山藻与蓬茨俱逸”。沈约《授王缋、蔡约王师制》：“门下：冠军将军、司徒左长史、始平县五等男缋，华宗冠胄，器质祥和；都官尚书约，清源素范，体业伦正。训兹蕃国，佥议攸在。缋可随郡王师，加散骑常侍，男如故约可零陵王师，加给事中，主者速施行。”[③]这里的萧缋即是华宗，沈约、范云即为素范。

行状还特别提到萧子良与何点与刘虬两位隐士的交往，以说明萧子良好士。何点（436～504），梁简文帝《征君何先生墓志》：“先生履玉烛之祯气，应大贤之一期。实生而知机，抚尘斯庶。敬非习起，孝乃因心。聚徒教习，学侣成群。与沛国刘瓛、汝南周颙为友，陆琏、贺玚之徒，更道北面。”[④]《梁书·何点传》：“容貌方雅，博通群书，善谈论。家本甲族，亲姻多贵仕。点虽不入城府，而遨游人世，不簪不带，或驾柴车，蹑草屩，恣心所适，致醉而归，士大夫多慕从之，时人号为‘通隐’。宋泰始末，征太子洗马；齐初，累征中书郎、太子中庶子：并不就。与陈郡谢朓、吴国张融、会稽孔稚珪为莫逆友。……王俭闻之，欲候点，知不可见，乃止。豫章王嶷命驾造点，点从后门遁去。司徒竟陵王子良欲就见之，点时在法轮寺，子良乃往请，点角巾登席，子良欣悦

① ［唐］欧阳询，《艺文类聚》，北京：中华书局，1965 年，第 652 页。
② 逯钦立，《先秦汉魏晋南北朝诗》，北京：中华书局，1983 年，第 1395 页。
③ ［清］严可均，《全上古三代秦汉三国六朝文》，北京：中华书局，1958 年，第 3101 页。
④ ［唐］欧阳询，《艺文类聚》，北京：中华书局，1965 年，第 660 ～ 661 页。

无已，遗点嵇叔夜酒杯，徐景山酒铛。”[①]何点曾经拒绝宋、齐、梁朝廷和王俭、萧嶷的征召，而参加萧子良的宴席，任昉举出这个例子来说明萧子良的感召力。任昉《为庾杲之与刘虬居士书》说：“昔东平乐善，旌君大于东阁；今（竟陵）王爱素，致吾子于西山。岂不盛欤！”王融有《为竟陵王与隐士刘虬书》。任昉在《为范始兴作求立太宰碑表》中说：“臣里闾孤贱，才无可甄。值齐网之弘，弛宾客之禁。”这里所谓的平民也好，素范也好，孤贱也好，都是有才华的士子自谦之词，是一个与皇族相对的概念，指异姓高门。[②]素族甚至还指隐士。萧子良有《登山望雷居士精舍同沈右卫过刘先生墓下作诗》，为悼隐士刘瓛所作的诗。沈约有《奉和竟陵王经刘瓛墓诗》，又有《谢齐竟陵王教撰高士传启》《广弘明集》第19卷收有萧子良《与荆州隐士刘虬书》。还有一类素族是僧侣。汤用彤《汉魏两晋南北朝佛教史》列出名字的有玄畅、僧柔、慧次、慧基、法安、法度、宝志、法猷、僧佑、智称、道禅、法护、法宠、僧旻、智藏等人，此外还有僧远、僧亮、僧印、法通、智顺、慧明、僧辩、慧忍等。这些名僧都与这个集团有联系。[③]任昉十分看重竟陵王文士集团在促进知识阶层与皇权阶层沟通交流的作用。任昉在《为庾杲之与刘居士虬书》（489）中写道：“司徒竟陵王，懋于神者，言象所绝，接乎士者，遐迩所宗，钟石非礼乐之本，缨褐岂朝野之谓，想暗投之怀，不以形体为阻。”时人都十分看重萧子良的招士活动。萧子显在《南齐书·萧子良传》中将萧子良的声望与喜好招士放到了首位：“文宣令望，爱才悦古，仁信温良，宗英是寄，遗惠未忘。”[④]

南朝的文士集团最重要的功能，是团结士族文人的力量，协助以武力获得政权的统治阶级恢复社会生产生活，实现社会的繁荣与稳定。在刘宋，文士大多分散在地方官幕府中，对社会生活的积极影响很有限。

---

① ［唐］姚思廉，《梁书》，北京：中华书局，1973年，第732～734页。
② 周一良，《魏晋南北朝史札记》，北京：中华书局，1985年，第217页。
③ 汤用彤，《汉魏两晋南北朝佛教史》，北京：北京大学出版社，1997年，第324～327页。
④ ［梁］萧子显，《南齐书》，北京：中华书局，1972年，第700页。

直到南齐，才在王俭周边形成国家级的、大规模的文士集团。但由于没有皇族的直接主持，很快就土崩瓦解。只有萧子良文士集团，才真正实现皇室与士族之间的融合。任昉对萧子良文士集团成员的概括，说明他具有强大的包容性。

任昉与萧子良交往近 20 年，与萧子良文士集团中的文士交往频繁，《齐竟陵文宣王行状》所述与萧子良生平基本相符；《齐竟陵文宣王行状》所评，代表了当时士林的普遍意见，应该作为我们评价萧子良的主要依据。李兆洛《齐竟陵文宣王行状》：“以俪词述实事，于斯体尚称。”[①]萧子良的品行、学识和政绩在当时诸藩王中皆为翘楚，深孚众望。萧子良身边聚集了大批文士，对南朝的政治、文学都产生了重大影响。

三、任昉与萧子良文士集团

萧子良文士集团，有许多名称。有人将它叫作竟陵王文士集团，因为萧子良招士主要集中在竟陵王任上。萧子良永明元年（483）任竟陵王，永明五年（487）招士达到高潮，永明十一年（493），文惠太子卒后，萧子良在夺谪斗争中失败身死，整个文士集团随之分崩离析。还有人将它叫作西邸文士集团，因为萧子良永明五年（487）移居鸡笼山西邸，文士们的活动都集中在这里。还有人将它叫作萧子良文学集团，因为萧子良文士集团多从事文学活动。我们认为，这三种叫法都不是很妥当。其一，萧子良任竟陵王是永明元年（483）的事，这个时候萧子良 24 岁，已经步入盛年。而萧子良从少年时期就开始招纳文士：“少有清尚，礼才好士，居不疑之地，倾意宾客，天下才学皆游集焉。”[②]萧子良与范云、任昉结识的时候，才十三四岁。范云是萧子良幕府中的元老。“齐建元初，竟陵王子良为会稽太守，云为府主簿。”[③]这个时候，萧子良

---

① ［清］李兆洛，《骈体文钞》，上海：世界书局，1936 年，第 570 页。
② ［梁］萧子显，《南齐书》，北京：中华书局，1972 年，第 694 页。
③ ［唐］李延寿，《南史》，北京：中华书局，1975，第 1416 页。

才20岁。其二，萧子良进入西邸是永明五年（487）的事。[①]从永明元年（483）到永明四年（486），萧子良并不在西邸。所以，西邸文士集团这个叫法也并非完全符合实际情况。其三，萧子良文士集团不仅仅从事文学活动，还有佛学、学术等，丰富多样，甚至还暗藏不可告人的政治目的。这样看来，称萧子良文士集团没有受到官职、地点、活动的限制，更切合实际情况。

钟仕伦认为，齐竟陵王萧子良开西邸集文学之事，始见于萧子显《南齐书·武十七王·萧子良传》，但不言人数及具体人名。梁元帝萧绎《金楼子·说蕃》篇在萧子显的基础上率先提出十一人的竟陵文士集团，并以"士林"号之。《梁书·武帝纪》有竟陵"八友"之说；《梁书·沈约传》言竟陵文士则仅列举六人。三种说法，人数不同，名号有异。如此差异恐与《梁书》编纂过程有关。《金楼子·说蕃》篇所列十一人的竟陵"士林"，较之《梁书·武帝纪》的竟陵"八友"之说和《梁书·沈约传》的"六人"说，似更能反映竟陵文士集团的本来面目。[②]

任昉在萧子良文士集团内与文士的交游情况，有以下几条史料。《梁书·沈约传》："时竟陵王亦招士，约与兰陵萧琛、琅玡王融、陈郡谢朓、南乡范云、乐安任昉等皆游焉，当世号为得人。"[③]《梁书·武帝纪》："竟陵王子良开西邸，招文学，高祖与沈约、谢朓、王融、萧琛、范云、任昉、陆倕等并游焉，号曰八友。"[④]《金楼子·说蕃》："竟陵萧子良……好文学，我高祖、王元长、谢元晖、张思光、何宪、任昉、孔广、江淹、虞炎、何僩、周颙之俦，皆当时之杰，号士林也。"[⑤]司马光《资治通鉴·齐纪》："永明二年春……记室参军范云、萧琛、乐安任昉、法曹参军王融、卫军东合祭酒萧衍、镇西功曹谢朓、步兵校尉沈约、扬

① ［梁］萧子显，《南齐书》，北京：中华书局，1972年，第698页。

② 钟仕伦，《竟陵士林考论——读〈金楼子·说蕃〉》，《四川师范大学学报》2009年第4期。

③ ［唐］姚思廉，《梁书》，北京：中华书局，1973年，第233页。

④ 同上注，第2页。

⑤ ［梁］萧绎，《金楼子》，文渊阁四库全书本，第4卷。

州秀才吴郡陆倕，并以文学尤见亲待，号曰八友。法曹参军柳恽、太学博士王僧孺、南徐州秀才济阳江革、尚书殿中郎范缜、会稽孔休源亦预焉。”[①]

根据这些史料，我们知道，任昉在竟陵文士集团与沈约、萧琛、王融、谢朓、范云、萧衍、陆倕、张思光，何宪、孔广、江淹、虞炎、何僩、周颙、庾杲之、刘虬、宗夬、柳恽、王僧孺、江革、范缜、孔休源有交往。另与谢朏、江革也有交往记录。现依次考述于下。

谢朏（439～504），字敬冲，陈郡阳夏人。谢庄之子。《梁书·谢朏传》载，齐高帝为骠骑将军辅政，选朏为长史，敕与河南褚炫、济阳江敩、彭城刘俣俱入侍宋帝，时号为天子四友。[②]曾为竟陵王府右长史。[③]谢朏与任昉有《花雪诗》唱和。

庾杲之（441～491），字景行，新野人。《南齐书·庾杲之传》载，永明中，诸王年少，不得妄与人接，敕杲之与济阳江淹五日一诣诸王，使申游好。寻又迁庐陵王中军长史，迁尚书吏部郎，参大选事。转太子右卫率，加通直常侍。曾经深受王俭的赏识，后进入文惠太子府。[④]任昉有《为庾杲之与刘居士虬书》代庾杲之为竟陵王招刘虬为士。《南齐书·刘虬传》：“竟陵王子良致书通意，虬婉言谢绝。”[⑤]庾杲之过世后，沈约《伤庾杲之》写道：“右率馥时誉，秀出冠朋僚。耸兹千仞气，振此百寻条。蕴藉含文雅，散朗溢风飚。楸槚今已合，容范尚昭昭。”

沈约（441～513），字休文，吴兴武康人。二人同在文惠太子府中任过步兵校尉，又同在竟陵王府上做幕僚。《南史·沈约传》载，齐初为征虏记室，带襄阳令，所奉之王，齐文惠太子。太子入居东宫，为步兵校尉，管书记，直永寿省，校四部图书。时东宫多士，约特被亲遇，

① ［宋］司马光，《资治通鉴》，四部丛刊本，第 136 卷，第 5179 页。
② ［唐］姚思廉，《梁书》，北京：中华书局，1973 年，第 261 页。
③ ［梁］萧子显，《南齐书》，北京：中华书局，1972 年，第 806 页。
④ 同上注，第 582 页。
⑤ 同上注，第 939 页。

每旦入见，景斜方出。[①]可见文惠太子待沈约非同一般。从文惠太子府出来后，沈约又到竟陵王府做了司徒右长史。《南齐书·武帝纪》：永明三年（485）十月壬戌，诏曰："皇太子长懋讲毕，当释奠，王公以下可悉往观礼。"萧子良、王俭、任昉、沈约、南郡王同有《侍皇太子释奠宴诗》。[②]沈约与任昉同在竟陵王府参与了唱和、抄书、佛教等活动。沈约有《谢齐竟陵王示华严璎珞启》《竟陵王造释迦像记》《奉和竟陵王郡县名诗》《奉和竟陵王药名诗》《和竟陵王游仙诗》《和竟陵王抄书诗》等作。

范缜（450？～515），字子真，南乡舞阴人。《梁书·范缜传》载，范缜年少时曾在刘瓛门下学习多年，深受刘瓛推重。[③]《南齐书·刘瓛传》载，刘瓛遇病，子良遣从瓛学者彭城刘绘、从阳范缜将厨于瓛宅营斋。[④]任昉对刘瓛十分尊敬，曾上启请求再自己的官地上为他开设学馆。范缜博通经术，尤精三礼。永明年间，他因才学出众，与范云、萧琛、颜幼明、裴昭明相继出使魏国，参与和亲事宜，在邻国有知名度，后入萧子良幕府。萧衍起兵时，范缜积极响应，因为有两邦的交情，萧衍对范缜十分看重，攻下建康城后，即命他做晋安太守。范缜所得俸禄，没有馈赠亲友，却用来接济赋闲在家的王亮，并上表建议萧衍起用王亮，任昉因此写了《奏弹范缜》。

张融（444～497），字思光，吴郡吴人，《宋书·张融传》载，为长沙王镇军、竟陵王征北谘议，并领记室，司徒从事中郎。[⑤]

江淹（444～505），字文通，济阳考城人。与任昉的交情从刘宋时就开始了。元徽三年（475），任昉除建平王景素北行参军，江淹"起家

① ［唐］李延寿，《南史》，北京：中华书局，1975 年，第 1410 页。
② ［唐］欧阳询，《艺文类聚》，北京：中华书局，1965 年，第 696 页。
③ ［唐］姚思廉，《梁书》，北京：中华书局，1973 年，第 664 页。
④ ［梁］萧子显，《南齐书》，北京：中华书局，1972 年，第 679 页。
⑤ 同上注，第 721 页。

南徐州从事，转奉朝请。宋建平王景素好士，淹随景素在南兖州”[①]。只是这段交情并不长久，任昉当年就离开了刘景素府做了太学博士。阎采平说：“江淹与西邸集团的关系，记载唯此一见，不足为据。”[②]这是说不通的。萧绎与竟陵王时代近，故最可信。张蓓蓓《齐竟陵王萧子良“西邸”文士集团考略》说：“萧齐的重要文士，不与竟陵王交好的，似乎只有江淹、丘迟、钟嵘等三数人而已。”[③]张蓓蓓曾致信笔者说：“而竟忽略了《金楼子》中的一条材料。”[④]张先生亦不以《金楼子》所记为不确。

范云（451～503），字彦龙，南乡舞阴人，范缜从弟。沈约、范云早在宋末就有交往。《梁书·范云传》载，父抗，为郢府参军，云随父在府，时吴兴沈约、新野庾杲之与抗同府，见而友之。[⑤]范云在竟陵王府地位举足轻重。《梁史·范云传》载，齐建元初，竟陵王子良为会稽太守，云始随王，王未之知也。会游秦望，使人视刻石文，时莫能识，云独诵之，王悦，自是宠冠府朝。王为丹阳尹，召为主簿，深相亲任。[⑥]《南齐书·竟陵文宣王子良传》：“建武中，故吏范云上表为子良立碑，事不行。”[⑦]天监元年（502），高祖受禅，柴燎于南郊，云以侍中参乘。二年（503），卒，时年五十三。萧衍诏曰：“追远兴悼，常情所笃；况问望斯在，事深朝寄者乎！故散骑常侍、尚书右仆射、霄城侯云，器范贞正，思怀经远，爰初立志，素履有闻。脱巾来仕，清绩仍著。燮务登朝，具瞻惟允。绸缪翊赞，义简朕心，虽勤非负靮，而旧同论讲。方骋远涂，永毗庶政；奄致丧殒，伤悼于怀。宜加命秩，式备徽典。”[⑧]任昉在《出郡传舍哭范仆射》中说到两人之间的感情：“携手遁衰孽，接景

① ［唐］姚思廉，《梁书》，北京：中华书局，1973年，第247页。

② 阎采平，《齐梁诗歌研究》，北京：北京大学出版社，1994年，第58页。

③ 张蓓蓓，《齐竟陵王萧子良“西邸”文士集团考略》，见《毛子水先生95寿庆论文集》，台北：台湾幼师出版社，1997年，第441页。

④ 张蓓蓓，《致杨赛书》，2006年2月14日。

⑤ ［唐］姚思廉，《梁书》，北京：中华书局，1973年，第229页。

⑥ 同上。

⑦ ［梁］萧子显，《南齐书》，北京：中华书局，1972年，第721页。

⑧ ［唐］姚思廉，《梁书》，北京：中华书局，1973年，第232页。

事休明。”又在《与沈约书》中写道：“追寻关绪，皆成悲端。”

宗夬（456～504），字明扬，南阳涅阳人，世居江陵。《梁书·宗夬传》载，齐司徒竟陵王集学士于西邸，并见图画，夬亦预焉。永明二年（484），萧衍迁镇西咨议参军，出竟陵王府，萧琛、王延、宗夬与任昉同有别诗。永明三年（485），齐与魏和亲，敕夬与尚书殿中郎任昉同接魏使，皆时选也。[①]

谢朓（464～499），字玄晖，阵郡阳夏人。《南齐书·谢朓传》载，年少好学，为萧齐藩王所倚重，初为太尉豫章王萧嶷行参军，随王萧子隆东中郎府，转王俭卫军东阁祭酒，后为随王镇西功曹，永明九年（491），又从随王萧子隆为荆州刺史幕僚，“亲府州事”，“以文才尤被赏爱”。还京都，任新安王中军记室，兼尚书殿中郎。建武二年（495）出为宣城太守，后人称“谢宣城”。萧衍说：“三日不读谢诗，便觉口臭。”永明十一年（493），谢朓因遭受谗言被召回京师，处境日趋困顿。萧鸾篡政，杀戮宗室和开国功臣，谢朓的岳父王敬则反叛，谢朓向朝廷告发，王敬则仓促起兵，失败被杀。平乱之后，皇帝赏谢朓之功，迁尚书吏部郎，谢朓固辞，皇帝不许。齐东昏侯永元元年（499），始安王萧遥光、江佑等人策划政变，遥光想拉拢谢朓，谢朓不从，反遭诬陷入狱，不久死于狱中，年36岁。沈约《伤谢朓》：“吏部信才杰，文锋振奇响。调与金石谐。思逐风云上。岂言陵霜质。忽随人事往。尺璧尔何冤。一旦同丘壤。”谢朓从王俭府出来后，直接进了太子府做舍人，任昉也曾到文惠太子府做过步兵校尉。

柳恽（465～517），字文畅，河东解人。《梁书·柳恽传》载，初，宋世有嵇元荣、羊盖，并善弹琴，云传戴安道之法，恽幼从之学，特穷其妙。齐竟陵王闻而引之，以为法曹行参军，雅披赏狎。入梁，任秘书监、湖州太守，为政清静。任昉也在天监三年（504）至五年（506）任

---

① ［唐］姚思廉，《梁书》，北京：中华书局，1973年，第299页。

秘书监，他们又成了同事。

王僧孺（465 ～ 522），字僧孺，东海郯人。《梁书 · 王僧孺传》载，王僧孺与乐安任昉遇竟陵王西邸，以文学会友。[①]后来，王僧孺转到文惠太子府。《梁书 · 王僧孺传》：“司徒竟陵王子良开西邸招文学，僧孺亦游焉。文惠太子闻其名，召入东宫，直崇明殿。欲拟为宫僚，文惠薨，不果。”[②]他们二人的交情是很深的。王僧孺出为钱塘令时，任昉曾向他赠了一首诗，说到他们的交情：“惟子见知，惟余知子。观行视言，要终犹始。敬之重之，如兰如芷。形应影随，曩行今止。”又说到他们的共同爱好：“伊昔有怀，交相欣勖。下帷无倦，升高有属。嘉尔晨灯，惜余夜烛。”王僧孺在《太常任府君敬子传》中也记叙了他们之间的友谊：“顾余不敏，厕夫君子之末，可称冥契，是为神交。二三君子，唯以从游日暮，亭号昭仁，庶子云咫尺，康成斯在。借此嘉言，将无绝乎千载。”南朝齐时担任太学博士，因善辞藻入幕于竟陵王萧子良门下，编撰《四部要略》，与任昉有往来，与沈约、任昉并为当时三大藏书家。作品都散佚了，明代张溥辑为《王左丞集》，收入《汉魏六朝百三家集》。

萧琛（465？ ～ 531）[③]，字彦谕，兰陵人。《梁书 · 萧琛传》载，永明二年（484），任昉和萧琛同为丹阳尹主簿，永明三年（485），王俭解丹阳尹，任昉就到了萧子良府，萧琛举南徐州秀才，随后也进入了萧子良府，任司徒记室。萧琛在萧子良府待的时间很长，直到永明十年（492）使魏，他还在萧子良府，迁司徒右长史。[④]任昉与萧琛都爱好藏书。萧琛曾经说：“少壮三好，音律、书、酒。年长以来，二事都废，惟书籍不衰。”[⑤]梁孝元帝《特进萧琛墓志铭》曰：“学类五行，书倅三箧。

---

① ［唐］姚思廉，《梁书》，北京：中华书局，1973 年，第 470 页。

② 同上注，第 469 页。

③ 曹道衡、沈玉成，《中古文学史料丛考》，北京：中华书局，2003 年，第 604 页。

④ ［唐］李延寿，《南史》，北京：中华书局，1975 年，第 124 页。

⑤ ［唐］姚思廉，《梁书》，北京：中华书局，1973 年，第 397 页。

已研金匮，兼探玉牒。石词既拟，栾社兹同。”[①]

王融（467～493），字元长，是王俭的侄子，任昉与他在王俭府就结识，直到永明元年（483）以后才进入萧子良幕府，任竟陵王司徒板法曹行参军。后来，他又到了文惠太子府，迁太子舍人。王融躁于名利，武帝病重，萧子良和萧昭业争夺帝位，王融“戎服灾身”欲拥立子良即位，但萧鸾矫诏拥萧昭业夺下帝位。郁林王即位后，萧子良遭禁锢，王融被赐死，年27岁。《梁书·武帝纪》：“融俊爽，识鉴过人，尤敬异高祖。每谓所亲曰：‘宰制天下，必在此人。’”[②]沈约《伤王融》：“元长秉奇调，弱冠慕前踪。眷言怀祖武，一篑望成峯。途艰行易跌，命舛志难逢。折风落迅羽，流恨满青松。”

孔休源（469～532），字庆绪，会稽山阴人。《梁书·孔休源传》载，琅琊王融雅相友善，乃荐之于司徒竟陵王，为西邸学士。梁台建，与南阳刘之遴同为太学博士，当时以为美选。休源初到京，寓于宗人少府卿孔登宅，曾以祠事入庙，侍中范云一与相遇，深加褒赏，曰：“不期忽觏清颜，顿祛鄙吝，观天披雾，验之今日。”后云命驾到少府门，登便拂筵整带，谓当诣己，既而独造休源，高谈尽日，同载还家，登深以为愧。尚书令沈约当朝贵显，轩盖盈门，休源或时后来，必虚襟引接，处之坐右，商略文义。其为通人所推如此。休源少孤，立志操，风范强正，明练治体，持身俭约，学穷文艺，当官理务，不惮强御，常以天下为己任，高祖深委仗之。累居显职，纤毫无犯。性慎密，寡嗜好。出入帷幄，未尝言禁中事，世以此重之。聚书盈七千卷，手自校治，凡奏议弹文，勒成十五卷。[③]

陆倕（470～526），字佐公，吴郡吴人。《梁书·陆倕传》载，年十七，举本州秀才。刺史竟陵王子良开西邸延英俊，倕亦预焉。辟议曹

① ［唐］欧阳询，《艺文类聚》，北京：中华书局，1965年，第848页。

② ［唐］姚思廉，《梁书》，北京：中华书局，1973年，第2页。

③ 同上注，第519页。

从事参军、庐陵王法曹行参军。陆倕十七举秀才，随即入竟陵王西邸，旋即出为议曹从事参军，投到庐陵王门下。[①]他与萧子良文士集团的交游时间不长。陆倕之所以能入竟陵王府，当为任昉所荐。陆倕《感知己赋》："既一顾之我隆，亦东壁之余假。似延州之如旧，同伯喈之倒屣。附苍蝇于骥尾，讬明镜于朝光。谓虚无而为有，布籍甚于游扬。"[②]任昉《答陆倕感知己赋》："唯忘年之陆子，定一遇于班荆。余获田苏之价，尔得海上之名。"[③]田苏一典出自《谯子·齐交》："韩起与田苏处而成好仁之名，甘茂事史举用显齐秦之功，曹参师盖公致清静之治，窦长君兄弟出于贱隶，谨恭师友，皆为退让君子。"[④]海上之名一典出自《韩非子·外储说》："海上有贤者狂矞，太公望闻之往请焉，三却马于门，而狂矞不报见也，太公望诛之。当是时也，周公旦在鲁，驰往止之；比至，已诛之矣。周公旦曰：'狂矞，天下贤者也，夫子何为诛之?'太公望曰：'狂矞也议，不臣天子，不友诸侯，吾恐其乱法易教也，故以为首诛。今有马于此，形容似骥也，然驱之不往，引之不前，虽臧获不许托足于其轸也。'"[⑤]贤人海上狂矞尽管被吕望诛杀了，但周公还是很佩服他的。陆倕 17 岁举秀才，到了 20 岁还与竟陵王文士集团交往，仍被称为扬州秀才，可见他不被本郡郡主所看重，三年一直都没有得到提拔任用。任昉以萧子良比周公，以陆倕比狂矞，以自己比田苏，恰得其宜。

虞炎（？～499?），字不详，会稽人。《南齐书·虞炎传》载，会稽虞炎，永明中以文学与沈约俱为文惠太子所遇，意眄殊常。官至骁骑将军。[⑥]《南史·公孙僧达传》："齐高帝即位，遣兼散骑常侍虞炎等十二部使行天下，表列僧远等二十三人，诏并表门闾，蠲租税。"虞炎永明年

① ［唐］姚思廉，《梁书》，北京：中华书局，1973 年，第 401 页。
② ［唐］欧阳询，《艺文类聚》，北京：中华书局，1965 年，第 558 页。
③ ［唐］姚思廉，《梁书》，北京：中华书局，1973 年，第 402 页。
④ ［宋］李昉等，《太平御览》，四部丛刊本，第 460 卷。
⑤ ［周］韩非，《韩非子》，四部丛刊本，第 13 卷，第 262 页。
⑥ ［梁］萧子显，《南齐书》，北京：中华书局，1972 年，第 900 页。

间奉文惠太子萧长懋之命编《鲍照集》10卷。《南史·文惠太子传》："文武士多所招集，会稽虞炎、济阳范岫、汝南周颙、陈郡袁廓，并以学行才能，应对左右。"[①]今存其诗四首，见明依宋抄本《谢宣城诗集》《玉台新咏》等。《隋书·经籍志》："《虞炎集》七卷。"沈约《怀旧诗·虞炎》："东南既擅美，洛阳复称才。携手同欢宴，比迹共游陪。事随短秀落，言归长夜台。"

周颙（？～485?），字彦伦，汝南安城人。《南齐书·周颙传》载，还为文惠太子中军录事参军，随府转征北。文惠在东宫，颙还正员郎，始兴王前军咨议。直侍殿省，复见赏遇。[②]《南齐书·文惠太子传》："永明三年，于崇正殿讲《孝经》，少傅王俭以擿句令太子仆周颙撰为义疏。"[③]《南齐书·陆厥传》："永明末，盛为文章。吴兴沈约、陈郡谢朓、琅玡王融以气类相推毂。汝南周颙善识声韵。约等文皆用宫商，以平上去入为四声，以此制韵，不可增减，世呼为'永明体'。"[④]《南史·陆厥传》："时盛为文章，吴兴沈约、陈郡谢朓、琅玡王融以气类相推毂，汝南周颙善识声韵。约等文皆用宫商，将平上去入四声，以此制韵，有平头、上尾、蜂腰、鹤膝。五字之中，音韵悉异，两句之内，角徵不同，不可增减。世呼为'永明体'。"[⑤]《南齐书·杜京产传》："太祖遣儒士刘瓛入东为畔讲说，京产请瓛至山舍讲书，倾资供待，子栖躬自屣履，为瓛生徒下食，其礼贤如此。孔稚珪、周颙、谢朓致书以通殷勤。"[⑥]

江革（？～535），字休映，济阳考城人。《梁书·江革传》载，齐中书郎王融、吏部谢朓雅相钦重。朓尝宿卫，还过候革，时大雪，见革弊絮单席，而耽学不倦，嗟叹久之，乃脱所着襦，并手割半毡与革充卧

① ［唐］李延寿，《南史》，北京：中华书局，1975年，第1099页。
② ［梁］萧子显，《南齐书》，北京：中华书局，1972年，第731页。
③ 同上注，第399页。
④ 同上注，第841页。
⑤ ［唐］李延寿，《南史》，北京：中华书局，1975，第1195页。
⑥ ［梁］萧子显，《南齐书》，北京：中华书局，1972年，第965页。

具而去。司徒竟陵王闻其名，引为西邸学士。时吴兴沈约、乐安任昉并相赏重，昉与革书云："此段雍府妙选英才，文房之职，总卿昆季，可谓驭二龙于长途，骋骐骥于千里。"革历官八府长史，四王行事，三为二千石，傍无姬侍，家徒壁立，世以此高之。[①]

王亮（？～510），字奉叔，琅玡临沂人，晋丞相导之六世孙。《梁书·王亮传》载，齐竟陵王子良开西邸，延才俊以为士林馆，使工图画其像，亮亦预焉。拜晋陵太守，在职清公有美政。时齐明帝作相，闻而嘉之，引为领军长史，甚见赏纳。及即位，累迁太子中庶子，尚书吏部郎，诠序著称，迁侍中。建武末，为吏部尚书。是时尚书右仆射江祏管朝政，多所进拔，为士子所归。亮自以身居选部，每持异议。始亮未为吏部郎时，以祏帝之内弟，故深友祏，祏为之延誉，益为帝所器重；至是与祏情好携薄，祏昵之如初。及祏遇诛，群小放命，凡所除拜，悉由内宠，亮更弗能止。外若详审，内无明鉴，其所选用，拘资次而已，当世不谓为能。王亮协附梅虫儿为逆，任昉也同列为官，曾拜访王亮。王亮说："卿宜谢梅，那忽谢我。"[②]这场公案，任昉一直记在心里。到了天监四年（505），范缜要求梁武帝起用王亮，任昉就上了一首《奏弹范缜》予以阻止。梁武帝玺书曰："亮少乏才能，无闻时辈，昔经冒入群英，相与岂薄，晚节谄事江祏，为吏部，末协附梅虫儿、茹法珍，遂执昏政。比屋罹祸，尽家涂炭，四海沸腾，天下横溃，此谁之咎！食乱君之禄，不死于治世。亮协固凶党，作威作福，靡衣玉食，女乐盈房，势危事逼，自相吞噬。建石首题，启靡请罪。朕录其白旗之来，贳其既往之咎。亮反覆不忠，奸贿彰暴，有何可论！"[③]

何僩，生卒年不详，事不甚详。《隋志》有义兴郡丞《何僩集》三卷，亡。《魏书·刘裕传》："准遣外散骑常侍何僩、员外散骑侍郎孔逷

① ［唐］姚思廉，《梁书》，北京：中华书局，1973 年，第 522～526 页。
② ［唐］李延寿，《南史》，北京：中华书局，1975 年，第 1453 页。
③ ［唐］姚思廉，《梁书》，北京：中华书局，1973 年，第 267～270 页。

朝贡。”[①]《艺苑卮言》：“何僩宦游不进，作《拍张赋》”[②]。

何宪，生卒年不详。《南齐书·孔禬传》：“时人呼孔禬、何宪为王俭三公。”[③]《南齐书·陆澄传》：“俭集学士何宪等盛自商略，澄待俭语毕，然后谈所遗漏数百千条，皆俭所未睹，俭乃叹服。”[④]《南史·何宪传》：“（何宪）博涉该通，群籍毕览，天阁宝秘，人间散逸，无遗漏焉。任昉、刘沨共执秘阁四部书，试问其所知，自甲至丁，书说一事，并叙述作之体，连日累夜，莫见所遗。”[⑤]《梁书·武帝纪》：“起家巴陵王南中郎法曹行参军，迁将军王俭东阁祭酒。俭一见深相器异，谓庐江何宪曰：‘此萧郎三十内当作侍中，出此则贵不可言。’”[⑥]《梁书·殷芸传》：“幼而庐江何宪见之，深相叹赏。”[⑦]《南史·摛王传》：“尚书令王俭尝集才学之士，总校虚实，类物隶之，谓之隶事，自此始也。俭尝使宾客隶事多者赏之，事皆穷，唯庐江何宪为胜，乃赏以五花簟、白团扇。坐簟执扇，容气甚自得。摛后至，俭以所隶示之，曰：‘卿能夺之乎？’摛操笔便成，文章既奥，辞亦华美，举坐击赏。摛乃命左右抽宪簟，手自掣取扇，登车而去。俭笑曰：‘所谓大力者负之而趋。’”[⑧]

孔广，生卒年不详，字淹源，会稽人。《南齐书·庾杲之传》载其美姿制。历州治中，卒。[⑨]《南史·丘巨源传》：“时又有会稽孔广、孔逭皆才学知名。”[⑩]《南史·孔广传》：“广字淹源，美容止，善吐论。王俭、张绪咸美之。俭常云：‘广来使人废簿领，匠不须来，来则莫听去。’绪数巾车诣之，每叹云：‘孔广使吾成轻薄祭酒。’仕至扬州中从事。”[⑪]

---

① ［北齐］魏收，《魏书》，北京：中华书局，1974 年，第 2152 页。
② ［明］王世贞，《艺苑卮言》，见《历代诗话续编》，北京：中华书局，1983 年，第 1084 页。
③ ［梁］萧子显，《南齐书》，北京：中华书局，1972 年，第 611 页。
④ 同上注，第 685 页。
⑤ ［唐］李延寿，《南史》，北京：中华书局，1975 年，第 1213 ～ 1214 页。
⑥ ［唐］姚思廉，《梁书》，北京：中华书局，1973 年，第 2 页。
⑦ 同上注，第 168 页。
⑧ ［唐］李延寿，《南史》，北京：中华书局，1975 年，第 1213 页。
⑨ ［梁］萧子显，《南齐书》，北京：中华书局，1972 年，第 616 页。
⑩ ［唐］李延寿，《南史》，北京：中华书局，1975 年，第 1770 页。
⑪ 同上注，第 1770 页。

文惠太子和竟陵王抢班夺权的阴谋败露后，兄弟二人先后早早去世。萧鸾上台掌政，先后废弑了郁林王、海陵王，对于齐高帝所余子孙，也尽行杀戮。[①]竟陵王旧部都受到他的猜忌，为了自保，任昉投靠到梅虫儿门下。《南史·任昉传》中记载："永元中，纡意于梅虫儿，东昏中旨用为中书郎。"[②]

与任昉一同去投靠竟陵王旧部，还有合桑偃、王亮等人。《南齐书·萧昭胄传》："子良故防合桑偃为梅虫儿军副，结前巴西太守萧寅，谋立昭胄。"[③]《梁书·王亮传》："亮少乏才能，无闻时辈，昔经冒入群英，相与岂薄，晚节谄事江祏，为吏部，末协附梅虫儿、茹法珍，遂执昏政。"[④]任昉当了中书令后，自然要去拜谢这位同僚。王亮不肯接受。《南史·任昉传》："谢尚书令王亮，亮曰：'卿宜谢梅，那忽谢我。'"[⑤]这似乎是实话，对于人事，王亮是插不上手的。《南齐书·王亮传》："及祏遇诛，群小放命，凡所除拜，悉由内宠，亮更弗能止。"[⑥]任昉去感谢王亮，是因为同出竟陵王府，料到王亮必有所引荐。王亮不受任昉的致谢，是因为两人都委身于太监，实在有损士大夫的清望。文与可曾就此事嘲笑任昉说："幸自文章亦可怜，不消一事已为贤。何如却逐虫儿去，忍耻更来王亮前。"[⑦]

刘跃进说竟陵八友的影响，一为促进南北士族的融合；二为推动文化事业的繁荣，三为引领士族命运的转折。[⑧]

① ［清］赵翼著，王树民校证，《廿二史札记校证》，北京：中华书局，1984 年，第 248 ～ 250 页。
② ［唐］李延寿，《南史》，北京：中华书局，1975 年，第 1453 页。
③ ［梁］萧子显，《南齐书》，北京：中华书局，1972 年，第 702 页。
④ ［唐］姚思廉，《梁书》，北京：中华书局，1973 年，第 270 页。
⑤ ［唐］李延寿，《南史》，北京：中华书局，1975 年，第 1453 页。
⑥ ［唐］姚思廉，《梁书》，北京：中华书局，1973 年，第 268 页。
⑦ ［宋］文同，《丹渊集》，文渊阁四库全书本，第 12 卷，第 294 页。
⑧ 刘跃进，《永明文学研究》，台北：文津出版社，1992 年，第 56 ～ 77 页。

第三节　任昉与萧衍文士集团

罗宗强先生在《魏晋南北朝文学思想史》中说："任昉也是一位乐于奖掖后进的作者，到齐梁之际，他在文坛的地位已近于沈约。这两位文坛领袖之此种作风，对于形成一种切磋的风气当起着推动的作用。"①任昉与萧衍的关系如何？他在萧梁朝中扮演了什么角色？他对萧梁文坛产生了什么作用？

一、骑兵与记室

任昉与萧衍本是王俭府上的旧交。萧衍在王俭卫将军府上做东阁祭酒和户曹属。他对这段入幕的经历十分看重，萧绎在《金楼子・兴王》中说道："太尉王俭，齐国阿衡，钦上（萧衍）风雅，请为户曹属。"②王俭对何宪说："此萧郎三十内当作侍中，出此则贵不可言。"③梁武帝建国之初，任昉在《到大司马记室笺》中说："昉受教君子，将二十年，咳唾为恩，眄睐成饰，小人怀惠，顾知死所。"④由梁建国上推20年，正是齐高帝建元四年（481），当时他俩同在王俭府上任职。可见，任昉对于他跟萧衍在王俭府结下的深厚情谊记忆深刻。

《金楼子・兴王》又说："司徒竟陵王，齐室骠骑，招纳士林，待上宾友之礼。范云时为司徒记室，深慕上德，自结神游，驱车到门。顷日骤至，上尝旦往报云，云闻街衢洒扫，唤呼清道。俄闻笳鼓之声。云意天子出幸南苑，寻乃上遣通焉。心独怪之，未敢言也。"⑤范云已经看出

① 罗宗强，《魏晋南北朝文学思想史》，北京：中华书局，1996年，第216页。
② ［梁］萧绎，《金楼子》，文渊阁四库全书本，第1卷。
③ ［唐］姚思廉，《梁书》，北京：中华书局，1973年，第2页。
④ 同上注，第254页。
⑤ ［梁］萧绎，《金楼子》，文渊阁四库全书本，第1卷。

了萧衍的雄心壮志。而萧衍与任昉的关系，则更像政治联盟。有人认为任昉后来在萧梁朝的得势，即源于二人在竟陵王萧子良府的戏言。《梁书·任昉传》："高祖克京邑，霸府初开，以昉为骠骑记室参军。始高祖与昉遇竟陵王西邸，从容谓昉曰：'我登三府，当以卿为记室。'昉亦戏高祖曰：'我若登三事，当以卿为骑兵。'谓高祖善骑也。至是，故引昉符昔言焉。"[①]《南史·任昉传》："昉奉笺云：'昔承清宴，属有绪言，提挈之旨，形乎善谑。岂谓多幸，斯言不渝。'盖为此也。"[②]汉制，三公即为三府，为国家最高行政长官。《后汉书·承宫传》："三府更辟，皆不应。"李贤注："三府，谓太尉、司徒、司空府。"[③]周制，三事为任人、准夫、牧。《尚书·立政》："任人、准夫、牧，作三事。"王引之《经义述闻·尚书上》："三事，三职也。为任人、准夫、牧夫之职，故曰'作三事'。"《汉书·韦贤传》："天子我监，登我三事。"颜师古注："三事，三公之位，谓丞相也。"[④]这说明年轻的任昉和萧衍，在竟陵王幕府即有位极人臣之志。李商隐《读任彦升碑》说："梁台初建应惆怅，不得萧公作骑兵。"事实上，萧衍与竟陵王府的文士关系都不错。当萧衍要外任荆州时，任昉作了《别萧咨议衍诗》(485)：

离烛有穷辉，别念无终绪。歧言未及申，离目已先举。揆景巫衡阿，临风长楸浦。浮云难嗣音，徘徊怅谁与。傥有关外驿，聊访狎鸥渚。[⑤]

诗前四句写送别夜烛、道口道别、离人远眺，后四句写离别之景，最后两句叮嘱朋友行程不要太紧，如果遇到驿站就要多休闲。与任昉同去送别并作诗留念的，还有王延、萧琛、宗夬等人。萧衍对诸人的赠诗做了回答，他在《答任殿中宗记室王中书别诗》中写道：

---

① ［唐］姚思廉，《梁书》，北京：中华书局，1973年，第253页。
② ［唐］李延寿，《南史》，北京：中华书局，1975年，第1453页。
③ ［南朝宋］范晔，《后汉书》，北京：中华书局，1965年，第944页。
④ ［汉］班固，《汉书》，北京：中华书局，1962年，第3113页。
⑤ 逯钦立，《先秦汉魏晋南北朝诗》，北京：中华书局，1983年，第1599页。

问我去何节，光风正悠悠。兰华时未晏，举袂徒离忧。缓客承别酒，鸣琴和好仇。清宵一已曙，藐尔泛长洲。眷言无歇绪，深情附还流。

春光无限，竟陵王幕府诸友人到渡口送别萧衍，一夜歌酒，作诗留念。清晨动身，情深似水。

竟陵王萧子良夺谪失败，其文士集团旋即解体。郁林王疏远萧子良集团中的文士，甚至下令杀了王融。齐明帝、齐武帝对竟陵王手下的文士，也没有什么好感。建武中，任昉位不过列校。萧子良集团里的一些文士，如王亮、任昉，最后不得不依靠梅虫儿一类的太监讨生活。

萧衍得势后，原萧子良文士帐下的失意文人都逐渐聚集起来，成为萧衍篡齐的支柱力量。萧衍登上大位后，自然对这些人十分倚重，其中最重要的是范云、沈约和任昉。

范云和沈约直接参与了萧衍建梁的事业，是开国功臣。《梁书·范云传》："初，云与高祖遇于齐竟陵王子良邸，又尝接里闬，高祖深器之。及义兵至京邑，云时在城内。东昏既诛，侍中张稷使云衔命出城，高祖因留之，便参帷幄，仍拜黄门侍郎，与沈约同心翊赞。俄迁大司马谘议参军、领录事。"[①]《梁书·沈约传》："高祖在西邸，与约游旧，建康城平，引为骠骑司马，将军如故。"[②]在梁武建国之初，任昉的主要工作是撰写文告。《南史·任昉传》："梁武帝克建邺，霸府初开，以为骠骑记室参军，专主文翰。每制书草，沈约辄求同署。尝被急召，昉出而约在，是后文笔，约参制焉……梁台建，禅让文诰，多昉所具。"[③]梁初建后，任昉一直都扮演文臣的角色。《梁书·文学传序》："高祖聪明文思，光宅区宇，旁求儒雅，诏采异人，文章之盛，焕乎俱集。每所御幸，辄命

① ［唐］姚思廉，《梁书》，北京：中华书局，1973 年，第 230 页。
② 同上注，第 233 页。
③ ［唐］李延寿，《南史》，北京：中华书局，1975 年，第 1453 ～ 1454 页。

群臣赋诗，其文善者，赐以金帛，诣阙庭而献赋颂者，或引见焉。其在位者，则沈约、江淹、任昉，并以文采，妙绝当时。至若彭城到沆、吴兴丘迟、东海王僧孺、吴郡张率等，或入直文德，通识寿光，皆后来之选也。”[①]

二、龙门游与兰台聚

在梁国初期，梁武帝主要依靠任昉、沈约、范云延揽人才为国效力。范云天监二年（503）就亡故了。沈约不大肯荐贤。《南史·沈约传》：“自负高才，昧于荣利，乘时射势，颇累清谈。及居端揆，稍弘止足，每进一官，辄殷勤请退，而终不能去，论者方之山涛。用事十余年，未常有所荐达，政之得失，唯唯而已。”[②]只有除吏部侍郎的任昉乐于提携人才，实际上是梁初萧衍文士集团中的主要人物。

《梁书·任昉传》：“时人慕之，号曰任君，言如汉之三君也。”王利器说：“南朝称人为君，时俗所重。”[③]三君的典故出自《后汉书·陈寔传》，“（陈纪）子群，为魏司空。天下以为公惭卿，卿惭长。谌，字季方。与纪齐德同行，父子并著高名，时号三君。每宰府辟召，常同时旌命，羔雁成群，当世者靡不荣之”[④]。陆倕《赠任昉诗》说：“壮矣荀文若，贤哉陈太丘。今则兰台聚，万古信为俦。任君本达识，张子复清修。既有绝尘到，复见黄中刘。”陆倕以荀文若、陈太丘比任昉。荀彧字文若，颍川颍阴人，因不同意董昭进曹操爵国公，九锡备物的建议而遭杀害。这似乎暗指在梁武篡齐一事上，任昉的功劳没有沈约和范云大，所以以后的地位也不如他俩。陈寔字仲弓，颍川许人，中平四年（187），年八十四，卒于家。何进遣使吊祭，海内赴者三万余人，制衰麻者以百

① ［唐］姚思廉，《梁书》，北京：中华书局，1973 年，第 685 ～ 686 页。
② ［唐］李延寿，《南史》，北京：中华书局，1975 年，第 1413 页。
③ ［唐］姚思廉，《梁书》，北京：中华书局，1973 年，第 254 页。
④ ［南朝宋］范晔，《后汉书》，北京：中华书局，1965 年，第 2069 页。

数。陆倕引陈寔一事，暗指任昉尽管位不是特别高，但在士大夫当中享有很高的威望。王僧孺《太常敬子任府君传》说："君职等曹、张，声高左、陆。时乃高辟雪宫，广开云殿。秋窗春户，冬燠夏清。九酝斯浮，百羞并荐。"[①]雪宫一典，出自《孟子·梁惠王下》："齐宣王见孟子于雪宫。"汉朝宫阁中有飞云殿。将接受任昉荐才的朝廷比喻为齐宣王的雪宫，充分肯定了任昉在当时的地位与作用。

刘孝标《广绝交论》描述了任昉交流的盛况："（任昉）类田文之爱客，同郑庄之好贤。见一善则盱衡扼腕，遇一才则扬眉抵掌。雌黄出其唇吻，朱紫由其月旦。于是冠盖辐凑，衣裳云合，辎軿击辖，坐客恒满。蹈其阃阈，若升阙里之堂；入其奥隅，谓登龙门之阪。至于顾盼增其倍价，翦拂使其长鸣，影组云台者摩肩，趋走丹墀者叠迹。莫不缔恩狎，结绸缪，想惠、庄之清尘，庶羊、左之徽烈。"《南史·陆倕传》："梁天监初，为右军安成王主簿，与乐安任昉友，为《感知己赋》以赠昉，昉因此名以报之。及昉为中丞，簪裾辐凑，预其谦者，殷芸、到溉、刘苞、刘孺、刘显、刘孝绰及倕而已，号曰'龙门之游'。虽贵公子孙不得预也。"龙门一典，出自李膺。《后汉书·李膺传》："是时朝廷日乱，纲纪颓阤，膺独持风裁，以声名自高。士有被其容接者，名为登龙门。"[②]《南史·袁昂传》："昂雅有人鉴，游处不杂，入其门者号登龙门。"[③]

三、任昉与梁初文士

《梁书·任昉传》："昉好交结，奖进士友，得其延誉者，率多升擢，故衣冠贵游，莫不争与交好，坐上宾客，恒有数十。"[④]今可考者有：到

① ［唐］欧阳询，《艺文类聚》，北京：中华书局，1965 年，第 879 页。
② ［南朝宋］范晔，《后汉书》，北京：中华书局，1965 年，第 2195 页。
③ ［唐］李延寿，《南史》，北京：中华书局，1975 年，第 713 页。
④ ［唐］姚思廉，《梁书》，北京：中华书局，1973 年，第 254 页。

溉、到洽、张率、刘孝绰、司马褧、刘显、刘之遴、刘杳、谢举、周兴嗣、王籍、臧严、伏挺、伏暅、陆厥、殷钧、殷芸、刘苞、吴均等，略依出生年份记诸如下。

吴均（469～520），字叔庠，吴兴故鄣人也。《梁书·吴均传》载，家世寒贱，至均好学有俊才，沈约尝见均文，颇相称赏。天监初，柳恽为吴兴，召补主簿，日引与赋诗。均文体清拔有古气，好事者或学之，谓为“吴均体”。先是，均表求撰齐春秋，书成奏之，高祖以其书不实，使中书舍人刘之遴诘问数条，竟支离无对，敕付省焚之，坐免职。寻有敕召见，使撰通史，起三皇，讫齐代，均草本纪、世家功已毕，唯列传未就。普通元年（520），卒，时年五十二。均注范晔《后汉书》九十卷，著《齐春秋》三十卷，《庙记》十卷，《十二州记》十六卷，《钱唐先贤传》五卷，《续文释》五卷，文集二十卷。[①]任昉与吴均的交往不见正史所载，只有吴均的两首《赠任黄门诗》可以证明，其一曰：“相如体英彦，左右生容晖。已纡汉帝组，复解梁王衣。经过云母扇，出入千门扉。连洲茂芳社，长山郁翠微。欲言终未敢，徒然独依依。”[②]其二：“纷吾少驰骋，自来乏名德。白玉镂衢鞍，黄金玛瑙勒。射雕灵丘下，驱马雁门北。殷勤尽日华，留连穷景黑。岁暮竟无成，快来坐默默。”[③]

殷芸（473～531），字灌蔬，陈郡长平人。《梁书·殷芸传》载，性倜傥，不拘细行；然不妄交游，门无杂客。励精勤学，博洽群书。幼而庐江何宪见之，深相叹赏。永明中，为宜都王行参军。天监初，为西中郎主簿、后军临川王记室。七年（508），迁通直散骑侍郎，兼中书通事舍人。十年（511），除通直散骑侍郎，兼尚书左丞，又兼中书舍人，迁国子博士，昭明太子侍读，西中郎豫章王长史，领丹阳尹丞，累迁通

① ［唐］姚思廉，《梁书》，北京：中华书局，1973年，第698～699页。
② ［明］冯惟讷，《古诗经》，文渊阁四库全书本，第91卷，第2980～2981页。
③ 同上。

直散骑常侍，秘书监，司徒左长史。普通六年（525），直东宫学士省。大通三年（529），卒，时年五十九。[①]《南史·阮孝绪传》："殷芸欲赠（阮孝绪）以诗，昉曰：'趣舍既异，何必相干？'"[②]

张率（475～527），字士简，吴郡吴人。《梁书·张率传》载，与同郡陆倕幼相友狎，常同载诣左卫将军沈约，适值任昉在焉，约乃谓昉曰："此二子后进才秀，皆南金也，卿可与定交。"由此与昉友善。迁尚书殿中郎。高祖霸府建，引为相国主簿。俄迁太子家令，与中庶子陆倕、仆刘孝绰对掌东宫管记，迁黄门侍郎。大通元年（527），卒，时年五十三。[③]《隋书·经籍志》著录："《梁黄门郎张率集》三十八卷。"[④]

到洽（477～527），字茂沿，彭城武原人。《梁书·到洽传》载，乐安任昉有知人之鉴，与洽兄沼、溉并善。尝访洽于田舍，见之叹曰："此子日下无双。"遂申拜亲之礼。天监初，沼、溉俱蒙擢用，洽尤见知赏，从弟沆亦相与齐名。御华光殿，诏洽及沆、萧琛、任昉侍宴，赋二十韵诗，以洽辞为工，赐绢二十匹。高祖谓昉曰："诸到可谓才子。"昉对曰："臣常窃议，宋得其武，梁得其文。"天监七年（508），迁太子中舍人，与庶子陆倕对掌东宫管记。十二年（513），出为临川内史，在郡称职。普通元年（520），以本官领博士。顷之，入为尚书吏部郎，请托一无所行。俄迁员外散骑常侍，复领博士，母忧去职。五年（524），复为太子中庶子，领步兵校尉，未拜，仍迁给事黄门侍郎，领尚书左丞，准绳不避贵戚，尚书省贿赂莫敢通。时銮舆欲亲戎，军国容礼，多自洽出。六年（525），迁御史中丞，弹纠无所顾望，号为劲直，当时肃清。大通元年（527）卒，时年五十一。洽文集行于世。[⑤]

到沆（477～506），字茂瀣。沆幼聪敏，既长勤学，善属文。齐

① ［唐］姚思廉，《梁书》，北京：中华书局，1973年，第596页。
② ［唐］李延寿，《南史》，北京：中华书局，1975年，第1894页。
③ ［唐］姚思廉，《梁书》，北京：中华书局，1973年，第475～478页。
④ ［唐］魏徵，《隋书》，北京：中华书局，1973年，第1077页。
⑤ ［唐］姚思廉，《梁书》，北京：中华书局，1973年，第403～405页。

建武中，起家后军法曹参军。天监初，为太子洗马。沆诗今不存。《梁书·文学传》："时文德殿置学士省，召高才硕学者待诏其中，使校定坟史。诏沆通籍焉。时高祖宴华光殿，命群臣赋诗，独诏沆为二百字，三刻使成。沆于坐立奏，其文甚美。"又云："所著诗赋百余篇。"《南史·到沆传》："沆为人不自伐，不论人长短，乐安任昉、南乡范云皆与友善。"[①]

刘之遴（478～549），字思贞，南阳涅阳人，刘虬之子。《梁书·刘之遴传》载，之遴八岁能属文，十五举茂才对策，沈约、任昉见而异之。吏部尚书王瞻尝候任昉，值之遴在座，昉谓瞻曰："此南阳刘之遴，学优未仕，水镜所宜甄擢。"瞻即辟为太学博士。时张稷新除尚书仆射，托昉为让表，昉令之遴代作，操笔立成。昉曰："荆南秀气，果有异才，后仕必当过仆。"之遴笃学明审，博览群籍。时刘显、韦稜并强记，之遴每与讨论，咸不能过也。之遴好属文，多学古体，与河东裴子野、沛国刘显常共讨论书籍，因为交好。太清二年（548）卒，时年七十二。前后文集五十卷，行于世。[②]

刘杳（479～528），字士深，平原人。《梁书·刘杳传》载，杳少好学，博综群书，沈约、任昉以下，每有遗忘，皆访问焉。在任昉坐，有人饷昉酒而作榐字。昉问杳："此字是不？"杳对曰："葛洪《字苑》作木旁右。"昉又曰："酒有千日醉，当是虚言。"杳云："桂阳程乡有千里酒，饮之至家而醉，亦其例也。"昉大惊曰："吾自当遗忘，实不忆此。"大同二年（536）卒，时年五十。杳治身清俭，无所嗜好。为性不自伐，不论人短长，及睹释氏经教，常行慈忍。杳自少至长，多所著述。撰《要雅》五卷，《楚辞草木疏》一卷，《高士传》二卷，《东宫新旧记》三十卷，《古今四部书目》五卷，并行于世。[③]

---

① ［唐］李延寿，《南史》，北京：中华书局，1975 年，第 677 页。

② ［唐］姚思廉，《梁书》，北京：中华书局，1973 年，第 572～574 页。

③ 同上注，第 715～717 页。

刘显（481～543），字嗣芳，沛国相人。《梁书·刘显传》载，显好学，博涉多通，任昉尝得一篇缺简书，文字零落，历示诸人，莫能识者，显云是古文尚书所删逸篇，昉检周书，果如其说，昉因大相赏异。显与河东裴子野、南阳刘之遴、吴郡顾协，连职禁中，递相师友，时人莫不慕之。大同九年（543）卒，时年六十三。[①]

刘孝绰（481～539），字孝绰，本名冉，彭城人。父绘。《梁书·刘孝绰传》载，孝绰幼聪敏，七岁能属文。父党沈约、任昉、范云等闻其名，并命驾先造焉，昉尤相赏好。天监初，起家著作佐郎，为《归沐诗》以赠任昉，昉报章曰："彼美洛阳子，投我怀秋作。讵慰耋嗟人，徒深老夫托。直史兼褒贬，辖司专疾恶。九折多美疹，匪报庶良药。子其崇锋颖，春耕励秋获。"其为名流所重如此。高祖雅好虫篆，时因宴幸，命沈约、任昉等言志赋诗，孝绰亦见引。尝侍宴，于坐为诗七首，高祖览其文，篇篇嗟赏，由是朝野改观焉。时昭明太子好士爱文，孝绰与陈郡殷芸、吴郡陆倕、琅玡王筠、彭城到洽等，同见宾礼。太子起乐贤堂，乃使画工先图孝绰焉。太子文章繁富，群才咸欲撰录，太子独使孝绰集而序之。及高祖为《籍田诗》，又使勉先示孝绰。时奉诏作者数十人，高祖以孝绰尤工，即日有敕，起为西中郎湘东王谘议。大同五年（539）卒，时年五十九。[②]《隋书·经籍志》："梁廷尉卿刘孝绰集十四卷。"[③]

刘苞（483～512），字孝尝，彭城人。《梁书·刘苞传》载，自高祖即位，引后进文学之士，苞及从兄孝绰、从弟孺，同郡到溉、溉弟洽、从弟沆，吴郡陆倕、张率并以文藻见知，多预谯坐，虽仕进有前后，其赏赐不殊。天监十年（511）卒，时年三十。[④]

刘孺（483～541），字孝稚，彭城安上里人。《梁书·刘孺传》载，

① ［唐］姚思廉，《梁书》，北京：中华书局，1973 年，第 570～572 页。

② 同上注，第 479～483 页。

③ ［唐］魏徵，《隋书》，北京：中华书局，1973 年，第 1078 页。

④ ［唐］姚思廉，《梁书》，北京：中华书局，1973 年，第 687～688 页。

孺少好文章，性又敏速，尝于御坐为李赋，受诏便成，文不加点，高祖甚称赏之。后侍宴寿光殿，诏群臣赋诗，时孺与张率并醉，未及成，高祖取孺手板题戏之曰："张率东南美，刘孺洛阳才，揽笔便应就，何事久迟回？"其见亲爱如此。大同七年（541），入为侍中，领右军。其年卒，时年五十九。[①]

到溉（477～548），字茂灌，彭城武原人。《梁书·到溉传》载溉少孤贫，与弟洽俱聪敏有才学，早为任昉所知，由是声名益广。起家王国左常侍，转后军法曹行参军，历殿中郎。出为建安内史，迁中书郎，兼吏部，太子中庶子。湘东王绎为会稽太守，以溉为轻车长史、行府郡事。……除通直散骑常侍，御史中丞，太府卿，都官尚书，郢州长史、江夏太守，加招远将军，入为左民尚书。性又不好交游，惟与朱异、刘之遴、张绾同志友密。及卧疾家园，门可罗雀，三君每岁时常鸣驺枉道，以相存问，置酒叙生平，极欢而去。临终，托张、刘勒子孙以薄葬之礼，卒时年七十二。诏赠本官。有集二十卷行于世。时以溉、洽兄弟比之二陆，故世祖赠诗曰："魏世重双丁，晋朝称二陆，何如今两到，复似凌寒竹。"[②]

到溉《饷任新安班竹杖因赠诗》曰："邛竹藉旧闻，灵寿资前识。复有冒霜筠，寄生桂潭侧。文采既班烂，质性甚绸直。所以夭天真，为有乘危力。未尝以过投，屡经芸苗植。"[③]任昉《答建安饷杖诗》（507）：

> 故人有所赠，称以冒霜筠。定是湘妃泪，潜洒遂邻彬。扶危复防咽，事归薄暮人。劳君尚齿意，矜此杖乡辰。复资后坐彦，候余方欠伸。献君千里笑，纾我百忧嚬。坐适虽有器，卧游苦无津。何由乘此竹，直见平生亲。

---

① ［唐］姚思廉，《梁书》，北京：中华书局，1973 年，第 591 ～ 592 页。

② 同上注，第 568 ～ 569 页。

③ ［唐］欧阳询，《艺文类聚》，北京：中华书局，1965 年，第 1209 页。

任昉作答诗，前6句引述、发挥了到溉赠诗的部分内容。后6句写了竹杖给自己的生活带来的方便。最后4句一转，表达对好友的相思之情。任昉此时任新安太守，《南史·任昉传》：“昉不事生产，至乃居无室宅。时或讥其多乞贷，亦随复散之亲故，常自叹曰：‘知我者亦以叔则，不知我者亦以叔则。’”任昉经济十分拮据，想到好朋友到溉那里要两件彩缎，就劝他及时帮助，不要等到事过秋凉。到溉也是廉洁奉公之人，没有办法接济，就回复到：“余衣本百结，闽中徒八蚕，假令金如粟，讵使廉夫贪。”[①]任昉死后，“兄弟流离不能自振，生平旧交莫有收恤。”[②]刘孝标作《广绝交论》，“到溉见其论，抵之于地，终身恨之”[③]。到溉不能接济任昉的儿子，主要因为他自己也是贫困不能自振。

殷钧（484～532），字季和，陈郡长平人。《梁书·殷钧传》载，钧恬静简交游，好学有思理。善隶书，为当时楷法，南乡范云、乐安任昉并称赏之。天监初，拜驸马都尉，起家秘书郎，太子舍人，司徒主簿，秘书丞。钧在职，启校定秘阁四部书，更为目录。中大通四年（532）卒，时年四十九。[④]《隋书·经籍志》著录：“梁天监六年《四部书目录》四卷，殷钧撰。”[⑤]

伏挺（484～548），字士标，平昌安丘人。《梁书·伏挺传》载，挺幼敏寤，七岁通《孝经》《论语》。及长，有才思，好属文，为五言诗，善效谢康乐体。父友人乐安任昉深相叹异，常曰：“此子日下无双。”挺少有盛名，又善处当世，朝中势素，多与交游，故不能久事隐静。太清中，客游吴兴、吴郡，侯景乱中卒。著《迩说》十卷，文集二

---

① ［唐］李延寿，《南史》，北京：中华书局，1975年，第678页。
② 同上注，第1455页。
③ 同上注，第1459页。
④ ［唐］姚思廉，《梁书》，北京：中华书局，1973年，第407～408页。
⑤ ［唐］魏徵，《隋书》，北京：中华书局，1973年，第991页。

十卷。[①]《隋书·经籍志》著录："《迩说》一卷，梁南台治书伏挺撰。"[②]

司马褧（？～518），字元素，河内温人。《梁书·司马褧传》载，褧少传家业，强力专精，手不释卷，其礼文所涉书，略皆遍睹。沛国刘瓛为儒者宗，嘉其学，深相赏好。少与乐安任昉善，昉亦推重焉。天监初，诏通儒治五礼，有司举褧治嘉礼，除尚书祠部郎中。是时创定礼乐，褧所议多见施行。褧学尤精于事数，国家吉凶礼，当世名儒明山宾、贺瑒等疑不能断，皆取决焉。十七年（518），迁明威将军、晋安王长史，未几卒。王命记室庾肩吾集其文为十卷，所撰《嘉礼仪注》一百一十二卷。[③]

周兴嗣（？～521），字思纂，陈郡项人，《梁书·周兴嗣传》载，年十三，游学京师，积十余载，遂博通记传，善属文。河南献儛马，诏兴嗣与待诏到沆、张率为赋，高祖以兴嗣为工。高祖以三桥旧宅为光宅寺，敕兴嗣与陆倕各制寺碑，及成俱奏，高祖用兴嗣所制者。自是铜表铭、栅塘碣、北伐檄、次韵王羲之书千字，并使兴嗣为文，每奏，高祖辄称善，加赐金帛。天监九年（510），除新安郡丞，秩满，复为员外散骑侍郎，佐撰国史。十二年（513），迁给事中，撰史如故。兴嗣两手先患风疽，是年又染疠疾，左目盲，高祖抚其手，嗟曰："斯人也而有斯疾也！"手疏治疽方以赐之。其见惜如此。任昉又爱其才，常言曰："周兴嗣若无疾，旬日当至御史中丞。"普通二年（521），卒。所撰《皇帝实录》、《皇德记》、《起居注》、《职仪》等百余卷，文集十卷。[④]

谢举（？～548），字言扬，陈郡夏阳人。《梁书·谢举传》载，秘书监任昉出为新安郡，别举诗云："讵念耋嗟人，方深老夫托。"其属意如此。大通二年（528），入为侍中、五兵尚书，未拜，迁掌吏部，侍中

① ［唐］姚思廉，《梁书》，北京：中华书局，1973年，第722～723页。
② ［唐］魏徵，《隋书》，北京：中华书局，1973年，第1011页。
③ ［唐］姚思廉，《梁书》，北京：中华书局，1973年，第567～568页。
④ 同上注，第697页。

如故。举祖庄，宋世再典选，至举又三为此职，前代未有也。举少博涉多通，尤长玄理及释氏义。为晋陵郡时，常与义僧递讲经论，征士何胤自虎丘山赴之。其盛如此。先是，北渡人卢广有儒术，为国子博士，于学发讲，仆射徐勉以下毕至。举造坐，屡折广，辞理通迈，广深叹服，仍以所执尘尾荐之，以况重席焉。侯景寇京师，举卒于围内。文集乱中并亡逸。[①]

王籍，生卒年不详，字文海，琅玡临沂人。《梁书·王籍传》载，籍七岁能属文，及长好学，博涉有才气，乐安任昉见而称之。至若邪溪赋诗，其略云："蝉噪林逾静，鸟鸣山更幽。"当时以为文外独绝。还为大司马从事中郎，迁中散大夫，尤不得志，遂徒行市道，不择交游。文集行于世。[②]

臧严，生卒年不详，字彦威，东莞莒人。《梁书·臧严传》载，严幼有孝性……孤贫勤学，行止书卷不离于手。初为安成王侍郎，转常侍。从叔未甄为江夏郡，携严之官，于涂作《屯游赋》，任昉见而称之。又作《七算》，辞亦富丽。性孤介，于人间未尝造请，仆射徐勉欲识之，严终不诣。严于学多所谙记，尤精《汉书》，讽诵略皆上口。王尝自执四部书目以试之，严自甲至丁卷中，各对一事，并作者姓名，遂无遗失，其博洽如此。历监义阳、武宁郡，累任皆蛮左，前郡守常选武人，以兵镇之；严独以数门生单车入境，群蛮悦服，遂绝寇盗。文集十卷。[③]《隋书·经籍志》著录："《栖凤春秋》五卷，臧严撰。"[④]

四、任昉交游的意义

刘孝标《广绝交论》前半部分是讲素交尽、利交兴。人们之间的交

---

① ［唐］姚思廉，《梁书》，北京：中华书局，1973 年，第 529 ～ 531 页。

② 同上注，第 713 页。

③ 同上注，第 719 页。

④ ［唐］魏徵，《隋书》，北京：中华书局，1973 年，第 961 页。

往分为五种：一是势交，二是贿交，三是谈交，四是穷交，五是量交。刘孝标所暗示的，任昉所行的是势交，他说："若其宠均董石，权压梁窦，雕刻百工，炉锤万物……九域耸其风尘，四海迭其熏灼，靡不望影星奔，藉响川骛。约同要离焚妻子，誓殉荆卿湛七族，是曰势交，其流一也。"这种势交，是注定要随着权势的衰落而解体的。刘孝标不无反讽地写道："及瞑目东粤，归骸洛浦，繐帐犹悬，门罕渍酒之彦；坟未宿草，野绝动轮之宾。藐尔诸孤，朝不谋夕，流离大海之南，寄命瘴疠之地。自昔把臂之英，金兰之友，曾无羊舌下泣之仁，宁慕郈成分宅之德。"最后，刘孝标发出了感叹："呜呼！世路险巇，一至于此，大行孟门，岂云崭绝。是以耿介之士，疾其若斯，裂裳裹足，弃之长骛，独立高山之顶，欢与麋鹿同群，皦皦然绝其氛浊，诚耻之也，诚畏之也。"

宋华礼认为，刘孝标将自身的境遇投射到任昉后代身上，《广绝交论》所记任昉子弟的遭遇不符常理。[①]《任氏宗谱》记载了任昉四个儿子的生活情况："昉公自梁天监六年丁亥春出守新安，卒后长子奔丧还乡。次、三、四子居歙之富资溪。唐天祐元年甲子，历一十三世，凡三百九十八年。"[②]《任氏宗谱》载，任昉四子：长子坷字东皇，奔父丧还乡，娶程氏，生二子。次子坒，字西华，留寓歙之城北富资，占籍为民，以奉祠事焉。家甚贫，不能自振。尝冬月服葛帔练裙。道逢故旧刘孝标，见而矜之，作《广绝交论》。娶汪氏。合葬昉坑，郡人至今称曰任公任婆坟。三子址，字南容，随兄坒公占籍奉祠，娶吴氏，合葬昉坑。四子堦，字北叟。随兄坒公占籍奉祠。娶蒋氏，合葬升溪。[③]

自九品中正制实行以来，士人交游之风日益盛行。《三国志·吴书·鲁肃传》："今肃迎操，操当以肃还付乡党，品其名位，犹不失下曹从事，乘犊车，从吏卒，交游士林，累官故不失州郡也。"[④]晋平蜀后，卫

---

① 宋华礼，《广绝交论任昉事质疑》，《现代语文》2008 年第 8 期。

② 任起煃，《任氏宗谱》，上海图书馆藏，1924 年木活字本，第 2 卷。

③ 同上注，第 83 ～ 84 页。

④ ［晋］陈寿，《三国志》，北京：中华书局，1959 年，第 1270 页。

瓘曾向晋武帝上书要求停止九品中正制，以遏制士人的交游风气：“今九域同规，大化方始，臣等以为宜皆荡除末法，一拟古制，以土断定，自公卿以下，皆以所居为正，无复悬客远属异土者。如此，则同乡邻伍，皆为邑里，郡县之宰，即以居长，尽除中正九品之制，使举善进才，各由乡论。然则下敬其上，人安其教，俗与政俱清，化与法并济。人知善否之教，不在交游，即华竞自息，各求于己矣。”[①]然而，这条建议却没有得到晋武帝的采纳。当时的情况是：“百官子弟不修经艺而务交游。”[②]这个建议不可能得到实施，交游是士子仕进的重要途径。《晋书·郗超传》：“少卓荦不羁，有旷世之度，交游士林，每存胜拔，善谈论，义理精微。”[③]《南齐书·胡谐之传》：“谐之风采瑰润，善自居处，兼以旧恩见遇，朝士多与交游。”[④]《南史·伏挺传》：“挺少有盛名，又善处当世，朝中势素多与交游，故不能久事隐静。”[⑤]

对于士人的交游，东汉就有两种不同的观点，分别以朱穆的《绝交论》和蔡邕的《正交论》为代表。当时，任昉的交游受到裴子野和阮孝绪的抵触。《梁书·裴子野传》：“乐安任昉有盛名，为后进所慕，游其门者，昉必相荐达。子野于昉为从中表，独不至，昉亦恨焉。”[⑥]《南史·阮孝绪传》：“天监初，御史中丞任昉寻其兄履之，欲造而不敢，望而叹曰：‘其室虽迩，其人甚远。’其为名流所钦尚如此。自是钦慕风誉者，莫不怀刺敛衽，望尘而息。殷芸欲赠以诗，昉曰：‘趣舍既异，何必相干？’芸乃止。”[⑦]

历代文人，对于阿庾逢迎、趋炎附势的交游活动，都是十分排斥的。然而，自萧齐王俭、萧子良以来的文士交游，却为整个士阶层所接受。

---

① ［唐］房玄龄，《晋书》，北京：中华书局，1974 年，第 1058 页。
② 同上注，第 1318 页。
③ 同上注，第 1802 ～ 1803 页。
④ ［梁］萧子显，《南齐书》，北京：中华书局，1972 年，第 657 页。
⑤ ［唐］李延寿，《南史》，北京：中华书局，1975 年，第 1733 页。
⑥ ［唐］姚思廉，《梁书》，北京：中华书局，1973 年，第 441 页。
⑦ ［唐］李延寿，《南史》，北京：中华书局，1975 年，第 1893 ～ 1894 页。

任昉在梁初的交游，更是发扬了这个传统，其意义有三。

其一，促进了梁代文化的发展。王僧孺的《太常敬子任府君传》给我们描绘了当时雅集的盛况：

云销月朗，聿兹游客，朋来旅见，辞人才子，辩圃学林，莫不含毫咀思，争高竞敏，乃整袂端襟，翰飞纸落。豪人贵仕，先达后进，莫不心服貌惭，袖气将尽。顾余不敏，厕夫君子之末，可称冥契，是为神交。二三君子，唯以从游日暮，亭号昭仁，庶子云咫尺，康成斯在。借此嘉言，将无绝乎千载。[①]

宋代尽管建立了四馆，但学问还是比较粗浅的。王俭试图改变这一状况，对复兴学问做了一些贡献。任昉一系将王俭这一思想带到了萧子良文士集团和萧衍文士集团中间，士人精神终于转化为最高意志，极大地促进了学术的传承与发展。萧武帝《天监三年策秀才文》写道：

朕本自诸生，弱龄有志。闭户自精，开卷独得。九流七略，颇常观览；六艺百家，庶非墙面。虽一日万几，早朝晏罢，听览之暇，三余靡失。上之化下，草偃风从，惟此虚寡，弗能动俗。昔紫衣贱服，犹化齐风；长缨鄙好，且变邹俗。虽德惭往贤，业优前事，且夫搢绅道行，禄利然也。朕倾心骏骨，非惧真龙；辎軿青紫，如拾地芥。而惰游废业，十室而九。鸣鸟蔑闻，子衿不作。弘奖之路，斯既然矣。犹其寂寞，应有良规。

其二，提携了大批寒门士子进入仕途。出身于南方的陆倕、到溉、到洽、到沆等人，都得到任昉的大力提携。在王俭那个时候，到溉要做到吏部侍郎，是很困难的。《隋书·百官志》：“天监四年，置五经博士各一人。旧国子学生，限以贵贱，帝欲招来后进，五馆生皆引寒门俊才，不限人数。大同七年，国子祭酒到溉等，又表立正言博士一人，位视国子博士。置助教二人。”[②]任昉《王文宪集序》：“虽单门后进，必加善诱。

---

① ［唐］欧阳询，《艺文类聚》，北京：中华书局，1965年，第879页。
② ［唐］魏徵，《隋书》，北京：中华书局，1973年，第724页。

勖以丹霄之价，宏以青冥之期。公铨品人伦，各尽其用，居厚者不矜其多，处薄者不怨其少。穷涯而反，盈量知归。”王俭其实还没有做到这一点，真正做到的是任昉自己。

其三，任昉所提拔的这些年轻文士，一洗齐末吏治昏乱之风，给梁初的政坛带来清正廉明的风气，获得好评。《梁书·列传》：“司马褧儒术博通，到溉文义优敏，显、懋、之遴强学浃洽，并职经便繁，应对左右，斯盖严、朱之任焉。而溉、之遴遂至显贵，亟拾青紫；然非遇时，焉能致此仕也。”[①]到溉与任昉关系十分要好，但他做官也十分清廉，任昉想找他要两匹彩缎，他都回答说自己实在是拿不出来。《梁书·刘苞传》：“苞居官有能名，性和而直，与人交，面折其非，退称其美，情无所隐，士友咸以此叹惜之。”[②]《梁书·刘孺传》：“起为王府记室，散骑侍郎，兼光禄卿。累迁少府卿，司徒左长史，御史中丞，号为称职。……出为明威将军、晋陵太守。在郡和理，为吏民所称。”[③]

任昉与萧衍的交情，早在王俭府中就结下了。王俭、萧子良、萧衍三个南朝最重要的文士集团旨趣一脉相承。任昉在萧梁朝继续发扬王俭、萧子良集团重视书籍文章、提携后进寒士的作风，对整个南朝的政治、文化、文学都产生了重要影响。

① ［唐］姚思廉，《梁书》，北京：中华书局，1973 年，第 579 页。

② 同上注，第 687 ～ 688 页。

③ 同上注，第 591 ～ 592 页。

第四章

任昉与南朝地记

任昉是南朝地记的集大成者，《梁书·任昉传》："《地记》二百五十二卷。"[①]《南史·任昉传》："《地记》二百五十二卷。"[②]《隋书·经籍志》："《地记》二百五十二卷。梁任昉增陆澄之书八十四家，以为此记。"[③]《旧唐书·经籍志》："《地记》二百五十二卷，任昉撰。"[④]《新唐书·艺文志》："任昉《地记》二百五十二卷。"[⑤]但史志的记载所缺甚多。如今所存，只有清人王漠所集《汉唐地理书钞》辑成一卷。历来学者都难考其详。本章将古籍所载一一缀合起来，对任昉地记的源流、内容、背景做论述。

① ［唐］姚思廉，《梁书》，北京：中华书局，1973 年，第 258 页。
② ［唐］李延寿，《南史》，北京：中华书局，1975 年，第 1459 页。
③ ［唐］魏徵，《隋书》，北京：中华书局，1973 年，第 984 页。
④ ［后晋］刘昫，《旧唐书》，北京：中华书局，1975 年，第 2015 页。
⑤ ［宋］欧阳修，［宋］宋祁，《新唐书》，北京：中华书局，1975 年，第 1503 页。

第一节　陆澄的地记

据《隋书·经籍志》，任昉的《地记》是在陆澄地理学的基础上完成的。讨论任昉的地理学，应先从陆澄开始。

陆澄长任昉36岁。《南齐书·陆澄传》载："陆澄字彦渊，吴郡吴人也……澄少好学，博览无所不知，行坐眠食，手不释卷……俭自以博闻多识，读书过澄。澄曰：'仆年少来无事，唯以读书为业。且年已倍令君，令君少便鞅掌王务，虽复一览便谙，然见卷轴未必多仆。'俭集学士何宪等盛自商略，澄待俭语毕，然后谈所遗漏数百千条，皆俭所未睹，俭乃叹服。俭在尚书省，出巾箱机案杂服饰，令学士隶事，事多者与之，人人各得一两物，澄后来，更出诸人所不知事复各数条，并夺物将去……以竟陵王子良得古器，小口方腹而底平，可将七八升，以问澄，澄曰：'北名服匿，单于以与苏武。'子良后详视器底，有字仿可识，如澄所言……澄当世称为硕学，读《易》三年不解文义，欲撰《宋书》竟不成。王俭戏之曰：'陆公，书厨也。'家多坟籍，人所罕见。撰《地理书》及《杂传》，死后乃出……陆澄学称博古，而用不合今。"[①]《南史·何尚之传》："陆澄博古多该。"[②]

陆澄的博学，还可以从其著述中得知一二。地理书之外，《隋书·经籍志》还著录：《汉书注》一卷，齐金紫光禄大夫陆澄撰。[③]陆澄《注汉书》一百零二卷。[④]亡《杂传》十九卷，陆澄撰。[⑤]《述政论》十三卷，

① ［梁］萧子显，《南齐书》，北京：中华书局，1972年，第681～686页。
② ［唐］李延寿，《南史》，北京：中华书局，1975年，第790页。
③ ［唐］魏徵，《隋书》，北京：中华书局，1973年，第953页。
④ 同上注，第954页。
⑤ 同上注，第976页。

陆澄撰。[①]《缺文》十三卷，陆澄撰。[②]《政论》十三卷，陆澄撰。[③]刘知几《史通》将陆澄的《汉书》注与裴松之《三国志》注、刘孝标《世说新语》注相提并论："次有好事之子，思广异闻，而才短力微，不能自达，庶凭骥尾，千里绝群，遂乃掇众史之异辞，补前书之所阙。若裴松之《三国志》，陆澄、刘昭《两汉书》，刘肜《晋纪》，刘孝标《世说》之类是也。"[④]《梁书·伏曼容传》："卫将军王俭深相交好，令（伏曼容）与河内司马宪、吴郡陆澄共撰《丧服义》。"[⑤]《郡斋读书志》著录："右汉初颜芝之子真献于朝，千八百七十二字。唐玄宗注。序称取王肃、刘邵、虞翻、韦昭、刘炫、陆澄六家说，约孔、郑旧义为之。"[⑥]《弘明集·出三藏记集杂录序》："宋明皇帝投心净境，载餐玄味，乃敕中书侍郎陆澄撰《录法集》，陆博识洽闻，苞举群籍，铨品名例，随义区分，凡十有六帙，一百有三卷。其所阅古今，亦已备矣。"[⑦]《隋书·经籍志》："《地理书》一百四十九卷，录一卷。陆澄合《山海经》已来一百六十家，以为此书。澄本之外，其旧事并多零失。见存别部自行者，唯四十二家，今列之于上。"[⑧]《旧唐书·经籍志》："《地理书》一百五十卷，陆澄撰。"[⑨]这一百五十卷里面应该包括目录一卷，与《隋志》合。

陆澄所辑已佚《地理书》121 家 63 卷，《隋志》著录 39 家 86 卷，录之如下：

《山海经》二十三卷，郭璞注。《水经》三卷，郭璞注。《黄图》一卷，记三辅宫观、陵庙、明堂、辟雍、郊畤等事。《洛阳记》四

① [唐] 魏徵，《隋书》，北京：中华书局，1973 年，第 1007 页。
② 同上。
③ 同上。
④ [唐] 刘知己，《史通》，四部丛刊本，第 5 卷。
⑤ [唐] 姚思廉，《梁书》，北京：中华书局，1973 年，第 663 页。
⑥ [宋] 晁公武，《郡斋读书志》，四部丛刊本，第 1 卷下，第 75 页。
⑦ [清] 严可均，《全上古三代秦汉三国六朝文》，北京：中华书局，1958 年，第 3383 页。
⑧ [唐] 魏徵，《隋书》，北京：中华书局，1973 年，第 983 页。
⑨ [后晋] 刘昫，《旧唐书》，北京：中华书局，1975 年，第 2015 页。

卷。《洛阳记》一卷，陆机撰。《洛阳宫殿簿》，一卷。《洛阳图》一卷，晋怀州刺史杨牷期撰。《述征记》二卷，郭缘生撰。《西征记》二卷，戴延之撰。《娄地记》一卷，吴顾启期撰。《风土记》三卷，晋平西将军周处撰。《吴兴记》三卷，山谦之撰。《吴郡记》一卷，顾夷撰。《京口记》二卷，宋太常卿刘损撰。《南徐州记》二卷，山谦之撰。《会稽土地记》一卷，朱育撰。《会稽记》一卷，贺循撰。《随王入沔记》六卷，宋侍中沈怀文撰。《荆州记》三卷，宋临川王侍郎盛弘之撰。《神壤记》一卷，记荥阳山水，黄闵撰。《豫章记》一卷，雷次宗撰。《蜀王本记》一卷，扬雄撰。《三巴记》一卷，谯周撰。《珠崖传》一卷，伪燕聘晋使盖泓撰。《陈留风俗传》三卷，圈称撰。《邺中记》二卷，晋国子助教陆翙撰。《春秋土地名》三卷，晋裴秀客京相璠撰。《衡山记》一卷，宗居士撰。《游名山志》一卷，谢灵运撰。《圣贤冢墓记》一卷，李彤撰。《佛国记》一卷，沙门释法显撰。《游行外国传》一卷，沙门释智猛撰。《交州以南外国传》一卷。《十洲记》一卷，东方朔撰。《神异经》一卷，东方朔撰，张华注。《异物志》一卷，后汉议郎杨孚撰。《南州异物志》一卷，吴丹阳太守万震撰。《蜀志》一卷，东京武平太守常宽撰。《发蒙记》一卷，束晳撰，载物产之异。

陆澄所辑的《地理书》，大略可以归为三类：一为方志，二为纪行，三为述异。方志之学，肇自东汉，扬雄有《蜀王本记》，西晋以来，洛阳、吴郡、京口、会稽、南徐州、荆州、豫章、邺中、陈留等地均有方志，有的记地形，有的记风俗。佛学东传以后，沙门又有佛国记，外国传。东晋以来，士人喜欢居山游历，谢灵运有山记。古时征战，随军记诸地理，以备查验，所以有西征、述征之类的记述。

方志、纪行一类，实出于赋家，司马相如《天子游猎赋》，班固、张衡、左思等人的京都诸赋就记载了山川风土。陆机到洛阳没有写赋，只有《洛阳记》一卷。班固、曹大家、潘安有纪行赋，与西征记、述行记同属一类。东汉以后，文人学士，因为学识不好、缺乏才气，或者前人已有赋作等，只好缀合遗闻，写成地记。京都、纪行赋于是由集部入于史部，成为方志的一个源头。述异一类，源始于《山海经》。汉武喜欢与侏儒俳优作乐，东方朔等广征异闻，附会于舆地，以做谈资。晋室东渡，直至刘宋，士大夫都崇尚清谈，谈论迂怪的风气逐渐敷衍成为一门学问了。由史部入居子部杂录，成为方志另一个源头。至于班固《汉书·地理志》一类正统的地记，好像湮没无闻了。陆澄所做的，也不过是辑略旧章而已，条理不清，不成体系。其学问虽然值得褒扬，但识见却不见得高深。

第二节　任昉的地记

研究地记是齐梁士大夫盛行一时的风气。《南齐书·崔慰祖传》："齐国子祭酒沈约、吏部郎谢朓尝于吏部省中宾友俱集，各问慰祖地理中所不悉十余事，慰祖口吃，无华辞，而酬据精悉，一座称服之。朓叹曰：'假使班、马复生，无以过此。'"[①]

《隋书·经籍志》："《地记》二百五十二卷，梁任昉增陆澄之书八十四家，以为此记。其所增旧书，亦多零失。见存别部行者，唯十二家，今列之于上。"[②]《隋书经籍志考证》："《地记》二百五十二卷。梁任昉增陆澄之书八十四家，以为此记。其所增旧书，亦多零失。见存别部行者，唯十二家，今列之于上。案，自三辅故事至并帖省置诸郡旧事，实有十三部十二家，当是十三家之误。章氏云志所列共十三家，志增一家，案陆澄条下章谓本志增著十五家，此又谓本志增著一家。然本志所增著

① ［梁］萧子显，《南齐书》，北京：中华书局，1972 年，第 901 页。
② ［唐］魏徵，《隋书》，北京：中华书局，1973 年，第 984 页。

者，皆在此条之后，其前实未尝有所增著，本注及篇叙一再言之甚明也。”[①]任昉所增已佚71家54卷，《隋志》所录尚有13家49卷见行别部，列之如下：

《三辅故事》二卷，晋世撰。《湘州记》二卷，庾仲雍撰。《吴郡记》二卷，晋本州岛主簿顾夷撰。《日南传》一卷，《江记》五卷，庾仲雍撰。《汉水记》五卷，庾仲雍撰。《居名山志》一卷，谢灵运撰。《西征记》一卷，戴祚撰。《庐山南陵云精舍记》一卷。《永初山川古今记》二十卷，齐都官尚书刘澄之撰。《元康三年地记》六卷。《司州记》二卷。《并帖省置诸郡旧事》一卷。

较之陆澄《地理书》，任昉《地记》所增加的大都是异本。如，《地理书》收《黄图》一卷，记三辅宫观、陵庙、明堂、辟雍、郊畤等事。《地记》增晋世撰《三辅故事》二卷。《地理书》收谢灵运撰《游名山志》一卷，《地记》增收谢灵运《居名山志》一卷。《地理书》收顾夷《吴郡记》一卷，《地记》增二卷本。《地理书》收颜延之撰《西征记》二卷，《地记》收戴祚《西征记》一卷。又考诸《述异记》，记南海之中盘古国：“今南海有盘古氏墓，亘三百余里。俗云后人追葬盘古之魂也。桂林有盘古氏庙，今人祝祀。”“南海中盘古国，今人皆以盘古为姓。”凡七说，各有所出。任昉本传说：“聚书至万余卷，率多异本。”确实如此。

《隋书经籍志考证》：“又任、陆二家所载之百九十二家，既无从而知之矣。今观章氏从诸书所引《唐志》所有辑存本志不著录者，凡一百五十七部，除未经厘剔及误收唐人《洺州记》《苏州记》与远古久亡之《秦地图》（即秦萧何所收者），汉代相传之《舆地图》置不复录外，犹有若干种，或为二家所有或为本志所遗，要皆是隋以前之地记也。今并附记于下，以见大凡。

① ［清］姚振宗，《隋书经籍志考证》，《二十五史补编》本，上海：开明书店，1935年，第5398页。

《汉宫阙簿》三卷。《关中记》一卷，潘岳。《洛阳记》一卷，戴延之。《后魏洛阳记》五卷，常景等。《吴地记》一卷，张勃。《南兖州记》一卷，阮升之，亦云阮叙之。《齐地记》二卷，晏谟、慕容德青州刺史。《徐地录》一卷，刘芳。《交广二州记》二卷，王范。《西河旧事》一卷，武威张澍，有辑本。《分吴会丹阳三郡记》三卷。《晋太康土地记》十卷，阳湖洪亮吉，有集本。《太康州郡县名》五卷。《古今地名》三卷。《职贡图》一卷，梁元帝。《异物志》一卷，陈祈畅。（以上一十六部见《旧唐志》《新唐志》。）《汉宫殿名》。《汉宫阙疏》。《三辅宫殿名》。《长安图》。《洛阳故宫名》。《洛阳宫舍记》。《晋宫阁名》。《建康宫殿簿》。《地理风俗记》，应劭。《十三州记》，应劭。《十三州记》，黄义仲。《九州岛记》，乐资。《四海图》。《括地图》。《冀州风土记》，庐植。《翼州记》，裴秀，似即所著《禹贡地图》之一。《冀州记》，荀绰。《中山记》，张曜。《上党记》。《三齐略记》。《齐地记》，伏琛。《齐地记》，解道康。《兖州记》，荀绰。《洛阳记》，华延儁。《河南十二县境簿》。《汝南记》，杜预，《初学记·人事部》引之似《女记》之误。《安成记》，王烈之，亦作王孚。《仇池记》，郭仲产。《陇西记》，亦云《陇右记》。《三秦记》，辛氏张澍，二酉堂有辑本。《秦州记》，郭仲产。《蜀记》，段氏。《巴蜀记》，袁休明。《益州记》，谯州。《益州记》，任预。《南中八郡志》，魏完。《广州记》，斐渊。《广州记》，顾微。《始兴记》，王歆之，亦云王韶之。《始安郡记》。《交州记》，刘欣期，南海曾剑有集本。《交州记》，姚文感。《交州外域记》。《沙州记》，段国，即《吐谷浑记》，二卷也，张氏二酉堂有集本，见《前霸史》。《吴人外国图》，似即康泰朱应等所传。《南雍州记》，郭仲产。《湘中记》，罗含。《湘州记》，甄烈。《湘州荥阳记》。《宜都记》，袁山松。《武陵记》，黄闵。《荆州记》，范汪。《荆州记》，庾仲雍。《荆州土地志》。《荆州图副记》。《江陵记》，伍端休。《武昌记》，史筌。《寻阳记》，张僧鉴。《豫章记》，张僧鉴。《南康记》，邓德明。《南康记》，王韶之。《临川记》，荀伯子。《建安记》，萧子开。《九江寿春记》，后汉朱阳。《寿阳记》，王玄谟。《宣城记》，纪义。《丹阳记》，山谦之。《江乘地记》。《三吴郡国志》，韦昭。《三吴土地记》，顾长生。《吴地记》，董览。《吴郡地理记》，王僧虔。《吴县记》，顾征。《吴郡缘海四县记》。《吴郡临海记》。《川渎记》，虞仲翔。《吴兴山墟名》，张充之，补名张元之，又名王歆之，亦云王韶之，乌程严可均辑本，归安郑元庆《湖录残篇》辑本。《钱塘记》，刘道真。《会稽旧志》。《会稽记》，孔灵符，似名煜。《会稽郡十城地志》。《东阳记》，郑缉之。《永嘉记》，郑缉之《甘州记》，《文选》谢灵运《七里濑诗》注《甘州记》曰：铜庐县有七里濑，濑下数里至严陵濑。（案此云《甘州记》未详）。《异物志》，薛珝。《异物志》，谯周。《巴蜀异物志》。《南方异物志》。《荆扬已南异物志》，薛莹。《庐陵异物志》，曹叔雅。《嵩山记》，庐元明。《太山记》。《邹山记》。《南岳记》，徐灵期。《勾将山记》，袁山松。《罗浮山记》，袁彦伯。《登罗山疏》，竺法真。《庐山纪略》，慧远，章氏云：今存一卷。《庐山记》，张野。《庐山记》，周景式。《天台山铭序》，支遁。《名山略记》。《山图》，陶弘景。《神境记》，王韶之。《濑乡记》，崔元山。《北征记》，伏滔。《述征记》，裴松之。《西征记》，裴松之。《北征记》，裴松之。《北征记》，孟奥。《北征记》，徐齐民。《从征记》，伍缉之。《征齐道里记》，邱渊之。《入东记》，吴均《郑氏湖录残编》辑本。《东征记》《西征记》，庐思道。[①]

又《述异记》中有三条："桂林有睡草，见之则令人睡。一名醉草，亦呼为懒妇箴，出《海南地记》。""甘泉宫有木园，武帝时园也，今俗

① ［清］姚振宗，《隋书经籍志考证》，《二十五史补编》本，上海：开明书店，1935 年，第 5398 ～ 5399 页。

呼为仙草园。出《汉魏宫志》。”“人间三十六洞天，知名者十耳。余二十六天，出《九微志》，不行于世也。”由此，我们知道任昉整理的地理书，还包括：《海南地记》《汉魏宫志》《九微志》[①]三部。

《隋书·经籍志》：

> 《书》录禹别九州，定其山川，分其圻界，条其物产，辨其贡赋，斯之谓也。周则夏官司险，掌建九州岛之图，周知山林川泽之阻，达其道路。地官诵训，掌方志以诏观事，以知地俗。春官保章，以星土辨九州岛之地，所封之域，以观祆祥。夏官职方，掌天下之图地，辨四夷八蛮九貉五戎六狄之人，与其财用九谷六畜之数，周知利害，辨九州岛之国，使同其贯。司徒掌邦之土地之图与其人民之教，以佐王扰邦国，周知九州岛之域，广轮之数，辨其山林川泽丘陵坟衍原隰之名物及土会之法。然则其事分在众职，而冢宰掌建邦之六典，实总其事。太史以典逆冢宰之治，其书盖亦总为史官之职。汉初，萧何得秦图书，故知天下要害。后又得《山海经》，相传以为夏禹所记。武帝时，计书既上太史，郡国地志，固亦在焉。而史迁所记，但述河渠而已。其后刘向略言地域，丞相张禹使属朱贡条记风俗，班固因之作《地理志》。其州国郡县山川夷险时俗之异，经星之分，风气所生，区域之广，户口之数，各有攸叙，与古《禹贡》《周官》所记相埒。是后载笔之士，管窥末学，不能及远，但记州郡之名而已。晋世，挚虞依《禹贡》《周官》，作《畿服经》，其州郡及县分野封略事业，国邑山陵水泉，乡亭城道里土田，民物风俗，先贤旧好，靡不具悉，凡一百七十卷，今亡。而学者因其经历，并有记载，然不能成一家之体。齐时，陆澄聚一百六十家之说，依其前后远近，编而为部，谓之《地理书》。任昉又增陆澄之书八十四家，谓之《地记》。陈时，顾野王抄撰众家之言，作《舆地志》。隋

① 刘纬毅，《汉唐方志辑佚》，北京：北京图书馆出版社，1997 年。

大业中，普诏天下诸郡，条其风俗物产地图，上于尚书。故隋代有《诸郡物产土俗记》一百五十一卷，《区宇图志》一百二十九卷，《诸州图经集》一百卷。其余记注甚众。今任、陆二家所记之内而又别行者，各录在其书之上，自余次之于下，以备地理之记焉。

考诸《隋志》此序与上所录，先隋舆地之学的发展有两条脉络。一承《尚书·禹贡》《周礼·职方氏》，至班固《汉书·地理志》、挚虞《畿服经》，主要记叙时俗、经星、风气、区域、户口、贤好、山水，这些都是关隘防守的要害，发展国民经济的指南。当年萧何随汉高祖进驻咸阳，一心想要搜集的，正是这类。挚虞把这类地书命名为“经”，是有道理的。邓国光说：“裴秀之图与挚虞之经，一图一文，恰足相辅，洵有晋舆学之双璧也。而其通经致用，更可为典则。”[①]一承《山海经》，辑录各地的异闻趣事，以作闲谈的材料，作者不少，名目也繁，难免掺杂一些虚诞怪妄之说。这是史官的末事，可供纂正史时删繁采要。《新唐书·艺文志》说：“至于上古三皇五帝以来世次，国家兴灭终始，僭窃伪乱，史官备矣。而传记、小说，外暨方言、地理、职官、氏族，皆出于史官之流也。”[②]魏、晋至于宋代，学术疏略，玄风大畅，谈兴正浓，后一种地记大盛于时。齐王俭雅重儒学，学风稍稍一变，但所谓舆地之学，仍然只是辑录而已，与方志没多少区别。陆澄、任昉是集大成者。黄苇认为，以挚虞所纂《畿服经》为后世方志之雏形。[③]程千帆、徐有富认为，《畿服经》已开后代撰述地方志的风气。[④]邓国光认为：“挚《经》叙天下州郡，方志从乎一隅，以方志比，未见其可也。”[⑤]

又《隋书·经籍志》：“《地理书钞》九卷，任昉撰。”[⑥]《隋书经籍

① 邓国光，《挚虞研究》，香港：学衡出版社，1990 年，第 127 页。
② ［宋］欧阳修、［宋］宋祁，《新唐书》，北京：中华书局，1975 年，第 1421 页。
③ 黄苇，《方志论集》，杭州：浙江人民出版社，1983 年，第 5 页。
④ 程千帆、徐有富，《校雠广义》，济南：齐鲁书社，1988 年，第 232 页。
⑤ 邓国光，《挚虞研究》，香港：学衡出版社，1990 年，第 127 页。
⑥ ［唐］魏徵，《隋书》，北京：中华书局，1973 年，第 984 页

志考证》：“《地理书钞》九卷，任昉撰。任昉有地记见前。两唐志有杂地记五卷，似即是书之残剩。”[①]任昉本传：“昉撰地记二百五十二卷。任昉增陆澄之书84家，谓之《地记》，今任、陆二家所记之内而又别行者，各录在其书之上，其余次之于下。以上就任昉所集编为一类。”陆澄、任昉二人所编244家之书，梁时都还存世。到南朝灭亡时，大部分都散佚了。到隋代，仅存54部。现存53部。

王谟辑《重订汉唐地理书钞》：“《地理书钞》一卷，梁任昉辑，清王谟辑。”《隋书经籍志考证》：“案陆、任二家所集，但依其前后远近，编而为部，有如今之丛书。重复互见，时所恒有。后人钞节其书，省并重复，故有上三家书钞而失注钞撰者姓名耳。《唐艺文志》有《地理志书钞》十卷，即此书也。”[②]唐刘知几《史通》：

> 地理书者，若朱贡所采，浃于九州；阚骃所书，殚于四国。斯则言皆雅正，事无偏党者矣。其有异于此者，则人自以为乐土，家自以为名都，竞美所居，谈过其实。又城池旧迹，山水得名，皆传诸委巷，用为故实，鄙哉！都邑簿者，如宫阙、陵庙、街廛、郭邑，辨其规模，明其制度，斯则可矣。及愚者为之，则烦而且滥，博而无限，论榱栋则尺寸皆书，记草木则根株必数，务求详审，持此为能。遂使学者观之，瞀乱而难纪也。于是考兹十品，征彼百家，则史之杂名，其流尽于此矣。至于其间得失纷糅，善恶相兼，既难为觑缕，故粗陈梗概。且同自郐，无足讥焉。[③]

程千帆说：

> 史传支流之有关文学者，杂传而外，则推地理之书。盖自《尚书》列《禹贡》，《周礼》述职方，已开先河。两汉则史迁之书，但记河渠，朱贡之作，唯条风俗。班固为《地理志》，始于郡国区分，

① ［清］姚振宗，《隋书经籍志考证》，《二十五史补编》本，上海：开明书店，1935年，第5401页。
② 同上。
③ ［唐］刘知己，《史通》，四部丛刊本，第34卷。

> 山川夷险，时俗之异，风气之殊，各有攸叙。晋世挚虞作《畿服经》，进而具悉‘先贤旧好’，则兼及于人事，此则郦道元《水经注》、杨衒之《洛阳伽蓝记》之体所由来也。今考《隋志》所载地理书目，当时作者，数亦至众，惜几近亡佚。硕果仅存，独有郦、杨之书。而郦书尤征引繁博，诸家旧作，往往赖之以存。敬能加以籀绎，则于六朝地理书文章之美，亦可窥见其大略矣。[①]

地理一类书籍，如果记载山川险易，关塞边防，那就是有军事用途的兵书了。如果记载阴阳虚旺，宅墓休咎，那就变成术数之书了。[②]北方士族随晋王室东渡，侨居南国，十分怀念北方故土。有些好事者，就写地理书，用来记载旧郡的故物。南方的旧族，也将本地山川风物记载下来。这导致南朝地记十分盛行。王俭写《七志》书目时，在六类之外，别立图籍志一类，专门记载地理书籍。阮孝绪《七录·记传录内篇二》设土地部，收录地理书七十三种，一百七十一帙，八百六十九卷。[③]马端临《文献通考》："是后，载笔之士，管窥末学，不能及远，但记州郡之名而已。晋世，挚虞依《禹贡》《周官》，作《畿服经》。其州郡及县分野封略事业，国邑山陵水泉，乡亭道里土田，民物风俗，先贤旧好，靡不具悉。凡一百七十卷，今亡。而学者因其经历，并有记载，然不能成一家之体。齐时，陆澄聚一百六十家之说，依其前后远近，编而为部，谓之《地理书》。任昉又增陆澄之书八十四家，谓之《地记》。"[④]

任昉曾在王俭的幕府里待过多年，陆澄又是王俭府的常客，任昉在陆澄《地理书》的基础上，写就《地记》，将南朝地记搜罗完备，成为南朝地记的集大成者。

此外，从编纂学上说，任昉的地理书对推动丛书编纂起到了一定作用。附李调元《函海·后序》："古无以数人之书合为一编而别题一总名

---

① 程千帆，《闲堂文数》，济南：齐鲁书社，1984 年，第 165 ～ 166 页。

② ［清］章学诚，《校雠通义》，见《文史通义》，上海：上海书店，1988 年，第 70 页。

③ ［清］严可均，《全上古三代秦汉三国六朝文》，北京：中华书局，1958 年，第 3374 页。

④ ［元］马端临，《文献通考》，文渊阁四库全书本，第 201 卷，第 15095 页。

者。惟《隋志》载地理书一百四十九卷，注曰：‘陆澄合《山海经》以来一百六十家以为此书。澄本之外，其旧书并多零失。见存别部自行者惟四十二家。’又载《地记》二百五十二卷，注曰：‘梁任昉增陆澄之书以为此记。其所增旧书亦多零失。见存别部行者惟十二家。’是为丛书之祖。然犹一家言也。左圭《百川学海》出，始兼裒诸家杂记。至明而卷帙益繁。而《汉魏丛书》《津逮秘书》，近日《知不足斋丛书》皆于各家著作，全录其书，荟为一集。其或于丛书略加节取，则如《说郛》《稗海》《艺圃搜奇》《纪录汇编》之类。其或附己书于说部丛书末者，则如《秘籍》《彝门广牍》之类皆是也。余所刻《函海》，书共三十集。其十六集，皆古人丛书也。”[①]

任昉的杂传属于地方志人物传一类。《南史·崔慰祖传》：“慰祖著《海岱志》，起太公迄西晋人物，为四十卷，半成。临卒，与从弟纬书云：‘常欲更注迁、固二史，采史、汉所漏二百余事，在厨簏，可检写之，以存大意。《海岱志》良未周悉，可写数本付护军诸从事人一通，及友人任昉、徐寅、刘洋、裴揆，令后世知吾微有素业也。’”[②]

① ［清］李调元，《童山文集》，清乾隆间锦州李氏万卷楼刻函海道光五年李朝夔补刻本，第3卷，第98页。

② ［梁］萧子显，《南齐书》，北京：中华书局，1972年，第902页。

第五章

任昉与南朝文献

任昉在天监五年（506）担任萧梁朝秘书监，梁武帝“爰命秘书监任昉躬加部集”[①]，“自齐永元以来，秘阁四部，篇卷纷杂，昉手自雠校，由是篇目定焉”[②]。《旧唐书·经籍志序》说：“而荀勖、李充、王俭、任昉、祖暅，皆达学多闻，历世整比，群分类聚，递相祖述。或为七录，或为四部，言其部类，多有所遗。”[③]

但《七录》说得并不详细、《隋书·经籍志》也没有著录，连名称都不确定，体例更不可知。我们以任昉为线索，以史志上的记载与齐梁时期聚书、研书的风气为背景，推究南朝文献搜索、整理、编目、典藏、流通的大致情形。

---

① ［唐］魏徵，《隋书》，北京：中华书局，1973 年，第 907 页。

② ［唐］姚思廉，《梁书》，北京：中华书局，1973 年，第 254 页。

③ ［后晋］刘昫，《旧唐书》，北京：中华书局，1975 年，第 1961 页。

第一节　任昉聚书与南朝文风

任昉为梁代聚书大家，与沈约、王僧孺齐名。《梁书·任昉传》："昉坟籍无所不见，家虽贫，聚书至万余卷，率多异本。"[①]《梁书·沈约传》："好坟籍，聚书至二万卷，京师莫比。"[②]《梁书·王僧孺传》："僧孺好坟籍，聚书至万余卷，率多异本，与沈约、任昉家书相埒。"[③]任昉家境贫寒，祖上也没有藏书的记载，他用什么方式搜集到这些图书？从哪里搜集到这些图书？这些图书对他的文学创作产生了什么样的影响？

一、聚书风气

要解答这一系列的问题，从任昉身上找不到直接的相关史料。胡宝国说："翻检南朝诸史，不难看到当时社会上流行着聚书的风气，其中尤以齐梁时期最为盛行。"[④]南朝士人爱书成风。《宋书·裴松之传》："博览坟籍，立身简素。"[⑤]《宋书·孔淳之传》："淳之少有高尚，爱好坟籍。"[⑥]《梁书·刘歊传》："及长，博学有文才，不娶不仕，与族弟訏并隐居求志，遨游林泽，以山水书籍相娱而已。"[⑦]《南齐书·崔慰祖传》："好学，聚书至万卷，邻里年少好事者来从假借，日数十帙，慰祖亲自取与，未常为辞。"[⑧]萧绎是爱书的典型代表，他"性爱书籍，既患目，多不自执卷，置读书左右，番次上直，昼夜为常，略无休已，虽睡，卷犹

① ［唐］姚思廉，《梁书》，北京：中华书局，1973 年，第 254 页。
② 同上注，第 242 页。
③ 同上注，第 474 页。
④ 胡宝国，《知识至上和南朝学风》，《文史》2009 年第 4 期。
⑤ ［梁］沈约，《宋书》，北京：中华书局，1974 年，第 1698 页。
⑥ 同上注，第 2283 页。
⑦ ［唐］姚思廉，《梁书》，北京：中华书局，1973 年，第 748 页。
⑧ ［梁］萧子显，《南齐书》，北京：中华书局，1972 年，第 901 页。

不释。五人各伺一更，恒致达晓。常眠熟大鼾，左右有睡，读失次第，或偷卷度纸。帝必惊觉，更令追读，加以槚楚。虽戎略殷凑，机务繁多，军书羽檄，文章诏诰，点毫便就，殆不游手。常曰：‘我韬于文士，愧于武夫。’论者以为得言。”[①]他的《金楼子·聚书篇》提供了南朝士人聚书的一些线索。

> 初出阁在西省，蒙敕旨赉五经正副本。为琅琊郡时，蒙敕给书，并私有缮写。为东州时，写得《史》《汉》《三国志》《晋书》，又写刘选部孺家、谢通直彦远家书，又遣人至吴兴郡，就夏侯亶写得书，又写得虞太中阐家书。为丹阳时，启请先宫书，又就新渝、上黄、新吴写格五戏得少许。为扬州时，就吴中诸士大夫写得《起居注》，又得徐简肃勉《起居注》。前在荆州时，晋安王子时镇雍州，启请书写。比应入蜀，又写得书。又遣州民宗孟坚下都市得书。又得鲍中记泉上书。安成炀王于湘州薨，又遣人就写得书。刘大南郡之遴，小南郡之亨，江夏乐法才别驾，庾乔宗仲回，主簿庾格、僧正法持纻经书，是其家者皆写得。又得招提琰法师众义疏，及众经序。又得头陀寺昙智法师阴阳、卜祝、冢宅等书。又得州民朱澹远送异书。又于长沙寺经藏，就京公写得四部。又于江州江革家，得元嘉前后书五帙。又就姚凯处得三帙。又就江录处得四帙，足为一部。合二十帙，一百一十五卷，并是元嘉书，纸墨极精奇。又聚得元嘉《后汉》并《史记》《续汉春秋》《周官》《尚书》及诸子集等可一千余卷。又聚得细书《周易》《尚书》《周官》《仪礼》《礼记》《毛诗》《春秋》各一部。又使孔昂写得《前汉》《后汉》《史记》《三国志》《晋阳秋》《庄子》《老子》《肘后方》《离骚》等，合六百三十四卷，悉在一巾箱中，书极精细。还石城为戍军时，写得《元儒众家义疏》。为江州时，又写萧咨议贲、刘中纪缓、周录事宏

① ［唐］李延寿，《南史》，北京：中华书局，1975 年，第 243 页。

直等书。时罗乡侯萧说于安成失守，又遣王咨议僧辨取得说书。又值吴平光侯广州下，遣何集、曹沔写得书。又值衡山侯雍州下，又写得书。又兰左卫钦从南郑还，又写得兰书。往往未渡江时书，或是此间制作，甚新奇。张湘州缵经饷书，如樊光注《尔雅》之例是也。张豫章绾经饷书，如《高僧传》之例是也。范鄱阳胥经饷书，如高诱注《战国策》之例是也。隐士王缜之经饷书，如《童子传》之例是也。又就东林寺智表法师写得书法书，初得韦护军叡饷数卷，次又殷贞子钧饷，尔后又遣范普市得法书，又使潘菩提市得法书，并是二王书也。郡五官虞皭大有古迹，可五百许卷，并留之伏事客房。篆又有三百许卷，并留之，因尔遂蓄诸迹。又就会稽宏普、惠皎道人搜聚之。及临汝灵侯益州还，遂巨有所办。后又有乐彦春、刘之遴等书，将五千卷。又得南平嗣王书，又得张雍州书，又得桂阳藩王书，又得留之远书。吾今年四十六岁，自聚书来四十年，得书八万卷，河间之侔汉室，颇谓过之矣。[①]

萧绎40年聚书8万卷，平均每年2000卷，聚集了多处收藏，可考其姓名者有：刘孺、谢彦远、夏侯亶、虞阐、黄新吴、徐勉、宗孟坚、萧时、鲍泉、安成炀王、刘之遴、刘之亨、乐法才、庾仲回、庾格、僧正法、江革、琰法师、昙智法师、朱澹远、京公、姚凯、江录、萧贵、刘缓、周宏直、萧说、吴平光侯萧劢、衡山侯萧恭、兰钦、张缵、张绾、范胥、王缜之、智表法师、韦叡、殷钧、虞皭、宏普、惠皎、临汝灵侯萧猷、乐彦春、南平嗣王萧恪、张敬儿、桂阳藩王萧铄、留之远等。这些人记诸史籍的尚有数条。《梁书·伏挺传》录徐勉书曰："况以金商戒节，素秋御序，萧条林野，无人相乐，偃卧坟籍，游浪儒玄，物我兼忘，宠辱谁滞？"[②]还有齐皇宫中的书籍和吴中诸士大夫家中的藏书。皇室诸

① ［清］王仁俊辑，《玉函山房辑佚丛书续编·梁元帝藏书考》，上海图书馆稿本，上海：上海古籍出版社影印，1989年。

② ［唐］姚思廉，《梁书》，北京：中华书局，1973年，第721页。

萧如，《南史·萧劢传》："聚书至三万卷，披翫不倦，尤好《东观汉记》，略皆诵忆。"[①]《梁书·萧琛传》："琛常言：'少壮三好，音律、书、酒。年长以来，二事都废，惟书籍不衰。'"[②]吴中名士顾陆朱张辈如，《南齐书·陆澄传》："家多坟籍，人所罕见。"[③]《南史·张率传》："时陆少玄家有父澄书万余卷，率与少玄善，遂通书籍，尽读其书。"[④]

任昉聚书大概跟萧绎的情况差不多。他与刘孺、徐勉、刘之遴、江革、张绾、殷钧、萧琛、何宪、崔慰祖、沈约、孔休源、王僧孺、吴中陆氏诸家都有过交往，转相抄写，一生聚得万卷之数。

二、聚书方式

《金楼子·聚书》中提到三种聚书方式：赍书、市书和缮书。所谓赍书，就是将自己所藏的图书无偿赠给或献给他人。萧绎说到皇上几次赠书给他。名士间也有赠书的传统，如丘孙崧赠书给邴原。《三国志·魏书·邴原传》裴松之注引《原别传》："（丘孙崧）曰：'兖、豫之士，吾多所识，未有若君者；当以书相分。'原重其意，难辞之，持书而别。"[⑤]沈约将书赠给王筠。《梁书·王筠传》："（沈约）尝谓筠：'昔蔡伯喈见王仲宣称曰："王公之孙也，吾家书籍，悉当相与。"仆虽不敏，请附斯言。'"[⑥]陆瑜赠书给陆丛典。《南史·陆丛典传》："从父瑜特所赏爱。及瑜将终，命家中坟籍皆付之。"[⑦]刘显赠书给孔奂。《陈书·孔奂传》："沛国刘显时称学府，每共奂讨论，深相叹服，乃执奂手曰：'昔伯喈坟素悉与仲宣，吾当希彼蔡君，足下无愧王氏。'所保书籍，寻以相

① ［唐］李延寿，《南史》，北京：中华书局，1975 年，第 1263 页。
② ［唐］姚思廉，《梁书》，北京：中华书局，1973 年，第 397 页。
③ ［梁］萧子显，《南齐书》，北京：中华书局，1972 年，第 433 页。
④ ［唐］李延寿，《南史》，北京：中华书局，1975 年，第 815 页。
⑤ ［晋］陈寿，《三国志》，北京：中华书局，1959 年，第 351 页。
⑥ ［唐］姚思廉，《梁书》，北京：中华书局，1973 年，第 484 页。
⑦ ［唐］李延寿，《南史》，北京：中华书局，1975 年，第 1202 页。

付。”[①]市书即买书，如法书等。

赍书和市书之外，最普遍的聚书方式是缮书。在印刷术没有广泛运用之前，图书的生产纯靠手抄。《后汉书·董祀妻传》：“（曹）操因问曰：‘闻夫人家先多坟籍，犹能忆识之不？’文姬曰：‘昔亡父赐书四千许卷，流离涂炭，罔有存者。今所诵忆，裁四百余篇耳。’操曰：‘今当使十吏就夫人写之。’文姬曰：‘妾闻男女之别，礼不亲授。乞给纸笔，真草唯命。’于是缮书送之，文无遗误。”[②]《宋书·傅隆传》：“谨于奉公，常手抄书籍。”[③]《梁书·张缅传》：“缅性爱坟籍，聚书至万余卷。抄《后汉》《晋书》众家异同，为《后汉纪》四十卷，《晋抄》三十卷。又抄《江左集》，未及成。”《南史·庾肩吾传》：“在雍州被命与刘孝威、江伯摇、孔敬通、申子悦、徐防、徐摛、王囿、孔铄、鲍至等十人抄撰众籍，丰其果馔，号高斋学士。”[④]《梁书·庾于陵传》：“齐随王子隆为荆州，召为主簿，使与谢朓、宗夬抄撰群书。”[⑤]抄书甚至成了贫困士大夫的谋生手段。《梁书·王僧孺传》：“六岁能属文，既长好学。家贫，常佣书以养母，所写既毕，讽诵亦通。”[⑥]扬州刺史始安王遥光上表荐王僧孺说：“笔耕为养，亦佣书成学。”[⑦]

萧绎说到元嘉书“纸墨极精奇”，又说得到的细书“书极精细”，可见他对书的质量十分关注。《颜氏家训·杂艺》记载说：“晋、宋以来，多能书者。故其时俗，递相染尚，所有部帙，楷正可观，不无俗字，非为大损。至梁天监之间，斯风未变；大同之末，讹替滋生。萧子云改易字体，邵陵王颇行伪字；朝野翕然，以为楷式，画虎不成，多所伤败。至为一字，唯见数点，或妄斟酌，逐便转移。尔后坟籍，略不可看。北朝丧乱之余，书

① ［唐］姚思廉，《陈书》，北京：中华书局，1972 年，第 283 页。
② ［南朝宋］范晔，《后汉书》，北京：中华书局，1965 年，第 2801 页。
③ ［梁］沈约，《宋书》，北京：中华书局，1974 年，第 1552 页。
④ ［唐］李延寿，《南史》，北京：中华书局，1975 年，第 1246 页。
⑤ ［唐］姚思廉，《梁书》，北京：中华书局，1973 年，第 689 页。
⑥ 同上注，第 469 页。
⑦ 同上。

迹鄙陋，加以专辄造字，猥拙甚于江南。乃以百念为忧，言反为变，不用为罢，追来为归，更生为苏，先人为老，如此非一，遍满经传。唯有姚元标工于楷隶，留心小学，后生师之者众。洎于齐末，秘书缮写，贤于往日多矣。"[①]萧绎生活在508至554年间，对大同（535～546）末年讹替之风当有所矫正。

任昉聚书达万余卷，家里贫穷不能请人代抄，速度自然比萧绎要慢得多，并非一时之功。任昉抄书，主要集中于四个时期。一是在刘景素府任征北行参军时。《宋书·刘景素传》："景素好文章书籍，招集才义之士，倾身礼接，以收名誉，由是朝野翕然，莫不属意焉。"[②]二是任太学博士时。自汉以来，就在秘阁外收藏书副本，供博士阅读。《隋书·经籍志序》曰："武帝置太史公，命天下计书，先上太史，副上丞相，开献书之路，置写书之官。外有太常、太史、博士之藏，内有延阁、广内、秘室之府。"[③]阮孝绪《七录序》："至汉惠四年，始除挟书之律。其后，外有太常、太史、博士之藏，内有延阁、广内、秘阁室之府。开献书之路，置写书之官。"[④]三是竟陵王西邸游时。《南史·陆慧晓传》："子良西邸抄书，令慧晓参知其事。"[⑤]此时，任昉也在西邸，参与了抄书之事。四是梁武帝命他集坟典，编书目时，任昉自然从皇家藏书中抄得一部分。

三、书籍整理

南朝文人还十分喜爱研究讨论书籍。陆倕《未至浔阳郡教》："太守家本诸生，伏膺典记。光武灵台之籍，较涉根基；张华聚土之书，略见庭户。贵郡图载，其具存方策，校以山经，参诸括象。原野城寺，宛在心目，龙泉鹤岭，不易穷登。所撰郡图，可勿亲用。公孙陛戟，既似井

① 王利器，《颜氏家训集解》，北京：中华书局，1993年，第514页。
② ［梁］沈约，《宋书》，北京：中华书局，1974年，第1861页。
③ ［唐］魏徵，《隋书》，北京：中华书局，1973年，第905页。
④ ［梁］阮孝绪，《七寻序》，见《广弘明集》，四部丛刊本，第3卷，第139页。
⑤ ［唐］李延寿，《南史》，北京：中华书局，1975年，第1191页。

蛙。延寿执戈，实同儿戏。”[①]《南齐书·关康之传》：“世居丹徒。以坟籍为务。四十年不出门。”[②]《梁书·裴子野传》：“子野与沛国刘显、南阳刘之遴、陈郡殷芸、陈留阮孝绪、吴郡顾协、京兆韦棱，皆博极群书，深相赏好，显尤推重之。时吴平侯萧劢、范阳张缵，每讨论坟籍，咸折中于子野焉。”[③]《梁书·许懋传》：“（懋）与司马褧同志友善，仆射江祏甚推重之，号为‘经史笥’。”[④]《南史·昭明太子传》：“恒自讨论坟籍，或与学士商榷古今，继以文章著述，率以为常。于时东宫有书几三万卷，名才并集，文学之盛，晋、宋以来未之有也。”[⑤]任昉更是研究坟籍的高手。《旧唐书》称：“虞世南曰：‘昔任彦升善谈经籍，梁代称为五经笥。’”[⑥]

这么多人都对书籍做了哪些研究和整理呢？

其一是编写书目，这促进了目录学的成熟。古时的聚书家，对于自己所藏的书籍，都有一个目录。任昉所藏的图书，也是有目录的。《梁书·任昉传》：“昉卒后，高祖使学士贺纵共沈约勘其书目，官所无者，就昉家取之。”[⑦]贺纵、沈约校勘过的官目有殷钧《天监六年四部书目录》、刘孝标《梁文德殿四部目录》、祖暅《术数书目》及释典簿录。这四种书目都比任昉所作的目录要晚出，在任昉死时，这些目录完成不过一年，然而还要有所增补，可见任昉搜书聚书，到死时方才停歇。他跟萧绎一样，耗费了毕生的精力来聚书。贺、沈二人补作何书，这里并没有说明。《隋书·经籍志》著录：“《今书七志》七十卷，王俭撰。”[⑧]《旧唐书·经籍志》著录：“《今书七志》七十卷，贺纵补注。”[⑨]王俭所

---

① ［唐］欧阳询，《艺文类聚》，北京：中华书局，1965 年，第 907 页。
② ［梁］萧子显，《南齐书》，北京：中华书局，1972 年，第 433 页。
③ ［唐］姚思廉，《梁书》，北京：中华书局，1973 年，第 443 页。
④ 同上注，第 575 页。
⑤ ［唐］李延寿，《南史》，北京：中华书局，1975 年，第 1310 页。
⑥ ［后晋］刘昫，《旧唐书》，北京：中华书局，1975 年，第 2584 页。
⑦ ［唐］姚思廉，《梁书》，北京：中华书局，1973 年，第 254 页。
⑧ ［唐］魏徵，《隋书》，北京：中华书局，1973 年，第 991 页。
⑨ ［后晋］刘昫，《旧唐书》，北京：中华书局，1975 年，第 2011 页。

著《七志》，《南齐书》《南史》《王文宪集序》都作四十卷，新旧《唐志》都作七十卷，较阮孝绪《七录》多出三十卷。多出来的是贺纵增补的。这些增补的部分，有些即出自任昉的旧藏。目录学要求辨章学术，考镜源流。《南史·何宪传》："博涉该通，群籍毕览，天阁宝秘，人间散逸，无遗漏焉。任昉、刘沨共执秘阁四部书，试问其所知，自甲至丁，书说一事，并叙述作之体，连日累夜，莫见所遗。"[①]《梁书·臧严传》："王尝自执四部书目以试之，严自甲至丁卷中，各对一事，并作者姓名，遂无遗失，其博洽如此。"[②]《金楼子·杂记》："丘迟出为永嘉郡，群公祖道于东亭。任敬子、沈隐侯俱至。丘云：'少来搜集书史，颇得诸遗书，无复首尾，或失名。凡有百余卷，皆不得而知。今并欲焚之。'二客乃谓主人云：'可皆取出共看之。'傅金紫末至，二客以向诸书示之，傅乃发摘剖判，皆究其流，出所得三分有二，宾客咸所悦服。"[③]

其二是校雠。《宋书·虞玩之传》："元嘉中，故光禄大夫傅隆，年出七十，犹手自书籍，躬加隐校。"[④]《梁书·孔休源传》："聚书盈七千卷，手自校治。"[⑤]《南史·刘穆之传》："裁有闲暇，手自写书，寻览篇章，校定坟籍。"[⑥]

其三是编成类书。《梁书·刘峻传》："给其书籍，使抄录事类，名曰《类苑》，未及成，复以疾去。"[⑦]这些类书，《隋书·经籍志》中略可考见。任昉所编《杂传》《地理志》即来自于此。《杂传》今不存，《文选》李善注引任昉《杂传》："魏德公谓郭林宗曰：'经师易获，人师难遭。'"[⑧]

① ［唐］李延寿，《南史》，北京：中华书局，1975 年，第 1213 ～ 1214 页。
② ［唐］姚思廉，《梁书》，北京：中华书局，1973 年，第 719 页。
③ ［梁］萧绎，《金楼子》，文渊阁四库全书本，第 6 卷。
④ ［梁］沈约，《宋书》，北京：中华书局，1974 年，第 608 页。
⑤ ［唐］姚思廉，《梁书》，北京：中华书局，1973 年，第 521 页。
⑥ ［唐］李延寿，《南史》，北京：中华书局，1975 年，第 1472 页。
⑦ ［唐］姚思廉，《梁书》，北京：中华书局，1973 年，第 702 页。
⑧ ［梁］萧统，《文选》，上海：上海古籍出版社，1986 年，第 2078 ～ 2079 页。

四、聚书成因

南朝士大夫为什么会形成如此浓厚的聚书风气呢？

聚书是后汉以来名士遗风，李固、郭泰等名士都喜欢聚书。《后汉书·李固传》："遂究览坟籍，结交英贤。四方有志之士，多慕其风而来学。"[①]《后汉书·郭泰传》："就成皋屈伯彦学，三年业毕，博通坟籍。善谈论，美音制。乃游于洛阳。始见河南尹李膺，膺大奇之，遂相友善，于是名震京师。后归乡里，衣冠诸儒送至河上，车数千两。"[②]《三国志·郤正传》："少以父死母嫁，单茕只立，而安贫好学，博览坟籍。弱冠能属文。"[③]《晋书·何嵩传》："宽弘爱士，博观坟籍，尤善《史》《汉》。"[④]《晋书·张华传》："雅爱书籍，身死之日，家无余财，惟有文史溢于机箧。尝徙居，载书三十乘。秘书监挚虞撰定官书，皆资华之本以取正焉。天下奇秘，世所希有者，悉在华所。由是博物洽闻，世无与比。"[⑤]《晋书·王恭传》："家无财帛，唯书籍而已，为识者所伤。"[⑥]聚书成了士大夫扬名的手段。《南史·柳津传》："津字元举，虽乏风华，性甚强直。人或劝之聚书，津曰：'吾常请道士上章驱鬼，安用此鬼名邪。'"[⑦]应休琏《与从弟君苗君胄书》："潜精坟籍，立身扬名，斯为可矣。"[⑧]

自宋以来，文史是朝廷选举的重要科目。《梁书·任昉传》引姚察之言曰："观夫二汉求贤，率先经术；近世取人，多由文史。"[⑨]《颜氏家训·勉学》："学之兴废，随世轻重。汉时贤俊，皆以一经弘圣人之道，

---

① ［南朝宋］范晔，《后汉书》，北京：中华书局，1965 年，第 2073 页。
② 同上注，第 2225 页。
③ ［晋］陈寿，《三国志》，北京：中华书局，1971 年，第 1034 页。
④ ［唐］房玄龄，《晋书》，北京：中华书局，1974 年，第 1000 页。
⑤ 同上注，第 1074 页。
⑥ 同上注，第 2182 页。
⑦ ［唐］李延寿，《南史》，北京：中华书局，1975 年，第 992 页。
⑧ ［梁］萧统，《文选》，上海：上海古籍出版社，1986 年，第 1920 页。
⑨ ［唐］姚思廉，《梁书》，北京：中华书局，1973 年，第 258 页。

上明天时，下该人事，用此致卿相者多矣。末俗已来不复尔，空守章句，但诵师言，施之世务，殆无一可。故士大夫子弟，皆以博涉为贵，不肯专儒。梁朝皇孙以下，总丱之年，必先入学，观其志尚，出身已后，便从文史，略无卒业者。”[①]《南史·沈洙传》：“大同中，学者多涉猎文史，不为章句。”[②]《南史·孔休源传》：“在州昼决辞讼，夜览坟籍。（昭明太子）每车驾巡幸，常以军国事委之。”[③]《南史·张缵传》：“缵固求不徙，欲遍观阁内书籍。尝执四部书目曰：‘若读此毕，可言优仕矣。’如此三载，方迁太子舍人，转洗马，中舍人，并掌管记。”[④]《通典·礼》：“宋武帝诏有司立学，未就而崩。文帝元嘉二十年，立国学；二十七年，废。明帝泰始中，初置总明观祭酒一人，有玄儒文史四科，科置学士十人。”[⑤]《通典·选举》：“宋明帝聪博，好文史，才思朗捷，省读书奏，号七行俱下。每国有祯祥及行幸讌集，辄陈诗展义，且以命朝臣。其戎士武夫，则托请不暇，困于课限，或买以应诏焉。于是天下向风，人自藻饰，雕虫之艺，盛于时矣。”[⑥]

齐梁人所聚之书，绝大部分都与文史有关。玄学式微，清谈不昌，学识受到时人的普遍重视。《颜氏家训·涉务》：“士君子之处世，贵能有益于物耳，不徒高谈虚论，左琴右书，以费人君禄位也。国之用材，大较不过六事：一则朝廷之臣，取其鉴达治体，经纶博雅；二则文史之臣，取其著述宪章，不忘前古；三则军旅之臣，取其断决有谋，强干习事；四则藩屏之臣，取其明练风俗，清白爱民；五则使命之臣，取其识变从宜，不辱君命；六则兴造之臣，取其程功节费，开略有术，此则皆勤学守行者所能辨也。人性有长短，岂责具美于六涂哉？但当皆晓指趣，

① 王利器，《颜氏家训集解》，北京：中华书局，1993 年，第 169 页。
② ［唐］李延寿，《南史》，北京：中华书局，1975 年，第 1745 页。
③ 同上注，第 1472 ～ 1473 页。
④ 同上注，第 1385 页。
⑤ ［唐］杜佑，《通典》，北京：中华书局，1988 年，第 1466 页。
⑥ 同上注，第 389 页。

能守一职，便无愧耳。”[①]取臣六事，前二类都要求有较高的学识，这反映了当时士大夫的共识。

五、聚书与文学

南朝聚书风气对文学产生了直接影响。

其一，对文学的学术化、雅化起到了推进作用。《梁书·刘之遴传》：“之遴好属文，多学古体，与河东裴子野、沛国刘显常共讨论书籍，因为交好。”[②]《陈书·虞荔传》：“美风仪，博览坟籍，善属文。”[③]当时的文章，包括诗笔，都根植于学术。

其二，促进了文章总集的产生，推动了文章学的发展。《梁书·江革传》：“聚书盈七千卷，手自校治，凡奏议、弹文，勒成十五卷。”[④]江革将奏议、弹文汇为文体总集15卷，对这两类文体的成熟和发展起到了推动作用。特别是大量江左总集的形成，说明士族东迁以来，逐渐融入南方文化，南北融合的文学传统逐步走向自觉。

其三，在梁陈时期形成了在诗文创作中使用新奇典故的流派。《诗品序》：“故大明、泰始中，文章殆同书钞。近任昉、王元长等，词不贵奇，竞须新事，尔来作者，寖以成俗。遂乃句无虚语，语无虚字，拘挛补衲，蠹文已甚。”[⑤]《梁书·王僧孺传》：“少笃志精力，于书无所不睹。其文丽逸，多用新事，人所未见者，世重其富。”[⑥]《陈书·姚察传》：“终日恬静，唯以书记为乐，于坟籍无所不睹。每有制述，多用新奇，人所未见，咸重富博。”[⑦]将新典引入诗文中，在一定程度上提高了诗文的表现力。

数代聚书，到梁武帝时达到高峰，《隋书·经籍志序》：“梁武敦悦

① 王利器，《颜氏家训集解》，北京：中华书局，1993 年，第 290 ～ 291 页。
② ［唐］姚思廉，《梁书》，北京：中华书局，1973 年，第 574 页。
③ ［唐］姚思廉，《陈书》，北京：中华书局，1972 年，第 256 页。
④ ［唐］姚思廉，《梁书》，北京：中华书局，1973 年，第 522 页。
⑤ 曹旭，《诗品集注》，上海：上海古籍出版社，1994 年，第 180 页。
⑥ ［唐］姚思廉，《梁书》，北京：中华书局，1973 年，第 474 页。
⑦ ［唐］姚思廉，《陈书》，北京：中华书局，1972 年，第 353 页。

诗书，下化其上，四境之内，家有文史。”[①]至梁元帝萧绎，终成书劫。《北齐书·颜之推传》：“北于（方）坟籍，少于江东三分之一。梁氏剥乱，散逸湮亡，唯孝元鸠合，通重十余万，史籍以来未之有也，兵败，悉焚之，海内无复书府。”[②]《隋书·牛弘传》：“永嘉之后，寇窃竞兴，其建国立家，虽传名号，宪章礼乐，寂灭无闻。刘裕平姚，收其图籍，五经子史，才四千卷，皆赤轴青纸，文字古拙，并归江左。宋秘书丞王俭依刘氏《七略》，撰为《七志》。梁人阮孝绪亦为《七录》。总其书数，三万余卷。及侯景度江，破灭梁室，秘省经籍，虽从兵火，其文德殿内书史，宛然犹存。萧绎据有江陵，遣将破平侯景，收文德之书及公私典籍重本七万余卷，悉送荆州。及周师入郢，绎悉焚之于外城，所收十才一二。此则书之五厄也。”[③]《通典·食货典》：“元帝惨虐，骨肉相残，才及三年，便至覆灭，坟籍亦同灰烬。户口不能详究。”[④]任昉、王融所倡导的以学问为诗、引新事入典的革新之路，由于缺乏文献基础，不可能再在士大夫中间发展下去。姚察的诗风，只能看成是这个诗派微弱的余波。

第二节　任昉与南朝目录学

南朝数代聚书，到萧梁时期，四境之内，已经是家有文史。这样大规模的聚书，是与目录学的发展分不开的。封演说：“魏氏拾掇亡书藏三阁，秘书郎郑默始制《中经簿》。秘书荀勖分经、史、子、集为四部，甲乙丙丁之目，大凡九千九百四十五卷。惠、怀之末，靡有孑遗。西晋著作郎李充以勖旧部校之，存者但有三千一十四卷。其后中朝遗书稍流

---

① ［唐］魏徵，《隋书》，北京：中华书局，1973 年，第 907 页。
② ［唐］李百药，《北齐书》，北京：中华书局，1972 年，第 622 页。
③ ［唐］魏徵，《隋书》，北京：中华书局，1973 年，第 2494 ～ 2495 页。
④ ［唐］杜佑，《通典》，北京：中华书局，1988 年，第 146 页。

江左。宋文帝元嘉八年（431），秘书监谢灵运造《四部目》，凡四千五百八十二卷。元徽初，秘书丞王俭又造《目录》万五千七十四卷，俭又别撰《七志》，有《经典志》《诸子志》《文翰志》《军书志》《阴阳志》《术艺志》《图谱志》。齐永明中，秘书丞王亮又造《书目》万八千一十卷。齐末，兵火延烧秘阁。梁初，命秘书监任昉于文德殿内集藏众书二万三千一百六卷。普通中，阮孝绪更为《七录》。有《兴录》《记传录》《子录》《文集录》《伎录》《佛录》《道录》。元帝克平侯景，收文德殿书及公私经籍归于江陵，大凡七万余卷。周师入郢，并自焚之。”①

任昉在天监五年（504）担任萧梁朝秘书监，梁武帝“爰命秘书监任昉躬加部集”②，“自齐永元以来，秘阁四部，篇卷纷杂，昉手自雠校，由是篇目定焉”③。《旧唐书·经籍志序》说：“而荀勖、李充、王俭、任昉、祖暅，皆达学多闻，历世整比，群分类聚，递相祖述。或为七录，或为四部，言其部类，多有所遗。”④

任昉在《赠王僧孺》诗中写了他们一同研习历代书目的情形：“刘略班艺，虞志荀录。伊昔有怀，交想欣勖。”挚虞（250～300）撰《文章志》。《晋书·挚虞传》：“虞撰《文章志》四卷，注解《三辅决录》，又撰古文章，类聚区分为三十卷，名曰《流别集》，各为之论，辞理惬当，为世所重。”⑤《隋书·经籍志》著录：“《文章志》四卷，挚虞撰。”⑥姚振宗《隋书经籍志考证》：“案：本志史部簿录类有挚虞《文章志》四卷，与本传所载同，似即此《七录》所有之《志》二卷也。本《志》又别著录《流别志论》二卷，似即《七录》之志二卷，《论》二卷，合并为帙。”⑦仿此，任昉写了《文章缘起》。任昉研习了哪些目录?

---

① ［唐］封演，《封氏闻见记》，文渊阁四库全书本，第2卷，第38页。
② ［唐］魏徵，《隋书》，北京：中华书局，1973年，第907页。
③ ［唐］姚思廉，《梁书》，北京：中华书局，1973年，第254页。
④ ［后晋］刘昫，《旧唐书》，北京：中华书局，1975年，第1961页。
⑤ ［唐］房玄龄，《晋书》，北京：中华书局，1974年，第1427页。
⑥ ［唐］魏徵，《隋书》，北京：中华书局，1973年，第991页。
⑦ ［清］姚振宗，《隋书经籍志考证》，《二十五史补编》本，上海：开明书店，1935年，第5873页。

编了什么目录？对南朝目录学有何贡献？

一、南朝七录目录

七录体例肇自刘歆，班固、傅毅继之。阮孝绪《七录序》："命光禄大夫刘向及子俊、歆等雠校篇籍。每一篇已，辄录而奏之。会向亡丧，帝使歆嗣其前业，乃徙温室中，书于天禄阁上。歆遂总括群篇，奏其《七略》。及后汉兰台，犹为书部。又于东观及仁寿闼（阁）撰集新记。校书郎班固、傅毅并典秘籍。固乃因《七略》之辞，为《汉书·艺文志》。"又说："子歆撮其指要，著为《七略》，其一篇即六篇之总撮，故以《辑略》为名，次《六艺略》，次《诸子略》，次《诗赋略》，次《兵书略》，次《数术略》，次《方技略》。"[①]其后有袁山松《七录》。《七录序》："固乃因《七略》之辞，为《汉书·艺文志》。袁山松亦录在其书。"[②]《旧唐书·经籍志》著录："袁山松《后汉书》一百二卷。"[③]齐梁朝则有王俭《七志》、贺纵《今书七志》、阮孝绪《七录》，都与任昉有一定关系。

王俭（452～489），《七志》四十卷。《南齐书·王俭传》："上表求校坟籍，依《七略》撰《七志》四十卷，上表献之，表辞甚典。"[④]王俭《答陆澄书》说："《七略》《艺文》，并陈之六艺。"[⑤]《七录序》："俭又依《别录》之体，撰为《七志》。"[⑥]《北史·牛弘传》："宋秘书丞王俭依刘氏《七略》，撰为《七志》。"[⑦]刘歆《七略》，《辑略》除外，实际上只有六略。王俭为满七数，立《图谱志》以代《辑略》，以充七数，又列佛、道之书于外，名为七志，实是九志。《七录序》："王俭《七志》，

---

① ［梁］阮孝绪，《七录序》，见《广弘明集》，四部丛刊本，第 3 卷。
② 同上。
③ ［后晋］刘昫，《旧唐书》，北京：中华书局，1975 年，第 1989 页。
④ ［梁］萧子显，《南齐书》，北京：中华书局，1972 年，第 433 页。
⑤ ［唐］李延寿，《南史》，北京：中华书局，1975 年，第 1188 页。
⑥ ［梁］阮孝绪，《七录序》，见《广弘明集》，四部丛刊本，第 3 卷。
⑦ ［唐］李延寿，《北史》，北京：中华书局，1974 年，第 2493 页。

改六艺为经典，次诸子，次诗赋为文翰，次兵书为军书，次数术为阴阳，次方技为术艺。以向、歆虽云《七略》，实有六条，故别立《图谱》一志，以全七限。其外又条《七略》及二汉《艺文志》《中经簿》所阙之书，并方外之经，佛经道经，各为一录。虽继《七志》之后，而不在其数。”[①]《隋书·经籍志序》：“俭又别撰《七志》：一曰《经典志》，纪六艺、小学、史记、杂传；二曰《诸子志》，纪今古诸子；三曰《文翰志》，纪诗赋；四曰《军书志》，纪兵书；五曰《阴阳志》，纪阴阳图纬；六曰《术艺志》，纪方技；七曰《图谱志》，纪地域及图书。其道、佛附见，合九条。然亦不述作者之意，但于书名之下，每立一传，而又作九篇条例，编乎首卷之中。”[②]王俭作《七志》，历时较久。《旧唐书·经籍志序》：“王俭作《七志》。踰二纪而方就。”[③]按《宋书·后废帝纪》：元徽元年（473），秘书丞王俭表上所撰《七志》三十卷。[④]王俭薨于永明七年（489），年三十八，元徽元年（473）俭年二十二。可见“踰二纪方就”为文饰之辞，只是表明王俭对目录之学颇为用心罢了。任昉《王文宪集序》说：“于是采曾之中经，刊弘度之《四部》，依刘歆《七略》，更撰《七志》。”[⑤]永明二年（484），王俭让任昉出任丹阳尹主簿，王俭所编的书目，也应该在任昉所研习之列。任昉没有评价王俭的目录，这是一种曲笔。《隋书·经籍志序》的评论是“文义浅近，未为典则”[⑥]，可见写得并不怎么样。

贺纵，生卒年不详，《今书七志》三十卷。《隋书·经籍志》著录：“《宋元徽元年四部书目录》四卷，王俭撰。”又：“《今书七志》七十卷，王俭撰。”[⑦]《隋志》著录没有“贺纵补”三字，是为疏略。《旧唐

① ［梁］阮孝绪，《七录序》，见《广弘明集》，四部丛刊本，第3卷。
② ［唐］魏徵，《隋书》，北京：中华书局，1973年，第906～907页。
③ ［后晋］刘昫，《旧唐书》，北京：中华书局，1975年，第1964页。
④ ［梁］沈约，《宋书》，北京：中华书局，1974年，第180页。
⑤ ［梁］萧统，《文选》，上海：上海古籍出版社，1986年，第1797页。
⑥ ［唐］魏徵，《隋书》，北京：中华书局，1973年，第907页。
⑦ 同上注，第991页。

书·经籍志》著录：“《今书七志》七十卷，贺纵补注。”[①]没有“王俭撰”三字，亦为疏略。贺、沈二人补作何书，这里并没有说明。王俭所著《七志》《王文宪集序》《南齐书》《七录》《南史》都是四十卷，新旧《唐志》都是七十卷，多出来三十卷是贺纵增补。这些增补的部分，有些即出自任昉的旧藏。《梁书·任昉传》：“昉卒后，高祖使学士贺纵共沈约勘其书目，官所无者，就昉家取之。”[②]

阮孝绪（479～536），《七录》。到了阮孝绪，才坐实为七志。《北史·牛弘传》：“梁人阮孝绪亦为《七录》。总其书数，三万余卷。”[③]阮孝绪是一个处士，终身不应征辟，《七录》中的书并不是秘阁的簿籍。任昉曾去拜访过他，没有受到接见。

但七录分目也还略有后嗣，唐有马怀素（生卒年不详）元行冲（652～729）、韦述（？～757）等人编有《续七志》。《旧唐书·马怀素传》载马怀素上书曰：“南齐已前坟籍，旧编王俭《七志》。已后著述，其数盈多，《隋志》所书，亦未详悉。或古书近出，前志阙而未编；或近人相传，浮词鄙而犹记。若无编录，难辩淄渑。望括检近书篇目，并前志所遗者，续王俭《七志》，藏之秘府。”[④]《旧唐书·元行冲传》：“先是，秘书监马怀素集学者续王俭《今书七志》，左散骑常侍褚无量于丽正殿校写四部书，事未就而怀素、无量卒，诏行冲总代其职。于是行冲表请通撰古今书目，名为《群书四录》，命学士鄠县尉毋煚、栎阳尉韦述、曹州司法参军殷践猷、太学助教余钦等分部修检，岁余书成，奏上之。”[⑤]《新唐书·韦述传》：“秘书监马怀素奏述与诸儒即秘书续《七志》，五年而成。”[⑥]许善心（558～618）有《七林》。《北史·许善心

① ［后晋］刘昫，《旧唐书》，北京：中华书局，1975年，第2011页。
② ［唐］姚思廉，《梁书》，北京：中华书局，1973年，第254页。
③ ［唐］李延寿，《北史》，北京：中华书局，1974年，第2493页。
④ ［后晋］刘昫，《旧唐书》，北京：中华书局，1975年，第3164页。
⑤ 同上注，第3178页。
⑥ ［宋］欧阳修、［宋］宋祁，《新唐书》，北京：中华书局，1975年，第4530页。

传》："善心效阮孝绪《七录》，更制《七林》，各总叙冠于篇首。又于部录之下明作者之意，区分类例焉。"[①]宋代福建莆田郑寅有《七录》[②]：曰经，曰史，曰子，曰艺，曰方技，曰文，曰类。[③]

二、东晋、宋、齐四部目录

但七志体例后人一般不大用，是由于其分类标准不确定。晁公武说："今公武所录书，史、集居其半，若依《七略》，则多寡不均，故亦分为四部焉。"[④]章学诚说：

> 《七略》之流而为四部，如篆隶之流而为行楷，皆势之所不容已者也。史部日繁，不能悉隶以《春秋》家学，四部之不能返《七略》者一。名墨诸家，后世不复有其支别，四部之不能返《七略》者二。文集炽盛，不能定百家九流之名目，四部之不能返《七略》者三。钞辑之体，既非丛书，又非类书，四部之不能返《七略》者四。评点诗文，亦有似别集而实非别集，似总集而又非总集者，四部之不能返《七略》者五。[⑤]

需要指出的是，史部、集部的大量增加，并不是从赵宋才开始的。齐、梁之际，就增加了很多，特别是地理和佛道、方技诸类。王俭在六志之后，专列图谱志，将地理、图籍一类书籍编入其中，陆澄、任昉收宋齐梁地理书凡二百五十二卷，足见其繁富。佛道、方技之书，刘《艺》班《略》载之甚少，至南朝，卷帙浩繁，梁武于文德殿录书，别出二门，使祖暅等人专门采录。所以自魏晋以还，秘阁之书都是四部，很少有采用七录著录的。王俭在《七志》之外，还要采用《宋元徽元年四部书目录》的体例，就是这个道理。

---

① ［唐］李延寿，《北史》，北京：中华书局，1974 年，第 2802 页。
② ［清］章学诚，《校雠通义》，见《文史通义》，上海：上海书店，1988 年，第 66 页。
③ ［宋］陈振孙，《直斋书录解题》，文渊阁四库全书本，第 8 卷，第 584 页。
④ ［宋］晁公武，《郡斋读书志》，上海：上海古籍出版社，1990 年，第 1 卷，第 2 页。
⑤ ［清］章学诚，《校雠通义》，见《文史通义》，上海：上海书店，1988 年，第 54 页。

四部录书，始创于荀勖。《明史・艺文志序》：“四部之目，昉自荀勖，晋、宋以来因之。”[①]《晋书・荀勖传》：“及得汲郡塚中古文竹书，诏勖撰次之，以为《中经》，列在秘书。”[②]《七录序》：“魏、晋之世，文籍愈广，皆藏在秘中外三阁。魏秘书郎郑默删定旧文，时之论者谓为朱紫有别。晋领秘书监荀勖因魏《中经》，更著《新簿》。虽分为十有余卷，而总以四部别之。惠怀之乱，其书略尽。江左草创，十不一存。后虽鸠集，淆乱已甚。及著作郎李充，始加删正，因荀勖旧簿四部之法而换其乙丙之书，没略众篇之名，总以甲乙为次。自时其后，世相祖述。”[③]阮孝绪《古今书最》：“《晋中经簿四部书》一千八百八十五部，二万九百三十五卷。其中十六卷佛经书簿少二卷，不详所载多少。一千一百一十九部亡，七百六十六部存。”[④]《隋书・经籍志序》：“魏氏代汉，采掇遗亡，藏在秘书中、外三阁。魏秘书郎郑默，始制《中经》，秘书监荀勖，又因《中经》，更著《新簿》，分为四部，总括群书。一曰甲部，纪六艺及小学等书；二曰乙部，有古诸子家、近世子家、兵书、兵家、术数；三曰丙部，有史记、旧事、皇览簿、杂事；四曰丁部，有诗赋、图赞、汲冢书。大凡四部合二万九千九百四十五卷。但录题及言，盛以缥囊，书用缃素。至于作者之意，无所论辩。”[⑤]《隋书・牛弘传》：“魏文代汉，更集经典，皆藏在秘书、内外三阁，遣秘书郎郑默删定旧文。时之论者，美其朱紫有别。晋氏承之，文籍尤广。晋秘书监荀勖定魏《内经》，更著《新簿》。虽古文旧简，犹云有缺，新章后录，鸠集已多，足得恢弘正道，训范当世。”[⑥]《郡斋读书志》：“至荀勖更著《新簿》，分为四部：一曰甲部，纪六艺及小学等书；二曰乙部，有古、今诸

① ［清］张廷玉，《明史》，北京：中华书局，1974 年，第 2344 页。
② ［唐］房玄龄，《晋书》，北京：中华书局，1974 年，第 1154 页。
③ ［梁］阮孝绪，《七录序》，见《广弘明集》，四部丛刊本，第 3 卷。
④ ［梁］阮孝绪，《古今书最》，见《广弘明集》，四部丛刊本，第 3 卷。
⑤ ［唐］魏徵，《隋书》，北京：中华书局，1973 年，第 906 页。
⑥ 同上注，第 1298 页。

子家及兵书、术数；三曰丙部，有史记及故事；四曰丁部，有诗赋、图赞。勖之《簿》盖合《兵书》《术数》《方技》于诸子，自春秋类摘出史记，别而为一，《六艺》《诸子》《诗赋》，皆仍歆旧。其后历代所编书目，如王俭、阮孝绪之徒，咸从歆例；谢灵运、任昉之徒，咸从勖例。"[①]

东晋、宋、齐四部书目共有七部：李充《晋元帝书目四部》，丘深之《义熙四年秘阁四部目录》，殷淳《四部书大目》，谢灵运《元嘉八年秘阁四部目录》，王俭《宋元徽元年秘阁四部书目录》，殷淳《大四部目》，齐王亮、谢朏《永明元年秘阁四部目录》。这些编者中，王俭、王亮、谢朏与任昉都有交往。

李充（349？～365？）作《晋元帝四部书目》若干卷。《晋书·李充传》："于时典籍混乱，充删除烦重，以类相从，分作四部，甚有条贯，秘阁以为永制。"[②]秘阁之书为四部，至李充才成为定制。《古今书最》有《晋元帝书目四部》，三百五帙，三千一十四卷[③]，应该是李充所作，书名当依例作《晋元帝四部书目》。魏晋以还，文籍多藏之秘阁。《七录序》："魏、晋之世，文籍愈广，皆藏在秘中外三阁。"[④]这是秘阁聚书的开始。东晋以来，尽管书籍亡佚很多，宋、齐秘阁所藏仍有万余卷，谢灵运、王俭、王亮、谢朏、殷淳先后编有目录。

丘深之，生卒年不详，《晋义熙四年秘阁四部》三卷（408）。《古今书最》有《晋义熙四年秘阁四部》[⑤]，不著作者与卷数。《隋书·经籍志》有《晋义熙以来新集目录》三卷[⑥]，不著作者。《旧唐书·经籍志》有《义熙以来杂集目录》三卷，丘深之撰[⑦]。"杂"字当为"新"字之误。《新唐书·艺文志》有丘深之《晋义熙以来新集目录》三卷。《南史·顾

① ［宋］晁公武，《郡斋读书志》，文渊阁四库全书本，第 1 卷上，第 9 页。
② ［唐］李延寿，《北史》，北京：中华书局，1974 年，第 487 页。
③ ［梁］阮孝绪，《古今书最》，见《广弘明集》，四部丛刊本，第 3 卷。
④ 同上。
⑤ 同上。
⑥ ［唐］魏徵，《隋书》，北京：中华书局，1973 年，第 991 页。
⑦ ［后晋］刘昫，《旧唐书》，北京：中华书局，1975 年，第 2011 页。

琛传》："先是宋世江东贵达者，会稽孔季恭子灵符、吴兴丘深之及琛，吴音不变。深之字思玄，吴兴乌程人，位侍中、都官尚书，卒于太常。"①

谢灵运（385 ～ 433）作《宋元嘉八年四部目录》若干卷（431）。《隋书·经籍志序》："其后中朝遗书，稍流江左。宋元嘉八年（431），秘书监谢灵运造《四部目录》，大凡六万四千五百八十二卷。"②此部书目《隋志》以下都没有著录。

殷淳（？ ～434）作《秘阁四部书目》四十卷。《宋书·殷淳传》："在秘书阁撰四部书目凡四十卷，行于世。元嘉十一年卒，时年三十二，朝廷痛惜之。"③《七录序》："宋秘书殷淳（淳），大四部目。"④

王俭作《宋元徽元年秘阁四部书目录》四卷（472）。《南齐书·王俭传》："又撰定《元徽四部书目》。"⑤《七录》说："《宋元徽元年秘阁四部书目录》，二千二十帙，一万五千七十四卷。"⑥《隋书·经籍志序》："元徽元年，秘书丞王俭又造《目录》，大凡一万五千七百四卷。"⑦《隋书·经籍志》著录："《宋元徽元年四部书目录》四卷，王俭撰。"⑧《七录》所记，多"秘阁"二字，较《隋志》，更为允当。《南史·王俭传》："宋明帝泰始六年，置总明观以集学士，或谓之东观，置东观祭酒一人，总明访举郎二人；儒、玄、文、史四科，科置学士十人，其余令史以下各有差。是岁，以国学既立，省总明观，于俭宅开学士馆，以总明四部书充之。又诏俭以家为府。四年，以本官领吏部。"⑨王俭四部书目当为总明观所藏。

① ［唐］李延寿，《南史》，北京：中华书局，1975 年，第 920 页。
② ［唐］魏徵，《隋书》，北京：中华书局，1973 年，第 906 页。
③ ［梁］沈约，《宋书》，北京：中华书局，1974 年，第 1597 页。
④ ［梁］阮孝绪，《七录序》，见《广弘明集》，四部丛刊本，第 3 卷。
⑤ ［梁］萧子显，《南齐书》，北京：中华书局，1972 年，第 433 页。
⑥ ［梁］阮孝绪，《七录序》，见《广弘明集》，四部丛刊本，第 3 卷。
⑦ ［唐］魏徵，《隋书》，北京：中华书局，1973 年，第 906 页。
⑧ 同上注，第 991 页。
⑨ ［唐］李延寿，《南史》，北京：中华书局，1975 年，第 595 页。

王亮（？～510）、谢朏（439～504）作《永明元年秘阁四部目录》若干卷（483）。《七录序》：“宋秘书监谢灵运、丞王俭，齐秘书丞王亮、监谢朏等，并有新进，更换目录。”[①]《隋书·经籍志序》：“齐永明中，秘书丞王亮、监谢朏，又造《四部书目》，大凡一万八千一十卷。”[②]《梁书·王亮传》：“亮以名家子，宋末选尚公主，拜驸马都尉、秘书郎，累迁桂阳王文学，南郡王友，秘书丞。”[③]《南史·谢灵运传》：“文帝诛徐羡之等，征为秘书监，再召不起。使光禄大夫范泰与书敦奖，乃出。使整秘阁书遗阙，又令撰《晋书》，粗立条流，书竟不就。”[④]谢灵运宋初受诏领职，元嘉五年（428）即以游宴免官，后来再也没有出任秘书监。《隋书·经籍志序》：“宋元嘉八年，秘书监谢灵运造《四部目录》，大凡六万四千五百八十二卷。”[⑤]元嘉八年（431）任秘书监，显然是错误的。此外，六万四千五百八十二卷，也是错误的。曹道衡、沈玉成《中古文学史料丛考》：“谢灵运《四部目录》及《晋书》”条有“书署秘书监，盖为昉始时官职。成书后例有表进呈，唐初史臣或据此而书‘八年’也”[⑥]。然《隋志》又误谢录五万卷，当作何说？此理未通。《古今书最》有《宋元嘉八年秘阁四部目录》，一千五百六十四帙，一万四千五百八十二卷，五十五帙，四百三十八卷佛经[⑦]。

三、任昉与萧梁四部目录

天监初，任昉受梁武帝之命写《集坟典令》：

> 近灾起柏梁，遂延渠阁。青编素简，一同煨烬。缃囊缇衺，荡然无余。故以痛深秦末，悲甚汉季。求之天道，昭然有征，岂不以

① ［梁］阮孝绪，《七录序》，见《广弘明集》，四部丛刊本，第3卷。
② ［唐］魏徵，《隋书》，北京：中华书局，1973年，第906页。
③ ［唐］姚思廉，《梁书》，北京：中华书局，1973年，第267页。
④ ［唐］李延寿，《南史》，北京：中华书局，1975年，第539页。
⑤ ［唐］魏徵，《隋书》，北京：中华书局，1973年，第906页。
⑥ 曹道衡、沈玉成，《中古文学史料丛考》，北京：中华书局，2003年，第267页。
⑦ ［梁］阮孝绪，《古今书最》，见《广弘明集》，四部丛刊本，第3卷。

昏嗣作孽，礼乐崩坏？及圣人有作，更俟兹辰。今虽百度草创，日不暇给，而下车所务，非此孰先？便宜选陈农之才，采河间之阙，怀铅握素，汗简杀青。[①]

“青编素简，一同煨烬。缃囊缥袠，荡然无余”，是过实之词。《七录序》说：“齐末兵火延及秘阁，有梁之初，缺亡甚众。”[②]这个稍微切实一些。《梁书·任昉传》：“自永元以来，秘阁四部，篇卷纷杂。”[③]将三者联系起来，才比较全面地反映了梁初书籍的情况。“缺亡甚众”，是由战祸导致的；“篇卷纷杂”，却是由人造成的。永元（499 ～ 500）为齐东昏侯年号。《南齐书·东昏侯纪》：“帝在东宫便好弄，不喜书学。”[④]东昏侯向来不爱好书籍，从永元到天监，三年荒废，致使篇卷杂乱。任昉曾经与刘沨共同掌管这批书籍。《南史·何宪传》：“任昉、刘沨共执秘阁四部书。”[⑤]萧梁朝的秘阁四部书目，是在三朝四部旧目的基础上总其大成的。

任昉（460 ～ 508）作《梁天监五年秘阁四部书目录》（506）。《七录序》：“齐末兵火，延及秘阁。有梁之初，缺亡甚众。爰命秘书监任昉躬加部集。又于文德殿内别藏众书，使学士刘孝标等重加校进，乃分术数之文，更为一部，使奉朝请祖暅撰其名录。其尚书阁内别藏经史杂书，华林园又集释氏经论，自江左篇章之盛，未有逾于当今者也。”[⑥]《隋书·经籍志序》：“齐末兵火，延烧秘阁，经籍遗散。梁初，秘书监任昉，躬加部集。又于文德殿内列藏众书，华林园中总集释典，大凡二万三千一百六卷，而释氏不豫焉。梁有秘书监任昉、殷钧四部目录，又文德殿目录。其术数之书，更为一部，使奉朝请祖暅撰其名。故梁有五部

① ［清］严可均，《全上古三代秦汉三国之朝文》，北京：中华书局，1958 年，第 3192 页。
② ［梁］阮孝绪，《七录序》，见《广弘明集》，四部丛刊本，第 3 卷。
③ ［唐］姚思廉，《梁书》，北京：中华书局，1973 年，第 254 页。
④ ［梁］萧子显，《南齐书》，北京：中华书局，1972 年，第 102 页。
⑤ ［唐］李延寿，《南史》，北京：中华书局，1975 年，第 1214 页。
⑥ ［梁］阮孝绪，《七录序》，见《广弘明集》，四部丛刊本，第 3 卷。

目录。”[①]其实，梁并不止有五部目录。《隋书经籍志考证·史部·簿录类》“梁文德殿四部书目录”条辨之，尚有余义，今略统计，共有七部：任昉《梁天监五年秘阁四部书目录》，殷钧《梁天监六年秘阁四部书目录》，刘孝标《梁文德殿四部目录》，祖暅《术数书目录》《华林园释典书目录》，刘遵《梁东宫四部目录》，刘杳《古今四部书目》。

殷钧（484～532）作《梁天监六年秘阁四部书目录》四卷（507）。《梁书·殷钧传》：“天监初，拜驸马都尉，起家秘书郎、太子舍人、司徒主簿、秘书丞。钧在职，启校定秘阁四部书，更为目录。”[②]《隋书·经籍志》著录：“《梁天监六年四部书目录》四卷，殷钧。”[③]

刘孝标（462～561）作《梁文德殿四部目录》四卷。《梁书·刘峻传》：“天监初，召入西省，与学士贺纵典校秘书。”[④]《梁书·到沆传》：“时文德殿置学士省，召高才硕学者待诏其中，使校定坟史，诏沆通籍焉。”[⑤]这里说到的文德殿学士省与秘阁西省，是两处不同的地方。李石《续博物志》：“梁任昉文德殿所藏二万三千一百六卷。”[⑥]这个说法是错误的。《北史·牛弘传》：“及侯景渡江，破灭梁室，秘省经籍，虽从兵火，其文德殿内书史，宛然犹存。萧绎据有江陵，遣将破平侯景，收文德之书及公私典籍重本七万余卷，悉送荆州。”[⑦]《南史·殷钧传》：“钧九岁以孝闻，及长，恬静简交游，好学有思理，善隶书，为当时楷法。南乡范云、乐安任昉并称美之。梁武帝与睿少故旧，以女永兴公主妻钧，拜驸马都尉。历秘书丞，在职启校定秘阁四部书，更为目录。又受诏料检西省法书古迹，列为品目。累迁侍中，东宫学士。”[⑧]自天监初，梁武帝

---

① ［唐］魏徵，《隋书》，北京：中华书局，1973年，第907页。
② ［唐］姚思廉，《梁书》，北京：中华书局，1973年，第407～408页。
③ ［唐］魏徵，《隋书》，北京：中华书局，1973年，第991页。
④ ［唐］姚思廉，《梁书》，北京：中华书局，1973年，第407～408页。
⑤ 同上注，第686页。
⑥ ［宋］李石，《续博物志》，明刻增订古今逸史本，第4卷，第51页。
⑦ ［唐］李延寿，《北史》，北京：中华书局，1974年，第2494页。
⑧ ［唐］李延寿，《南史》，北京：中华书局，1975年，第1488～1489页。

下令于秘阁搜集坟典，又在文德殿别抄众本以作收藏。《隋书经籍志补证》说明了任昉与刘峻所作是两部目录，但并没有说明这个理由。梁代集坟典，至天监五年（506），基本完成了。由任昉速缮之，所以有《天监五年秘阁四部书目录》。从此以后，搜罗更加广泛，殷钧在任昉的基础上增益一些内容，形成了《天监六年四部书目录》。文德殿抄校副本完成后，刘孝标作了《梁文德殿四部目录》，但并非全录。《隋书·经籍志》著录："《梁文德殿四部目录》四卷，刘孝标撰。"①

祖暅，生卒年不详，作《术数书目录》《华林园释典书目录》若干卷。梁武帝浸心佛学，佛学一类书籍，越积越多，术数、释典也委托专门的机构管理，所以另外编写两个目录，一个是祖暅的《术数书目》，一个是《释典书目》。

刘杳（479～528）作《古今四部书目》五卷。《梁书·刘杳传》有《古今四部书目》五卷。②曹道衡、沈玉成《中古文学史料丛考》"《梁书·刘杳传》夺字及刘杳著志疑"条："疑《古今四部书目》即刘杳所抄集之未定稿而举以赠孝绪者，实则并未行世也。"③证据不足，未通。刘杳的四部，不叫秘阁，也不注年份，而标以"古今"，是集四部目录之大全，并不是有梁一代之书，也不是秘阁实有之书。《七录序》曰："通人平原刘杳从余游，因说其事，杳有志积久，未获操笔，闻余已先著鞭，欣然会意，凡所钞集，尽以相与，广其闻见，实有力焉。斯亦康成之于传释，尽归子慎之书也。"④故在秘阁之外，梁又有刘杳、阮孝绪之七录、四部，可见当时目录学的繁荣。

刘遵（？～535）作《梁东宫四部目录》四卷。除秘阁、文德殿之外，太子萧绎聚书很多，他自己说有八万余卷，储存在东宫。《隋书·经

① ［唐］魏徵，《隋书》，北京：中华书局，1973年，第991页。
② ［唐］姚思廉，《梁书》，北京：中华书局，1973年，第717页。
③ 曹道衡、沈玉成，《中古文学史料丛考》，北京：中华书局，2003年，第552页。
④ ［梁］阮孝绪，《七录序》，见《广弘明集》，四部丛刊本，第3卷。

籍志》著录："《梁东宫四部目录》四卷，刘遵撰。"[①]

任昉少时家贫不显，藏书不富。他年轻时开始聚书，直到死于新安任上，历时三十余年，搜得书籍一万多册，为丰富梁时的秘阁藏书发挥了重要作用。他又与王僧孺等人一起刻苦研习刘向、班固、挚虞、荀勖诸人书目，与王俭、王亮、谢朓等人颇有交往，对于历代七录、四部都很熟悉。永元年间，任昉出任中书监，通览齐梁藏在秘阁的书籍。于是，在霸府初开之时，秘阁篇卷淆乱之际，他奉梁武帝之命，广征天下坟典，用四部的方法编目，并加以校理，写出《天监六年秘阁四部书目》，其后殷钧《梁天监六年秘阁四部书目录》，刘孝标《梁文德殿四部目录》，祖暅《术数书目录》、《华林园释典书目录》，刘遵《梁东宫四部目录》，刘杳《古今四部书目》都是在任昉的基础上形成的。姚名达说："古人藏书，能自读书，莫不善于校雠，所谓校雠，即取众本比堪字句篇卷之异同也。如梁之任舫，唐之韦述，宋之李淑、宋祁、王钦臣，其藏本之善，每胜于秘阁。盖秘阁之书全由官校，每多敷衍了事。而此诸家则本是专门学者，其博闻精识足以校定伪误也。"[②]任昉对于南朝文献学的贡献，由此得以窥见。

① ［唐］魏徵，《隋书》，北京：中华书局，1973 年，第 991 页。
② 姚名达，《校雠篇》，见《中国目录学史》，上海：上海古籍出版社，2002 年，第 143 ～ 165 页。

第六章

《文章缘起》与南朝文章学

通检元明以来官私刊刻的各种古艺丛书，归于梁代的文学理论著作共有三部：一部是刘勰的《文心雕龙》，一部是钟嵘的《诗品》，还有一部是任昉的《文章缘起》。对于前两部书，文学理论界已经做了大量的研究工作，取得了许多可观的成果。而任昉的《文章缘起》，却不为大多数人所知。难道是这本书没有什么学术影响吗？不尽然。该书在陈代有人续写，唐代有人补辑，自宋代起就有刻本流传，明代有人作注，有人续写，到了清代，甚至还有人作了补注。那是这部书流传不广？也不尽然。这部书至今尚存四个版本系统共十五种刻本，被四库全书收印了两遍。有的学者以为，《文选》的文体归类，受到了该书的影响。有的学者认为，宋人严羽写《沧浪诗话》，诗体部分沿用自该书。那为什么这部书一直没有引起近人的重视呢？有一个非常重要的原因：人们都模模糊糊地认为《文章缘起》是本伪书，有人认为是唐代的张绩伪造，有人认为是明代的陈懋仁伪造，总之靠不住。连文本都靠不住，更不要说其学术价值了。

第一节 《文章缘起》的真伪问题

要把《文章缘起》的真伪问题弄清楚，就得先把四库馆臣的意见一条一条摆出来，看是不是充分，如果充分，《文章缘起》就是伪作；如果不充分，就得加以考察，说明缘由。其词曰：

《文章缘起》一卷。旧本题梁任昉撰。考《隋书·经籍志》载任昉《文章始》一卷，称有录无书，是其书隋已亡。《唐书·艺文志》载任昉《文章始》一卷，注曰：张绩补。绩不知何许人，然在唐已补其亡，则唐无是书可知矣。宋人修《太平御览》所引书一千六百九十种，挚虞《文章流别》、李充《翰林论》之类无不备收，亦无此名。今检其所列，引据颇疏：以“表”与“让表”分为二类；“骚”与“反骚”别立两体；挽歌云起缪袭，不知《薤露》之在前；玉篇云起《凡将》，不知《苍颉》之更古；崔骃《达旨》即扬雄《解嘲》之类，而别立旨之一名；崔瑗《草书势》乃论草书之笔势，而强标势之一目，皆不足据为典要；至于“谢恩”曰“章”，《文心雕龙》载有明释，乃直以“谢恩”两字为文章之名，尤属未协，疑为依托。并书末洪适一跋，亦疑从《盘洲集》中抄入。然王得臣为嘉祐中人，所作《麈史》有曰：梁任昉集秦汉以来文章，名之始目，曰《文章缘起》。自诗、赋、离骚至于势、约，凡八十五题，可谓博矣。既载相如《喻蜀》，不录扬雄《剧秦美新》；录《解嘲》而不收韩非《说难》；取刘向《列女传》而遗陈寿《三国志评》。又曰：任昉以三言诗起晋夏侯湛，唐刘存以为始“鹭于飞，醉言归”；任以颂起汉之王褒，刘以始于周公《时迈》；任以檄起汉陈琳《檄曹操》，刘以始于张仪《檄楚》；任以碑起于汉惠帝作《四皓碑》，刘以管子谓无怀氏《封太山刻石纪功》为碑；任以铭起于秦始皇《登会稽山》，刘以为蔡邕《铭论》，黄帝有巾几之铭云云。所说一一与此本合，知北宋已有此本。其殆张绩所补，后人误以为昉本书欤？明陈懋仁尝为之注。国朝方熊更附益之。凡编中题“注”字者皆懋仁语，题“补注”字者，皆熊所加其注。每条之下，蔓衍论文，多捃拾挚虞、李充、刘勰之言而益以王世贞《艺苑卮言》之类，未为精要。于本书间有考证而失于纠驳者尚多，议论亦往往纰缪。如谓枚乘《七发》源于《孟子》《庄子》之七篇，殊为附会。又谓乡约之类，当仿王褒《僮约》为之，庶不失古意。不知《僮约》乃俳偕游戏之作，其文全载《太平御览》中，岂可以为《乡约》之式？尤为乖舛，以原本所有，姑附存之云尔。[①]

一、《隋志》未著录问题

《四库总目提要》说：“文章缘起一卷。旧本题梁任昉撰。考《隋书·经籍志》载任昉《文章始》一卷，称有录无书，是其书隋已亡。”四库馆臣认为《文章缘起》旧本都题作者是任昉，但《隋志》称已亡。既然《隋志》称已亡，那后来出现的《文章缘起》，就不是出于任昉之手了。这是四库馆臣的第一条理由。

然而，这条理由并不充分。《隋书·经籍志》著录：“《文章始》一卷，姚察撰。梁有《文章始》一卷，任昉撰；《四代文章记》一卷，吴郡功曹张防撰。亡。”[②]《隋志》这条著录有些蹊跷。《旧唐书·经籍志》著录：“《文章始》一卷，任昉撰、张绩补。《续文章始》一卷，姚察撰。”[③]《新唐书·艺文志》著录：“任昉《文章始》一卷，张绩补。姚察《续文章始》一卷。”[④]两唐《志》都记载姚察的著作是《续文章始》，

① ［清］四库馆臣，《文章缘起提要》，文渊阁四库全书收两淮马裕家藏本。
② ［唐］魏徵，《隋书》，北京：中华书局，1973 年，第 1082 页。
③ ［后晋］刘昫，《旧唐书》，北京：中华书局，1975 年，第 2034 页。
④ ［宋］欧阳修、［宋］宋祁，《新唐书》，北京：中华书局，1975 年，第 1535 页。

为什么《隋志》却要著录为《文章始》呢？难道姚察不知道早他不到70年前，任昉写过一本《文章始》的著作吗？

据《陈书·姚察传》及相关史料，姚察（533 ～ 606）出自南方名族，从小阅读父辈集聚的大量图书，见多识广，深得简文帝萧纲的礼待。552 年，30 岁的姚察受梁元帝之命协助杜之伟修编国史。557 年，陈武帝让姚察协助徐陵编修国史。588 年，姚察被陈后主正式任命为著作郎，主修陈史。589 年，姚察受隋文帝之命撰写梁、陈二代国史。隋炀帝二年（606），姚察死于任上。在 74 年的生命历程中，他有 44 年的修史经历。本传称姚察："终日恬静，唯以书记为乐，于坟籍无所不睹。每有制述，多用新奇，人所未见，咸重富博。且专志著书，白首不倦，手自抄撰，无时暂辍。尤好研核古今，谌正文字，精采流赡，虽老不衰。"《陈书·姚察传》著录其著述有：《汉书训纂》三十卷，《说林》十卷，《西聘》《玉玺》《建康三钟》等各一卷，《文集》二十卷。《隋书·经籍志》著录有：《汉书训纂》三十卷，《汉书集解》一卷，《定汉书疑》二卷，《梁书帝纪》七卷，《文章始》一卷。可惜这些著述绝大部分至今不传，《全隋文》只收其《乞终丧表》与《遗命》二文。作为历仕梁、陈、隋三朝的历史学家，姚察不可能不知道在他之前任昉著有一本《文章始》。《陈书·姚察传》说："梁、陈二史本多是察之所撰，其中序论及纪、传有所阙者，临亡之时，仍以体例诫约子思廉，博访撰续，思廉泣涕奉行。……大业初（605），内史侍郎虞世基奏思廉踵成梁、陈二代史，自尔以来，稍就补续。"[①]在姚思廉续成的《梁书·任昉传》结尾有"陈吏部姚察曰"的评语。[②]可见，《任昉传》为姚察所撰。姚察对任昉的材料十分熟悉，必定亲见过任昉的《文章始》，从常理上讲，姚察的著作应该叫《续文章始》，两唐《志》的著录，才是它的本名。

---

① ［唐］姚思廉，《陈书》，北京：中华书局，1972 年，第 353 ～ 354 页。

② 同上注，第 254 页。

那么，《隋志》为何没有“续”字呢？是编者他没有见过姚察这部原书吗？根据《旧唐书·姚思廉传》记载，贞观三年（629），姚思廉受诏与魏徵同撰梁、陈二史。甚至，有人说，姚思廉直接参与了《隋志》的编订。《四库总目提要》说：“《唐书·思廉本传》称：贞观三年，诏思廉同魏徵撰《艺文志》。”作为《隋志》的执行者，姚思廉肯定知道父亲的著作名叫《续文章始》，在修《隋志》的时候，任昉的《文章始》一时找不着了，就干脆把父亲的书改一下名，李代桃僵，以《文章始》之名著录进了《隋志》。《梁书·任昉传》与《陈书·姚察传》只字不提《文章始》，恐怕也是一种含糊其辞。

就算《隋书·经籍志》说其书已亡是事实，那也只代表修《隋志》的人没有看到这本书，或者秘阁没有这本书，并不能肯定这本书就不存在了。事实上，它完全有可能存在于私家收藏当中，后来被发现，再重新抄入秘阁，进入新的秘阁书目。对照一下《隋志》与《旧唐志》，我们不难发现：有些书《隋志》著录没有了，《旧唐志》却著录有；有些《隋志》著录残缺了，《旧唐志》却著录是全的。《旧唐书·经籍志》所登录的书籍，是玄宗开元年间秘阁所收的实录，应该真实可信。而开元年间秘阁收书，又是根据王俭《七志》和阮孝绪《七录》而来的，所以书比唐初整理出来的《隋志》要多一些，全一些。我们并不能因为《隋志》说《文章始》没有了，就认为《旧唐志》著录的《文章始》是伪书。这个道理，早就被郑樵指出来了：“古之书籍，有不足于前朝，而足于后世者。观《唐志》所得旧书，尽梁书卷帙而多于隋。盖梁书至隋所失已多，至卷帙不全者又多。唐人按王俭《七志》、阮孝绪《七录》搜访图书，所以卷帙多于隋，而复有多于梁者。如《陶潜集》，梁有五卷，隋有九卷，唐乃有二十卷，诸书如此者甚多。孰谓前代亡书不可备于后代乎？”[①]郑樵说前代的亡书可备于后代，无疑是正确的，但他按卷数论

① ［宋］郑樵，《校雠略》，见《通志》，北京：中华书局，1987 年，第 832 页。

书籍是否残缺，又不完全符合事实。在抄书的过程中，后人完全可能对原书的卷数重新调整，这在古籍的整理与典藏中都不难找到例证。这个道理，清代的章学诚做了进一步的阐述："郑樵论书，有不足于前朝而足于后世者，以为《唐志》所得旧书，尽《梁书》卷帙而多于隋，谓唐人能按王俭《七志》、阮孝绪《七录》以求之之功，是则然矣。但竟以卷帙之多寡，定古书之全缺，则恐不可尽信也。"[①]《文章始》历来只有一卷，不存在重新分卷的问题。很有可能是唐开元中根据《七录》从私家藏本中抄出的。

二、张绩续补问题

《四库总目提要》说："《唐书·艺文志》载任昉《文章始》一卷，注曰：张绩补。绩不知何许人，然在唐已补其亡，则唐无是书可知矣。"这是四库馆臣的第二条理由。

这条理由有一定的根据，但并不充分。两唐《志》著录："《文章始》一卷，任昉撰，张绩补。"《隋志》编订以后，开元三年（716），唐玄宗又组织人马对秘阁的书目进行了一次整理。据《旧唐书·经籍志序》记载，唐玄宗认为内库中那些太宗、高宗时代旧书，日常由宫内太监主管，残缺的部分没有补全，篇卷错乱，很难检阅，于是命令褚无量、马怀素等人进行整理。开元七年（720），玄宗又诏公卿士庶之家，所有异书，官借缮写。这样，才写成新的四部书目录。由张绩补订的《文章始》一卷就是这时候著录的。张绩是什么人？四库馆臣也没有说清楚。我们查《新唐书·宰相世系表》知道，张绩正是玄宗朝中书令张九龄的侄子，曾做过曲江令。下面，我们看看《新唐书·宰相世系表》中记录的张绩世系：

---

① ［清］章学诚，《校雠通义》，见《文史通义》，上海：上海书店，1988年，第63页。

表5：张绩世系表

君政 韶州别驾	子虔 窦州录事参军	弘载 端州录事	处荣	绩 曲江令
	子胄 剡令	弘愈 索虑丞	九龄 相玄宗	拯 右赞善大夫

张九龄卒于开元二十四年（737），年六十八。张绩生活的年代，大约去此前后五十年，他完全有可能在716或720年前后完成对《文章始》的补定。

那么，《旧唐志》著录张绩补《文章始》，是否就意味着这部书在唐就亡佚了呢？让我们先看一个唐人补书的例子。《新唐书·艺文志》著录《亢桑子》二卷。天宝元年（742），《亢桑子》求之不获。襄阳处士王士元谓："《庄子》作《庚桑子》。太史公、《列子》作《亢仓子》，其实一也。"[①]取诸子文义类者补其亡。原书不存在了，王士元分别从多部书中把相关的内容抽出来，重新组合成一部新书，这种想当然的古籍恢复方法不可取。晁补之评价说："今世有《亢桑子》书，其首篇出《庄子》而益以庸言，盖周所云者尚不能有事实，又况取其语而益之者？其为空言尤也。"[②]四库馆臣可能据此类推，《文章始》唐时没有了，张绩从多部文章原始类著作中抽出相关内容，补成了一部新书，因而没有什么文献价值。但这个理由并不充分。唐代还有另外两种补书的体例。《旧唐书·经籍志》著录："《肘后救卒备急方》四卷，葛洪撰。《补肘后救卒备急方》六卷，陶弘景撰。"[③]显然，《补肘后救卒备急方》和《肘后救卒备急方》是两本不同的书，内容上有补集。《四库提要》说："《肘后备急方》八卷，晋葛洪原撰，初名《肘后卒救方》，梁陶弘景补其阙漏，得一百一首，为肘后百一方。"《旧唐书·经籍志》著录梁元帝撰

① ［宋］欧阳修、［宋］宋祁，《新唐书》，北京：中华书局，1975年，第1518页。

② ［宋］晁公武，《郡斋读书志》，四部丛刊本，第1卷，第215页。

③ ［后晋］刘昫，《旧唐书》，北京：中华书局，1975年，第2049页。

《补阙子》十卷也属于这种情况。又《旧唐书·经籍志》著录："《今书七志》七十卷，王俭撰，贺纵补。"贺纵补的，是王俭的四十卷本《七志》。《南齐书·王俭传》："（俭）撰《七志》四十卷，表献之。"贺纵在王俭的基础上增补了三十卷。既然是一个合刊本，所以，连名字都改成了《今书七志》。这两个"补"字都是增补的意思，即原书有些方面还没有写到，增补一些内容，使原书更全面。"补"字记在补录者的后面，表明是一个合本。从著述体例上来说，"《文章始》一卷，张绩补"，应该与"《今书七志》七十卷，贺纵补"属同一种情况。

那么，下一个问题是：张绩究竟补了一些什么内容？要弄清楚这个问题，只有从版本源流上找依据了。现存最早的《文章始》版本为山堂考索本。在该版本中，序言"六经素有歌、诗、诔、箴、铭之类"之下夹注了一段文字："《尚书·帝庸》作歌，《毛诗》三百篇，《左传》叔向《遗子产书》，鲁哀公《孔子诔》，孔悝《鼎铭》、虞人《箴》。"[①]这段文字在明陈懋仁注本中移作了正文。在陈懋仁之前，记录对《文章始》进行过整理的，只有张绩。这段文字可能出自张绩之手。这说明，张绩对《文章始》做了一些注释工作。

《文章缘起》的著述体例一般是"某体某朝某职某人某篇"。如"五言诗。汉骑都尉李陵《与苏武诗》"。有些文体一开始没有名字，"某作"就改成了"所作"，如"三言诗。晋散骑常侍夏侯湛所作"。《文章缘起》这种体例和《诗品》的十分相似。《诗品》品录作者一百二十人，目录大多是这个形式。《文章缘起》："五言诗。汉骑都尉李陵《与苏武诗》。"《诗品》上卷有："汉都尉李陵诗。"《文章缘起》有："挽词。魏光禄勋缪袭。"曹旭《诗品集注》"魏侍中缪袭"条校异：许印芳《萃编》亦改作"魏光禄勋缪袭"[②]。这一体例与当时的别集名称有关。今本《文章缘起》中那些与此体例不合的文体，都是张绩所

① ［梁］任昉，《文章缘起》，见《山堂先生群书考索》延佑七年圆沙书院刊本一卷本。
② 曹旭，《诗品集注》，上海：上海古籍出版社，1996 年，第 379 页。

补，计有34种：四言诗、歌、离骚、诏、奏、论、议、反骚、荐、白事、移书、箴、颂、碣、誓、乐府、传、上章、解嘲、旨、诫、吊文、告、传赞、谒文、祈文、祝文、悲文、哀词、七发、离合诗、连珠、歌诗、约。

他补入的材料又是从哪里来的呢？根据现在的材料，我们可以做四种假设。其一，张绩将姚察的《续文章始》中的部分内容补入《文章始》。从书名上看，“续”的意思是与原书没有交集，姚察所续的，应该是任昉没有著述的部分，如明代陈懋仁的《续文章缘起》与任昉的《文章缘起》就没有任何交集。张绩补书的时候，《文章始》与《续文章始》两部书都还存世，并且区别十分明显，这个假设基本不能成立。其二，张绩将《文心雕龙》《文选》《文章流别论》中的文原论补入了《文章缘起》。《文选》中基本没有成型的文原论，《文心雕龙》直承《文章流别论》，文原论属于经学派，即坚持所有的文体都源于经书。任昉的文原论属于文章派，即以文章别集与总集的著录确定文体的渊源。观点不同，内容也大不一样，不能拿来增补。这个假设也不成立。其三，张绩将姚察以后的文原学补入了《文章始》。要是这样的话，两唐《志》就应该著录为：“《文章始》一卷，任昉撰。《续文章始》一卷，姚察撰，张绩补。”可见，这种假设也不能成立。最后一种假设，张绩将齐、梁时代原论中的文原部分补入了《文章始》。《隋书·经籍志》著录：“《物始》十卷，谢昊撰。”[①]《旧唐书·经籍志》著录：“《事始》三卷，刘孝孙撰。”[②]《物始》的著者谢昊为梁、陈史官。《新唐书·艺文志》著录：“谢昊、姚察《梁书》三十四卷。”[③]姚思廉撰《梁书》，就曾采录了谢昊的记载。四库馆臣说：“唐贞观三年，诏姚思廉与魏徵同撰《梁书》。思廉，梁史官姚察子，推其父意，复采谢昊等所记，以成是书。”

① ［唐］魏徵，《隋书》，北京：中华书局，1973年，第1082页。
② ［后晋］刘昫，《旧唐书》，北京：中华书局，1975年，第2034页。
③ ［宋］欧阳修、［宋］宋祁，《新唐书》，北京：中华书局，1975年，第1503页。

(《梁书跋》)《事始》的著者刘孝孙是任昉的老朋友，他们都出于竟陵王萧子良的门下。《南史·王僧孺传》：“司徒竟陵王子良开西邸，招文学，僧孺与太学生虞羲、丘国宾、萧文琰、丘令楷、江洪、刘孝孙并以善辞藻游焉。”[①]《物始》《事始》虽是一般性的物原论，但其中很有可能包括部分文原论。这一点，我们可以从唐人刘存的著述中推导出来。刘存，生平不详，著《事始》《说原》《阴阳自然变化论》。[②]他的物原论中包含了十余条文原论。张缋将与任昉同时代的学者的物原论中与文原相关的部分补入《文章始》，是完全合理且可能的。所以，现本《文章缘起》中的所有内容，基本代表了六朝文章家的文原观点，可等视为任昉本人的观点。

三、《太平御览》未收问题

《四库总目提要》又说：“宋人修《太平御览》所引书一千六百九十种，挚虞《文章流别》、李充《翰林论》之类无不备收，亦无此名。”这是四库馆臣的第三条理由。

这个理由同样不充分。《太平御览》修于太平兴国（977 ～ 984）年间，虽煌煌千卷，又怎么能收尽当时天下之书呢？就算是《文章流别》和《翰林论》，《太平御览》所收也有遗漏，这点学人早有补证，自不待言。《四库总目提要》又说：“然王得臣为嘉祐中人，所作《麈史》有曰：梁任昉集秦汉以来文章，名之始目，曰《文章缘起》。……所说一一与此本合，知北宋已有此本。”王得臣为北宋中期人，后太平兴国时期不过百年，期间又是文治之世，没有图籍大量遗失的记录。再者，王得臣元丰年间（约 1081）为秘书丞，掌管内阁图籍，断然不会妄引他书，当有所本。王得臣后约 70 年（1159 ～ 1162），又有洪适作《文章缘起

① ［唐］李延寿，《南史》，北京：中华书局，1975 年，第 1460 页。

② ［明］冯复京，《六家诗名物疏》，文渊阁四库全书本。《郡斋读书志》卷三上录《事始》三卷。《宋书·艺文志》著录刘存《事始》三卷。

跋》说："三馆有集六卷，悉见萧氏、欧阳氏类书中，疑后人掇拾传者，于所传无益，独是书仅存。"洪适说《任昉集》六卷是后人从选集、类书中掇补的，没有什么流传价值，只有《文章缘起》一书是单行本，非他人所掇拾，所以刊刻了。洪适的这一论断可不可靠呢？首先，《任昉集》早已经有了。《文选》李善注："《任昉集》，诏曰：聊为七夕诗五韵，殊未近咏歌，卿虽讷于言，辩于才，可即制付使者。"[①]这就要看洪适是什么人，他从什么地方得到《文章缘起》这个本子。洪适位至宰相，与其弟遵、迈并称为"三洪"，都是饱学之士。绍兴年间（约 1159 ～ 1162），洪适曾短期出任徽州知府。洪适想到任昉曾任职于此，"尝欲会梓遗文、刻石木石，以慰邦人无穷之思而不可得。"就从当地所藏中找到张绩补本刊行了。《宋史·洪适传》："桧死皓还，道卒。服阕，起知荆门军。……改知徽州，寻提举江东路常平茶盐……会完颜亮来侵……"[②]据《宋史·秦桧传》，桧死于绍兴二十五年（1156），洪皓也死于是年，服阙三年，当为绍兴二十八年（1159）。又据《宋史·王质传》，完颜亮南侵在绍兴三十一年（1162）。所以我们可以大致确定洪适《文章缘起跋》作于 1159 ～ 1162年间。从某人任职的地方求某人的著作，是历代觅书家的惯例。任昉卒于新安太守任上，颇有政绩，新安人十分景仰他，在新安保留了许多任昉的故物。宋人罗愿在《梁新安太守任公祠堂记》中写道："城北四十里有溪，旧号昉溪，其旁有村，号昉村，实皆以公得名。……唐大中九年，刺史卢公始改是溪曰任公溪，村曰任公村，乡闾习熟其旧，未能尽革。介其间有精舍，尚号昉寺。寺之建，莫详其始。中废日久，国朝祥符初，僧如泰请于州，即旧址起废以承旧额。元丰元年，县移文命易之，改号任公，遵大中之教也。其后相继增葺，寺寝以兴，为屋数百楹。其前为飞阁，尤雄。凡所以隆其师安其徒者种种，悉备顾。"[③]在

① ［梁］萧统，《文选》，上海：上海古籍出版社，1986 年，第 1793 ～ 1794 页。
② ［元］脱脱，《宋史》，北京：中华书局，1977 年，第 11562 ～ 11563 页。
③ ［明］程敏政，《新安文献志》，文渊阁四库全书本，第 11 卷，第 731 页。

祥符初年至元丰年间的80多年里，当地居民对任昉寺进行了数次修葺，自此以后，再没有提到任公寺庙荒废的情况。这表明，与任昉有关的文物在此后一段时间保存较好，《文章始》也当于此时在昉寺中保存。这个本子，即洪适1159～1162年间所刻《文章缘起》的底本，比较能反映716至720年前后张绩修补后的原貌。洪适刊刻《文章缘起》时，《太平御览》成书已有10年。拿《太平御览》的记录来论证《文章始》的真伪，是不可行的。

四、洪适跋与版本问题

《四库总目提要》又说："并书末洪适一跋，亦疑从《盘洲集》中抄入。"四库馆臣的怀疑完全站不住脚。因为在《群书考索》卷二十一中，已经收有《文章缘起》全书，洪适跋也附在其中了。《群书考索》是由宋人章如愚在庆元前后（1195～1200）所编，距洪适题跋，不过30来年，今所见《山堂考索》本，是以洪适刊刻本为底本了。综上所考，宋人编《太平御览》时，《文章始》张绩补本已经不存于秘阁，只在民间流传。它可能收藏在1006年完工的昉寺中，并改名叫《文章缘起》。此后100年间，王得臣见过这个本子。又此后70年，洪适重刻了这个本子。又此后30年，章如愚把洪适本收入了《山堂考索》本。这就是《文章始》张绩补本在宋代流传的概况。

自北宋以来，《文章缘起》的版本源流一共有四个体系。一为张绩补本，此本最早为元延祐七年圆沙书院刊章如愚《山堂先生群书考索》本。又有《师余录》本、《夷门广牍》本、《砚北偶钞》本、《诗触》本、《文学津梁》本、《影印元明善本坐书十种》本等，此系概以群书考索本为底本。二为陈懋仁注本。陈懋仁为明万历中人，注《文章缘起》一卷，又有《续文章缘起》一卷。今所见陈注本有《学海类编》本（道光本、景道光本）、《丛书集成初编》本。三为方熊补注本。此系有《四库全书》本、邵武徐氏丛书初刻本、有正书局石印本，以四库全书本为底本。还有一个本子，即心斋十种本，为清人任兆麟所校。自宋以来，都称《文章缘起》，独此本称《文章始》。今一一铨列如下表：

表6：文章缘起版本表

系统	版本	丛书
1	文章缘起一卷。梁任昉撰	王得臣《麈史》引五条 严羽《沧浪诗话》引 群书考索本 师余录本 夷门广牍本 砚北偶钞本 诗触本 文学津梁本 影印元明善本坐书十种
2	文章缘起一卷。梁任昉撰，明陈懋仁注	学海类编本（道光本、景道光本） 丛书集成初编本
3	文章缘起一卷。梁任昉撰，明陈懋仁注，清方熊补注	四库全书本 邵武徐氏丛书初刻本 有正书局石印本
4	文章始一卷。梁任昉撰，清任兆麟校	心斋十种本

五、缘始不当问题

《四库总目提要》说："今检其所列，引据颇疏：以'表'与'让表'分为二类；'骚'与'反骚'别立两体；挽歌云起缪袭，不知《薤露》之在前；玉篇云起《凡将》，不知《苍颉》之更古；崔骃《达旨》即扬雄《解嘲》之类，而别立旨之一名；崔瑗《草书势》乃论草书之笔势，而强标势之一目：皆不足据为典要；至于'谢恩'曰'章'，《文心雕龙》载有明释，乃直以‘谢恩’两字为文章之名，尤属未协，疑为依托。”这是四库馆臣的第四条理由。简而言之，就是说《文章缘起》的文体分类有很多不妥当，而任昉作为一个博学家，是不可能出现这些错误的，所以，这部书不是任昉所作。

在四库馆臣所论诸文体中，骚、反骚、解嘲为张绩补入。但我们依然可以把它放入整个六朝文原学的背景中加以探讨。四库馆臣所指出的错误不外乎三种情况：一是分类不当，二是命名不妥，三是没有原始。

让表属于表类，反骚属于骚类，谢恩属于章类，《文章缘起》把这六者各列一目，属于所谓的分类不当。《文章缘起》说：“表。淮南王安《谏伐闽表》。”又说：“让表。汉东平王苍《上表让骠骑将军》。”《文心雕龙·章表》说：“秦初定制，改书曰奏。汉定礼仪，则有四品：一曰章，二曰奏，三曰表，四曰议。章以谢恩，奏以按劾，表以陈请，议以执异。”[①]刘勰没有把让表列为一类，但又说：“昔晋文受册，三辞从命，是以汉末让表，以三为断。”[②]实际上，让表在南朝史书中不乏记载。《文选》有任昉《代范云让表》。《梁书·刘之遴传》：“时张稷新除尚书仆射，托昉为让表，昉令之遴代作，操笔立成。”[③]《宋书·吴喜传》：“（沈）演之尝作让表，未奏失本，（吴）喜经一见，即写无所漏脱。演之甚知之。”[④]《南史·谢朓传》：“朓好奖人才，会稽孔觊粗有才笔，未为时知，孔圭尝令草让表以示朓。”[⑤]《南史·陆慧晓传》：“初授（陆）慧晓兖州，三子依次第各作一让表，辞并雅丽，时人叹伏。”[⑥]《南史·张缵传》收有张缵让表。[⑦]《南史·谢贞传》：“府

---

① 詹锳，《文心雕龙义证》，上海：上海古籍出版社，1989 年，第 826 页。
② 同上注，第 832 页。
③ ［唐］姚思廉，《梁书》，北京：中华书局，1973 年，第 572 页。
④ ［梁］沈约，《宋书》，北京：中华书局，1974 年，第 2114 页。
⑤ ［唐］李延寿，《南史》，北京：中华书局，1975 年，第 534 页。
⑥ 同上注，第 1192 页。
⑦ 同上注，第 1386 页。

长史汝南周确新除都官尚书，请贞为让表，后主览而奇之。”[①]《文心雕龙》没有将让表作为一种专门的体裁论述，可能因为当时让表尚未形成文体总集。

至于骚与反骚的问题，《文章缘起》说：“离骚。楚屈原所作。”“反骚。汉扬雄作。”《文心雕龙》中没有反骚这一文体。但《文章缘起》这种文体归类方式，在梁代并不难见，《文选》诗中有招隐诗类，也有反招隐诗类。《文章缘起》说：“解嘲。扬雄作。”还说：“旨。后汉崔骃作《达旨》。”《后汉书·崔骃传》：“常以典籍为业，未遑仕进之事。时人或讥其太玄静，将以后名失实。骃拟扬雄《解嘲》，作《达旨》以答焉。……所著诗、赋、铭、颂、书、记、表、《七依》《婚礼结言》《达旨》《酒警》合二十一篇。”[②]从范晔的记载来看，达旨与诗、赋、铭、颂、书、记、表并列为一种文体。《三国志·蜀书·郤正传》：“依则先儒，假文见意，号曰《释讥》，其文继于崔骃《达旨》。”[③]这里，《达旨》是《释讥》的文原。《文心雕龙·杂文》论及杂文有三类：对问、七体、连珠。扬雄的《解嘲》与崔骃的《达旨》同在对问一类中。《文章缘起》又有“对问。宋玉《对楚王问》”。“七发。汉枚乘作。”“连珠。扬雄作。”《文心雕龙·杂文》曰：“宋玉含才，颇亦负俗，始造‘对问’，以申其志，放怀寥廓，气实使之。及枚乘摛艳，首制《七发》，腴辞云构，夸丽风骇。盖七窍所发，发乎嗜欲，始邪末正，所以戒膏粱之子也。扬雄覃思文阔，业深综述，碎文琐语，肇为《连珠》，其辞虽小而明润矣。”[④]任昉的《文章缘起》与刘勰的《文心雕龙》一一相合，为什么任昉没有把杂文作为一类来论呢？那是因为，杂文是一个二级目录，包括了多种文体。在任昉之前，杂文究竟能综合哪些文体，尚无定论。这个问题，我们可以从沈约《宋书》，特别是范晔《后汉书》的记载看出来。

---

① ［唐］李延寿，《南史》，北京：中华书局，1975 年，第 1847 页。
② ［南朝宋］范晔，《后汉书》，北京：中华书局，1965 年，第 1078 ～ 1079 页。
③ ［晋］陈寿，《三国志》，北京：中华书局，1959 年，第 1034 页。
④ 詹锳，《文心雕龙义证》，上海：上海古籍出版社，1989 年，第 496 页。

沈约《宋书·自序》:“(沈亮)诗、赋、颂、赞、三言、诔、哀辞、祭告、请雨文、乐府、挽歌、连珠、教记、白事、笺、表、签、议一百八十九首。”①这里共提出了18种文体，其中的连珠单属一体，并没有归入杂文。范晔《后汉书》记载了32位传主的别集目录，这些别集都是按文类编排的。有一些无法归类，他就把文体的名字写出来。如七作为一种文体，就没有被正式列于别集，那是因为单个的作者所作的七体毕竟有限。七体的真正独立，要到《七林》一类总集出现以后。连珠作为一种文体，已经出现在陆逵、蔡邕、服虔、傅毅四人的别集中。《文章缘起》说：“谢恩。汉丞相魏相《诣公交车谢恩》。”《文心雕龙·章表》说：“章以谢恩”。②《文心雕龙·书记》:“刘廙谢恩，喻切以至。”③《文心雕龙·奏启》说：“自晋来盛启，用兼表奏。陈政言事，既奏之异条；让爵谢恩，亦表之别干。”④既然是表之别干，当然可以称为一种文体。

势属于所谓的命名不妥。书势作为一种论书法的特殊文体，自崔骃《书势》之后，还有蔡邕《篆势》《隶势》、卫巨山《字势》、鲍明远《飞白书势》、岑文本《奉述飞白书势》、卫恒《论四体书势》等，将势作为一种独立的文体，完全是可以的。

挽歌起自缪袭，玉篇肇于《凡将》，是所谓的没有原始。这只能说明四库馆臣没有弄明白《文章缘起》的体例。《文章缘起》是建立在梁代别集与总集的基础上的，原文章之始只及秦汉以来，不论上古。因为梁存先秦典集中的别集与总集很少，更谈不上文体分类。

还有人认为，今本《文章缘起》是明陈懋仁补的。⑤这显然说不过

① [梁] 沈约，《宋书》，北京：中华书局，1974年，第2452页。
② 詹锳，《文心雕龙义证》，上海：上海古籍出版社，1989年，第826页。
③ 同上注，第939页。
④ 同上注，第873页。
⑤ 张少康的《文心雕龙新探》中讲到“任昉《文章缘起》分为八十五题，然任书后人所谓唐张读（笔者案，‘读’为‘绩’误字）所补，或疑为明陈懋仁所伪作，恐非原文如此”。张少康，《文心雕龙新探》，济南：齐鲁书社，1984年，第176页。

去。任昉的《文章缘起》，早就见诸宋代，明代陈懋仁所补的《续文章缘起》现在还能看到。此外，明初的宋濂即见过《文章缘起》。明宋濂《宋学士文集·题周母李氏墓铭后》曰："梁太常卿任昉著《文章缘起》一卷，凡八十有五题，未尝有所谓题识者。"[①]今本《文章缘始》绝对不是陈懋仁所补。

通过以上的考辨，我们可以得出结论：四库馆臣说《文章缘起》为伪作的4条理由均不充分，后人因之附会的一些理由更不能成立。今本《文章缘起》是张绩的增补本，张绩对任书作过个别注释，并可能从梁代的物原论中补入了34种文体。除非能够举出更有力的证据，否则，《文章缘起》大部分为任昉原作仍可以成为定论。作为梁代仅存的一部文体学著作，《文章缘起》仍然可以作为我们研究南朝文体学的重要材料。

第二节 《文章缘起》与南朝文章学

任昉《文章缘起》一书，最早著录的时候，叫作《文章始》。《文章缘起》一名，始见于宋《群书考索》本。我们采用释名以彰义的办法，抓住"文章""缘起""始"这三个关键词做一番考察，由此了解南朝文章学、文体学的状况。

一、《文章缘起》题名

该著有两个名字，一是《文章始》，一是《文章缘起》。《隋书·经籍志》《旧唐书·经籍志》《新唐书·艺文志》都著录为《文章始》，心斋本也叫《文章始》。《宋史·艺文志》著录为《文章缘起》，王得臣

① ［明］宋濂，《宋学士文集》，四部丛刊本，第10卷，第378页。

《麈史》引本、严羽《沧浪诗话》引本、群书考索本、师余录本、夷门广牍本、砚北偶钞本、诗触本、文学津梁本、学海类编本、丛书集成初编本、文渊阁四库全书本、邵武徐氏丛书初刻本、有正书局石印本都作《文章缘起》。到底哪一个是它的本名呢?

《隋书·经籍志》著录:"《文章始》一卷,姚察撰。梁有《文章始》一卷,任昉撰;《四代文章记》一卷,吴郡功曹张防撰。亡。"[①]《旧唐书·经籍志》著录:"《文章始》一卷,任昉撰、张绩补。《续文章始》一卷,姚察撰。"[②]《新唐书·艺文志》著录:"任昉《文章始》一卷,张绩补。姚察《续文章始》一卷。"[③]两部唐志都把任昉的著作著录为《文章始》,把姚察的著录为《续文章始》,这可以说明三个问题,其一,任昉的文章学著作本名为《文章始》;其二,姚察的文章学著作与《文章始》不重复,是一本续书;其三,两位南朝的学问家都写文章学著作,这说明在南朝,文章学成了一门很重要的学问。

二、南朝文章盛况

"文章"一词,原本指礼仪与学术。《论语·公治长》:"子贡曰:'夫子之文章可得而闻也。'"《论语·泰伯》:"子曰:'大哉尧之为君也,巍巍乎,唯天为大,唯尧则之,荡荡乎,民无能名焉,巍巍乎,其有成功也,焕乎其有文章。'"何晏集解:"焕,明也,其立文垂制,复著明也。"到了刘宋,经学衰弱,文章与经术、章句、论辩相对,专指文学作品。《南史·王俭传》:"先是宋孝武好文章,天下悉以文采相尚,莫以专经为业。"[④]《南史·江淹传》:"淹少孤贫,常慕司马长卿、梁伯鸾之为人,不事章句之学,留情于文章。"[⑤]《南史·刘湛

① [唐] 魏徵,《隋书》,北京:中华书局,1973 年,第 1082 页。
② [后晋] 刘昫,《旧唐书》,北京:中华书局,1975 年,第 2034 页。
③ [宋] 欧阳修、[宋] 宋祁,《新唐书》,北京:中华书局,1975 年,第 1535 页。
④ [唐] 李延寿,《南史》,北京:中华书局,1975 年,第 595 页。
⑤ 同上注,第 1447 页。

传》："不为文章，不喜谈议。"[①]颜延之记述了当时的士大夫只重文学，不重经学、史学的风尚。《颜氏家训·勉学》："俗间儒士，不涉群书，经纬之外，义疏而已。吾初入邺，与博陵崔文彦交游，尝说《王粲集》中难郑玄《尚书》事。崔转为诸儒道之，始将发口，悬见排蹙，云：'文集只有诗赋铭诔，岂当论经书事乎？且先儒之中，未闻有王粲也。'崔笑而退，竟不以《粲集》示之。魏收之在议曹，与诸博士议宗庙事，引据《汉书》，博士笑曰：'未闻《汉书》得证经术。'收便忿怒，都不复言，取《韦玄成传》，掷之而起。博士一夜共披寻之，达明，乃来谢曰：'不谓玄成如此学也。'"[②]这种情况曾经引起过一些人的不满。《南史·沈炯传》："时有文章，随即弃毁，不令流布。"[③]但总体来说，文章和学问，已经成为六朝文人修养和生活中的两个重要的内容。[④]

南朝文章盛行，与统治阶层的爱好有很大的关系。除上引中提到的宋武帝之外，宋明帝、宋文帝及诸王子，都喜好文章。《南史·宋本纪》："（宋明）帝好读书，爱文义，在藩时撰《江左以来文章志》。"[⑤]《南史·鲍照传》："上（宋文帝）好为文章，自谓人莫能及，照悟其旨，为文章多鄙言累句。"[⑥]《南史·刘景素传》："景素好文章书籍，招集才义之士，以收名誉，由是朝野属意。"[⑦]任昉即在刘景素府任过职。《南史·文学传序》："自中原沸腾，五马南渡，缀文之士，无乏于时。降及梁朝，其流弥盛。盖由时主儒雅，笃好文章，故才秀之士，

---

① ［唐］李延寿，《南史》，北京：中华书局，1975 年，第 907 页。

② 王利器，《颜氏家训集解》，上海：上海古籍出版社，1980 年，第 176 页。

③ ［唐］李延寿，《南史》，北京：中华书局，1975 年，第 1678 页。

④ 杨明，《魏晋南北朝时代"文学"一语的含义》，香港中文大学中文系 1993 年魏晋南北朝文学国际研讨会论文。杨明，《汉唐文学辨思录》，上海：上海古籍出版社，2005 年，第 11 页。

⑤ ［唐］李延寿，《南史》，北京：中华书局，1975 年，第 84 页。

⑥ 同上注，第 360 页。

⑦ 同上注，第 401 页。

焕乎俱集。”[①]《南史·梁元帝纪》:“性爱书籍……虽戎略殷凑，机务繁多，军书羽檄，文章诏诰，点毫便就，殆不游手。常曰:‘我韬于文士，愧于武夫。’论者以为得言。”[②]《南史·刘孝绰传》:“太子文章，群才咸欲撰录，太子独使孝绰集而序之。”[③]《南史·萧子良传》:“子良少有清向，礼才好士，居不疑之地，倾意宾客，天下才学皆游集焉。善立胜事，夏月客至，为设瓜饮及甘果，著之文教。士子文章及朝贵辞翰，皆发教撰录。”[④]萧绎《与湘东王书》:“甚矣哉，文章横流，一至于此！至如近世谢朓、沈约之诗，任昉、陆倕之笔，斯文章之冠冕，述作之楷模。张士简之赋，周升逸之辩，亦成佳手，难可复遇。”[⑤]

当时，有文章才能的士人受到士族社会的极大标举，文章和学识、功名同样受到人们的重视。《南史·刘之亨传》:“虬见之遴、之亨，帝曰:‘之遴必以文章显，之亨当以功名著。’”[⑥]《南史·韦睿传》:“祖征曰:‘汝文章或小减，学识当过之。然干国家，成功业，皆莫汝逮也。’”[⑦]《南史·萧骏传》:“韶弟骏，字德款，善草隶，工文章。”[⑧]《南史·萧统传》:“恒自讨论坟籍，或与学士商榷古今，继以文章著述，率以为常。”[⑨]《南史·江淹传》:“淹少以文章显，晚节才思微退。……自尔淹文章踬矣。”[⑩]《南史·谢瞻传》:“瞻文章之美，与从叔琨、族弟灵运相抗。”[⑪]《南史·谢灵运传》:“灵运少好学，博览群书，文章之美，与颜延之为江左第一。纵横俊发过于延之，深密则不如也。从叔琨特知

① [唐] 李延寿,《南史》, 北京: 中华书局, 1975 年, 第 1762 页。
② 同上注, 第 243 页。
③ 同上注, 第 1011 页。
④ 同上注, 第 1102 页。
⑤ 同上注, 第 1248 页。
⑥ 同上注, 第 1252 页。
⑦ 同上注, 第 1425 页。
⑧ 同上注, 第 1270 页。
⑨ 同上注, 第 1310 页。
⑩ 同上注, 第 1447 页。
⑪ 同上注, 第 526 页。

爱之。”又：“灵运既东，与族弟惠连、东海何长瑜、颍川荀雍、泰山羊璇之以文章赏会，共为山泽之游，时人谓之四友。”[①]《南史·到洽传》：“谢朓文章盛于一时，见洽深相赏好，每称其兼资文武。”[②]《南史·张融传》引《问律·自序》：“吾文章之体，多为世人所惊，汝可师耳以心，不可使耳为心师也。夫文岂有常体，但以有体为常，政当有其体。丈夫当删《诗》《书》，制礼乐，何至因循寄人篱下。”[③]《南史·范泰传》：“泰博览篇籍，好为文章，爱奖后生，孜孜无倦。”[④]《南史·江禄传》：“幼笃学有文章，工书善琴。”《南史·刘孺传》：“孺少好文章。”[⑤]《南史·何逊传》：“初，逊文章与刘孝绰并见重，时谓之何、刘。”[⑥]《南史·颜延之传》：“延之少孤贫，居负郭，好读书，无所不览，文章冠绝当时。”[⑦]《南史·范晔传》：“少好学，善为文章，能隶书，晓音律。”[⑧]《南史·刘孝绰传》：“（王）融每曰：‘天下文章若无我，当归阿士。’阿士即孝绰小字也。”[⑨]《南史·萧子范传》：“子滂、确并少有文章。”[⑩]

萧子显《自序》：“且前代贾、傅、崔、马、邯郸、缪、路之徒，并以文章显，所以屡上歌颂，自比古人。”[⑪]《南史·刘畔传》：“好文章，射为当时独绝。”[⑫]《南史·刘铄传》：“时鄱阳王锵好文章，铄好名理，人称为鄱、桂。”[⑬]《南史·戴法兴传》：“法兴能为文章，颇行于世。”[⑭]

---

① ［唐］李延寿，《南史》，北京：中华书局，1975 年，第 538 ～ 539 页。
② 同上注，第 680 页。
③ 同上注，第 837 页。
④ 同上注，第 848 页。
⑤ 同上注，第 1006 页。
⑥ 同上注，第 871 页。
⑦ 同上注，第 877 页。
⑧ 同上注，第 848 页。
⑨ 同上注，第 1010 页。
⑩ 同上注，第 1071 页。
⑪ 同上注，第 1074 页。
⑫ 同上注，第 1082 页。
⑬ 同上注，第 628 页。
⑭ 同上注，第 1916 页。

《南史·殷冲传》:“冲弟淡,字夷远……大明中,又以文章见知。”[①]《南史·张永传》:“永涉猎书史,能为文章,善隶书,骑射杂艺,触类兼善。又有巧思,益为文帝所知。”[②]《南史·刘锵传》:“锵和悌美令,性谦慎,好文章,有宠于武帝。”[③]《南史·王摛传》:“摛操笔便成,文章既奥,辞亦华美,举坐击赏。”[④]《南史·刘杳传》:“约郊居宅,时新构阁斋,杳为赞二首,并以所撰文章呈约,约即命工书人题其赞于壁。”[⑤]文章成为仕进之梯。《南史·萧思话传》:“后主尝问蔡征,允之为人,征曰:‘其清虚玄远,殆不可测;至于文章,可得而言。’因诵允诗以对。后主嗟赏久之。寻拜光禄大夫。”[⑥]《南史·谢朓传》:“少好学,有美名,文章清丽。为齐随王子隆镇西功曹,转文学。子隆在荆州,好辞赋,朓尤被赏,不舍日夕。”[⑦]又:“朓及殷睿素与梁武以文章相得,帝以大女永兴公主适睿子钧,第二女永世公主适朓子谟。”[⑧]《南史·王筠传》载沈约对王志说:“贤弟子文章之美,可谓后来独步。”[⑨]《南史·王彬传》:“彬,字思文,好文章”。[⑩]《南史·王寂传》:“寂字子玄,性迅动,好文章。读范滂传,未尝不叹悒。王融败后,宾客多归之。”[⑪]从以上所引诸证可以看出,文章这个词涵盖了所有文体。

三、缘起、缘始、原始

南朝文章热与文章学热不断升温,一些文章学家自然会用治经、治

---

① [唐]李延寿,《南史》,北京:中华书局,1975年,第741页。
② 同上注,第805页。
③ 同上注,第1084页。
④ 同上注,第1213页。
⑤ 同上注,第1222页。
⑥ 同上注,第503页。
⑦ 同上注,第532页。
⑧ 同上注,第535页。
⑨ 同上注,第610页。
⑩ 同上注,第611页。
⑪ 同上注,第612页。

史的办法来治文章学。始，又叫缘始，意即追究事物的本源，是中国一门传统的学问。明林古度《文章缘起序》曰："且夫缘者，循也，因也；起者，立也，作也；循其所因，立其所作，阐明古人之初心，引导今人之别识，灿然明世，启迪后学，讵止为敬子功臣，令子献可三长独秉，多读父书，有谓其渊懿拔俗，喜为通志成务之学者，有谓其兼精测象多深湛之思者，此又过彦回之称于任父之有子也者。"[①]

《梁书·何胤传》："胤曰：'《檀弓》两卷，皆言物始。自卿而始，何必有例。'"[②]《檀弓》就是一本说物之原始的书，是儒家的经典。除此以外，文章始还受到佛学治学方法的影响。"缘起"一词，较早出现在董仲舒的对策中："上下不和，阴阳缪盭，而妖孽生焉。此灾异所缘而起也。"[③]这个"缘而起"，有两个意思，"起"是指发生，"缘"是原因的意思，"缘而起"不是任昉所言的"缘起"。任昉所言的"缘起"一词，当出自当时的佛教习语。东晋僧肇《肇论·不真空论》引《中观》说："物从因缘故不有，缘起故不无。"又《肇论·九折十演者》说："经曰：三箭中的，三兽渡河，中渡无异而有浅深之殊者，为力不同故也。三乘众生俱济缘起之津，同鉴四谛之的，绝伪即真，同升无为。"[④]宗炳《明佛论》说："夫缘起浩汗，非复追想所及，失得所关，无理以感，即六合之外，故佛存而不论，已具前论。"[⑤]慧远《三报论》："亦有缘起而缘生，法虽豫入谛之明，而遗受未忘；犹以三报为华苑，或跃而未离于渊者也。推此以观，则知有方外之宾，服膺妙法，洗心玄门，一诣之感，超登上位。"[⑥]释僧顺《答道士假称张融三破论》："释曰：无缘即是缘无缘生，有缘即是缘有缘起。何以知其然耶？

① ［梁］任昉撰，［明］陈懋仁补注、［清］方熊补注，《文章缘起》，见《邵武徐氏丛书》初刻一卷本。
② ［唐］姚思廉，《梁书》，北京：中华书局，1973 年，第 737 页。
③ ［汉］班固，《汉书》，北京：中华书局，1962 年，第 2500 页。
④ ［清］严可均，《全上古三代秦汉三国六朝文》，北京：中华书局，1958 年，第 2420 页。
⑤ ［梁］僧佑，《弘明集》，四部丛刊本，第 2 卷，第 23 页。
⑥ 同上注，第 5 卷，第 37 页。

世有阖门入道，故曰缘有缘起；有生不识比丘者，故曰缘无缘生。十六王子，同日出家，随父入道，是则缘之所牵，阖门顿至，何其宜出二之有哉？无缘者，自就无缘中求，反诸已而已矣。”[①]任昉曾经热心于佛事。《金楼子·说蕃》中载：“（竟陵萧子良）居鸡笼山西邸，集学士抄五经百家，依《皇览》列为《四部要略》千卷；招致名僧讲论佛法，造经呗新声，道俗之盛，江左未有也。好文学，我高祖、王元长、谢元晖、张思光、何宪、任昉、孔广、江淹、虞炎、何僩、周颙之俦，皆当时之杰，号士林也。”[②]《任氏家谱》载：“于是捐俸创造佛寺，不日成之。尝欲营佛斋……”[③]这是任昉奉佛的明证。

《文章始》的出现，标志着在齐梁时代，文章兴盛，文章总集别集发达，文章学成为一门独立的学问。任昉刻意将其摆到了与经学、史学、佛学同等的高度。从理论上讲，文章就不应该原始到经术上去了。

第三节　《文章缘起》的体例

一、《文章缘起》的文原论

《山堂先生群书考索》延祐七年（1320）圆沙书院刊一卷本《文章缘起》有一段序言：

> 六经素有歌、诗、诔、箴、铭之类。《尚书》帝庸作歌，《毛诗》三百篇，《左传》叔向《治子产书》，鲁哀公《孔子诔》，孔悝《鼎铭》、虞人《箴》，此等自秦汉以来圣君贤士沿著为文章名之始。

---

① ［梁］僧佑，《弘明集》，四部丛刊本，第 8 卷，第 19 页。
② ［梁］萧绎，《金楼子》，文渊阁四库全书本，第 3 卷。
③ 任起煃，《任氏宗谱》，上海图书馆藏，1924 年木活字本，第 3 卷。

故因暇录之，凡八十四题，聊以新好事者之目云尔。[①]

这段文字以书作者的口气写成，观点十分含糊，似乎想要表达这样的意思：六经中已经收录了诸多文体，六经是许多文体的起源。张尚瑗说："梁任昉集秦汉以来圣君贤士沿著为文章之始，名之曰《文章缘始》。书则起叔向《诒子产书》，箴则虞人之箴，诔则《鲁哀公诔孔子》。三者皆出《左传》。"[②]既然如此，那把五经列出来，在每一经下写上若干文体不就行了，又何烦任昉来写一部《文章缘起》呢？这样的理解与书中的观点不符。

在《群书考索》本《文章缘起》中，"《尚书》帝庸作歌，《毛诗》三百篇，《左传》叔向《诒子产书》，鲁哀公《孔子诔》，孔悝《鼎铭》、虞人《箴》"[③]一句为注家所言，字体比正文小。许多后出的版本都将注文移作正文。《文章缘起·序》的正文是：

> 六经素有歌、诗、诔、箴、铭之类，此等自秦汉以来圣君贤士沿著为文章名之始。故因暇录之，凡八十四题，聊以新好事者之目云尔。

陈振孙说："《文章缘起》一卷，梁太常卿乐安任昉彦升撰，但取秦汉以来，不及六经。"[④]方熊说："敬子只在秦汉着眼，不及三代。"[⑤]他们说任昉《文章缘起》主要集中在秦汉，于汉尚可，于秦则未必。

表 7：《文章缘起》所录文体的朝代表

朝代	数目	文体
周	6	赋、歌、离骚、乐府、对问、引
秦	3	诏、上书、铭

① ［梁］任昉撰，［明］陈懋仁补注、［清］方熊补注，《文章缘起》，见《邵武徐氏丛书》初刻一卷本。
② ［清］张尚瑗，《左传折诸》，文渊阁四库全书本，第 20 卷，第 10 页。
③ ［梁］任昉，《文章缘起》，见《山堂先生群书考索》延祐七年圆沙书院刊本一卷本。
④ ［宋］陈振孙，《直斋书录解题》，上海：上海古籍出版社，1987 年，第 641 页。
⑤ ［梁］任昉撰，［明］陈懋仁补注、［清］方熊补注，《文章缘起》，见《邵武徐氏丛书》初刻一卷本。

（续表）

朝代	数目	文体
汉	64	四言诗、五言诗、六言诗、七言诗、策文、表、让表、书、对贤良策、奏记、笺、谢恩、令、奏、驳、论、议、反骚、教、封事、白事、移书、箴、封禅书、赞、颂、序、志录、记、碑、诰、誓、露布、檄、明文、传、上章、解嘲、训、辞、喻难、吊文、传赞、祝文、行状、哀策、哀颂、诔、悲文、哀、七发、离合诗、连珠、篇、歌诗、图、势、约、荐、旨、诫、谒文、祈文、祭文
魏	4	九言诗、劝进、告、挽词
晋	6	三言诗、启、弹文、碣、墓志、遗命

《文章缘起》著录了83种文体，始于周的有6种：赋、歌、离骚、乐府、对问、引，约占7.2%；始于秦的有3种：诏、上书、铭，约占3.6%；始于汉的有64种：四言诗、五言诗、六言诗、七言诗、策文、表、让表、书、对贤良策、奏记、笺、谢恩、令、奏、驳、论、议、反骚、教、封事、白事、移书、箴、封禅书、赞、颂、序、志录、记、碑、诰、誓、露布、檄、明文、传、上章、解嘲、训、辞、喻难、吊文、传赞、祝文、行状、哀策、哀颂、诔、悲文、哀、七发、离合诗、连珠、篇、歌诗、图、势、约、荐、旨、诫、谒文、祈文、祭文，约占77.1%；始于魏的有4种：九言诗、劝进、告、挽词，约占4.8%；始于晋的有6种：三言诗、启、弹文、碣、墓志、遗命，约占7.2%。

根据以上统计，任昉的文体溯源可以表述为：南朝通行的大部分文体起源于汉代，只有极少数起源于周、秦、魏、晋。

二、《文章缘起》的著录体例

《文章缘起》著录体例，可以分为三种。

其一，在作家之前，加注该作者的朝代、官职和文章的篇名，就官职而言，有前汉、汉、后汉、魏、晋五种。其中前汉、汉、后汉没有做明显的区分。任昉要完成对诸种文体的原始研究，就必然要将当时存在的所有别集都集中起来，按文体编成总集，每种文体依年代定序，将写作年代最靠前的记入《文章缘起》之中。南朝士人抄录前人别集，都是这样的体例：某朝某官某人集卷数，这个体例保存在《隋书·经籍志》中，至《旧唐书·经籍志》后，才改为某人集的体例。现将《文章缘起》著述体例与《隋书·经籍志》列于下表。

表8：《文章缘起》与《隋书·经籍志》著录体例对照表

编号	文章缘起	隋书·经籍志
3	五言诗，汉骑都尉李陵《与苏武诗》	汉骑都尉李陵集二卷
5	七言诗，汉武帝《柏梁殿联句》	汉武帝集一卷，梁二卷
12	表，淮南王安《谏伐闽表》	汉淮南王集二卷
13	让表，汉东平王苍《上表让骠骑将军》	后汉东平王苍集二卷，亡
15	书，汉太史令司马迁《报任少卿书》	汉中书令司马迁集一卷
18	启，晋吏部郎山涛作《选启》	晋少傅山涛集九卷梁五卷，录一卷
19	奏记，汉江都董仲舒《诣公孙弘奏记》	汉胶西相董仲舒集二卷
20	笺，汉护军班固《说东平王笺》	后汉大将军护军司马班固集十七卷
21	谢恩，汉丞相魏相《诣公车谢恩》	梁有汉丞相魏相集二卷，亡
24	驳，汉侍中吾丘寿王《驳公孙弘禁民不得挟弓弩议》	梁有汉光禄大夫吾丘寿王集二卷，亡
28	弹文，晋冀州刺史王深《集杂弹文》	冀州刺史王深集五卷
33	移书，汉刘歆《移书让太常博士论左氏春秋》	汉太中大夫刘歆集五卷
34	铭，秦始皇《登会稽山刻石铭》	秦皇东巡会稽刻石文一卷
48	檄，汉丞相祭酒陈琳作《檄曹操文》	后汉丞相军谋掾陈琳集三卷，梁十卷，录一卷
55	训，汉丞相主簿繁钦《祠其先主》	后汉丞相主簿繁钦集十卷梁录一卷，亡

（续表）

编号	文章缘起	隋书・经籍志
58	劝进，魏尚书令荀攸《劝魏王进文》	魏官仪一卷，荀攸撰
60	诫，后汉杜笃作《女诫》	后汉车骑从事杜笃集一卷
61	吊文，贾谊《吊屈原文》	梁又有贾谊集四卷录一卷，亡
64	谒文，后汉别驾司马张超《谒孔子文》	梁有别部司马张超集五卷，亡
68	哀策，汉乐安相李尤作《和帝哀策》	梁有乐安相李尤集五卷
70	墓志，晋东阳太守殷仲文作《从弟墓志》	晋东阳太守殷仲文集七卷，梁五卷
73	祭文，后汉车骑郎杜笃作《祭延钟文》	后汉车骑从事杜笃集一卷
82	图，汉河间相张衡作《玄圃》	后汉河间相张衡集十一卷，梁十二卷，又一本十四卷
83	势，汉济北相崔瑗作《草书势》	后汉济北相崔瑗集六卷，梁五卷

钟嵘的《诗品》也是这种体例。钟嵘在《诗品序》中说："又其人既往，其文克定。今所寓言，不录存者。"[①]有人把这句话理解为某人没有死，它的文章还没有定性。我们认为，这不完全准确。这句话的意思是，某人没有过世，他的别集还没有编订，钟嵘的手头没有这个人的资料，当然不能妄加评论。

其二，只写了作者，没有写朝代，也没有写篇名。现列诸下表：

表9：《文章缘起》著录体例表

编号	文体	某朝	某官	某人	作
1	三言诗	晋	散骑常侍	夏侯湛	所作
4	六言诗	汉	大司农	谷永	作
6	九言诗	魏	高贵乡公		所作
7	赋	楚	大夫	宋玉	所作

① 曹旭，《诗品集注》，上海：上海古籍出版社，1996 年，第 173 页。

（续表）

编号	文体	某朝	某官	某人	作
9	离骚	楚		屈原	所作
16	对贤良策	汉	太史令	晁错	
17	上疏	汉	中大夫	东方朔	
27	反骚	汉		扬雄	作
36	封禅书	汉	文园令	司马相如	
41	志录			扬雄	作
45	诰	汉	司隶从事	冯衍	作
49	明文	汉	泰山太守	应邵	作
54	解嘲			扬雄	作
75	挽词	魏	光禄勋	缪袭	作
76	七发	汉		枚乘	作
78	连珠			扬雄	作
81	遗命	晋	散骑常侍	江统	作

这又可以分为三种情况。一是这个作品本来就没有名字，如夏侯湛三言诗、谷永六言诗、高贵乡公九言诗。二是因为有些文体的命名就是某一文章的篇名，如《离骚》《七发》《解嘲》《反骚》《对贤良策》。还有一类文体，任昉只知道某人创作得较早，但并不知道这个人的哪一篇作品是最早的，如赋言宋玉、上疏言东方朔、志录言扬雄、诰言冯衍、挽词言缪袭、连珠言扬雄、遗命言江统，等等。

其三，没有官位。这有两种情况，一是书中已经提到过他的官位，不再重复出现。一种是其别集没有以官位命名，所以不好记，如枚乘、扬雄、王褒、韦玄成、潘尼、蔡邕、贾洪、宋玉、东方朔、孔融、崔骃、杜笃、贾谊、阮瑀、傅毅、董仲舒等。

三、南朝文章集的流传

《文章缘起》著录的完整体例为：文体、某朝、某官、某人、作、某篇。为什么是这种体例呢？

汉朝文人集，本来没有文集名，也不是按文体归类的。章学诚说：

两汉文章渐富，为著作之始衰。然贾生奏议，编入《新书》，相如辞赋，但记篇目，皆成一家之言，与诸子未甚相远。初未尝有汇次诸体，裒焉而为文集者也。[①]

南朝人重编汉人别集，都要为别集命名，其基本格式为：《某朝某官某人集》，包含以下三个要素：朝代、官衔、姓名。别集根据文体分类编排。任昉要对84种文体进行溯源，就必然要将当时存在的所有别集都集中起来，按文体编成总集，每种文体依作者生活年代排序，将写作年代最靠前的作者及其文章名著录到《文章缘起》中。因此，《文章缘起》的著录必然要涉及文体、别集名、文章名这三个基本要素。

南朝编订的别集早已经不在了，但别集的名称和部分信息还保存在钟嵘《诗品》和《隋书·经籍志》中。

先将《文章缘起》著录与《诗品》4例相关条目依次列出进行对照和说明。（1）笺，汉护军班固《说东平王笺》；汉令史班固。（2）告，魏阮瑀为文帝作《舒告》；魏仓曹属阮瑀。（3）墓志，晋东阳太守殷仲文作《从弟墓志》；晋东阳太守殷仲文。（4）挽词，魏光禄勋缪袭；魏光禄勋廖袭。[②]据《诗品》，《文章缘起》应著录为“告，魏仓曹属阮瑀为文帝作《舒告》”。据《隋书·经籍志》，《诗品》应著录为“汉大将军护军班固”。钟嵘写《诗品》与任昉写《文章缘起》，都要做同样一个工作，就是把当时保存的文章别集尽量全部搜集起来。

再将《文章缘起》与《隋书·经籍志》中20例相关著录依次列出，

① ［清］章学诚，《文集》，见《文史通义》，上海：上海书店，1988年，第85页。

② 曹旭，《诗品集注》“魏侍中缪袭”条校异：许印芳《萃编》亦改作“魏光禄勋缪袭”。曹旭，《诗品集注》，上海：上海古籍出版社，1994年，第379页。

一前一后进行对照和说明。[①]（1）五言诗，汉骑都尉李陵《与苏武诗》；《汉骑都尉李陵集》。（2）七言诗，汉武帝《柏梁殿联句》；《汉武帝集》。（3）表，淮南王安《谏伐闽表》；《汉淮南王集》。（4）让表，汉东平王苍《上表让骠骑将军》；《后汉东平王苍集》。（5）书，汉太史令司马迁《报任少卿书》；《汉中书令司马迁集》。（6）奏记，汉江都董仲舒《诣公孙弘奏记》；《汉胶西相董仲舒集》。（7）笺，汉护军班固《说东平王笺》；《后汉大将军护军司马班固集》。（8）谢恩，汉丞相魏相《诣公车谢恩》；梁有《汉丞相魏相集》。（9）弹文，晋冀州刺史王深《集杂弹文》；《冀州刺史王深集》。（10）移书，汉刘歆《移书让太常博士论左氏春秋》；《汉太中大夫刘歆集》。（11）铭，秦始皇《登会稽山刻石铭》；《秦皇东巡会稽刻石文》。（12）檄，汉丞相祭酒陈琳作《檄曹操文》；《后汉丞相军谋掾陈琳集》。（13）训，汉丞相主簿繁钦《祠其先主》；《后汉丞相主簿繁钦集》。（14）劝进，魏尚书令荀攸《劝魏王进文》；《魏官仪》，荀攸撰。（15）吊文，贾谊《吊屈原文》；梁又有《贾谊集》。（16）哀策，汉乐安相李尤作《和帝哀策》；梁有《乐安相李尤集》。（17）墓志，晋东阳太守殷仲文作《从弟墓志》；《晋东阳太守殷仲文集》。（18）祭文，后汉车骑郎杜笃作《祭延钟文》；《后汉车骑从事杜笃集》。（19）图，汉河间相张衡作《玄圃》；《后汉河间相张衡集》。（20）势，汉济北相崔瑗作《草书势》；《后汉济北相崔瑗集》。

此外，还有4例在《文章缘起》与《隋书·经籍志》中著录内容略有差异，也依次列出进行对照和说明。（1）启，晋吏部郎山涛作《选

① 《旧唐书·经籍志》《新唐书·艺文志》《宋史·艺文志》著录南朝别集，经唐以后人重新抄录，并重新命名，基本格式为：《某人集》，较之《隋书·经籍志》，这个命名格式只保留姓名，去掉了朝代名和官衔这两个要素，文献价值大大减损。徐有富在《先唐别集考述》中指出：这些不同文章编辑成集，势必要有一个名称。《隋书·经籍志》别集类最基本的方法是时代名加官职名加作者名加“集”字加卷数，如《晋黄门郎潘岳集十卷》，见《文学遗产》2003年第4期。又收入《诗学问津录》，北京：中华书局，2013年，第54～62页。作者按，十卷为著录卷数，不当为集名。《旧唐书·经籍志》著录：《潘岳集》十卷。胡旭的《先唐别集叙录》仅录作者名加“集”，是唐以后人对先唐别集的命名方式。胡旭，《先唐别集叙录》，北京：中国社会科学出版社，2011年。

启》；《晋少傅山涛集》。山涛（205 ～ 283），《晋书 · 山涛传》：“咸宁初，转太子少傅，加散骑常侍；除尚书仆射，加侍中，领吏部。涛再居选职十有余年，每一官缺，辄启拟数人，诏旨有所向，然后显奏，随帝意所欲为先。故帝之所用，或非举首，众情不察，以涛轻重任意。或谮之于帝，故帝手诏戒涛曰：‘夫用人惟才，不遗疏远单贱，天下便化矣。’而涛行之自若，一年之后众情乃寝。涛所奏甄拔人物，各为题目，时称山公启事。”[①]晋以来，文士别集有的以官职命名，每一官职一本文集。我们推测，山涛编有《晋吏部郎山涛集》，任昉在《文章缘起》中著录了《晋吏部郎山涛集》中的《选启》。梁以后，山涛所有别集被抄写为一种，命名为《晋少傅山涛集》，被《隋书 · 经籍志》著录。（2）驳，汉侍中吾丘寿王《驳公孙弘禁民不得挟弓弩议》；梁有《汉光禄大夫吾丘寿王集》。吾丘寿王，汉武帝（前 156 ～ 前 87）时人，生卒年不详，从中大夫董仲舒受《春秋》，历任侍中中郎，东郡都尉，汉光禄大夫侍中。《文章缘起》著录为汉侍中吾丘寿王，《隋书 · 经籍志》著录有《汉光禄大夫吾丘寿王集》。我们推测，其别集全称应该为《汉光禄大夫侍中吾丘寿王集》。（3）谒文，后汉别驾司马张超《谒孔子文》；梁有《别部司马张超集》。张超，生卒年不详，《后汉书 · 张超传》载，为张良后人，灵帝时，从车骑将军朱儁征黄巾，为别部司马。着赋、颂、碑文、荐、檄、笺、书、谒文、嘲，凡十九篇。[②]另，汉代官制有别驾从事。《文章缘起》著录有误，《谒孔子文》理应出自《后汉别驾司马张超集》。（4）诫，后汉杜笃作《女诫》；《后汉车骑从事杜笃集》。杜笃，生卒年不详，《后汉书 · 杜笃传》载，大司马吴汉薨，光武帝诏诸儒诔之，杜笃于狱中为诔，辞最高，帝美之，赐帛免刑。[③]据《晋书》相关记载，车骑从事中郎，故其别集全称应为《后汉车骑从事中郎杜笃集》。另，据《隋书 · 经籍志》，《文章缘起》应著

① ［唐］房玄龄，《晋书》，北京：中华书局，1974 年，第 1224 ～ 1226 页。

② ［南朝宋］范晔，《后汉书》，北京：中华书局，1965 年，第 2652 页。

③ 同上注，第 2595 页。

录为“笺，后汉大将军护军班固《说东平王笺》”。

以上24例说明，作为南朝著名藏书家和目录学家的任昉，在撰写《文章缘起》时，已经搜罗到足够多的别集，参考过大量汉到梁时人的别集，并把这些别集的名称保留在《文章缘起》中。任昉的文原论是以梁初别集为基础的。

任昉《文章缘起》的文原论是：南朝通行的大部分文体主要起源于汉代，只有极少部分起源于周、秦、魏、晋。《文章缘起》的文原论是建立在目录学基础上的，与南朝别集、文章总集大量出现有关。《文章缘起》的著录体例与《诗品》《隋书·经籍志》基本相同，保留了大量珍贵的南朝别集著录信息。《文章缘起》既是一部文原论的著作，也可看作一部按文体编排的大型总集的提纲。《文章缘起》集中反映了文原论在南朝发展的新趋势，在经部、子部之外，推重集部。

第四节 《文章缘起》与南朝文原论

《文心雕龙·序志》曰“原始以表末，释名以章义，选文以定篇，敷理以举统”，这句话概述了南朝文体学讨论的范围包括四个分支：文体溯源、文体释名、文体选集和文体评论。任昉的《文章缘起》是南朝文学和文论高度发展的体现。邓国光说“任昉为六朝文原论的大宗”[①]，《文章缘起》的文体溯源到清代还有影响。

一、三种文原论

《文章缘起》为什么持这种文原论呢？陈懋仁的理解是，任昉认为

① 邓国光说“任昉为六朝文原论的大宗”，《魏晋南北朝的文原论》，见《魏晋南北朝文学论集》，香港：文史哲出版社，1994年，第485～494页。

"圣人之经不当与后世同录"[①]。这一说法很牵强，说不通。张仁青说：任昉为纯文章观念，"其所以与众异者，乃是就文章是否具体成形为标准"[②]，这也很难说通。我们把整首诗所有诗句都是三个字算作是三言诗具体成形的标准，但启、弹文、碣、墓志、遗命等文体的成形标准具体有哪些？这就很难说清楚了。有人认为，文体包括体裁、语体、风格三个要素，[③]文体的基本结构应由体制、语体、体式、体性四个层次构成。[④]任昉对84种文体进行了溯源，却没有说明每种文体的要素和文体间的层次。

讨论文体的起源，是一门渊深的学问。《尚书》《周礼》《礼记》中就明确标有典、谟、誓辞、诰言、诏令、训辞、命、会、祷、诔等文体。[⑤]历来有文原于经，文原于子，文原于集三种观点。

自晋以来，挚虞（250 ～ 300）、刘勰（465？ ～ 539？）、颜之推（531 ～ 595？）等人讨论文体，都会溯源于五经。

挚虞《文章流别论》在讨论三言、五言、七言、九言诗时说：

> 古诗之三言者，"振振鹭，鹭于飞"之属是也，汉郊庙歌多用之。五言者，"谁谓雀无角，何以穿我屋"之属是也，俳谐、倡乐世用之。六言者，"我姑酌彼金垒"之属是也，乐府亦用之。七言者，"交交黄鸟止于桑"之属是也，于俳谐、倡乐世用之。古诗之九言者，"泂酌彼行潦浥此注兹"之属是也，不入歌谣之章，故世稀为之。[⑥]

挚虞以诗句的字数为依据，从诗的体制出发，对诗体进行了溯源，认为三言诗、五言诗、六言诗、七言诗、九言诗的源头都是《诗经》。但《诗经》中并没有完整的三言诗、六言诗、七言诗和九言诗。挚虞还

---

① ［梁］任昉撰，［明］陈懋仁补注、［清］方熊补注，《文章缘起》，《邵武徐氏丛书》初刻一卷本。
② 张仁青，《任昉文章缘起》，见《魏晋南北朝文学思想史》，台北：文史哲出版社，1978 年，第671 页。
③ 童庆炳，《文体与文体的创造》，昆明：云南人民出版社，1994 年，第 8 ～ 38 页，第 102 ～ 220 页。
④ 郭英德，《古代文体形态学论略》，见《中国古代文体学论稿》，北京：北京大学出版社，2005 年，第1 ～ 28页。
⑤ 参见吴承学在《文体学源流》中的相关引证。吴承学，《中国古代文体形态研究》，广州：中山大学出版社，2000 年，第 323 页。
⑥ ［清］严可均，《全上古三代秦汉三国六朝文》，北京：中华书局，1958 年，第 1905 页。

认为，赋体原于古诗，诔体原于《左传》所载鲁哀公《为孔子诔》，碑铭体原于古宗庙之碑。挚虞意识到，文原于经的观点很可能明而未融，不得不补充交代汉代的代表性作品。颂体原于古圣帝明王，而后班固有《安丰戴侯颂》等传于世。箴原于《虞箴》，而后扬雄有《十二州十二官箴》传于世。铭原于上古宗庙之铭，而后蔡邕有《为杨公作碑》。还有一些文体，挚虞干脆直接原于汉：七体原于枚乘，哀辞原于崔瑗等人。[①]

《文心雕龙》文体论部分列出了诗、乐府、赋、颂、赞、祝、盟、铭、箴、诔、碑、哀、吊、杂文、谐、隐、史、传、诸子、论、说、诏、策、檄、移、封禅、章、表、奏、启、议、对、书、记34种一级目录体，再加上对问、七、连珠、誓、诰、令、戒、教、命、谠言、封事、便宜、书信、记笺、谱、簿、录、方、术、占、试、律、令、法、制、符、契、券、疏、关、刺、解、牒、状、列、辞、谚37种二级目录体，共涉及的文体有70多种。[②]刘勰在《文心雕龙·宗经》中说：

> 故论、说、辞、序，则《易》统其首；诏、策、章、奏，则《书》发其源；赋、颂、歌、赞，则《诗》立其本；铭、诔、箴、祝，则《礼》总其端；纪、传、铭、檄，则《春秋》为根。[③]

刘勰将20种文体分别原于《易经》《尚书》《诗经》《礼经》和《春秋》等五经。在文体论中，刘勰还对56种文体做了溯源：诗、乐府原于葛天氏、黄帝、尧舜时；赋原于郑庄《大隧》；颂、赞原于帝喾时咸墨《九韶》；祝原于黄帝时；盟原于三王时；铭原于黄帝时；箴原于三代时；诔

① ［清］严可均，《全上古三代秦汉三国六朝文》，北京：中华书局，1958年，第1905～1906页。

② 张少康说，刘勰在有些大类文体里还包含着很多小的文体类型，例如《杂文》中包含了对问、七、连珠3类。《诏策》一篇中包括先秦的誓、诰、令，汉代的策书、制书、诏书、戒敕等，并附带论及由官方的诏策影响到民间的文章体裁而出现的戒、教、命等文体形式。《奏启》一篇篇末还论到与其相接近的谠言、封事、便宜等3种文体。《书记》一篇则论及书信、记笺，而记笺中又分记与笺两种，篇末又附带论及书记的各种支流，如谱、簿、录、方、术、占、试、律、令、法、制、符、契、券、疏、关、刺、解、牒、状、列、辞、谚等24种名目。见《〈文心雕龙〉的文体分类论——与〈昭明文选〉文体分类的比较》，《江苏大学学报》（社科版）2007年第1期。张少康所说的小文体，实际上是二级目录文体，与一级目录大文体相对而言。

③ 詹锳，《文心雕龙义证》，上海：上海古籍出版社，1989年，第79页。

原于周时；碑原于上古；哀原于《诗经·黄鸟》；吊原于《小雅·天保》；谐原于淳于髡；隐原于薳杨；史传原于苍颉；论原于《论语》；说原于伊尹；书原于《诗经》；制原于《易》；诏原于《礼》；敕原于《尚书》；戒原于禹时；教原于契时；命原于《诗经》；檄原于祭公谋父；封禅原于黄帝时；章、表原于尧时；启原于商高宗时；对策原于上古时；书原于春秋时；籍原于春秋时；录原于《世本》；令原于管仲；契原于上古时；券原于周时；刺原于《诗经》；辞原于子产；谚原于邹穆公；符原于三代时；关原于韩非；奏原于秦时；对问原于宋玉《对问》；七原于枚乘《七发》；连珠原于扬雄《连珠》；移原于司马相如《难蜀老》；章原于汉时；奏原于汉时；表原于汉时；议原于汉时；谠言原于汉成帝时班伯；议原于《诗经》；簿原于汉武帝时；术原于刘徽《九章算术》；谱原于郑玄《毛诗谱》。

刘勰的文体溯源存在几个问题。其一，有些文体有释名而没有溯源。如方、占、式、律、法、制、符、疏、解、牒、签、状、列 13 种文体。其二，有些文体出现了好几个源头，源流不分，甚至相互矛盾。如颂、赞，《文心雕龙·颂赞》原于咸墨《九韶》，《文心雕龙·宗经》原于《诗经》。再如章、表，《文心雕龙·章表》原于汉时，《文心雕龙·宗经》原于《尚书》。其三，很多文体的源头过于模糊，对于时代、作者、篇章名三个要素交代得很不确切。有的只有时代，如诗、乐府、祝、盟、铭、箴、诔、碑、谐、戒、教、封禅、章、表、启、对策、书、籍、契、券、符、奏、议、簿 24 种文体。有的只有作者名而无篇章名，如谐、隐、史传、檄、令、辞、谚、关 8 种文体。刘勰的文原论试图与早期的行为方式结合起来，[①]各种文体缺乏统一的文原认定标准，更不可能将现代意义上的文体构成诸要素作为依据，[②]不免有些混乱。

颜之推认为 12 种笔体分别发源于《尚书》《易经》《春秋》等三经。

① 郭英德，《作为行为方式的文体分类》，见《中国古代文体学论稿》，北京：北京大学出版社，2005 年，第 29 ～ 33 页。

② 于雪棠，《先秦两汉文体研究》，北京：北京师范大学出版社，2012 年，第 38 页。

《颜氏家训·文章》中说："夫文章者，原出五经：诏、命、策、檄，生于《书》者也；序、述、论、议，生于《易》者也；书、奏、箴、铭，生于《春秋》者也。"[①]

钟嵘（468？～518）也深受文原于经论的影响，他在《诗品》中将123位诗人总归于《诗经》《楚辞》两大系统，分隶于《国风》《小雅》《楚辞》三条源流，试图找出诗人与诗人之间、诗风与诗风之间、诗派与诗派之间的历史联系。叶梦得、谢榛、王世贞、纪昀等人认为钟嵘的做法并不正确。[②]

挚虞、刘勰、颜之推、钟嵘的文原论都存在一个问题，说不清一部经书到底是哪几种文体的确切起源。元代郝经《郝氏续后汉书》中"文章总叙"将58种文体分别归入《易》《书》《诗》《春秋》4部经书中。明代黄佐在《六艺流别》中将100多种文体分别溯源于《诗》《书》《礼》《乐》《春秋》《易》等六艺中。文体的起源本来就存在一源多体、一体多源、源流难分的复杂情况。文原于经的观点，有时不免牵强。[③]

文原于子的观点支持者不多。文体总是在不断的演变中，自五经之后，文学不断发展，文体不断分化，文体之间的相互影响日益增多，尤其到了战国，文学和文体都发生了巨大的变化。[④]章学诚认为，到战国时期，大部分文体都已经成形。章学诚说：

> 周衰文弊，六艺道息，而诸子争鸣。盖至战国而文章之变尽，至战国而著述之事专，至战国而后世之文体备。故论文于战国，而升降盛衰故可知也。[⑤]
>
> 后世之文，其体备于战国，何谓也？曰：子史衰而文集之体盛，

---

① 王利器，《颜氏家训集解》，北京：中华书局，1993年，第237页。
② 曹旭，《诗品集注》，上海：上海古籍出版社，1996年，第153～155页。
③ 吴承学、陈赟，《对于"文本于经"说的文体学考察》，《学术研究》2006年第1期。
④ 童庆炳认为，文体演变不可避免，有些由时代造成，有些由作家性情造成，有些由文体自身的发展规律而定。见《文体与文体的创造》，昆明：云南人民出版社，1994年，第39～50页。
⑤ ［清］章学诚，《诗教》上，见《文史通义》，上海：上海书店，1988年，第17页。

著作衰而文章之学兴。文集者，辞章不专家，而萃聚文墨以为蛇龙之菹也。[①]

从写作技巧上说，战国诸子之书确实有了很大的进步[②]，为中国文学的进一步发展奠定了良好的基础，在文体发展上也有很重要的意义，如荀子的赋就在赋文体发展中有重要地位[③]。再如《庄子》以多个寓言说明一个道理，《新序》《说苑》《列女例》都沿用了这一叙事说理的文体。[④]但这些子书都是根据作者和学派编订而成，没有按照文体来分类。以子书作为文体的起源有很多不确定性。

文原于集的观点，在南朝十分盛行。南朝的文论家不得不越出“文源于经”的藩篱，[⑤]把一些文体的起源追溯到汉代。刘勰将对问、七、连珠、移 4 种文体原于汉时作品。与任昉有神交的王俭（452 ～ 489）在讨论诗体时说：“志，不出礼典，起宋元嘉颜延之《为王琳石志》。”[⑥]王俭认为志文体源于颜延之。《文章缘起》：“墓志。晋东阳太守殷仲文作《从弟墓志》。”任昉认为墓志源于殷仲文（？ ～ 407）。钟嵘在讨论五言诗体的起源时，就已经抛弃了挚虞的观点，他说：“逮汉李陵，始著五言之目矣。古诗眇邈，人世难详。推其文体，固是炎汉之制，非衰周之倡也。”[⑦]任昉的《文章缘起》对各诗体进行追溯。

三言诗，晋散骑常侍夏侯湛所作。四言诗，前汉楚王传韦孟《谏楚夷王戊诗》。五言诗，汉骑都尉李陵《与苏武诗》。六言诗，汉大司农谷永作。七言诗，汉武帝《柏梁殿联句》。九言诗，魏高贵乡公所作。

---

① ［清］章学诚，《诗教》上，见《文史通义》，上海：上海书店，1988 年，第 19 页。
② 褚斌杰，《中国古代文体概论》（增订本），北京：北京大学出版社，1990 年，第 7 页。
③ 张少康认为，荀子的《赋篇》和宋玉的《风赋》《钓赋》都是在赋的发展中具有转折意义的著作。见《〈文心雕龙〉的文体分类论——与〈昭明文选〉文体分类的比较》，《江苏大学学报》（社科版）2007 年第 1 期。
④ 于雪棠，《先秦两汉文体研究》，北京：北京师范大学出版社，2012 年，第 176 ～ 177 页。
⑤ 李士彪，《魏晋南北朝文体学》，上海：上海古籍出版社，2004 年，第 76 页。
⑥ ［梁］萧统，《文选》，上海：上海古籍出版社，1986 年，第 2568 页。
⑦ 曹旭，《诗品集注》，上海：上海古籍出版社，1996 年，第 5 页。

严羽在《诗源辨体·辨体》中说道：

> 五言起于李陵《与苏武》，七言起于汉武《柏梁》，四言起于汉楚王傅韦孟，六言起于汉司农谷永，三言起于夏侯湛，九言起于高贵乡公。[①]

严羽全袭任昉的文原论。除此以外，严羽还讨论了以时而论的诗体，以人而论的诗体、杂体等。

二、南朝文原论的成因

南朝文论家为什么要将文体溯源的重点由经部向集部转移呢？

其一，南朝文学家多以汉以来的作品作为模拟写作的对象。南朝以来的文学家写诗写文，很少有人向先秦的经书和子书学习，大多数人把仿效的对象转向汉以来的作品，甚至同时代人的作品。

从诗的情况看，江淹（444～505）写有30首五言《杂体诗》，拟汉时诗人3位：无名氏[②]、班婕妤（前47～前6?）、李陵（?～前74），占10%；拟魏时诗人6位：曹丕（187～226）、王粲（177～217）、曹植（192～232）、刘桢（?～217）、阮籍（210～263）、嵇康（224～263），占20%；拟晋时诗人13位：张华（232～300）、潘岳（247～300）、左思（250～305?）、陆机（261～303）、张协（?～307）、刘琨（271～318）、郭璞（276～324）、卢谌（284～350）、孙绰（314～371）、许询（生卒年不详）、殷仲文（?～407）、谢混（?～412）、陶潜（365～427），约占43.3%；拟刘宋诗人8位：颜延之（384～456）、谢灵运（385～433）、谢惠连（407～433）、袁淑（408～453）、鲍照（414?～466）、王微（415～453）、谢庄（421～466）、汤

---

① ［宋］严羽著，郭绍虞校释：《沧浪诗话校释》，北京：人民文学出版社，1961年，第46～107页。

② 王运熙、杨明，《中国文学批评通史·魏晋南北朝卷》第259页指出，第一首《古离别》系无名氏的古诗，大概是汉代人所作。

惠休（生卒年不详），约占26．6%。晋、宋以来的诗人占了绝大部分。

从文的情况看，梁简文帝萧纲（503～551）《与湘东王书》曰：

比见京师文体，懦钝殊常，竞学浮疏，急为阐缓。玄冬修夜，思所不得，既殊比兴，正背《风》《骚》。若夫六典三礼，所施则有地；吉凶嘉宾，用之则有所。未闻吟咏情性，反拟《内则》之篇；操笔写志，更摹《酒诰》之作；迟迟春日，翻学《归藏》；湛湛江水，遂同《大传》。吾既拙于为文，不敢轻有掎摭。但以当世之作，历方古之才人，远则扬、马、曹、王，近则潘、陆、颜、谢，而观其遣辞用心，了不相似。若以今文为是，则古文为非；若昔贤可称，则今体宜弃。俱为盍各，则未之敢许。又时有效谢康乐、裴鸿胪文者，亦颇有惑焉。何者？谢客吐言天拔，出于自然，时有不拘，是其糟粕；裴氏乃是良史之才，了无篇什之美。是为学谢则不届其精华，但得其冗长；师裴则蔑绝其所长，惟得其所短。谢故巧不可阶，裴亦质不宜慕。……诗既若此，笔又如之。徒以烟墨不言，受其驱染；纸札无情，任其摇襞。甚矣哉，文之横流，一至于此！至如近世谢朓、沈约之诗，任昉、陆倕之笔，斯实文章之冠冕，述作之楷模。张士简之赋，周升逸之辩，亦成佳手，难可复遇。[①]

在萧纲看来，“吟咏情性”“操笔写志”，抒发感情没有必要去模仿《礼记·内则》和《尚书·酒诰》；《诗经》中的“迟迟春日”句、《楚辞》中的“湛湛江水”句，意在描写风景，并非模仿《归藏》和《尚书大传》。萧纲主张到汉魏以来的司马相如（前179～前127）、扬雄（前53～18）、王粲（177～217）、曹植、潘岳（247～300）、陆机、颜延之、谢灵运等人那里学习写作，学习的对象甚至包括沈约、任昉、谢朓，裴子野（469～530），周捨（469～564）、陆倕（470～526）、张率（475～527）等与他同时代的人。

① ［唐］姚思廉，《梁书》，北京：中华书局，1973年，第690页。

其二，南朝别集大量产生。为了便于向更多的汉以来的诗人学习，有必要把汉以来的诗都编辑到一起。曹旭说，随着五言诗的兴盛与发展，必然会有各种诗集和诗歌总集的编纂。一批诗歌总集纷纷出现，甚至还出现了五言诗的选集，钟嵘的《诗品》正是建立在这些总集的基础上。[①]钟嵘《诗品》品评123名诗人，[②]汉时有8人：古诗、李陵、班婕妤、秦嘉（生卒年不详）、徐淑（生卒年不详）、班固（32～92）、郦炎（生卒年不详）、赵壹（生卒年不详），约占6.5%；魏时有11人：曹操（155～220）、曹植、刘桢、阮瑀（165？～212）、徐干（170～217）、王璨、应玚（？～217）、缪袭（186～254）、何晏（？～249）、曹彪（195？～251）曹叡（204～239），约占8.9%；晋时有37人：阮籍（210～263）、傅玄（217～278）、孙楚（218？～293）、嵇康、杜预（222～284）、张华、何劭（236～301）、傅咸（239～294）、郭泰机（239？～294？）、夏侯湛（243～291）、潘岳（247～300）、石崇（249～300）、左思、陆机、张协、潘尼（250？～311？）、嵇绍（254～304）、张翰（256？～312？）、陆云（262～303）、嵇含（263～306）、曹摅（？～308）、欧阳建（270～300）、刘琨（271～318）、郭璞（276～324）、卢谌（285～351）、孙绰（314～371）、许询、袁宏（328～376）、戴逵（329？～396）、殷仲文（？～407）、顾恺之（350？～411？）、王赞（生卒年不详）、阮侃（生卒年不详）、枣据（生卒年不详）、张载（生卒年不详）、王济（生卒年不详）、毛伯成（生卒年不详），约占30%；宋时有28人：傅亮（374～426）、谢瞻（383～421）、颜延之（384～456）、谢灵运、陶潜、谢混（377？～412）、谢世基（？～426）、范晔（398～445）、谢惠连、袁淑（408～453）、张永（410～475）、戴法兴（414～456）、鲍照、王微、谢庄（421～466）、王僧达（423～458）、刘骏（430～464）、刘铄（431～453）、

① 曹旭，《诗品集注·前言》，上海：上海古籍出版社，2011年，第5～6页。

② 略依诗人生卒年排列，诗人归属朝代与诗人生卒年依曹旭《诗品集注》、王发国《诗品考索》成果。

刘宏（434～458）、何长瑜（？～445）、顾迈（？～453）、苏宝生（？～458）、羊曜璠（？～459）、戴凯（？～466）、吴迈远（？～474）、陵修之（生卒年不详）、任昙绪（生卒年不详）、区惠恭（生卒年不详），约占22.8%；齐时有29人：道猷上人（402？～477？）、丘灵鞠（422？～490）、萧道成（427～482）、韩兰英（439？～494？）、张融（444～497）、孔稚珪（447～501）、王俭（452～489）、江祏（？～499）、谢超宗（？～483）、张欣泰（456～501）、刘绘（458～502）、刘祥（459？～490）、谢朓（464～499）、王融（467～493）、檀超（？～480）、袁嘏（？～498）、陆厥（472～499）、卞彬（？～500）、王中（？～505）、汤惠休（生卒年不详）、释宝月（生卒年不详）、钟宪（生卒年不详）、颜测（生卒年不详）、顾则心（生卒年不详）、许瑶之（生卒年不详）、鲍令晖（生卒年不详）、卞铄（生卒年不详），约占23.6%；梁时有10人：沈约（441～513）、江淹（444～505）、范缜（450～501）、范云（451～503）、任昉（460～508）、丘迟（464～508）、虞羲（生卒年不详）、江洪（生卒年不详）、鲍行卿（生卒年不详）、孙察（生卒年不详），约占8.1%。钟嵘看到了123名诗人的别集，甚至可能看过一些大型的诗歌总集。

其三，南朝总集相当丰富，总集按文体归类，同一类文体作品依作家时代排列。据《隋书·经籍志》的著录，赋、颂、诗、歌辞（乐府）、铭、箴、诫、赞、七、碑、祭文、行状、设论（难）、论、连珠、诏、表（奏）、露布、弹文、檄文、启、书、策文、诽谐等24种文体均有总集，可惜这些总集大多数今天都不存在了，我们可以从《文选》中看到当时文原论的大体状况。萧统（501～531）在《文选序》中说：

诗者，盖志之所之也。情动于中，而形于言。《关雎》《麟趾》，正始之道著；桑间、濮上，亡国之音表。故风雅之道，粲然可观。自炎汉中叶，厥涂渐异。退傅有“在邹”之作，降将著“河梁”之篇。四言五言，区以别矣。又少则三字，多则九言，各体互兴，分镳并驱。颂者，所以游扬德业，褒赞成功。吉甫有"穆若"之谈；季子有"至矣"之叹。舒布为诗，既言如彼；总成为颂，又亦如此。次则箴兴于补阙，戒出于弼匡，论则析理精微，铭则序事清润，美终则诔发，图像则赞兴。又诏诰教令之流，表奏笺记之列，书誓符檄之品，吊祭悲哀之作，答客指事之制，三言八字之文，篇词引序，碑碣志状，众制锋起，源流间出。[①]

萧统明确提出汉代中叶以后出现了一个新的文学传统，"自炎汉中叶，厥途渐异"，与此前的经学传统不一样，其中就包括三言诗、四言诗、五言诗、八言诗、九言诗、颂、箴、戒、论、铭、诔、难、篇、词、引、序、碑、碣、志、状等文体。萧统把这种文原思想体现在《文选》当中。

我们不妨看看《文选》各体第一篇作者的生活年代。《文选》收集了32种文体，各种文体依作家生活年代先后编排。

表10：《文选》所议32种文体首篇表

序号	文体	朝代	作家	作品
1	赋	周	宋玉	风赋
2	四言诗	魏	曹植	献诗
3	五言诗	魏	刘桢	公宴诗
4	骚	周	屈原	离骚
5	七	汉	枚乘	七发
6	表	魏	孔融	举祢衡表
7	上书	秦	李斯	上秦始皇表
8	弹事	梁	任昉	奏弹曹景宗文
9	笺	魏	杨修	答临淄侯笺
10	奏记	晋	阮籍	诣蒋公

① ［梁］萧统，《文选》，上海：上海古籍出版社，1986年，第2页。

（续表）

序号	文体	朝代	作家	作品
11	书	汉	李陵	答苏武书
12	檄	汉	司马相如	喻巴蜀檄
13	对问	周	宋玉	对楚王问
14	设论	汉	东方朔	答客难
15	辞	汉	刘彻	秋风辞
16	序	周	卜子夏	毛诗序
17	颂	汉	王褒	圣主得贤臣颂
18	赞	汉	东方朔	画赞
19	符命	汉	司马迁	封禅文
20	史论	汉	班固	公孙弘传赞
21	史述赞	汉	班固	述高帝纪
22	论	汉	贾谊	过秦论
23	连珠	晋	陆机	演连珠
24	箴	晋	张协	女史箴
25	铭	汉	班固	封燕然山铭
26	诔	魏	曹植	王仲宣诔
27	哀	晋	潘岳	哀永逝文
28	碑文	汉	蔡邕	郭有道碑文
29	墓志	梁	任昉	刘先生夫人墓志
30	行状	梁	任昉	齐竟陵文宣王行状
31	吊文	汉	贾谊	吊屈原文
32	祭文	梁	谢惠连	祭古冢文

始于周的文体有4种：序，卜商（前507?）《毛诗序》；骚，屈原（前340?～前278）《离骚》；赋，宋玉（前298?～前222?）《风赋》；对问，宋玉《对楚王问》。始于秦的文体有1种：上书，李斯（前280～前208）《上秦始皇表》。始于汉的文体有14种：论，贾谊（前200～前168）《过秦论》；吊文，贾谊《吊屈原文》；辞，刘彻（前156～前87）

《秋风辞》；七，枚乘（？～前140）《七发》；檄，司马相如（前179？～前118）《喻巴蜀檄》；设论，东方朔（前154～前93）《答客难》；赞，东方朔《画赞》；书，李陵（？～前74）《答苏武书》；符命，司马迁（前145？～前87）《封禅文》；颂，王褒（？～前60）《圣主得贤臣颂》；史论，班固（32～92）《公孙弘传赞》；史述赞，班固《述高帝纪》；铭，班固《封燕然山铭》；碑文，蔡邕（133～192）《郭有道碑文》。始于魏的文体有5种：表，孔融（153～208）《举祢衡表》；笺，杨修（175～219）《答临淄侯笺》；五言诗，刘桢（186～217）《公宴诗》；四言诗，曹植《献诗》；诔，曹植《王仲宣诔》。始于晋的文体有4种：奏记，阮籍（210～263）《诣蒋公》；哀，潘岳（247～300）《哀永逝文》；连珠，陆机《演连珠》；箴，张协（？～307？）《女史箴》。始于梁的文体有4种：祭文，谢惠连（407～433）《祭古冢文》；弹事，任昉《奏弹曹景宗文》；墓志，任昉《刘先生夫人墓志》；行状，任昉《齐宣竟陵王行状》。汉代以来的作者约占85%。尽管《文选》所录是各种文体的标准件，并非要追溯各种文体的起源，但很明显，在当时的文章家看来，这31种文体的标准件不再是经书和子书了。甚至《文选》中还大量辑入梁代作家的文章，其中任昉的文章就有17篇之多。

在南朝文章总集中，同一种文体的作品，只能按照作家的年代排序。文原论的成熟，必须建立在文章别集与总集大量出现的基础上，必须以目录学为依据。[①]章学诚说：

> 云某人之诗，其源出于某家之类，最为有本之学，其法出于刘向父子。[②]
>
> 文拘形貌之弊，至后世文集而极矣。盖编次者之无识，亦缘不知古人之流别，作者之意指，不得不拘貌而论文也。集文虽始于建

---

① 邓国光认为，文原论发展的促成因素有三：一为中华民俗重视“慎终追远”的民族生命的寻根和认同意识；二为目录学的急剧发展；三为郑学的诱导。邓国光，《魏晋南北朝的文原论》，见《魏晋南北朝文学论集》，香港：文史哲出版社，1994年，第485～494页。

② ［清］章学诚，《章学诚遗书》，北京：文物出版社，1985年，第191页。

安，而实盛于齐、梁之际；古学之不可复，盖至齐梁而后荡然矣。[①]

南朝文学家仿效的对象转向汉魏作家，分体编排的文章总集大量增加，构成南朝文原论的重要基础。对汉以来的文集进行整理，是南朝的重大学术命题。《金楼子·立言》说："诸子兴于战国，文集盛于二汉，至家家有制，人人有集。其美者足以叙情志向，敦风俗；其弊者，只以烦简牍，疲后生。往者既积，来者未已。翘足志学，白首不遍。或昔之所重，今反轻，今之所重，古之所贱。嗟我后生，博达之士，有能品藻异同，删整芜秽，使卷无瑕玷，览无遗功，可谓学矣。"[②]王瑶说：

辨析文体风气的盛行，固然是文论兴起后的必然现象，但同时是与总集的发展有不可分离的关系的。[③]

罗宗强说：

中国文体论还有另一个更重要的、更直接的来源，那便是目录学。目录分类直接影响了文体分类。而有了文体分类，对不同文体之间的差别的逐渐明晰的认识才成为可能。[④]

我们认为，建立在分文体编排的大型文章总集目录基础上的文原论，才能坚持比较统一的标准，得出比较确切的结论。

第五节　《文章缘起》与南朝文体分类

《文章缘起》共涉及 84 种文类。为什么会有这么多种文体呢？这个问题得结合先唐文体学的形成与发展来探讨。

王梦鸥在谈到汉魏六朝的文体变迁时说，文集、类书对文体的发展

① ［清］章学诚，《诗教》下，见《文史通义》，上海：上海书店，1988 年，第 23 页。
② ［梁］萧绎，《金楼子》，文渊阁四库全书本，第 4 卷。
③ 王瑶，《文体辨析与总集的成立》，见《中古文学史论》，北京：北京大学出版社，1986 年，第 101 页。
④ 罗宗强，《魏晋南北朝文学思想史》，北京：中华书局，1996 年，第 101 页。

起到了推波助澜的作用。[①]先唐的类书并不一定依文体辑录，文集与文体的关系更为密切。钱志熙说："集部的形成与发展，是魏晋南北朝文学中最重要的问题之一。"[②]下文从东汉以来别集、总集及文章学三个方面讨论先唐文体学的形成与发展。

一、别集与文体

东汉以前还没有别集的概念，文体的分类相对简单，只有歌诗与赋两类，《汉书·艺文志》著录"诗、赋百六家，千三百一十八篇"[③]。哲理散文、政论散文归入诸子略，如《贾谊》58 篇在诸子儒家，又《贾谊赋》7 篇在诗赋略。

到了东汉，文章别集逐渐盛行起来。晁公武说承屈原之余绪，"学者欲矜式焉，故别而序之，命之为集。盖其原起于东京，而极于有唐至七百余家"[④]。《后汉书》诸传载张衡、桓谭、冯衍、陆逵、桓麟、桓彬、班彪、班固、朱穆、扬雄、崔骃、崔瑗、崔寔、崔烈、杨修、马融、蔡邕、李固、延笃、卢植、皇甫规、张焕、孔融、服虔、杜笃、王隆、傅毅、黄香、李尤、苏顺、崔琦等人均有别集传世，并附有目录。《晋书》诸传载卢谌、傅玄、束皙、王鉴、干宝、应贞、顾恺之、郭澄之、陶潜等人均有别集传世。曹植《文章序》说："余少而好赋，其所尚也，雅好慷慨，所著繁多，虽触类而作，然芜秽者众，故删定别撰，为前录七十八篇。"[⑤]这说明，曹植在世时，已经将自己的赋撰为一集。鲍照《松柏篇·序》说："余患脚上气四十余日，知旧先借《傅玄集》，以余病剧，遂见还。开帙，适见乐府诗《龟鹤篇》。"[⑥]钱志熙说："这是现存可

---

① 王梦鸥，《汉魏六朝文体变迁之一考察》，《"中央"研究院历史研究所集刊》1979 年第 6 期。

② 钱志熙，《早期诗文集形成问题新探——兼论其与公讌集、清谈集之关系》，《齐鲁学刊》2008 年第 1 期。

③ ［汉］班固，《汉书》，北京：中华书局，1962 年，第 1755 页。

④ ［宋］晁公武，《郡斋读书志》，四部丛刊本，第 4 卷上，第 1 页。

⑤ ［唐］欧阳询，《艺文类聚》，上海：上海古籍出版社，1982 年，第 996 页。

⑥ 逯钦立，《先秦汉魏晋南北朝诗》，北京：中华书局，1983 年，第 1264 页。

见的关于魏晋人别集在南朝时期的流传情况最早的一条资料，在目录学上极为重要，向来未为前贤所注意。关于《傅玄集》，《晋书》未见著录，编于何时我们不得而知。但从鲍照的叙述中，我们知道，至少刘宋时期已经存在《傅玄集》。既然《傅玄集》当时已经流传，那么其他汉魏两晋的重要文学家的作品，应该都已经以文集的形式流传于世。所以这一条资料，让我窥探到早期别集的传播情况。"①

南朝人对自己所写的文章都十分重视，平时就有意识地积累。《宋书·陶潜传》："所著文章，皆题其年月，义熙以前，则书晋氏年号，自永初以来唯云甲子而已。"②陶渊明将其文章题写年月，方便日后编订文集。《文选·北使洛》李善注："《集》曰：时年三十二。"③由此可知《颜延年集》篇下注有写作时间。

文人过世后，由家人、故吏将其一生的作品裒为一集，是南朝士族的普遍风气。《宋书·王微传》载王微告其弟王僧谦之灵文曰："弟怀随、和之宝，未及光诸文章，欲怍信一集，不知忽忽当此办不？"④王俭死后，任昉由其文章裒为《王文宪集》。《南齐书·袁彖传》："颛在雍州起事见诛，宋明帝投颛尸江中，不听敛葬。彖与旧奴一人，微服潜行求尸，四十余日乃得，密瘗石头后岗，身自负土。怀其文集，未尝离身。"⑤《宋书》诸传载蔡景玄、范泰、王韶之、荀伯子、王微、郑鲜之、袁淑、颜竣、沈怀文等人有别集传世。《南齐书》诸传载王俭、刘瓛、王子隆、张融、王融、蔡兴中、丘灵鞠、陆厥等人有别集传世。《梁书》诸传载武帝、简文帝、元帝、沈约、江蒨、长沙王业、范岫、陆倕、到洽、裴子野、刘孝绰、张缅、张缵、萧子显、谢举、硃异、萧子恺、王规、刘孺、刘潜、刘霁、范

① 钱志熙，《早期诗文集形成问题新探——兼论其与公讌集、清谈集之关系》，《齐鲁学刊》2008年第1期。

② ［梁］沈约，《宋书》，北京：中华书局，1974年，第2289页。

③ ［梁］萧统编，［唐］李善注，《文选》，上海：上海古籍出版社，1997年，第1253页。

④ ［梁］沈约，《宋书》，北京：中华书局，1974年，第1672页。

⑤ ［梁］萧子显，《南齐书》，北京：中华书局，1972年，第833页。

缜、庾于陵、庾肩吾、刘昭、何逊、钟嵘、钟屿、周兴嗣、吴均、江洪、卢骞、王籍、刘几卿、刘勰、何思澄、何朗、臧严、伏挺、庾仲容、陆云公、任孝恭、张率等人有别集传世。《陈书》诸传载蔡景历、谢嘏、江总、姚察、顾野王、谢贞、沈不害等人均有别集传世。

关于文集的命名与改名，一般而言，士人生前编订的集子称为前集，死后由他人所补辑的集子称为后集。《梁书·萧子范传》："前、后文集三十卷。"[①]《梁书·刘之遴传》："前、后文集五十卷，行于世。"[②]《隋书·经籍志》："梁太常卿刘之遴前集十一卷。刘之遴后集二十一卷。"[③]《隋书·经籍志》："梁仪同三司徐勉前集三十五卷。徐勉后集十六卷。序录。"[④]《隋书·经籍志》："陈紫金大夫周弘让集九卷。陈周弘让后集十二卷。"[⑤]《隋书·经籍志》："梁光禄大夫江淹集九卷，梁二十卷。江淹后集十卷。"[⑥]只有极个别的文人平时不注重积攒自己的文章，以至无法编写成集。《梁书·萧子恪传》："恪少亦涉学，颇属文，随弃其本，故不传文集。"[⑦]

南朝士人视别集为个人重要遗产，供后人珍藏。《南史·张盾传》："身死之日，家无遗财，唯有文集并书千余卷，酒米数瓮而已。"[⑧]南朝士人别集首先在家族的文人中间流行。《南史·张融传》记载张融临终前，就已经编就别集，自序云："吾文章之体，多为世人所惊，汝可师耳以心，不可使耳为心师也。夫文岂有常体，但以有体为常，政当有其体。丈夫当删诗、书，制礼乐，何至因循寄人篱下。"又对其儿子说："手泽存焉，父书不读，况父音情，婉在其韵。吾意不然，别遗尔旨。吾文体英变，变而屡奇，岂吾天挺，盖不隤家声。汝可号哭而看之。"张融有数

① ［唐］姚思廉，《梁书》，北京：中华书局，1973 年，第 510 页。
② 同上注，第 574 页。
③ ［唐］魏徵，《隋书》，北京：中华书局，1973 年，第 1079 页。
④ 同上注，第 1077 页。
⑤ 同上注，第 1080 页。
⑥ 同上注，第 1077 页。
⑦ ［唐］姚思廉，《梁书》，北京：中华书局，1973 年，第 509 页。
⑧ ［唐］李延寿，《南史》，北京：中华书局，1975 年，第 817 页。

十卷文集行于世。[①]《南史·萧子良传》："子良少有清尚，礼才好士，居不疑之地，倾意宾客，天下才学皆游集焉。善立胜事，夏月客至，为设瓜饮及甘果，著之文教。士子文章及朝贵辞翰，皆发教撰录。"[②]《南史·陆从典传》："从典乃集（其叔）瑜文为十卷，仍制集序，其文甚工。"[③]

别集的分目，经过了一个发展过程。有些按官职来分类。《梁书·王筠传》："筠自撰其文章，以一官为一集，自洗马、中书、中庶子、吏部、左佐、临海、太府各十卷，尚书三十卷，凡一百卷，行于世。"[④]《王筠集》是按他所任的八个官职分类辑录的。《隋书·经籍志》著录："《王筠中书集》十一卷，录。《王筠临海集》十一卷，录。《王筠左佐集》十一卷，录。《王筠尚书集》九卷，录。"[⑤]但每一官职下的文集怎样分目，难以推定。最便利的方法如下。《梁书·王僧孺传》："文集三十卷，两台弹事不入集，内为五卷，及东宫新记，并行于世。"[⑥]两台弹事不入集，这说明王僧孺文集是以文体分目编纂而成的。

别集的分目是文体学最重要的问题之一。因为文章别集基本上是按文体分类编排的。《隋书·经籍志》著录，梁人抄写汉人别集已经开始有目录，东汉以后的别集普遍有目录。范晔《后汉书》诸传中提到的文体，都是从时人的别集目录上抄下来的。我们可以根据《后汉书》的记载，来推测当时文体分类的基本情况。《后汉书》在 31 人的传记中记载了 36 种文体：诗、赋、颂、赞、教、说、论、议、章、表、奏、策、上疏、檄、遗令、应讯、碑、诔、铭、哀辞、书、笺、记、琴歌、酒令、嘲、吊、志、问、六言、七言、祝文、注、序、解诂、诫述。刘熙《释名》中的《释书契》有：奏、简、簿、笏、牍、籍、檄、谒、节、传、券、契、策、约、

① ［唐］李延寿，《南史》，北京：中华书局，1975 年，第 837 页。
② 同上注，第 1102 页。
③ 同上注，第 1202 页。
④ ［梁］沈约，《宋书》，北京：中华书局，1974 年，第 487 页。
⑤ ［唐］魏徵，《隋书》，北京：中华书局，1973 年，第 1078 页。
⑥ ［唐］姚思廉，《梁书》，北京：中华书局，1973 年，第 474 页。

示、诣、书、刺、题、署、告、表、敕；《释典艺》有：经、纬、图、传、纪、诗、令、诏、赞、叙、诔、谥、谱、碑、语、说等，共39种文体。[①]

文体的分类是不断发展的。在范晔所记载的31部别集中，有10部以上收有诗、赋、颂、诔、铭、书、记等文体，这些都是当时获得广泛认同的文体。有4～9部的别集有赞、碑、教、七言、论、议、哀辞、祝文、章、表、奏、策、箴、吊等文体。这表示这些文体已经相当稳定了。其他文体，都属于不稳定的、衰落的和新兴的文体。由于当时的文章和学术还没有完全分化，《后汉书》所录别集中还有一部分由经传转变过来的具有学术性质的文体，如注、序、解诂、诫述等。刘宋后，文章与学术分流，学术文体也就不再收入集中了。

二、总集与文体

章学诚《文史通义》："古人著述，各自名家，未有采辑诸人，裒合为集者也。自专门之学散，而别集之风日繁，其文既非一律，而其言时有所长，则选辑之事兴焉。"[②]这样算来，《诗经》和《楚辞》也算是早期的文章总集。但《诗经》和《楚辞》是没有什么文体学意义的。

文章别集的兴盛，滋生了大量文章总集，产生于魏晋以来的总集，才有文体学意义。《隋书·经籍志》说："总集者，以建安之后，辞赋转繁，众家之集，日以滋广，晋代挚虞苦览者之劳倦，于是采摘孔翠，芟剪繁芜，自诗赋下，各为条贯，合而编之，谓为《流别》。是后文集总钞，作者继轨，属辞之士，以为覃奥而取则焉。今次其前后，并解释评论，总于此篇。"[③]《隋志》说晋宋以来的文章集，体例由挚虞所创。章学诚说："魏文撰徐、陈、应、刘文为一集，此文集之始，挚虞《流别

① ［汉］刘熙，《释名》，四部丛刊本。

② ［清］章学诚，《文史通义》，上海：上海书店，1988年，第45页。

③ ［唐］魏徵，《隋书》，北京：中华书局，1973年，第1089～1090页。

集》，犹其后也。”[①]“自诗赋下，各为条贯”，这说明挚虞的《文章流别集》是按文体来编排的。晁公武说：“当晋之时，挚虞已。患其凌杂难观，尝自诗赋以下汇分之，曰《文章流别》。后世祖述之而为总集，萧统所选是也。”[②]《世说新语·言语篇》“谢灵运好戴曲柄笠”条注有“丘渊之《新集录》”。又《世说新语·文学》“殷仲文天才宏赡”条，《世说新语·识鉴》“郗超与傅瑗周旋”条，《世说新语·宠礼》“孝武在西堂会”条、“卞范之为丹阳尹”条都引丘渊之《文章录》。《梁书·昭明太子传》：“所著文集二十卷；又撰古今典诰文言，为正序十卷；五言诗之善者，为《文章英华》二十卷；《文选》三十卷。”[③]

其实，继挚虞之后，萧统之外，还有大量的文章总集，可惜现已不传，我们只能从隋唐志中录出来，共2783卷，见于下表。

表11：六朝文章总集表

序号	名称	编者	卷数	备注
1	文章流别集	挚虞	41	梁60卷
2	文章流别本	谢混	20	
3	续文章流别	孔宁子[④]	3	
4	集苑	佚名	45	梁60卷
5	集林	刘义庆	181	梁200卷
6	集林钞	刘义庆	11	
7	集钞	沈约	10	
8	集钞	丘迟	40	丘迟《钞集》，略而无当。[⑤]
9	集略	佚名	20	

① ［清］章学诚，《文史通义》，上海：上海书店，1988年，第23页。

② ［宋］晁公武，《郡斋读书志》，四部丛刊本，第4卷，第1页。

③ ［唐］姚思廉，《梁书》，北京：中华书局，1973年，第171页。

④ 《隋书·经籍志》作孔宁，误，应为孔宁子。孔宁子，会稽人，《隋志》有宋待中《孔宁子集》11卷。《皇德瑞应赋颂》《杂赋》《东都赋》《齐都赋》、傅玄《相风赋》、梁武帝《围棋赋》《观象赋》、张君祖《枕赋》《义兴周处碑》、晋凉王李濡《靖恭堂颂》、虞和《上法书表》仅1卷或没有标明卷数，就属单篇文章，同《汉书艺文志诗赋略》例，故不录入此表中。

⑤ 卢盛江，《文镜秘府论汇校汇考》，北京：中华书局，2006年，南卷。

（续表）

序号	名称	编者	卷数	备注
10	撰遗	佚名	6	
11	零集	佚名	36	
12	文苑	孔逭	100	
13	文苑钞	孔逭	30	
14	文选	昭明太子	30	
15	文章英华	梁昭明太子	30	亡
16	词林	佚名	58	《旧唐志》:《小词林》53 卷
17	文海	萧圆	50	《旧唐志》: 36 卷
18	吴朝士文集	佚名	10	梁 30 卷
19	汉书文府	佚名	3	
20	巾箱集	佚名	7	
21	文章志录杂文	谢沈①	8	
22	名士杂文	谢沈	8	
23	梁代杂文	佚名	3	
24	妇人集	佚名	20	
25	妇人集钞	佚名	2	
26	妇人集	殷淳	30	
27	妇人集	佚名	11	亡
28	杂文	妇人作	16	
29	善文	杜预	49	
30	名文集	谢沈	40	
31	词苑丽则	康明贞	20	
32	集古今帝王正位文章	佚名	90	
33	修文殿御览	颜之推等		北齐书文苑传
34	续文章流别	颜之推等		北齐书文苑传

① 《晋书・谢沈传》：谢沈，字行思，会稽山阴人也。沈少孤，事母至孝，博学多识，明练经史。会稽内史何充引为参军，以母老去职。闲居养母，不交人事，耕耘之暇，研精坟籍。康帝即位，朝议疑七庙迭毁，乃以太学博士征，以质疑滞。以母忧去职。服阕，除尚书度支郎。迁著作郎，《晋书》三十余卷。会卒，时年五十二。沈先著《后汉书》百卷及《毛诗》《汉书外传》。所著述及诗赋文论皆行于世。其才学在虞预之右云。

这些总集有些是按挚虞的方法分类编排的，如颜之推《续文章流别》、谢混《文章流别本》、孔宁《续文章流别》等。有些我们没有办法知道它的分类情况。但总体来说，分体编排文章总集，是当时一个大的趋势。

按某一文体辑录出来的文章总集也多起来。这类总集的体例由谢灵运开创。《梁书·周兴嗣传》载："天监十七年，左卫率周捨奉敕注高祖所制《历代赋》，启兴嗣助焉。"[①]我们也从隋志中录出，列诸下表。

表12：《隋书·经籍志》文体总集表[②]

文体	集名	撰者	卷数	备注
赋	赋集	宋新渝惠侯	50	亡
	赋集	宋明帝	40	亡
	乐赋	佚名	10	亡
	艺伎赋	佚名	6	亡
	赋集钞	佚名	1	
	赋集	后魏秘书丞崔浩	86	
	续赋集	佚名	19	残缺
	历代赋	梁武帝	10	
	迦维国赋	晋右军行参军虞干纪	2	
	遂志赋	佚名	10	
	乘舆赭白马	佚名	2	
	献赋	佚名	18	
	颂集	王僧绰	20	
	木连理颂	太元十九年群臣	2	亡

① ［唐］姚思廉，《梁书》，北京：中华书局，1973年，第697页。

② 《皇德瑞应赋颂》《杂赋》《东都赋》《齐都赋》、傅玄《相风赋》、梁武帝《围棋赋》《观象赋》、张君祖《枕赋》《义兴周处碑》、晋凉王李玂《靖恭堂颂》、虞和《上法书表》仅1卷或没有标明卷数，就属单篇文章，同《汉书艺文志诗赋略》例，故不录入此表中。

（续表）

文体	集名	撰者	卷数	备注
诗	诗集	佚名	50	梁51卷
	诗集	宋侍中张敷、袁淑补谢灵运	100	亡
	诗集	颜峻	100	亡
	诗集	宋明帝	40	亡
	杂诗	江邃	79	亡
	杂诗	宋太子洗马刘和注	20	亡
	二晋杂诗	佚名	20	亡
	古今五言诗美文	荀绰	5	亡
	诗钞	佚名	10	亡
	诗集钞	佚名	10	
	杂诗钞	谢灵运	10	录1卷，亡
	古诗集	佚名	9	
	六代诗集钞	佚名	4	
	杂言诗钞	谢朏	5	
	诗英	谢灵运	9	梁10卷
	今诗英	佚名	8	
	古今诗苑英华	梁昭明太子	19	
	诗缵	佚名	13	
	众诗英华	佚名	1	
	诗类	佚名	6	
	玉台新咏	徐陵	10	
	百志诗	干宝	9	
	古游仙诗	应贞注应璩	1	
	百一诗	佚名	8	
	百一诗	晋蜀郡太守李彪	2	亡
	齐释奠会诗	佚名	11	
	齐宴会诗	佚名	17	
	青溪诗	佚名	30	齐宴会作

（续表）

文体	集名	撰者	卷数	备注
诗	魏、晋、宋杂祖饯宴会诗集	佚名	143	亡
	西府新文	梁萧淑	11	并录
	百国诗	佚名	43	
	文林馆诗府	后齐文林馆作	8	
	文会诗	陈仁威记室徐伯阳	3	
	五岳七星回文诗	佚名	1	
	杂诗图	佚名	1	亡
	毛伯成诗	伯成，东晋征西参军	1	
	春秋宝藏诗	张朏	4	
	江淹拟古	江淹	1	罗潜
七	七集	谢灵运	10	
	七林	卞景	10	梁12卷，录2卷
	七林	佚名	30	音1卷，亡
碑	碑集	佚名	29	
	杂碑集	佚名	29	
	杂碑集	佚名	22	
	碑集	谢庄	10	
	释氏碑文	梁元帝	30	
	杂碑	佚名	22	
	碑文	晋将作大匠陈勰	15	
	碑文	车灌	10	
	羊祜堕泪碑	佚名	1	
	桓宣武碑	佚名	10	
	长沙景王碑文	佚名	3	
	荆州杂碑	佚名	3	
	雍州杂碑	佚名	4	
	广州刺史碑	佚名	12	

（续表）

文体	集名	撰者	卷数	备注
碑	太原王氏家碑诔颂赞铭集	佚名	12	
	诸寺碑文	佚名	46	
行状	众僧行状	释僧佑	40	亡
弹文	诸弹事	佚名	14	亡
表	梁中表	梁邵陵王	11	
书	书集	晋散骑常侍王履	88	梁80卷，亡
	书林	佚名	10	
	杂逸书	徐爰	6	梁22卷
	应璩书林	夏赤松	8	
	抱朴君书	葛洪	1	
	蔡司徒书	蔡谟	3	
策文	策集	殷仲堪	1	
	策集	佚名	6	
	孝秀对策	佚名	12	亡
	宋元嘉策孝秀文	佚名	10	
启事	山公启事	佚名	3	
	范宁启事	佚名	3	梁10卷
诽谐	诽谐文	佚名	3	
	诽谐文	袁淑	10	
	续诽谐文集	佚名	10	亡
	诽谐文	沈宗之	1	亡
荐文	杂荐文	佚名	20	亡
	荐文集	佚名	7	亡
奏	汉名臣奏	佚名	30	
	魏名臣奏	陈长寿	30	
	晋诸公奏	佚名		
	杂表奏驳	佚名	35	

（续表）

文体	集名	撰者	卷数	备注
奏	汉丞相匡衡、大司马王凤奏	佚名	5	
	刘隗奏	刘隗	5	
	孔群奏	孔群	22	
	晋金紫光禄大夫周闵奏事	周闵	4	
	晋中丞刘邵奏事	刘邵	6	
	中丞司马无忌奏事	司马无忌	13	
	中丞虞谷奏事	虞谷	6	
	中丞高崧奏事	高崧	5	
诏	魏朝杂诏	佚名	2	
	汉高祖手诏	佚名	1	亡
	录魏吴二志诏	佚名	2	
	三国诏诰	佚名	10	
	晋咸康诏	佚名	4	
	晋朝杂诏	佚名	9	
	晋杂诏	佚名	100	录 1 卷
	晋杂诏	佚名	28	录 1 卷
	晋诏	晋文王	60	
	武帝杂诏	佚名	12	
	录晋诏	佚名	14	
	晋武帝诏	佚名	12	
	成帝诏草	佚名	17	
	康帝诏草	佚名	10	
	建元直诏	佚名	3	
	永和副诏	佚名	9	
	升平、隆和、兴宁副诏	佚名	10	

（续表）

文体	集名	撰者	卷数	备注
诏	泰元、咸宁、宁康副诏	佚名	22	
	隆安直诏	佚名	5	
	元兴大亨副诏	佚名	3	
	晋义熙诏	佚名	10	
	义熙副诏	佚名	10	
	义熙以来至于大明诏	佚名	30	
	晋宋杂诏	佚名	4	
	晋宋杂诏	王韶之	8	
	杂诏	佚名	14	
	班五条诏	佚名	10	
	宋永初杂诏	佚名	13	
	诏集	佚名	100	起汉讫宋
	武帝诏	佚名	4	
	宋元熙诏令	佚名	5	
	永初二年五年诏	佚名	3	
	永初已来中书杂诏	佚名	20	
	宋孝建诏	佚名	1	
	宋景平诏	佚名	3	
	宋元嘉副诏	佚名	15	
	宋元嘉诏	佚名	62	
	宋孝武诏	佚名	5	
	宋大明诏	佚名	70	
	宋永光、景和诏	佚名	5	
	宋泰始、泰豫诏	佚名	22	
	宋义嘉伪诏	佚名	1	
	宋元徽诏	佚名	13	
	宋升明诏	佚名	4	

（续表）

文体	集名	撰者	卷数	备注
诏	齐杂诏	佚名	10	
	齐中兴二年诏	佚名	3	
	齐建元诏	佚名	5	
	永明诏	佚名	3	
	武帝中诏	佚名	10	
	齐隆昌、延兴、建武诏	佚名	9	
	齐建武二年副诏	佚名	9	
	梁天监元年至七年诏	佚名	12	
	天监九年、十年诏	佚名	2	
	后魏诏集	佚名	16	
	后周杂诏	佚名	8	
	杂诏	佚名	8	
	陈天嘉诏草	佚名	3	
祭文	杂祭文	佚名	6	亡
檄文	杂檄文	佚名	17	
	杂檄文	佚名	17	
典引	班固	佚名	1	蔡邕注，亡
露布	魏武帝露布文	佚名	9	亡
	杂露布	佚名	12	
设论	设论集	东晋人	3	
	设论集	佚名	20	亡
连珠	黄芳引连珠	佚名	1	
	梁武连珠	佚名	1	沈约注
	梁武帝制旨连珠	佚名	10	梁邵陵王纶注
	梁武帝制旨连珠	佚名	10	陆缅注
	设论连珠	谢灵运	10	

（续表）

文体	集名	撰者	卷数	备注
连珠	连珠集	陈证		
	连珠	佚名	15	
	连珠	陆机	1	何承天注，亡
笔	前汉杂笔	佚名	10	
	吴晋杂笔	佚名	9	
文	吴朝文	佚名	24	

考诸表12，我们可以得出三点认识。其一，先唐时期，赋、颂、诗、歌辞（乐府）、铭、箴、诫、赞、七、碑、祭文、行状、设论（难）、论、连珠、诏、表（奏）、露布、弹文、檄文、启、书、策文、诽谐24种文体均有总集。这表明，这24种文体已经相当成熟了。其二，这24种文体均属于别集中的一级目录文体，并出现了向二级目录和更高级目录整合的趋势，如出现了笔总集和文总集。但这种整合尚不明显，这表明《文心雕龙》中的文体分级尚处于理论形态，并不能代表当时文集编纂分目的实际情况。其三，各种文体的发展不平衡，赋、诗、书、碑、奏、诏、连珠比较发达，而其他文体的分化则式微。

一种文体要获得广泛的认同，光列诸别集的目录是不行的。章学诚说："范、陈、晋、宋诸史所载，文人列传，总其撰著，必云诗、赋、碑、箴、颂、诔若干篇而未尝云文集若干卷；则古人文字，散著篇籍，而不强以类分可知也。"[①]散乱的文章，是不必对其进行文体分类的。文体学的进一步发展是随着文体总集的编纂而产生的。如果没有文体总集，就没有文体批评，也不会产生像《文选》这样的选集。我们可以说，没有文章别集、文章总集，就没有文体学的产生。

文体学不断发展，一些小文体逐渐整合到大文体的目录中。总集编

① ［清］章学诚，《文史通义》，上海：上海书店，1988年，第23页。

入的文体越来越多，不得不在目录上进行分级，有一级目录、二级目录、三级目录。

《文选》所用的是二级目录，在诗体之下，就分为补亡诗、述德诗、劝励诗、献诗、公宴诗、赋诗、祖饯诗、咏史诗、百一诗、游仙诗、招隐诗、反招隐诗、游览诗、咏怀诗、哀伤诗、赠答诗、行旅诗、军戎诗、郊庙诗、乐府诗、挽歌诗、杂歌诗、杂诗、杂拟诗 24 体。作为一部文学选集，《文选》的分类和标准与一般的文学总集又有不同，它的分类主要是按照文体的功能来分，而没有完全按照文体的形式。

三、文章学与文体

讨论文章、品评文人的风气自东汉发端，弥漫整个南朝。曹丕《典论·论文》："盖奏议宜雅，书论宜理，铭诔尚实，诗赋欲丽。"①陆机文《文赋》："诗缘情而绮靡，赋体物而浏亮，碑披文以相质，诔缠绵而悽怆，铭博约而温润，箴顿挫而清壮，颂优游以彬蔚，论精微而朗畅，奏平彻以闲雅，说炜晔而谲诳。"②《梁武帝集序》："辞翰繁蔚，笺记风动，表议云飞，雕虫小艺，无累大道，怀君人之大德，有事君之小心。"③刘孝绰《昭明太子集序》："至于宴游西园，祖道清洛，三百载赋，该极连篇，七言致拟，见诸文学。博弈兴咏，并命从游，书令视草，铭非润色。七穷炜烨之说，表极远大之才，皆喻不备体，词不掩义，因宜适变，曲尽文情。窃以属文之体，鲜能周备。长卿徒善，既累为迟；少孺虽疾，俳优而已。子渊淫靡，若女工之蠹；子云侈靡，异诗人之则。孔璋词赋，曹祖劝其修今；伯喈答赠，挚虞知其颇古。孟坚之颂，尚有似赞之讥；士衡之碑，犹闻类赋之贬。"④

---

① ［梁］萧统编，［唐］六臣注，《文选》，四部丛刊本，第 52 卷，第 9 页。
② ［晋］陆机，《陆士衡文集》，四部丛刊本，第 1 卷，第 3 页。
③ ［唐］欧阳询，《艺文类聚》，北京：中华书局，1965 年，第 269 页。
④ ［梁］萧统，《昭明太子文集》，四部丛刊本，第 9 页。

东汉以来的文章学，不外乎四种。一是记叙文学家生平，这类书籍叫文章志，也叫文章记或文学传。如荀勖《杂撰文章家集叙》、挚虞《文章流别志》、傅亮《续文章志》、宋明帝《晋江左文章志》（《江左以来文章志》）、沈约《宋世文章志》、张防《四代文章记》、范晔《后汉书·文苑列传》、萧子显《南齐书·文学传》、丘灵鞠《江左文章录序》[①]、丘渊之《文章录》，等等。

二是讨论文体的专著，如挚虞《文章流别论》、王充《翰林论》、任昉《文章始》、姚察《续文章始》。任昉《文章缘起》总结了 84 种文体：三言诗、四言诗、五言诗、六言诗、七言诗、九言诗、赋、歌、离骚、诏、策文、表、让表、上书、书、对贤良策、上疏、启、奏记、笺、谢恩、令、奏、驳、论、议、反骚、弹文、荐、教、封事、白事、移书、铭、箴、封禅书、赞、颂、序、引、志录、记、碑、碣、诰、誓、露布、檄、明文、乐府、对问、传、上章、解嘲、训、辞、旨、劝进、喻难、诫、吊文、告、传赞、谒文、祈文、祝文、行状、哀策、哀颂、墓志、诔、碑文、祭文、哀词、挽词、七发、离合诗、连珠、篇、歌诗、遗、图、势、约。

三是从文体视角来品评文章高下。钟嵘《诗品序》："陆机《文赋》通而无贬；李充《翰林》，疏而不切；王微《鸿宝》，密而无裁；颜延论文，精而难晓；挚虞《文志》详而博赡，颇曰知言：观斯数家，皆就谈文体，而不显优劣。至于谢客集诗，逢诗辄取；张隐《文士》，逢文即书：诸英志录，并义在文，曾无品第。"[②]《隋书·经籍志》："《鸿宝》十卷。"[③]《梁书·张缵传》："缵著《鸿宝》一百卷。"[④]《梁书·张率传》："所著《文衡》十五卷。"[⑤]《南齐书·文学传论》说："若陈思

① ［梁］萧子显，《南齐书》，北京：中华书局，1972 年，第 908 页。
② 曹旭，《诗品集注》，上海：上海古籍出版社，1996 年，第 186 页。
③ ［唐］魏徵，《隋书》，北京：中华书局，1973 年，第 1008 页。
④ ［唐］姚思廉，《梁书》，北京：中华书局，1973 年，第 503 页。
⑤ 同上注，第 479 页。

《代马》群章，王粲《飞鸾》诸制，四言之美，前超后绝。少卿离辞，五言才骨，难与争骛。桂林湘水，平子之华篇，飞馆玉池，魏文之丽篆，七言之作，非此谁先？卿、云巨丽，升堂冠冕，张、左恢廓，登高不继，赋贵披陈，未或加矣。显宗之述傅毅，简文之摛彦伯，分言制句，多得颂体。裴頠内侍，元规凤池，子章以来，章表之选。孙绰之碑，嗣伯喈之后；谢庄之诔，起安仁之尘。颜延《杨瓒》，自比《马督》，以多称贵，归庄为允。王褒《僮约》，束晳《发蒙》，滑稽之流，亦可奇玮。"[①]《南史·刘绘传》："永明末，都下人士盛为文章谈义，皆凑竟陵西邸，绘为后进领袖。"[②]《南史·到溉传》："梁武帝尝问待诏丘迟曰：'到溉何如沆、溉？'迟曰：'正情过于沆，文章不减溉；加此清言，殆将难及。'"[③]

四是综合的文章学，以刘勰的《文心雕龙》为代表，结合了前面的三种情况。《文心雕龙》所论的文体，类别往往混淆，区划或有交叠，有人断定为由多视点多标准的类型组合而成的混合式文类学。[④]有人认为《文心雕龙》的文体分类分为 4 级。[⑤]实际上，文笔之辩，不属于文体论的范围，碑诔、书记只是章节的名称，并不能算是一级文体目录。《文心雕龙》是一种典型的二级目录。第一级目录文体为：诗、乐府、赋、颂、赞、祝、盟、铭、箴、诔、碑、哀、吊、谐、隐、对问、七、连珠、典、诰、誓、问、览、略、篇、章、曲、操、弄、引、吟、讽、谣、咏、史传、诸子、论、说、诏、策、戒、教、命、檄、移、封、禅、章、表、奏、启、议、对、书、记。在第二级目录中，诗分为四言诗、五言诗、三六杂言诗、离合诗、回文诗、联句诗；乐府以三调分：鼓吹、铙歌、挽歌；论分为陈政、释经、辨史、诠文；议分为议、驳议；对分为对策、射策；记分为谱、籍、簿、录、方、术、占、式、律、令、法、制、符、

① ［梁］萧子显，《南齐书》，北京：中华书局，1972 年，第 908 页。
② ［唐］李延寿，《南史》，北京：中华书局，1975 年，第 1009 页。
③ 同上注，第 681 页。
④ 洪顺隆，《从分类视点论〈文心雕龙〉文体学》，《华冈文科学报》1999 年第 3 期。
⑤ 马建智，《〈文心雕龙〉文体分类探析》，《社会科学家》2005 年第 3 期。

契、券、疏、关、刺、解、牒、状、列、辞、谚，总共有文体90种。

任昉《文章缘起》84种文体，就是一级目录。所以，就诗体而言，就有三言诗、四言诗、五言诗、六言诗、七言诗、九言诗、离合诗、歌诗等八体。《文心雕龙·明诗》："汉初四言，韦孟首唱，匡谏之义，继轨周人。孝武爱文，《柏梁》列韵；严马之徒，属辞无方。至成帝品录，三百余篇，朝章国采，亦云周备。而辞人遗翰，莫见五言，所以李陵、班婕妤，见疑于后代也。按《召南·行露》，始肇半章；孺子《沧浪》，亦有全曲；《暇豫》优歌，远见春秋；《邪径》童谣，近在成世：阅时取证，则五言久矣。"[①]《文心雕龙·明诗》："至于三六杂言，则出自篇什；离合之发，则明于图谶；回文所兴，则道原为始；联句共韵，则《柏梁》余制；巨细或殊，情理同致，总归诗囿，故不繁云。"[②]可见，这种诗体分类的方法，在当时总集中也存在。同理，如果是一级目录，表与让表、骚与反骚、章与谢恩当然会成为不同的文体。

东汉以来，文气转盛，产生了大量的别集。《后汉书》《晋书》《宋书》《南齐书》《梁书》《陈书》《南史》诸传中保留了很多别集信息。南朝士人对自己所写的文章十分重视，平生就有意识地积累编订。文人过世后，其家人、故吏将其别集视为个人重要遗产，精心分体编目，保存传阅。从《后汉书》诸传中36种文体来看，文章和学术没有分化，文体分类尚不稳定。刘宋后，文章与学术分流，学术文体也就不再收入集中了。

文章别集的兴盛，滋生了大量文章总集。继挚虞之后，萧统之外，隋唐书志中还有大量先唐总集著录。这些总集大多分文体编排，进一步促进了文体的稳定。

---

① 詹锳，《文心雕龙义证》，上海：上海古籍出版社，1989年，第182页。

② 同上注，第215页。

第六节 《文章缘起》的影响与流传

《文章缘起》在当时即产生了较大的影响。萧绎说任昉“善辑流别”。傅刚说：“事实上，萧统的文体观以及对文体的区分、辨析都受到过任昉的影响。”[①]我们认为，《文章缘起》与《文选》在文体选用上有很大的相似性，这是由于他们都是从文章总集编纂的角度来看待文体问题的。参与编写《文选》的许多学者，都曾和任昉有过交往，都曾受到过任昉的影响，并将任昉文章学的成果直接运用到《文选》当中。但我们也应该看到，除了运用《文章缘起》的分类方法，《文选》还采用了其他的分类方法。特别是在二级目录中，《文选》又根据内容对文体进行分类。《文选》的文体学分类，带有杂糅性质。

《文章缘起》对《文心雕龙》也产生了影响。这首先表现在任昉的原始观念直接对刘勰产生了重要影响。其次，尽管刘勰本着宗经的观点来溯源文体，但它总是将汉以来的文体作为叙述的重点。

《文章缘起》还对唐代的刘存产生了重要影响。他在《余师录》中说：“梁任昉集秦汉以来文章名之始，目曰《文章缘起》。自诗、赋、离骚至于势、约，八十五题，可谓博矣。既载相如《喻蜀》，不录扬雄《剧美》，录《解嘲》而不取韩非《说难》，取刘向《列女传》而遗陈寿《三国志评》。至韩、柳、元结、孙樵又作原，如《原道》《原性》之类；又作读，如读《仪礼》《鹖冠》之类；又作书，如《书段太尉逸事》；讼，如《讼风伯》；订，如《订乐》等篇。呜呼！文之体可谓极矣。今略疏之续彦升之志也。任昉以三言诗起晋夏侯湛。唐刘存以为始于‘鹭于飞，醉言归’。任以颂起汉之王褒，刘以始于周公《时迈》。任以檄起

① 傅刚，《昭明文选研究》，北京：中国社会科学出版社，2000年，第92页。

汉陈琳《檄曹操》，刘以始于张仪《檄楚》。任以碑起于汉惠帝作《四皓碑》，刘以管子谓无怀氏《封太山刻石纪功》为碑。任以铭起于始皇《登会稽山》，刘以蔡邕《铭论》‘黄帝有金几之铭’，其始也。若此者尚十余条，或讨其事名之，或因其成篇而论，虽有不同，然案，势、约原作艺、约，昉此编终于崔瑗《草书势》，王褒《僮约》，共八十五也。今改正不害其多闻之益。”[①]

唐人吴兢作《乐府古题要解》，原乐府之始，也继承了《文章缘起》的方法。四愁、七哀：右《四愁》，汉张衡所作，伤时之文也。合欢诗：右晋杨方所作也。招隐、反招隐：右《招隐》，本《楚词》，汉淮南王安小山所作也。连句：起汉武帝柏梁宴作。爱妾换马，右词有淮南王作者，不知是刘安否。自君之出矣，右出汉徐干室思诗。离合诗，右起汉孔融。回文诗，右回复读之，皆歌而成文也。百年诗，右起总角至百年，历述其幼小丁壮耆耄之状，十岁为一首。步虚词，右道观所唱，备言众仙缥缈举之美。道里名诗，右道谓汉孝文称北走邯郸道。

宋人严羽作的《沧浪诗话》曰：“风雅颂既亡，一变而为离骚，再变而为西汉五言，三变而为歌行杂体，四变而为沈宋律诗。五言起于李陵、苏武，七言起于汉武柏梁，四言起于汉楚王傅韦孟，六言起于汉司农谷永，三言起于晋夏侯湛，九言起于高贵乡公，或云枚乘。”郭绍虞作的《沧浪诗话校释》曰：“严氏所举诗体诸言之始，悉本《文章缘起》，且就通篇而言，与言单句者有别。故昔人或补其遗，或溯其始，只可备参考，未必便是严沧浪之失。”[②]

明陈懋仁作《续文章缘起》，补充任昉没有追溯到的文体和任昉时代尚没有出现的文体共 109 种：二言诗、八言诗、十言诗、十一言诗、一三五七九言诗、三良诗、愁、七哀诗、百一诗、八、九、操、畅、支、繇、夏、曲、散、行、吟、怨、思、讴、谣、咏、叹、弄、盐、乐、唱、

① ［唐］刘存，《余师录》，文渊阁四库全书本，第 3 卷，第 32 页。

② 郭绍虞，《沧浪诗话校释》，北京：人民文学出版社，1983 年，第 48 页。

谚、词、调、偈、杂言诗、盘中诗、相承诗、回文诗、反复诗、建除诗、四时诗、集句、联句、名诗、绝句、律诗、排律、隔句对诗、和诗、成相诗、不拘韵诗、题用古诗、大言、小言、咏史、始、制、敕、玺书、谕告、命、谥法、赦文、批答、御札、制策、麻、榜子、章、略、符、牒、状、传别、质剂、券、契、述、断、判、原、辩、评、法、典引、注疏、笺、仪注、题、跋、乱、谇、慢、说难、考、赧辞、诅文、谶、符谶、墓碑文、墓表、对事、客难、宾戏、答讥、释悔、零丁、尺牍、骈语。此外，陈懋仁还给任昉的《文章缘起》作了注。清沈季友《槜李诗系》："《藕居士陈懋仁》：懋仁字无功，别号藕居士，嘉兴人。万历中由掾吏官泉州经历，好读书，老而不倦。尤喜摘抉隐义，网罗旧闻。如《文章缘起》《庶物异名疏》《异鱼赞注》《寿者传》《年号韵编》，皆考古者所宝。诗文有《石经堂集》《尘栖稿》，其诗躭为缕划，意致纤巧，佳者颇似皮、陆。然性长，厚无露才扬已之意。李九疑谓得交无功，后益薄桑民，怿王稚钦之为人。"[①]

明代朗瑛《七修类稿》论及《文章缘起》18 条，其中很大一部分都吸收了任昉的观点。明代宋廉撰有《文原》一卷。《清史·艺文志》著录有方宗诚撰《论文章本原》三卷。清代的方熊在陈懋仁注的基础上，又给《文章缘起》作了补注。

《文章缘起》保存了相当一部分仅存的文体信息。唐顺之《稗编》："《文章缘起》曰：汉司马相如作《荆轲赞》，世已不传。后班孟坚《汉史》以论为赞，至宋范晔更以韵语。"[②]又曰："行状。按行状者门生故旧状死者行业，上于史官，或求铭志于作者之辞也。《文章缘起》云：始自汉丞相仓曹传胡干作《杨原伯行状》。然徒有其名而亡其辞。"[③]又曰："按《文章缘起》有汉武帝《公孙弘诔》，然无其辞。唯《文选》录曹

① ［清］沈季友，《槜李诗系》，文渊阁四库全书本，第 17 卷。
② ［明］唐顺之编，《稗编》，文渊阁四库全书本，第 75 卷。
③ 同上。

子建之《诔王仲宣》、潘安仁之《诔杨仲武》，盖皆述其世系行业而寓哀伤之意。”[①]明程敏政《明文衡》：“按韵书：诫者警勅之辞。《文章缘起》曰：汉杜笃作《女诫》，辞已弗传，《昭明文选》亦无其体。”[②]明贺复征《文章辨体汇选》：“《文章缘起》曰：汉司马相如作《荆轲赞》，世已不传。”[③]

《文章缘起》对后代的文选学产生了重大影响。许多选本都根据《文章缘起》的提示来选裁文体。《文章辨体汇选》：“《文章缘起》曰：汉杜笃作《女诫》，辞已弗传。《文选》亦无其体。今取汉晋以后诸作录之。”[④]又曰：“《文章缘起》云：始自汉丞相仓曹传胡干作《杨原伯行状》。然徒有其名而亡其辞。”[⑤]清康熙《御定渊鉴类函》：“《文章缘起》曰：诏，起秦时。”又曰“《文章缘起》曰：诰，汉司隶从事冯衍作。”又曰“《文章缘起》曰：连珠，扬雄作。”[⑥]

综上所述，认为《文章缘起》是一部伪作的所有证据都不能成立，今本《文章缘起》应属任昉著作。《文章缘起》是在南朝文章学兴盛的基础上写成的，总结了汉代以来编纂别集和总集的经验，吸收了佛教的缘起思想，归纳了 84 种文体，并一一道出其本原。《文章缘起》认为，大部分文体都源于汉代，与那些将文体源于六经或战国的论述相比，更符合南朝文章学的情况，是文章从经术中独立的体现。《文章缘起》在著述体例上沿用了南朝文章别集命名时的原有信息，为我们深入研究这一时期的别集提供了一些新线索。《文章缘起》的分类主要是从编纂上来考虑的，文体的分类注重文章的形式而不是内容，所收的文体达 84 类之多。《文章缘起》对《文选》和《文心雕龙》都产生了影响。中国古

---

① ［明］唐顺之编，《稗编》，文渊阁四库全书本，第 75 卷。
② ［明］程敏政编，《明文衡》，文渊阁四库全书本，第 56 卷。
③ ［明］贺复征编，《文章辨体汇选》，文渊阁四库全书本，第 463 卷。
④ 同上注，第 473 卷。
⑤ 同上注，第 551 卷。
⑥ ［清］康熙编，《御定渊鉴类函》，文渊阁四库全书本，第 197 卷。

代文体学大体可分为五类：释名学、文原学、文类学、文选学、文体评论学。释名学以刘熙的《释名》为代表，文体评论学以《文心雕龙》《诗品》为代表，文原学和文类学以《文章缘起》为代表。《文章缘起》的文原思想一直影响到清代，我们可以梳理出一条文原学的发展脉络。

第七章

任昉之笔

任昉少年时期善属文，青年时期以笔札见知于王俭，到了梁初，又主掌萧衍霸府文笔。萧绎说任昉“才长笔翰”[①]，史书上有“任笔沈诗”之称，可见，任笔是任昉的代表文体，也是一个时代的文学典范，被大量选入《文选》中，形成了所谓的任昉现象[②]。任笔何以受到这般重视？它到底有哪些特点？

① ［梁］萧绎，《金楼子》，文渊阁四库全书本，第4卷。

② 胡旭，《〈文选〉选文任昉现象之成因探析》，《文史哲》2009年第4期。

第一节　南朝文笔之辨

我们将盛行于南朝的文笔之辨放到整个中国书面语言发展史中进行考察。最先产生的是言笔之辨，即口头语言与书面语言的分野。战国到汉时期，行政与司法文书的社会影响力日益增加，大量文士由此走上政治舞台。对于这股新生势力，传统统治阶层极力贬斥，称之为刀笔吏。到了南朝，文章进一步从学术中独立出来，同时又从学术中吸收必要的养分，数量大幅增加，质量大幅提高。文士的地位得到大幅提升。任笔就是在这个背景下引起士人关注的。

一、文与笔

文笔之辨，是南朝文章学研究一个十分重要的课题。阮元有《文笔对》，刘师培有《文学辨体》[①]，又在《文笔之区别》中引诸史料中的文笔、诗赋杂笔、辞笔、手笔、文翰、刀笔、笔奏、笔记诸语，以推论汉魏、东晋、南朝文笔之区别[②]。逯钦立《说文笔》详细地考察了文笔说的演变，以阐发南朝文学嬗变的大势。[③]文笔说反映了大众对文学的功用和特点的认识，[④]是文学批评研究中一个十分重要的问题。

《南史·任昉传》载："既以文才见知，时人云'任笔沈诗'。"[⑤]《南史·沈约传》："谢玄晖善为诗，任彦升工于笔，约兼而有之，然不

---

① 刘师培，《中古文学史讲义》，见《中古文学论著三种》，沈阳：辽宁教育出版社，1997 年，第 3 ～ 5页。

② 同上注，第 95 ～ 101 页。

③ 逯钦立，《说文笔》，见《汉魏六朝文学论集》，西安：陕西人民出版社，1984 年。

④ 王运熙、王明，《中国文学批评通史·魏晋南北朝卷》，上海：上海古籍出版社，1996 年，第 189 ～ 205页。

⑤ ［唐］李延寿，《南史》，北京：中华书局，1975 年，第 1455 页。

能过也。”[①]简文帝《与湘东王书》说：“至如近世谢朓、沈约之诗，任昉、陆倕之笔，斯文章之冠冕，述作之楷模。张士简之赋，周升逸之辩，亦成佳手，难可复遇。”[②]钟嵘《诗品·任昉》条说：“彦升少年为诗不工，故世称‘沈诗任笔’，昉深恨之。晚节爱好既笃，文亦遒变。”[③]以上四则史料，引发了一段文笔之辨。陆游在《老学庵笔记》中说：

> 南朝词人谓文为笔。《沈约传》云：“谢玄晖善为诗，任彦升工于笔，约兼而有之。”[④]又《庾肩吾传》，梁简文《与湘东王书》，论文章之弊曰：“诗既若此，笔又如之。”又曰：“谢朓、沈约之诗，任昉、陆倕之笔。”《任昉传》又有“沈诗”“任笔”之语。老杜《寄贾至严武》诗云：“贾笔论孤愤，严诗赋几篇。”杜牧之亦云：“杜诗韩笔愁来读，似倩麻姑痒处抓。”亦袭南朝语尔。往时诸晁谓诗为诗笔，亦非也。[⑤]

陆游的这个观点产生了很大的影响。黄彻、王士禛赞同陆游的观点。黄彻《䂬溪诗话》说：“谢玄晖善为诗，任彦升工于笔。又云‘任笔沈诗’。刘孝绰称弟仪与威云：‘三笔六诗。’故牧之云：‘杜诗韩笔愁来读，似倩麻姑痒处抓。’近人兼用之。临川云：‘闲中用意归诗笔，静定安身比泰山。’东坡云：‘水洗禅心都眼净，山供诗笔总眉愁。’”[⑥]王士禛《分甘余话》说：“六朝人谓文为笔。齐梁间江左有‘沈诗任笔’之语，谓沈约之诗，任昉之文也。”[⑦]

然而，陆游这一观点却受到赵翼的质疑。赵翼认为，在六朝，文与笔是有区别的：

> 陆游《笔记》六朝人谓文为笔。顾宁人亦引其说。不知六朝人

① ［唐］李延寿，《南史》，北京：中华书局，1975 年，第 1413 页。
② 同上注，第 1248 页。
③ 曹旭，《诗品集注》，上海：上海古籍出版社，1996 年，第 318 页。
④ ［唐］李延寿，《南史》，北京：中华书局，1975 年，第 1413 页。
⑤ ［宋］陆游，《老学庵笔记》，北京：中华书局，1979 年，第 117 ～ 118 页。
⑥ ［宋］黄彻，《䂬溪诗话》，北京：人民文学出版社，1998 年，第 37 ～ 38 页。
⑦ ［清］王士祯，《分甘余话》，文渊阁四库全书本，第 2 卷，第 4 页。

称文与笔，又自有别。《文心雕龙》曰：今俗常言无韵者，笔也；有韵者，文也。是六朝人以韵语为文，散行为笔耳。按《南史·沈约传》：谢玄晖善为诗，任彦升工于笔，约兼而有之。《庾肩吾传》："梁简文《与湘东王书》曰：'诗既若此，笔又如之。'"又曰："谢朓、沈约之诗，任昉、陆倕之笔。"《任昉传》：昉以文才见知，时人谓任笔沈诗。昉闻甚以为病，晚节转好著诗，欲以倾沈。用事过多，属辞不得流便，都下士子慕之，转为穿凿。又刘孝绰称弟仪与威云"三笔六诗"（三，孝仪，六，孝威也）。是皆以诗、笔对言。放翁因其以诗对笔，遂疑笔即文耳。然《北史·邢昕传》：杂笔三十余篇。此专言笔也。而《邢臧传》：文笔九百余篇。《刘逖传》：文笔三十余篇。则又文与笔并言。可见文与笔自是二种，若笔即是文，何以有专言笔者，又有兼言文笔者；则六朝所谓文笔，当以刘勰言为据也。至老杜《寄贾至、严武》诗云："贾笔论孤愤，严诗赋几篇。"元好问诗亦云："杜诗韩笔愁来读，似倩麻姑痒处抓。"亦袭六朝语也。[①]

赵翼认为陆游所引史料中文笔对举，恰恰说明文与笔为两种不同的文体。他引用《文心雕龙》和《北史》中的史料，来证明自己的观点。赵翼的观点比较符合六朝的实际情况，还可以做一些补充论证。两种说法各有道理。南朝人一方面热衷于从文体上区分文笔，另一方面又在创作中不自觉地以文为笔，以笔为文。从文学史的角度来看，笔这一范畴，经过了言笔、刀笔、大手笔的发展历程，在南朝引发了一场文笔之辨的大讨论。

二、言笔与刀笔

文学语言的独立，从言笔之分开始。萧绎《金楼子·立言》："而古

---

① ［清］赵翼，《陔余丛考》，清乾隆五十五年（1785）湛贻堂藏本，第22卷。

之文笔，今之文笔，其源又异。至如象、系、风、雅，名、墨、农、刑，虎炳豹郁，彬彬君子，卜谈四始，李言七略，源流已详，今亦置而弗辨。潘安仁清绮若是，而评者止称情切，故知为文之难也。”[①]他试图回避文笔之辨的历史，直接从时文切入讨论。如果我们从中国书面语言的形成和发展历史来看，对南朝的文笔之辨或许会有更深入的理解。

考察书面语言的形成，可以从言笔之分开始。《文心雕龙·神思》说：“至于思表纤旨，文外曲致，言所不追，笔固知止。”[②]这里所说的言指口头语言，笔指书面语言。《文心雕龙·总述》说：“发口为言，属笔曰翰，常道曰经，述经曰传。经传之体，出言入笔，笔为言使，可强可弱。分经以典奥为不刊，非以言笔为优劣也。”[③]言指口头语言，笔指书面语言。颜延之说：“笔之为体，言之文也；经典则言而非笔，传记则笔而非言。”[④]早期的经典都是口头语言的实录，而经师对经典的解释越来越书面化，形成了相对固定的书面语言，出现了言与笔的分化。

在纸帛被广泛运用之前，刀和笔是最重要的书写工具。《后汉书·刘盆子传》注：“古者记事书于简册，谬误者以刀削而除之，故曰刀笔。”[⑤]《史记·酷吏列传》：“临江王征诣中尉府对簿，临江王欲得刀笔为书谢上，而都禁吏不予。”[⑥]汉代的文人身边一般都带有刀笔。《汉书·王充传》：“以为俗儒守文，多失其真，乃闭门潜思，绝庆吊之礼，户牖墙壁各置刀笔。”[⑦]《后汉书·周磐传》说周磐死前，“编二尺四寸简，写《尧典》一篇，并刀笔各一，以置棺前，云不忘圣道”[⑧]。

公文写作在战国时就成为一种职业，被称作刀笔吏。最先在秦国发

① ［梁］萧绎，《金楼子》，文渊阁四库全书本，第4卷。
② 詹锳，《文心雕龙义证》，上海：上海古籍出版社，1989年，第1005页。
③ 同上注，第1629页。
④ 同上注，第824页。
⑤ ［南朝宋］范晔，《后汉书》，北京：中华书局，1965年，第482页。
⑥ ［汉］司马迁，《史记》，北京：中华书局，1959年，第3313页。
⑦ ［汉］班固，《汉书》，北京：中华书局，1962年，第1629页。
⑧ ［南朝宋］范晔，《后汉书》，北京：中华书局，1965年，第1312页。

迹。《战国策·秦策》:“司空马曰:‘臣少为秦刀笔,以官长而守小官,未尝为兵首,请为大王悉赵兵以遇。’赵王不能将。”[①]《隋书·经籍志》:“秦政奋豺狼之心,划先代之迹,焚《诗》《书》,坑儒士,以刀笔吏为师,制挟书之令。学者逃难,窜伏山林,或失本经,口以传说。”[②]《史记·张丞相传》:“周昌笑曰:‘(赵)尧年少,刀笔吏耳,何能至是乎!”正义:“古用简牍,书有错谬,以刀削之,故号曰‘刀笔吏’。”[③]《汉书》颜师古注:“刀所以削书也,古者用简牒,故吏皆以刀笔自随也。”[④]

随着文官制度在中国的推进,文书在政治生活中的作用越来越大。《文心雕龙·论说》:“夫说贵抚会,弛张相随,不专缓颊,亦在刀笔。范雎之言事,李斯之止逐客,并烦情入机,动言中务,虽批逆鳞,而功成计合,此上书之善说也。”[⑤]《文心雕龙·事类》:“夫山木为良匠所度,经书为文士所择。木美而定于斧斤,事美而制于刀笔。研思之士,无惭匠石矣。”[⑥]《魏书·羊深传》:“世极道消,风猷稍远,浇薄方竞,退让寂寥,驰竞靡节。进必吏能,升非学艺。是使刀笔小用,计日而期荣;专经大才,甘心于陋巷。”[⑦]

随着文官制度的发展,能操刀笔写文章成了寒门士子升迁所需具备的基本能力。《史记·建元以来侯者年表》:“(王迁)为尚书郎,习刀笔之文。”[⑧]《史记·酷吏列传》:“今上时,(赵)禹以刀笔吏积劳,稍迁为御史。上以为能,至太中大夫。”[⑨]《三国志·魏书·张既传》裴松之注引《魏略》:“(张既)自惟门寒,念无以自达,乃常畜好刀笔及版奏,

① [汉] 刘向,《战国策》,上海:上海古籍出版社,1985 年,第 286 页。
② [唐] 魏徵,《隋书》,北京:中华书局,1973 年,第 905 页。
③ [汉] 司马迁,《史记》,北京:中华书局,1959 年,第 2678 页。
④ [汉] 班固,《汉书》,北京:中华书局,1962 年,第 2022 页。
⑤ 詹锳,《文心雕龙义证》,上海:上海古籍出版社,1989 年,第 715 页。
⑥ 同上注,第 1439 页。
⑦ [北齐] 魏收,《魏书》,北京:中华书局,1974 年,第 1704 页。
⑧ [汉] 司马迁,《史记》,北京:中华书局,1959 年,第 3064 页。
⑨ 同上注,第 3136 页。

伺诸大吏有乏者辄给与，以是见识焉。”[1]《南史·王球传》：“时大将军彭城王义康专以政事为本，刀笔干练者多被意遇。”[2]《南史·江谧传》：“谧才长刀笔，所在干职。”《南史·循吏传》：“明帝自在布衣，达于吏事，及居宸扆，专务刀笔。”[3]《南史·虞玩之传》：“玩之少闲刀笔，泛涉书史。”[4]《北史》：“甄琛以学尚刀笔，早树声名，受遇三朝，终至崇重。”王迁、赵禹、尹齐、张既、王球、江谧、虞玩之、甄琛等人，都因写作才能而得以仕途通达。

军界、学界、士族为维护其既得利禄及特权联手贬斥作为新兴阶级的文吏，认为他们不能担当将相使命。《史记·萧相国世家》：“萧相国何于秦时为刀笔吏，录录未有奇节。”[5]《史记·李斯传》：“（赵）高固内官之厮役也，幸得以刀笔之文进入秦宫，管事二十余年，未尝见秦免罢丞相、功臣有封及二世者也，卒皆以诛亡。”[6]《史记·汲黯传》：“天下谓刀笔吏不可以为公卿，果然。必汤也，令天下重足而立，侧目而视矣！”[7]《汉书·陈汤列传》：“延寿、汤既未获受祉之报，反屈捐命之功，久挫于刀笔之前，非所以劝有功厉戎士也。”[8]《魏书·景穆十二王》：“顺遂抗声叱之（徐纥）曰：‘尔刀笔小人，正堪为几案之吏，宁应忝兹执戟，亏我彝伦！’”[9]《北史·王世充传》：“世充独谓其麾下诸将曰：‘文都之辈，刀笔吏耳。吾观其势，必为李密所禽。”[10]《南史·吴喜传》：“议者以喜刀笔吏，不尝为将，不可遣。”[11]

自秦汉以来，对刀笔吏的批评不绝于耳。总其大端，约有四点。

---

① ［晋］陈寿，《三国志》，北京：中华书局，1959 年，第 473 页。
② ［唐］李延寿，《南史》，北京：中华书局，1975 年，第 631 页。
③ 同上注，第 1697 页。
④ 同上注，第 1177 页。
⑤ ［汉］司马迁，《史记》，北京：中华书局，1959 年，第 2020 页。
⑥ 同上注，第 2549 页。
⑦ 同上注，第 3108 页。
⑧ ［汉］班固，《汉书》，北京：中华书局，1962 年，第 3017 页。
⑨ ［北齐］魏收，《魏书》，北京：中华书局，1974 年，第 483 页。
⑩ ［唐］李延寿，《北史》，北京：中华书局，1974 年，第 2662 页。
⑪ ［唐］李延寿，《南史》，北京：中华书局，1975 年，第 1031 页。

一曰过于苛严，缺乏同情心。《史记·张释之传》："且秦以任刀笔之吏，吏争以亟疾苛察相高，然其敝徒文具耳，无恻隐之实。"[①]《史记·李将军列传》："且广年六十余矣，终不能复对刀笔之吏。"[②]

二曰舞文弄墨，有乖事实。李陵《与苏武书》："男儿生以不成名，死则葬蛮夷中。谁复能屈身稽颡，回向北阙，使刀笔之吏弄其文墨耶?"[③]《南齐书》："刑礼相望，劝戒之道，浅识言治，莫辩后先，故宰世之堤防，御民之羁绊。端简为政，贵在画一，轻重屡易，手足无从。律令之本，文约旨旷，据典行罚，各用情求。舒惨之意既殊，宽猛之利亦异，辞有出没，义生增损。旧尹之事，政非一途，后主所是，即为成用。张驰代积，稍至迁讹。故刑开二门，法有两路，刀笔之态深，舞弄之风起。承喜怒之机隙，挟千金之奸利，剪韭复生，宁失有罪，抱木牢户，未必非冤。下吏上司，文簿从事，辩声察色，莫用衿府，申枉理谳，急不在躬，案法随科，幸无咎悔。至于郡县亲民，百务萌始，以情矜过，曾不待狱，以律定罪，无细非衍。盖由网密宪烦，文理相背。夫惩耻难穷，盗贼长有，欲求猛胜，事在或然，扫墓高门，为利孰远。故永明定律，多用优宽，治物不患仁心，见累于弘厚，为令贵在必行，而恶其舛杂也。"[④]《新唐书·张丞传》："古之选士，惟取称职，是以士修素行，而不为徼幸，奸伪自止，流品不杂。今天下不必治于上古，而事务日倍于前，诚以不正其本而设巧于末也。所谓末者，吏部条章，举赢千百。刀笔之人，溺于文墨；巧史猾徒，缘奸而奋。"[⑤]

三曰知识面狭窄，不识大体。《汉书·贾谊传》："夫移风易俗，使天下回心而乡道，类非俗吏之所能为也。俗吏之所务，在于刀笔筐箧，

① ［汉］司马迁，《史记》，北京：中华书局，1959 年，第 2752 页。
② 同上注，第 2876 页。
③ ［唐］欧阳询，《艺文类聚》，北京：中华书局，1965 年，第 533 页。
④ ［梁］萧子显，《南齐书》，北京：中华书局，1972 年，第 843 页。
⑤ ［宋］欧阳修、［宋］宋祁，《新唐书》，北京：中华书局，1975 年，第 4426 页。

而不知大体。”[①]《旧唐书·刑法志》：“观三代夏、殷兴亡，已下至秦、汉、魏、晋理乱，莫不皆以毒刑而致败坏也。夫大狱一起，不能无滥。何者？刀笔之吏，寡识大方，断狱能者，名在急刻，文深网密，则共称至公，爰及人主，亦谓其奉法。于是利在杀人，害在平恕，故狱吏相诫，以杀为词。非憎于人也，而利在己。故上以希人主之旨，以图荣身之利。徇利既多，则不能无滥，滥及良善，则淫刑逞矣。”[②]

四曰人品不正，交结钻营。《晋书·贾充传》：“充有刀笔才，能观察上旨……贾充以谄谀陋质，刀笔常材……。”[③]《晋书·司马元显传》：“庐江太守会稽张法顺以刀笔之才，为元显谋主，交结朋援，多树亲党，自桓谦以下，诸贵游皆敛衽请交。”[④]《晋书·戴若思传》：“敦参军吕猗昔为台郎，有刀笔才，性尤奸谄，若思为尚书，恶其为人，猗亦深憾焉。”[⑤]《宋书·吴喜传》：“议者以喜刀笔主者，不尝为将，不可遣……吴喜出自卑寒，少被驱使，利口任诈，轻狡万端。自元嘉以来，便充刀笔小役，卖弄威恩，苟取物情，处处交结，皆为党与，众中常以正直为词，而内实阿媚。”[⑥]《周书·苏绰传》：“自昔以来，州郡大吏，但取门资，多不择贤良；末曹小吏，唯试刀笔，并不问志行。夫门资者，乃先世之爵禄，无妨子孙之愚瞽；刀笔者，乃身外之末材，不废性行之浇伪。若门资之中而得贤良，是则策骐骥而取千里也；若门资之中而得愚瞽，是则土牛木马，形似而用非，不可以涉道也。若刀笔之中而得志行，是则金相玉质，内外俱美，实为人宝也；若刀笔之中而得浇伪，是则饰画朽木，悦目一时，不可以充榱椽之用也。”[⑦]《北史·刘炫传》：“始文帝

---

① ［汉］班固，《汉书》，北京：中华书局，1962 年，第 2245 页。
② ［后晋］刘昫，《旧唐书》，北京：中华书局，1975 年，第 2146 页。
③ ［唐］房玄龄，《晋书》，北京：中华书局，1974 年，第 1166 页。
④ 同上注，第 1737 页。
⑤ 同上注，第 1847 页。
⑥ ［梁］沈约，《宋书》，北京：中华书局，1974 年，第 2115 页。
⑦ ［唐］令狐德芬，《周书》，北京：中华书局，1971 年，第 383 页。

时，以刀笔吏类多小人，年久长奸，势使然也。又以风俗陵迟，妇人无节。”[①]

这些批评都有一定的道理，但也不免有些极端。秦汉以来负责法治与军队文书的刀笔吏，在惩办势族与将帅方面确实比较苛严，但这对打击豪强、巩固统治、维护社会稳定也起到了积极作用，更何况其中也不乏公平、正直、清廉之士。《汉书·尹齐传》：“尹齐，东郡茌平人也。以刀笔吏稍迁至御史。事张汤，汤数称以为廉。”[②]早期的刀笔吏，由于出身寒微，除了苦背过一些律法之外，自然没什么大的见识。到了汉代中期以后，刀笔吏逐渐演变成文化士族，见识多起来，自然不能一概而论。交结是士族的存在方式之一，从汉末至南北朝，所有的交结活动都是以士族乃至皇族为中心的，不能单单怪在刀笔吏的头上。这说明，从战国到秦汉，文士在整个社会生活中的地位还比较低，处于社会政治生活的边缘。

三、文笔与诗笔

东汉以后，情况发生了明显变化，文笔或诗笔受到空前重视。在走马灯似的南朝政权更替中，文笔在政治生活中扮演着越来越重要的角色。一批文笔之士以笔为枪，走到政治舞台的中央。一些重要的文书，都由士林中极有威望的人来执笔，谓之大手笔。《晋书·王珣传》：“时帝雅好典籍，珣与殷仲堪、徐邈、王恭、郗恢等并以才学文章见昵于帝。及王国宝自媚于会稽王道子，而与珣等不协，帝虑晏驾后怨隙必生，故出恭、恢为方伯，而委珣端右。珣梦人以大笔如椽与之，既觉，语人云：‘此当有大手笔事。’俄而帝崩，哀册谥议，皆珣所草。”[③]

刘师培说：至于宋代，其诗文尤为当时所重者，则为颜延之、谢灵

---

① ［唐］李延寿，《北史》，北京：中华书局，1974 年，第 2765 页。
② ［汉］班固，《汉书》，北京：中华书局，1962 年，第 3659 页。
③ ［唐］房玄龄，《晋书》，北京：中华书局，1974 年，第 1756 ～ 1757 页。

运。颜谢而外，文人辈出，以傅亮、范晔、袁淑、谢瞻、谢惠连、谢庄、鲍照为尤工。[①]《宋书·沈怀远传》：“会南郡王义宣反，怀远颇闲文笔，（广州刺史宗）悫起义，使造檄书，并衔命至始兴，与始兴相沈法系论起义事。”[②]《南史·徐陵传》：“文、宣之时，国家有大手笔，必命陵草之。其文颇变旧体，缉裁巧密，多有新意。每一文出，好事者已传写成诵，遂传于周、齐，家有其本。”[③]《南史·陆琼传》：“琼素有令名，深为陈文帝所赏。及讨周迪、陈宝应等，都官符及诸大手笔，并中敕付琼。”[④]《南史·谢朓传》：“明帝辅政，以为骠骑谘议，领记室，掌霸府文笔。”[⑤]《南史·傅亮传》：“武帝登庸之始，文笔皆是参军滕演，北征广固，悉委长史王诞，自此之后至于受命，表策文诰，皆亮辞也。”[⑥]

统治阶层十分看重诗笔。《南齐书·孔稚珪传》：“太祖为骠骑，以稚珪有文翰，取为记室参军，与江淹对掌辞笔。迁正员郎，中书郎，尚书左丞。”[⑦]齐武帝《敕晋安王子懋》（永明十一年（493））：“汝可好以阶级在意，勿得人求，或超五三阶级，文章诗笔，乃是佳事。”[⑧]《南齐书·竟陵文宣王子良传》：“所著内外文笔数十卷，虽无文采，多是劝戒。”[⑨]《南史·侯安都传》：“招聚文武士，骑驭驰骋，或命以诗笔，第其高下，以差次赏赐之。”[⑩]《南史·丘灵鞠传》：“时方禅让，齐高帝使灵鞠参掌诏策。建元元年，转中书郎，中正如故，敕知东宫手笔。寻又掌知国史。”《南史·蔡兴宗传》：“又太原孙敬玉尝通兴宗侍儿，被禽反接，兴宗命与杖，敬玉了无怍容。兴宗奇其言对，命释缚，试以伎能，

① 刘师培，《中古文学史讲义》，见《中古文学论著三种》，沈阳：辽宁教育出版社，1997 年，第 63 ～ 65页。
② ［梁］沈约，《宋书》，北京：中华书局，1974 年，第 2105 页。
③ ［唐］李延寿，《南史》，北京：中华书局，1975 年，第 1525 页。
④ 同上注，第 1201 页。
⑤ 同上注，第 533 页。
⑥ 同上注，第 442 页。
⑦ ［梁］萧子显，《南齐书》，北京：中华书局，1972 年，第 835 页。
⑧ 同上注，第 710 页。
⑨ 同上注，第 701 页。
⑩ ［唐］李延寿，《南史》，北京：中华书局，1975 年，第 1612 页。

高其笔札，因以侍儿赐之，为立室宇，位至尚书右丞。”[①]《南史·丘巨源传》：“元徽初，桂阳王休范在寻阳，以巨源有笔翰，遣船迎之，饷以钱物。”[②]《南史·任孝恭传》：“敕遣制《建陵寺刹下铭》，又启撰武帝集序文，并富丽。自是专掌公家笔翰。”[③]《宋书·颜延之传》：“先是，子竣为世祖南中郎咨议参军。及义师入讨，竣参定密谋，兼造书檄。劭召延之，示以檄文，问曰：‘此笔谁所造?’延之曰：‘竣之笔也。’又问：‘何以知之?’延之曰：‘竣笔体，臣不容不识。’”[④]

在这种形势下，王、谢等大家族都十分重视写作才能，将之作为增加政治影响力的重要砝码。《南齐书·王俭传》：“俭寡嗜欲，唯以经国为务，车服尘素，家无遗财。手笔典裁，为当时所重。”[⑤]甚至那些以前一般不会看重文笔的军功世家，也学着舞文弄墨起来。《晋书·胡奋传》：“奋家世将门，晚乃好学，有刀笔之用，所在有声绩，居边特有威惠。”[⑥]

普通士族，对于文笔格外重视，以文笔相称许。《晋书·王鉴传》：“鉴少以文笔著称，初为元帝琅玡国侍郎。”[⑦]《晋书·习凿齿传》：“凿齿少有志气，博学洽闻，以文笔著称。”《晋书·袁宏传》：“累迁大司马桓温府记室。温重其文笔，专综书记。”一些士人将一生的作品刊刻流传。《晋书·杨方传》：“著《五经钩枕》，更撰《吴越春秋》，并杂文笔，皆行于世。”《晋书·汪坚、汪启传》：“父子并有文笔传于世。”[⑧]《晋书·张翰传》：“其文笔数十篇行于世。”[⑨]《晋书·曹毗传》：“凡所著文笔十

---

① ［唐］李延寿，《南史》，北京：中华书局，1975 年，第 772 页。
② 同上注，第 894 页。
③ ［唐］李延寿，《南史》，北京：中华书局，1975 年，第 729 页。
④ ［梁］沈约，《宋书》，北京：中华书局，1974 年，第 1903 页。
⑤ ［梁］萧子显，《南齐书》，北京：中华书局，1972 年，第 438 页。
⑥ ［唐］房玄龄，《晋书》，北京：中华书局，1974 年，第 1557 页。
⑦ 同上注，第 1889 页。
⑧ 同上注，第 1990 页。
⑨ 同上注，第 2384 页。

五卷，传于世。”[①]《晋书·封孚传》：“以超三年死于家，时年七十一。文笔多传于世。”《南史·江德藻传》：“文笔十五卷。”《南史·许亨传》：“梁太清之后，所制文笔六卷。”《南史·刘师知传》：“好学，有当务才，博涉书传，工文笔，善仪体。”《南史·陆琰传》：“琰寡欲，鲜矜竞，游心经籍，晏如也。所制文笔，多不存本，后主求其遗文，撰成二卷。”[②]有人甚至还请书法家将自己的文笔誊录下来，以备流传。《南史·萧子范传》：“王爱文学士，子范偏被恩遇，常曰：‘此宗室奇才也。’使制《千字文》，其辞甚美。王命记室蔡远注释之。自是府中文笔皆使具草。”[③]

四、文与笔的相互影响

文笔从经传学术中独立出来。《金楼子·立言》：“夫子门徒，转相师受，通圣人之经者谓之儒，屈原、宋玉、枚乘、长卿之徒，止于辞赋则谓之文。今之儒博穷子史，但能识其事，不能通其理者，谓之学。……而学者率多不便属辞，守其章句，迟于通变，质于心用。学者不能定礼乐之是非，辩经教之宗旨，徒能扬榷前言，抵掌多识。然而挹源知流，亦足可贵。”[④]《晋书·蔡谟传》：“谟博学，于礼仪宗庙制度多所议定。文笔论议，有集行于世。”《晋书·袁乔传》：“乔博学有文才，注《论语》及《诗》，并诸文笔皆行于世。”章学诚说：“唐、宋以前，文集之中无著述。文之不为义解经学、传记史学、论撰子家诸品者，古人始称之为文。其有义解、传记、论撰诸体者，古人称书，不称文也。萧统《文选》，合诗文而皆称为文者，见文集之与诗同一流别也，今仿选例而为文征，入选之文，虽不一例，要皆自以其意为言者，故附之于

① ［唐］房玄龄，《晋书》，北京：中华书局，1974 年，第 2388 页。
② 同上注，第 1202 页。
③ 同上注，第 1071 页。
④ ［梁］萧绎，《金楼子》，文渊阁四库全书本，第 4 卷。

风诗也。”[①]

在当时，也出现了一股反学术的文笔风潮。《金楼子·立言》：“夫今之俗，搢绅稚齿。闾巷小生，学以浮动为贵，用百家则多尚轻侧，涉经记则不通大旨。苟取成章，贵在悦目，龙首豕足，随时之义；牛头马髀，强相附会。事等张君之弧，徒观外泽；亦如南阳之里，难就穷检矣。”[②]

当时的有识之士对这一趋势进行了矫正。《金楼子·立言》：“射鱼指天，事徒勤而靡获；适郢首燕，马虽良而不到。夫挹酌道德，宪章前言者，君子所以行也。是故言顾行，行顾言。原宪云：‘无财谓之贫，学道不行，谓之病。’末俗学徒，颇或异此。或假兹以为伎术，或狎之以为戏笑。若谓为伎术者，犁靬眩人，皆伎术也。若以为戏笑者，少府斗获皆戏笑也。未闻强学自立，和乐慎礼，若此者也。口谈忠孝，色方在于过鸿；形服儒衣，心不则于德义。既弥乖于本行，实有长于浇风。一失其源，则其流已远，与其不陨获于贫贱，不充诎于富贵，不畏君王，不累长上，不闻有司者，何其相反之甚。……曹子建、陆士衡，皆文士也，观其辞致侧密，事语坚明，意匠有序，遗言无失。虽不以儒者命家，此亦悉通其义也。”[③]他们认为，笔不是单纯的应用文字，而要以学识作为基础。《文心雕龙·风骨》：“夫翚翟备色，而翾翥百步，肌丰而力沈也；鹰隼乏采，而翰飞戾天，骨劲而气猛也。文章才力，有似于此。若风骨乏采，则鸷集翰林；采乏风骨，则雉窜文囿；唯藻耀而高翔，固文章之鸣凤也。”[④]《文心雕龙·书记》：“若不达政体，而舞笔弄文，支离构辞，穿凿会巧，空骋其华，固为事实所摈，设得其理，亦为游辞所埋矣。”[⑤]

---

① ［清］章学诚，《文史通义》，上海：上海书店，1988 年，第 5 页。

② ［梁］萧绎，《金楼子》，文渊阁四库全书本，第 4 卷。

③ 同上。

④ 詹锳，《文心雕龙义证》，上海：上海古籍出版社，1989 年，第 1063 ～ 1064 页。

⑤ 同上注，第 899 页。

《晋书·侯史光传》："光儒学博古，历官著绩，文笔奏议皆有条理。"[①]《南史·岑之敬传》："之敬始以经业进，而博涉文史，雅有词笔，不为醇儒。"[②]提高写作水平，成为士子的梦想。《南史·纪少瑜传》："少瑜尝梦陆倕以一束青镂管笔授之，云：'我以此笔犹可用，卿自择其善者'，其文因此遒进。"[③]

五、文笔之辨

文笔之辨，是文体学研究的首要内容。《文心雕龙·序志》："若乃论文叙笔，则囿别区分，原始以表末，释名以章义，选文以定篇，敷理以举统：上篇以上，纲领明矣。"[④]文章家们试图从目录、音韵和情感上对文笔做进一步的分辨。

从目录上分辨，文有韵，笔元韵。《文镜秘府》引《文笔式》云："制作之道，唯笔与文。文者，诗、赋、铭、颂、箴、赞、吊、诔等是也；笔者，诏、策、移、檄、章、奏、书、启等也。"[⑤]《文心雕龙》分文为诗、乐府、赋、颂、赞、祝、盟、铭、箴、诔、碑、哀、吊、杂文、谐隐15种，笔为史传、诸子、论、说、诏、策、檄、移、封、禅、章、表、奏、启、议、对、书、记18种。《文心雕龙·奏启》："夫奏之为笔，固以明允笃诚为本，辨析疏通为首。"这样的区分并不十分完整。因为在史料中，文笔与诗笔相当，几乎是文人一切非学术著述创作的总和，并非以上所举这些文体所能包括。

从音韵上分辨，文有韵，笔无韵。《文心雕龙·总术》："今之常言，有文有笔，以为无韵者笔也，有韵者文也。"[⑥]《文心雕龙札记》："六朝

① ［唐］房玄龄，《晋书》，北京：中华书局，1974年，第1290页。
② ［唐］李延寿，《南史》，北京：中华书局，1975年，第1788页。
③ 同上注，第1786页。
④ 詹锳，《文心雕龙义证》，上海：上海古籍出版社，1989年，第1924页。
⑤ 卢盛江，《文镜秘府论汇校汇考》，北京：中华书局，2006年，第1238页。
⑥ 詹锳，《文心雕龙义证》，上海：上海古籍出版社，1989年，第1622～1623页。

人分文笔，大概有二途：其一以有韵者为文，无韵者为笔；其一以有文采者为文，无文采者为笔。谓宜兼二说而用之。”[①]刘勰认为，文是有韵的，笔是无韵的。他的这一观点，对后世产生了重大的影响。《文镜秘府》引《文笔式》云：“即而言之，韵者为文，非韵者为笔；文以两句而会，笔以四句而成。文系于韵，两句相会，取于谐合也；笔不取韵，四句而成，在于变通。故笔之四句，比文之二句，验之文笔，率皆如此也。”[②]《文笔式》对刘勰的文笔理论做了一步论证，认为文由两句组成，所以容易押韵，笔由四句组成，所以不容易押韵。这种说法与实际情况有很大出入。范文澜注：“论文叙笔，谓自《明诗》至《哀吊》皆论有韵之文，《杂文》《谐隐》二篇，或韵或不韵，故置于中；《史传》以下，则论无韵之笔。”[③]实际的情况是：笔也有韵。《文镜秘府》有文笔十病得失，即言文与笔都有平头、上尾、蜂腰、鹤膝、大韵、小韵、正纽、傍纽、隔句上尾、踏发声等十种声韵上的得失。《文心雕龙·声律》：“属笔易巧，选和至难，缀文难精，而作韵甚易。”[④]刘跃进说：“入梁以后，对于文学特征的认识进一步深入，许多作家已经不满足于仅从有韵等形式特征上区分文与笔的差异，因为许多应用文字也用韵。”[⑤]

从情感上分辨，文是带情感的，笔是不带情感的。《金楼子·立言下》：

> 至如不便为诗如阎纂，善为章奏如柏松，若此之流，泛谓之笔。吟咏风谣，流连哀思者，谓之文。……笔退则非谓成篇，进则不云取义，神其巧惠笔端而已。至如文者，惟须绮縠纷披，宫征靡曼，唇吻遒会，情灵摇荡。……潘安仁清绮若是，而评者止称情切，故

① 詹锳，《文心雕龙义证》，上海：上海古籍出版社，1989 年，第 1925 页。
② 卢盛江，《文镜秘府论汇校汇考》，北京：中华书局，2006 年，第 1238 页。
③ 范文澜，《文化雕龙注》，北京：文化学社，1931 年，第 237 页。
④ 同上注，第 1233 页。
⑤ 刘跃进，《中国古代文人创作态势的形成——从古诗十九首及南朝文学谈起》，《社会科学战线》，1992 年第 3 期。

知为文之难也。[①]

萧绎极力从情感上区分文与笔。他这种理论的区分与实际创作仍有很大的距离。事实上，笔不可能不带感情。《文心雕龙·时序》："观其时文，雅好慷慨，良由世积乱离，风衰俗怨，并志深而笔长，故梗概而多气也。"[②]建安时代志深笔长，其他朝代的笔又为何不是如此。

我们将盛行于南朝的文笔之辨放到中国文学发展史中进行考察。最先产生的是言笔之辨，即口头语言与书面语言的分野。战国到汉时期，行政文书与司法文书的社会影响力日益增加，大量文士由此走上政治舞台。他们长期受到传统势力的贬斥，被称为刀笔吏，不允许出将入相。到了南朝，文章进一步从学术中独立出来，同时又从学术中吸收必要的养分，数量大幅增多，质量显著提高。文士的地位也大大提升。学者们对这些问题做了及时的理论总结，从目录上、音韵上、情感上对文笔进行了区分。尽管这些区分存在许多不周全之处，但从一个侧面反映了南朝文学的盛况。

第二节　任笔的内容

任昉死后，他的亲人旧友曾经把他一生的作品编订成集。《梁书·任昉传》称："昉著文章数十万言，盛行于世。"又说："文章三十二卷。"[③]《隋书·经籍志》《旧唐书·经籍志》《新唐书·艺文志》都录作34卷。到《宋史·艺文志》，仅著录为6卷。可见，早在宋代，任昉的集子就散佚了。现在我们所能看到的任昉的诗笔，都是后人从类书、选本中辑录出来的。我们把现今任昉作品中除诗歌以外的所有作品，都纳入任笔的

① ［梁］萧绎，《金楼子》，文渊阁四库全书本，第4卷。
② 詹锳，《文心雕龙义证》，上海：上海古籍出版社，1989年，第1694页。
③ ［唐］姚思廉，《梁书》，北京：中华书局，1973年，第254页。

讨论范围，计有：赋 3 篇，诏 9 篇，九锡文 1 篇，策 1 篇，玺书 1 篇，教 1 篇，令 6 篇，表 11 篇，启 5 篇，议 3 篇，策文 1 篇，弹文 4 篇，书 5 篇，笺 3 篇，序 1 篇，吊文 1 篇，行状 2 篇，哀策文 1 篇，碑 1 篇，墓志铭 2 篇，共涉 21 体 62 篇。

一、 赋体

现存任昉赋 3 篇：《赋体》（502）、《静思堂秋竹应诏》（502）和《答陆倕感知己赋》（504）。

天监三年（504），吴郡的年轻文人、安成王主簿陆倕写了一篇《感知己赋赠任昉》。在这篇赋中，陆倕称赞任昉的学问与文才，表达了自己的钦佩之情："学穷书府，文究辞林。既耳闻而存口，又目见而登心。似临淄之借书，类东武之飞翰。轸工迟于长卿，逾巧速于王粲，固乃度平子而越孟坚，何论孔璋而与公干。"[①]于是，任昉作了这篇《答陆倕感知己赋》。在这篇赋中，任昉首先引申了《论语》的意思，来说明自己对知己的看法："虽有望于己知，更非谓其知己。"接着，任昉肯定了陆倕身出高门，品性高洁，好学勤奋："折高戴于后台，异邹颜乎董幄。探三诗于河间，访九师于淮曲。术兼口传之书，艺广铿锵之乐。时坐睡而悬梁，裁据梧而锥幄。"最后，写了他们之间的交情："以胶投漆中，离娄岂能识。"这篇赋内容丰富，意味深长。葛寅亮《汉魏诸名家集序》说："任彦升知己之赋具在，彩旌悬铃，隆隆几入梦也。"[②]任昉《答陆倕感知己赋》有对知己原义的议论，有对陆氏显赫家族的铺排，有对与陆倕交往的描写。可以说，他把各种表现手法都综合运用到骈体文中了。郭预衡评《答陆倕感知己赋》说："从这样的赋看来，赋体之文，到了六朝，已经无施不可。虽名为赋，其实是议论文字。"[③]

---

① ［唐］欧阳询，《艺文类聚》，上海：上海古籍出版社，1982 年，第 558 页。
② ［明］汪士贤编，《汉魏诸名家集二十一种》，万历天启间汪氏刻本，卷首，第 1 页。
③ 郭预衡，《中国散文史》，上海：上海古籍出版社，1986 年，第 506 页。

《梁书·任昉传》："高祖聪明文思，光宅区宇，旁求儒雅，诏采异人，文章之盛，焕乎俱集。每所御幸，辄命群臣赋诗，其文善者，赐以金帛。诣阙庭而献赋颂者，或引见焉。其在位者，则沈约、江淹、任昉，并以文采妙绝当时。"[①]《艺文类聚》第56卷还收有梁武帝、任昉、陆倕、王僧孺、柳憕等5人所作的《赋体》。梁武帝《赋体》写道："草回风以照春，木承云以含化。芳竞飞于阳和，花争开于日夜。乐万类之得所，岂此心之云舍。欣分竹其厉精，惭戎车之屡驾。"春光明媚，清风逐起，草木繁茂，百花盛开，竹笋萌发，万物祥和，初登帝位的萧衍兴致勃勃，带领群臣一边游春，一边唱和吟咏，即目兴怀，无比惬意。任昉《赋体》和道："俶征侣兮舣行舟，奉君命兮不俟驾。属轩轨之易循，值尧民之可化。惭孺雉之声朝，恶细鱼之在夜。奉玉检之陆离，待金罍之云舍。"[②]任昉一行人侍在梁武帝的御船中，一同赏春，还不忘讽谏梁武帝遵行黄帝、尧帝的大治，屏退小人，振兴朝纲。王僧孺《赋体》也讽谏道："思治兮终朝，求人兮仄夜。竟大德之未德，何飞光之徒舍。"这些赋都含"作辞以讽谏"[③]之意。

二、诏、策、九锡文、玺书、教、令

《梁书·任昉传》："梁台建，禅让文诰，多昉所具。"[④]蔡邕《独断》："制诏者，王者之言必为法制也。"[⑤]《文心雕龙·诏策》："汉初定仪则，则命有四品：一曰策书，二曰制书，三曰诏书，四曰戒敕。敕戒州部，诏诰百官，制施赦命，策封王侯。策者，简也。制者，裁也。诏者，告也。敕者，正也。"[⑥]

① ［唐］姚思廉，《梁书》，北京：中华书局，1973年，第254页。
② ［唐］欧阳询，《艺文类聚》，北京：中华书局，1965年，第1017页。
③ ［汉］司马迁，《史记》，北京：中华书局，1959年，第3314页。
④ ［唐］姚思廉，《梁书》，北京：中华书局，1973年，第254页。
⑤ ［宋］李昉等，《太平御览》，四部丛刊本，第593卷。
⑥ 詹锳，《文心雕龙义证》，上海：上海古籍出版社，1989年，第730页。

现存任昉天监初（502）所作诏9篇：《封梁公诏》《进梁公爵为王诏》《禅位诏》《初封诸功臣诏》《追封永阳王诏》《追封丞相长沙王诏》《追封衡阳王桂阳王诏》《封临川安兴建安等五王诏》和《求荐士诏》，九锡文1篇：《策梁公九锡文》，策1篇：《禅位梁王策》，玺书1篇：《禅位梁王玺书》。

齐梁禅位诏策6篇，大体写了三个方面的内容：禅位的合法性、齐东昏候的暴虐、梁王的功德。在论到禅位的合法性时，任昉说：

夫生者天地之大德，人者含生之通称，并首同本，未知所以异也。而禀灵造化，愚贤之情不一；托性五常，强柔之分或舛。群后靡一，争犯交兴。是故建君立长，用相司牧，非谓尊骄在上，以天下为私者也。兼以三正迭改，五运相迁。绿文赤字，征河表洛。在昔勋华，深达兹义。眷求明哲，授以蒸人。迁虞事夏，本因心于百姓；殷化为周，实受命于苍昊。爰自汉魏，罔不率由。降及晋宋，亦遵斯典。我高皇所以格文祖而抚归运，畏上天而恭宝历者也。（《禅位梁王玺书》）

“三正迭改，五运相迁”是社会发展的必然规律，虞夏、殷周、汉魏、晋宋之际的替代，莫不体现了这一规律。有意思的是，任昉是在肯定齐代宋的合法性的基础上来肯定梁代齐的。

再看写东昏侯的暴虐：

嗣君昏暴，书契弗睹。朝权国柄，委之群孽，剿戮忠贤，诛残台辅。含冤抱痛，噍类靡余。实繁非一，并专国命。频笑致灾，睚眦及祸。严科毒赋，载离比屋。溥天熬熬，置身无所。冤颈引决，道树相望。无近无远，号天靡告。（《策梁公九锡文》）

嗣君丧德，昏弃纪度。毁紊天纲，凋绝地纽。茫茫九域，翦为仇雠。溥天相顾，命悬晷刻。斫涉刳孕，于事已轻。求鸡征杖，曾何足譬。是以谷满川枯，山飞鬼哭。七庙已危，人神无主。（《禅位梁王策》）

至于季世，祸乱荐臻。王度纷纠，奸回炽积。亿兆夷人，刀俎为命。已然之逼，若线之危。局天蹐地，逃形无所。群凶挟煽，志逞残戮。将欲先殄衣冠，次移龟鼎。衡保周召，并列宵人。巢幕累卵，方此非切。(《禅位梁王玺书》)

再论萧衍的功绩，历数他任大司马、相国公、梁王之功绩，竟有14项之多：

永明季年，边隙大启。荆河连率，招引戎荒。江淮扰逼，势同履虎。公受言本朝，轻兵赴袭。縻以长算，制之环中。排危冒险，强柔递用。坦然一方，还成藩服。此又公之功也。在昔隆昌，洪基已谢。高宗虑深社稷，将行权道。公定策帷帐，激扬大节。废帝立王，谋猷深著。此又公之功也。建武阐业，厥猷虽远。戎狄内侵，凭陵关塞。司部危逼，沦陷指期。公治兵外讨，卷甲长鹜。接距交绥，电激风扫。摧坚覆锐，咽水涂原。执俘象魏，献馘海渚。焚庐毁帐，号哭言归。此又公之功也。樊汉阽切，羽书续至。公星言鞠旅，禀命徂征。而军机戎统，事非己出。善策嘉谋，抑而莫允。邓城之役，胡马卒至。元帅潜及，不相告报。弃甲捐师，饵之虎口。公南收散卒，北御雕骑。全众方轨，案路徐归。拯我边危，重获安堵。此又公之功也。汉南回弱，咫尺勍寇。兵粮尽阙，器甲靡遗。公作藩爰始，因资靡托。整兵训卒，搜狩有序。俾我危城，翻为强镇。此又公之功也。永元纪号，瞻乌已及。虽废昏有典，而伊霍称难。公首建大策，爰立明圣。义逾邑纶，勋高代入。易乱以化，俾昏作明。此又公之功也。文王之风，虽被江汉。京邑蠢动，湮为洪流。句吴于越，巢幕匪喻。公投袂万里，事惟拯溺。义声所覃，无思不韪。此又公之功也。鲁城夏汭，梗据中流。乘山置垒，萦川自固。公御此乌集，陵兹地险。顿兵坐甲，寒往暑移。我行永久，士忘归愿。经以远图，御以长策。费无遗矢，战未穷兵。践华之固，相望俱拔。此又公之功也。惟此群凶，同恶相济。缘江负险，蚁聚加湖。水陆盘据，规援夏首。桴旝一临，应时褫溃。

此又公之功也。奸孽震皇，复怀举斧。蓄兵九派，用拟勤王。公棱威直指，势逾风电。旌旆未临，全州稽服。此又公之功也。姑熟冲要，密迩京畿。凶徒炽聚，断塞津路。公偏师启途，排方继及。兵威所震，望旗自骇。焚舟委壁，卷甲宵遁。此又公之功也。群竖猖狂，志在借一。豕突淮涘，武骑如云。公爰命英勇，因机骋锐。气冠版泉，势逾洹水。追奔逐北，奄有通津。熊耳比峻，未足云拟。睢水不流，曷其能及。此又公之功也。琅玡石首，襟带岨固。新垒东墉，金汤是埒。凭险作守，兵食兼资。风激电骇，莫不震迭。城复于隍，于是乎在。此又公之功也。独夫昏狠，凭城靡惧。鼓钟鞺鞳，傲若有余。狎是邪孽，忌斯冠冕。凶狡因之，将逞孥戮。公奇谟密运，盛略潜通。忠勇之徒，得申厥效，白旗宣室，未之或比。此又公之功也。（《策梁公九锡文》）

每到禅代的时候，都会有禅让文告，如禅位诏、策、九锡文等，早期的创作者有曹操、傅亮、王俭等。[①]这一类文体，要求委婉迂徐，没有半点攘夺的痕迹。曹操篡位时所作诏告写道：

赖皇天之灵，俾君秉义奋身，震迅神武，捍朕于艰难，获保宗庙，华夏遗民，含气之伦，莫不蒙焉。君勤过稷、禹，忠侔伊、周，而掩之以谦让，守之以弥恭，是以往者初开魏国，锡君土宇，惧君之违命，虑君之固辞，故且怀志屈意，封君为上公，欲以钦顺高义，须俟勋绩。韩遂、宋建，南结巴、蜀，群逆合从，图危社稷，君复命将，龙骧虎奋，枭其元首，屠其窟栖。暨至西征，阳平之役，亲擐甲胄，深入险阻，芟夷蝥贼，殄其凶丑，荡定西陲，悬旌万里，声教远振，宁我区夏。[②]

跟任昉比起来，简单得多。刘宋取代东晋，诏策出自傅亮之手，也比较简单：

① ［清］赵翼著，王树民校证，《廿二史札记校证》，北京：中华书局，1984 年，第 148 页。
② ［晋］陈寿，《三国志》，北京：中华书局，1959 年，第 48 页。

古称大者天地，其次君臣，所以列贯三辰，神人代序，谅理本于造昧，而运周于万叶。故盈否时袭，四灵通其变；王道或昧，贞贤拯其危。天命所以永固，人心所以攸穆。虽夏、周中倾，赖靡、申之绩，莽、伦载窃，实二代是维，或乘资藉号，或业隆异世，犹诗书以之休咏，记策用为美谈。未有因心抚民，而诚发理应，援神器于已沦，若在今之盛者也。朕以寡昧，遭家不造，越自遘闵，属当屯极。逆臣桓玄，乘衅纵慝，穷凶恣虐，滔天猾夏。遂诬罔人神，肆其篡乱。祖宗之基既湮，七庙之飨胥殄，若坠渊谷，未足斯譬。皇度有晋，天纵英哲，使持节、都督扬徐兖豫青冀幽并江九州岛诸军事、镇军将军、徐青二州刺史，忠诚天亮，神武命世，用能贞明协契，义夫响臻。故顺声一唱，二溟卷波；英风振路，宸居清翳。①

萧齐取代刘宋，禅位诏策出自王俭手笔。文告述刘裕对齐有十大功劳，十分详赡。任昉《策梁公九锡文》连用十四个“此又公之功也”，正是学习了王俭的行文体势。禅让文告的写法，到了任昉手里，越来越繁富了。何祥荣说：“任昉在齐梁之交，写了一系列与禅代有关的文章，亦颇有艺术成就。这些虽然是代笔之言，但结合当时的政治情势而言，却没有虚饰其言，背离事实。反之，颇能反映齐末极荒唐腐败的政治势态，而新时代的诞生，固是众望所归。”②

此外，任昉所作的5篇封王诏和封功臣诏，也写得十分雅正。《追封衡阳王桂阳王诏》：

亡弟畅，风标秀物，器体淹弘。朱方之役，尽勤王事。策出无方，物惟不赏。亡弟融，业行清简，风度闲绰。蚤优名辈，夙广令闻。朕应天绍命，君临万宇。祚启郇、滕，感兴鲁卫。事往运来，永怀伤切。畅可追封衡阳郡王，融可追封南阳郡王。

萧衍两位亡弟萧畅、萧融的风姿、德行都历历可见。最后一句“事

---

① ［梁］沈约，《宋书》，北京：中华书局，1974年，第11～12页。

② 何祥荣，《南北朝骈文艺术探赜》，香港：汇智出版有限公司，2005年，第113～114页。

往运来，永怀伤切”，又略带王者之悲，真是至情至性的好文字。《文心雕龙·诏策》：“优文封策，则气含风雨之润。”封爵诏写得这样工整优美，此前很少见。有些封爵诏，我们不但可以了解受封者的功德和风采，还能深切感受到授封者的心情和治国的方略。《追封丞相长沙王诏》：“夫褒崇名器，率由旧章。光昭德祀，永世作则。”《封临川安兴建安等五王诏》：“神州帝城，冠冕列岳。渚宫樊邓，形胜是归。居中作卫，翼宣戎重。隆兹宠号，实允旧章。并非亲勿居，惟贤斯授。”在《求荐士诏》中，任昉甚至用了“白驹盈谷，长楚未刈。所以临朝永叹，日昃伊伫”的句子，形象地表现了梁武帝对于年寿的感叹和对朝事的担忧。这样的求贤诏，读来令人感动，前代罕见。《魏武封魏王诏》：“今以君为魏王，青、绛、皂、黄、白葛各二匹，越葛一端往，钦哉！”[①]相形之下，任昉所拟的封王诏文学性要强得多。这类文章在一千多年的封建社会中产生过不容忽视的影响。[②]

现存任昉教1篇：《为齐竟陵王世子临会稽郡教》（490），令6篇：《齐宣德皇后答梁王令》（502）、《宣德皇后敦劝梁王令》（502）、《宣德皇后重敦劝梁王令》（502）、《齐宣德皇后令》（502）、《为梁武帝集坟籍令》（502）和《梁武帝断华侈令》（502）。

三、表

现存任昉表11篇：《为褚咨议蓁让代兄袭封表》（491）、《又为褚咨议蓁让代兄袭封表》（491）、《为齐明帝让宣城郡公第一表》（492）、《为萧扬州荐士表》（492）、《为范始兴作求立太宰碑表》（495）、《为王思远让侍中表》（497）、《为范尚书让吏部封侯第一表》（502）、《为萧侍中拜袭封表》（496）、《吏部郎表》（502）、《为梁公请刊改律令表》（502）、《为皇太子求一日一入朝表》（506）。

---

① ［宋］李昉等，《太平御览》，四部丛刊本，第819卷。
② 曹道衡、沈玉成编著，《南北朝文学史》，北京：人民文学出版社，1998年，第182页。

四、启、议、策文、弹文

现存任昉启5篇：《为卞彬谢修卞忠贞墓启》（483）、《为王金紫谢齐武帝示皇太子律序启》（485）、《启萧太傅固辞夺礼》（489）、《求为刘瓛立馆启》（489）、《奉答敕示七夕诗启》（502）；议3篇：《朝堂讳榜议》（490）、《齐明帝谥议》（498）、《奏请郊庙备六代乐》（502）；策文1篇：《天监三年策秀才文》（504）；弹文4篇：《奏弹曹景宗》（503）、《奏弹萧颖达》（504）、《奏弹范缜》（504）、《奏弹刘整》（505）。

《奏弹曹景宗》文写道：

> 窃寻獯猃侵轶，暂扰疆陲，王师薄伐，所向风靡。是以淮徐献捷，河兖凯归。东关无一战之劳，途中罕千金之费。而司部悬隔，斜临寇境，故使狡虏凭陵，淹移岁月。故司州刺史蔡道恭，率厉义勇，奋不顾命，全城守死。自冬徂秋，犹有转战无穷，亟摧丑虏。方之居延，则陵降而恭守；比之疏勒，则耿存而蔡亡。若使郢部救兵，微接声援，则单于之首，久悬北阙，岂直受降可筑，涉安启土而已哉？实由郢州刺史臣景宗，受命致讨，不时言迈，故使猬结蚁聚，水草有依。方复按甲盘桓，缓救资敌，遂令孤城穷守，力屈凶威。虽然，犹应固守三关，更谋进取。而退师延颈，自贻亏衄。疆埸侵骇，职是之由。不有严刑，诛赏安置，景宗即主。

《文选》李善注引刘璠《梁典》曰："宣城王以冠军将军曹景宗为郢州刺史。初，司州被围，诏荆郢发兵往援。曹景宗为都督，及荆州援军至三关，顿兵不进。闻司州没，即日退还延颈。敌人纵暴缘边，景宗不能御，遂失三关诸戍。有司奏罚罪，景宗闻之辄去州，伏阙泥首待罪。帝一无所问。"①这段文字先写魏攻司州，再写司州刺史蔡道恭率全城将士死守，最后写曹景宗援兵不济，司州失守。整个事件按时间记叙，曹

① ［梁］萧统，《文选》，上海：上海古籍出版社，1986年，第1803～1804页。

景宗之过与蔡道恭之功形成鲜明对比，为下面的奏弹做铺垫。李兆洛评道："可谓笔挟风霜，骏迈曲折，气举其辞。"[①]曹道衡说，此文写法显然得力于颜延之的《阳给事诔》，任昉夹叙夹议，插上李陵、耿恭两个典帮，更起着画龙点睛的作用，此文是任昉的代表作，齐梁文中的名篇。[②]

五、书、笺、序

现存任昉书5篇：《为庾杲之与刘居士虬书》(489)、《吊乐永世书》(497)、《与江革书》(501)、《与沈约书》(503)、《为昭明太子答何胤书》(506)；笺3篇：《到大司马记室笺》（502）、《为府僚劝进梁公笺一》(502)、《为府僚劝进梁公笺二》(502)。序1篇：《王文宪集序》(489)。[③]

《为庾杲之与刘居士虬书》写道：

> 自别荆南，迨将二纪。杲之牵滞形有，推迁物役。丈人没志外身，超然独善。虽心路咫尺，而事阻山河。悠悠白云，依然有道。金凉伫运，想恒纳宜。冲明在襟，履候无爽。体道为用，蹈理则和。杲之牵缀疲朽，愧心已多。访德则山林窅然，观道则风云自远。岁暮之期，指涂衡岳。神虚气懋，无待怡和。江湖相望，安事行李。司徒竟陵王，懋于神者，言象所绝；接乎士者，遐迩所宗。钟石非礼乐之本，缨裼岂朝野之谓。想暗投之怀，不以形体为阻。一日通籍梁邸，亲奉话言，梦想清尘，为岁已积。以丈人非羔雁所荣，故息蒲币之典。胜寄冥运，谅有风期之迟。君王卜居郊郭，萦带川阜。显不绚功，晦不标迹。从容乎人野之间，以穷二者之致。且弘护为心，广孚真俗。思闻系表，共剖众心。妙域筵山河，虚馆带川阜。实望贲然，少酬侧迟。昔东平乐善，旌君大于东阁；今王爱素，致

① ［清］李兆洛，《骈体文钞》，上海：世界书局，1936年，第304页。

② 曹道衡，《论任昉在文学史上的地位》，见《魏晋南北朝文学论集》，香港：文史哲出版社，1994年，第607～622页。

③ 《王文宪集序》残卷存敦煌本《文选》，伯2543，伯2542号卷子。

吾子于西山。岂不盛欤！百龄飘骤，凝滞自物。千载一朝，为仁由己。且凌雪戒涂，非灭迹之郊；鸿钟在御，岂销声之道。己标异人之迹，故有同物之劳。夫山水无情，应之以会。爱闲在我，触目萧条。衡岳何亲，钟岭何薄。想弘思有在，不俟繁言。

《南齐书·刘虬传》："竟陵王子良致书通意。虬答曰：'虬四节卧病，三时营灌，畅余阴于山泽，托暮情于鱼鸟，宁非唐、虞重恩，周、邵宏施？虬进不研机入玄，无洙泗稷馆之辩；退不凝心出累，非冢间树下之节。远泽既洒，仁规先著。谨收樵牧之嫌，敬加轼蛙之义。'"如这封书前一段就将庾杲之的俗世生活与刘虬的隐士生活进行对比，表达了庾杲之对隐士生活的向往之情。任昉本人有很重的归隐情结，他写给隐士的书笺清旷神远。杜甫认为任昉擅长笺诔，他在《八哀诗·故右仆射相国张公九龄》中说："绮丽玄晖拥，笺诔任昉骋。自我一家则，未缺只字警。"[①]

《与沈约书》(503)：

范仆射遂不救疾。范侯淳孝睦友，在家必闻。直道正色，立朝斯著。一金之俸，必徧亲伦。钟庾之秩，散之故旧。佐命兴王，心力俱尽。谋猷忠允，谅诚匪躬。破产而字死友之孤，开门而延故人之殡。则惟其常，无得而称矣。器用车马，无改平生之凭。素论款对，不易布素之交。若斯人者，岂云易遇？昉将莅此邦，务在遄速。虽解驾流连，再贻款顾。将乖之际，不忍告别。无益离悲，只增今怅。永念平生，忽焉畴曩。追寻笑绪，皆成悲端。[②]

现存任昉序1篇：《王文宪集序》(489)。另有伪《文章缘起序》(502) 1篇。这两篇作品，已经分别在前文中讨论过。

---

① 中华书局编辑部点校，《全唐诗》，北京：中华书局，1999年，第2359～2360页。
② ［唐］欧阳询，《艺文类聚》，北京：中华书局，1965年，第611页。

六、哀策文、碑、墓志铭、吊文、行状

现存任昉吊文1篇：《吊刘文范文》（495）；行状2篇：《齐竟陵文宣王行状》（494）、《齐司空曲江公行状》（499）。哀策文1篇：《王贵嫔哀策文》（写作年份待考）；碑1篇：《丞相长沙宣武王碑》（502）；墓志铭2篇：《抚军桂阳王墓志铭》（502）、《刘先生夫人墓志铭》（502）。

《丞相长沙宣武王碑》写道：

> 君器量高睿，神明披朗，商略雅俗，隐括真伪。擢奇取异，不轨常流，固以准的当时，拟议郭、许矣。处身立朝，不峻功名。俯仰显默之际，优游可否之闲，迹卑而道不污，身屈而志不屑矣。铭曰："于穆我后，禀兹纯爽。虚豁高畅，萧条迈上。风任外舒，卓鉴内朗。神栖冲慎，形同俯仰。将登槐棘，宏振纲网。令仪早徂，德音永响。"①

桓彝（276～328），字茂伦，东晋谯国龙亢（今属安徽怀远县）人。晋明帝任其为宣城内史，颇有政声。苏峻之乱中奋死抵抗，撤退的路途中被叛军杀害，时年五十三。此碑当为萧鸾为宣城郡公时所作。《梁书·任昉传》载："齐明帝既废郁林王，始为侍中、中书监、骠骑大将军、开府仪同三司、扬州刺史、录尚书事，封宣城郡公，加兵五千，使昉具表草。"②

第三节　任笔的特点

历来探讨任昉笔者甚多，如张仁青说："彦升之文，有韵者甚少，其无韵之文最足取法者，在无不达之辞，无不尽之意。行文固近四六，而辞令婉转，轻重得宜。黄祖称祢衡之文云：'此正得祖意，如祖腹中所欲

① ［唐］欧阳询，《艺文类聚》，北京：中华书局，1965年，第509页。
② ［唐］姚思廉，《梁书》，北京：中华书局，1973年，第252页。

言。’彦升之作，亦克当此。且其文章隐秀，用典入化，故能活而不滞，潜气内转，句句贯通，此所谓用典而不用于典者也。世人但称其典雅平实，实不足以尽之。至其词令隽妙，盖得力于《左传》《国语》。又彦升所作，以教令书札为多，唯以用典入化，造句自然，故迥非其他应酬文字所能及耳。”[①]本节将对任笔的用词、用典、构思、情气四个方面的特点进行考察。

一、琢词自工

琢词自工，是李兆洛对任昉《齐宣德皇后令》的评语[②]。任昉所撰建梁禅让文告，多称宣德皇后所制。《南齐书·文安王皇后传》载，宣德皇后王宝明，系王韶之孙，王晔之女，为文惠太子所纳，建元四年（482）封为皇太子妃。永元三年（501），梁王定京邑，迎后入宫称制，至禅位。[③]《宋书·王韶之传》载，王韶之家贫，好史籍，博涉多闻。宋七庙歌辞，韶之制也。[④]萧衍集团抬出王氏称制，一来可拉拢文化士族，二来可团结原文惠太子、竟陵王幕府旧人，巩固新兴集团的执政基础。《齐宣德皇后令》（502）说到萧衍的为人和功绩曰：

在昔晦明，隐鳞戢翼。博通群籍，而让齿乎一卷之师；剑气凌云，而屈迹于万夫之下。辩折天口，而似不能言。文擅雕龙，而成辄削槁。爰在弱冠，首应弓旌。客游梁朝，则声华籍甚。荐名宰府，则延誉自高。隆昌季年，勤王始著。建武惟新，缔构斯在。功隆赏薄，嘉庸莫畴。一马之田，介山之志愈厉；六百之秩，大树之号斯存。及拥旄司部，代马不敢南牧；推毂樊邓，胡尘罕尝夕起。惟彼狡僮，穷凶极虐。衣冠泯绝，礼乐崩丧。既而鞠旅誓众，言谋王室。

① 张仁青，《中国骈文发展史》，杭州：浙江大学出版社，2009 年，第 269 ～ 270 页。
② ［清］李兆洛，《骈体文钞》，上海：世界书局，1936 年，第 143 页。
③ ［梁］萧子显，《南齐书》，北京：中华书局，1972 年，第 392 页。
④ ［梁］沈约，《宋书》，北京：中华书局，1974 年，第 1626 页。

白羽一麾，黄鸟底定。甲既鳞下，车以瓦裂。致天之届，拱揖群后。丰功厚利，无得而称。是以祥光总至，休气四塞。五老游河，飞星入昴。元功茂勋，若斯之盛。而地狭乎四履，势卑乎九伯。帝有恧焉，輶轩莘止。

这段短短的文字，先讲萧衍出道之前，行事低调；再讲出道之初，颇受推重；三讲隆昌以后，功勋卓著；四讲郁林王朝乱，众望所归。

《为庾杲之与刘居士虬书》（489）：

自别荆南，迄将二纪。杲之牵滞形有，推迁物役。丈人没志外身，超然独善。虽心路咫尺，而事阻山河。悠悠白云，依然有道。金凉伫运，想恒纳宜。冲明在襟，履候无爽。体道为用，蹈理则和。杲之牵缀疲朽，愧心已多。访德则山林窅然，观道则风云自远。岁暮之期，指涂衡岳。神虚气懋，无待怡和。江湖相望，安事行李。

这一段先写庾杲之与刘虬自从荆南一别，二十四年间，两人走在不同的人生道路上，接下来写了庾杲之对归隐生活的无限神往之情。李兆洛评道：“巧丽出于自然。”①

《奏弹刘整》是一篇很特别的文字。任昉没有用骈文来陈述刘整的不端行为，而是直接引用了相关的上诉辩词：

谨按：齐故西阳内史刘寅妻范，诣台诉列称：出适刘氏，二十许年。刘氏丧亡，抚养孤弱。叔郎整，常欲伤害侵夺。分前奴教子、当伯，并已入众。又以钱婢姊妹弟温，仍留奴自使伯；又夺寅息逡婢绿草，私货得钱，并不分逡。寅第二庶息师利，去岁十月往整田上，经十二日，整便责范米六斗哺食。米未展送，忽至户前，隔箔攘拳大骂，突进房中，屏风上取车帷准米去。二月九日夜，婢采音偷车栏夹杖龙牵，范问失物之意，整便打息逡。整及母并奴婢等六人，来至范屋中，高声大骂。奴采音举手查范臂。求摄检，如诉状。

① ［清］李兆洛，《骈体文钞》，上海：世界书局，1936年，第681页。

郭预衡说："这是一篇非常特异的文章。……当骈文盛行的时期，虽'笔'亦骈。但这篇文章有些例外。即：中间刘寅妻范诣台斥辞以及查证材料，几乎都用当日的口语。这是很值得注意的。可以看出，当时文人凡写官场应酬之文，骈四俪六，不妨任情挥洒；可是一旦接触生活实际，则只能照录口语。这些口语似乎不文，但在那个时代，却是别有生气的文字。"[①]这段评语注意到任昉这篇弹文直接引用相关口语材料的创造性。我们看任昉用骈文来表现刘整的过失，是非常准确和生动的。最后对刘整的弹文，也十分警策：

> 臣谨按：新除中军参军臣刘整，闾阎闒茸，名教所绝。直以前代外戚，仕因纨袴。恶积衅稔，亲旧侧目。理绝通问，而妄肆丑辞；终夕不寐，而谬加大杖。薛包分财，取其老弱。高凤自秽，争讼寡嫂。未见孟尝之深心，唯斅文通之伪迹。昔人睦亲，衣无常主。整之抚侄，食有故人。何其不能折契钟庾，而袒帷交质，人之无情，一何至此！实教义所不容，绅冕所共弃。

这段文辞，将刘整和恶迹与史上的贤良对比，更加突出他为儒家教义所不容，绅冕所共弃，真是刚劲有力，不容争辩，一扬一抑，爱憎分明，笔势凌厉，[②]被李兆洛评为"雅令"[③]。黄侃《文选评点》评点此文时，在首言、称首、死罪、即主、侧目、大杖、伪迹、故人、交质、至此、共弃、除官、治罪、从事、测实、申尽、以闻加点。"臣闻马援奉嫂"四句，又"薛包分财"四句坐圈。"未见孟尝"二句圈。可考当时语言风俗者以△识之，如列、许、刘氏、叔郎、侵夺分前、入众、婢姊妹弟、息、货、第二庶息、田上、经、便、豆斗哺食、展送、箔、准、偷车栏使夹杖龙牵、打、屋中、查、摄检、使、乞大息、准、文、贴、别火食、私笺、赎、规、不回、亡夫、充、雇借上广州、夫直、墅、停

① 郭预衡，《中国散文史》，上海：上海古籍出版社，1986 年，第 506 页。
② 胡德怀，《齐梁文坛与四萧研究》，南京：南京大学出版社，1997 年，第 86 页。
③ ［清］李兆洛，《骈体文钞》，上海：世界书局，1936 年，第 306 页。

住、还、进、车栏子、道、偷、仍、打我儿、尔时、相骂其、往津阳门籴米、遇见、登时、捉取、度钱等。[①]

李兆洛评任昉《为范尚书让吏部封侯第一表》说："一意之运，必缀以藻辞。骈体与古文不能分矣。"[②]此外，我们还可以从许梿《六朝文絜》、吴汝纶《任中丞集选》、黄侃《文选评点》的选、点、评中体会到任昉用词之工。罗与之《文到》说："文到工时疑有助，道逢极处本无言。当年谁可辈任昉，后世人方怪屈原。"[③]

二、用事圆润

任笔使事用典丰富多样，十分恰当。《梁武帝断华侈令》中竟然引用了一段典故："昔毛玠在朝，士大夫不敢靡衣偷食。魏武叹曰：'孤之法不如毛尚书。'孤虽德谢往贤，任重先达，实望多士，得其此心。"《为范始兴作求立太宰碑表》有"鸱鸮东徙，松槚成行"一句，李善注曰："言成王未知周公之意，类郁林之嫌子良。而周公有居摄之情，由子良有代宗之议，故假鸱鸮以喻焉。吴均《齐春秋》曰：郁林王即位，子良谢疾不视事，帝嫌之。又潘敞以仗防之，子良既有代宗议，忧惧不敢朝事，而子良薨。《毛诗序》曰：鸱鸮，周公救乱也。成王未知周公之志，乃作诗以遗王，名之曰《鸱鸮》焉。《说苑》曰：枭与鸠相遇，鸠曰：子安之。枭曰：我将东徙。鸠曰：何？枭曰：西方之人，皆恶我声。鸠曰：子鸣。于是鸣。鸠曰：子改鸣则可，不改子鸣，虽东徙犹恶子也。"任昉用一个典故，就把竟陵王和郁林王之间的隐情都写得淋漓尽致。孙月峰评《为范尚书让吏部封侯第一表》："此篇合璧多，贯珠少，然风度固自胜。大约撮得句巧，炼得意秀，点得明，应得响，其趣味全埋在用事中。所以不觉其堆铺，但觉其圆妙。此乃是笔端天机，良不易及。"

---

① 黄侃，《文选评点》，上海：上海古籍出版社，1985 年，第 221 页。
② ［清］李兆洛，《骈体文钞》，上海：世界书局，1936 年，第 275 页。
③ ［宋］陈思，《两宋明贤小集》，文渊阁四库全书本，第 269 卷。

《奏弹刘整》："薛包分财，取其老弱。高凤自秽，争讼寡嫂。未见孟尝之深心，唯敩文通之伪迹。"用到薛包和高凤的典故。《后汉书·薛包传》载："安帝时，汝南薛包孟尝，好学笃行，丧母，以致孝闻。及父娶后妻而憎包，分出之，包日夜号泣，不能去，至被殴杖。不得已，庐于舍外，旦入而洒扫。父怒，又逐之。乃庐于里门，昏晨不废。积岁余，父母惭而还之。后行六年服，丧过乎哀。既而弟子求分财异居，包不能止，乃中分其财。奴婢引其老者，曰：'与我共事久，若不能使也。'田庐取其荒顿者，曰：'吾少时所理，意所恋也。'器物取朽败者，曰：'我素所服食，身口所安也。'弟子数破其产，辄复赈给。"[①]《后汉书·高凤传》载："高凤字文通，南阳叶人也。少为书生，家以农亩为业，而专精诵读，昼夜不息。妻尝之田，曝麦于庭，令凤护鸡。时天暴雨，而凤持竿诵经，不觉潦水流麦。妻还怪问，凤方悟之。其后遂为名儒，乃教授于西唐山中。邻里有争财者，持兵而斗，凤往解之，不已，乃脱巾叩头，固请曰：'仁义逊让，奈何弃之！'于是争者怀感，投兵谢罪。凤年老，执志不倦，名声著闻。太守连召请，恐不得免，自言本巫家，不应为吏，又诈与寡嫂讼田，遂不仕。建初中，将作大匠任隗举凤直言，到公交车，托病逃归。推其财产，悉与孤兄子。隐身渔钓，终于家。"[②]任昉用这两个典故，一个正用，一个反用，可见他用典之妙。

天监元年（502），梁武帝下诏为刘瓛立碑，使其与其妻王氏合葬。任昉在《刘先生夫人墓志铭》中写道：

> 禀训丹阳，弘风丞相。藉甚二门，风流远尚。肇允才淑，阃德斯谅。芜没郑乡，寂寥扬冢。参差孔树，毫末成拱。暂起荒埏，长扃幽陇。

墓志远绍刘、王二族之盛，巧引郑玄、扬雄、孔子诸家的典故，极言刘瓛夫妻合葬之宜。

---

① ［南朝宋］范晔，《后汉书》，北京：中华书局，1965 年，第 1294 页。

② 同上注，第 2768 ～ 2769 页。

三、委婉周密

《为卞彬谢修卞忠贞墓启》：

> 臣彬启，伏见诏书并郑义泰宣敕，当赐修理臣亡高祖晋故骠骑大将军建兴忠贞公壶坟茔。臣门绪不昌，天道所昧。忠谠身危，孝积家祸。名教同悲，隐沦惆怅。而年世贸迁，孤裔沦塞。遂使碑表芜灭，丘树荒毁，狐兔成穴，童牧哀歌。感慨自哀，日月缠迫。陛下弘宣教义，非求效于方今；壶余烈不泯，固陈力于异世。但加等之渥，近阙于晋典；樵苏之刑，远流于皇代。臣亦何人，敢谢斯幸？不任悲荷之至。谨奉启事以闻，谨启。

全启共五层意思。第一层写宣敕的内容。第二层写卞壶虽然忠孝，但子孙不昌盛。第三层写卞壶墓的悲凉景象。第四层颂扬皇帝的恩德。第五层写因无章可循，委婉谢绝修墓。在写到卞壶墓的悲凉景象时，启说："而年世贸迁，孤裔沦塞。遂使碑表芜灭，丘树荒毁，狐兔成穴，童牧哀歌。感慨自哀，日月缠迫。"真是感人心魄。谢绝修墓又合情合理："但加等之渥，近阙于晋典；樵苏之刑，远流于皇代。臣亦何人，敢谢斯幸？不任悲荷之至。"方伯海评价说："字字凝炼，截截周到，是有意模仿东汉文字，故一路俱渊然作金石声。"[①]许梿评价说："彦升文简练入韵，绝无畦町可窥。所谓秀采外扬，深衷内朗，其体格当在休文之上。"[②]

《奏弹萧颖达》先说到君子、人臣本分："臣闻贫观所取，穷视下为。在于布衣穷居，介然之行，尚可以激贪厉俗，惇此薄夫。况乎伐冰之家，争鸡豚之利；衣绣之士，受贾人之服？"再说到萧颖达贪污罪不可恕："备位大臣，预闻执宪，私谒亟陈，至公寂寞。屠中之志，异乎鲍肆之求；鱼飧之资，不俟潜有之数。"然后督促皇帝执行："臣当官执宪，

① ［清］李兆洛，《骈体文钞》，上海：世界书局，1936 年，第 304 页。

② ［清］许梿评选，［清］黎经诰笺注，《六朝文絜笺注》，上海：上海古籍出版社，1982 年，第 67 ～ 68页。

敢不直绳。臣等参议，请以见事免颖达所居官，以侯还第。”李兆洛评曰：“以藻语推究事理，当时文体如此。此彦升婉密，尤属专长。”“开宋人之源。”[①]

《为范始兴作求立太宰碑表》一表四折，委婉精妙。一说立碑表德的重要；二说萧子良的功德；三说晋人立碑之先例；四说子良与自己恩遇甚深，恳请立碑：“臣里闾孤贱，才无可甄。值齐网之弘，弛宾客之禁。策名委质，忽焉二纪。虑先犬马，厚恩不答。而敝帷毁盖，未蓐蝼蚁。珠襦玉匣，遽饰幽泉。陛下弘奖名教，不隔微物。使臣得骏奔南浦，长号北陵。既曲逢前施，实仰觊后泽。”李兆洛评《为范始兴作求立太宰碑表》说：“微婉之妙在任笔独擅，绵邈动人，季友彦升而外，殆鲜鼎立。”[②]又评《天监三年策秀才文》说：“非独代言，实寓讽谏，亦辟阖动宕，工力宁逊元长？且有主文谲谏之意。”[③]又评《为褚咨议蓁让代兄袭封表》说：“波折可法。”[④]

骈文很难做到叙事与说理兼备。齐梁时的行状，都用四六骈文，叙事功能不强。任昉的《齐竟陵文宣王行状》却表现出极强的叙事功能，十分详细地记载了萧子良一生的功绩。比照沈约的《齐司空柳世隆行状》和江淹的《建平王太妃周氏行状》，其优点更为突出。任昉的《王文宪集序》把王俭的生平都记载下来了，但其中不免有一些谀美、委婉之辞，如写王俭在宋末的功绩以及与文惠太子之间亲密无间的师生关系。李兆洛评道：“虽甚敷腴，语必传质，行以传状之体，名言辐凑，清英品目，自当美于休文。”[⑤]

四、情与气偕

永明七年（489），萧鸾想起用任昉为建武将军骠骑记室，任昉与其

① ［清］李兆洛，《骈体文钞》，上海：世界书局，1936 年，第 304 页。
② 同上注，第 207 页。
③ 同上注，第 161 页。
④ 同上注，第 275 页。
⑤ 同上注，第 417 页。

政见不合，坚决推辞，作《上萧太傅固辞夺礼启》共为三段，首段为引文，中段言自己对亡父的孝心，后段请求萧鸾允许他守孝辞官，全文迂徐婉转，中段尤其情真意切：

昉往从末宦，禄不代耕。饥寒无甘旨之资，限役废晨昏之半。膝下之欢，已同过隙；几筵之慕，几何可凭？且奠酹不亲，如在安寄？晨暮寂寥，阒若无主。所守既无别理，穷咽岂及多喻。

李善注引刘璠《梁典》说："昉时为尚书殿中郎，父忧去职，居丧，不知盐味。冬月单衫，庐于墓侧。齐明作相，乃起为建武将军骠骑记室，再三固辞，帝见其辞切，亦不能夺。"[①]

永明十年（492），"齐明帝既废郁林王，始为侍中、中书监、骠骑大将军、开府仪同三司、扬州刺史、录尚书事，封宣城郡公，加兵五千，使昉具表草"[②]。《为齐明帝让宣城郡公第一表》开篇陈述萧鸾饱受齐高帝、齐武帝的恩遇，受命辅助新主郁林王，但郁林王凶残不道，被宣德皇后怪罪，萧鸾深感辜负了先帝的托付，想要让出宣城郡公一职。其中写道萧鸾的内疚之情，"绝似血诚喷薄而出"[③]：

臣本庸才，智力浅短。太祖高皇帝笃犹子之爱，降家人之慈。世祖武皇帝情等布衣，寄深同气。武皇大渐，实奉话言。虽自见之明，庸近所蔽。愚夫一至，偶识量己。实不忍自固于缀衣之辰，拒违于玉几之侧。遂荷顾托，导扬末命。虽嗣君弃常，获罪宣德。王室不造，职臣之由。何者？亲则东牟，任惟博陆。徒怀子孟社稷之封，何救昌邑争臣之讥。四海之议，于何逃责？且陵土未干，训誓在耳。家国之事，一至于斯。非臣之尤，谁任其咎？将何以肃拜高寝，虔奉武园。悼心失图，泣血待旦。宁容复徽荣于家耻，宴安于国危？

① ［梁］萧统，《文选》，上海：上海古籍出版社，1986 年，第 1797 页。
② ［唐］姚思廉，《梁书》，北京：中华书局，1973 年，第 252 页。
③ ［清］李兆洛，《骈体文钞》，上海：世界书局，1936 年，第 273 页。

这何尝不是任昉自己的心境。任昉于永明八年（490）进入文惠太子的东宫，永明十一年（493）文惠太子薨，长子昭业被立为皇太孙，是为郁林王，在位不到一年，就被宣德皇后废掉了。任昉行文至此，即情不自已。萧鸾看了这段话，心里自然很不是滋味，对任昉怀恨在心。《梁书·任昉传》说："帝恶其辞斥，甚愠，昉由是终建武中，位不过列校。"[①]何焯说："彦升表章，此篇颇健，不减傅季友也。"[②]

任昉的行文中，带着很深的感情色彩，哪怕是正式的公文，也能体现这一点。如《追封衡阳王桂阳王诏》："朕应天绍命，君临万宇，祚启郇滕，感兴鲁卫，事往运来，永怀伤切。畅可追封衡阳郡王，融可追封南阳郡王。"在《王文宪集序》中，任昉评价王俭的文才，说："公自幼及长，述作不倦。固以理穷言行，事该军国，岂直雕章缛采而已哉。若乃统体必善，缀赏无地，虽楚、赵群才，汉、魏众作，曾何足云，曾何足云！"连用两个"曾何足云"。

《奏弹曹景宗》则写得气势十足：

臣谨按：使持节、都督郢司二州诸军事、左将军、郢州刺史湘西县开国侯臣景宗，擢自行间，遘兹多幸，指踪非拟，获兽何勤。赏茂通侯，荣高列将。负檐裁弛，钟鼎遽列。和戎莫效，二八已陈。自顶至踵，功归造化。润草涂原，岂获自已。且道恭云逝，城守累旬；景宗之存，一朝弃甲。生曹死蔡，优劣若是。惟此人斯，有腼面目。昔汉光命将，坐知千里；魏武置法，案以从事。故能出必以律，锱铢无爽。伏惟圣武英挺，略不世出，料敌制变，万里无差。奉而行之，实弘庙筭，惟此庸固，理绝言提。自逆胡纵逸，久患诸夏。圣朝乃顾，将一车书。愍彼司氓，致辱非所。早朝永叹，载怀矜恻。致兹亏丧，何所逃罪。宜正刑书，肃明典宪。臣谨以劾，请以见事免景宗所居官，下太常削爵土，收付廷尉法狱治罪。其军佐

① ［唐］姚思廉，《梁书》，北京：中华书局，1973 年，第 252 页。
② ［清］何焯，《义门读书记》，北京：中华书局，1987 年，第 952 页。

职僚、备裨将帅绁诸应及咎者，别摄治书侍御史随违续奏，臣谨奉白简以闻云云。

李兆洛评道：“可谓笔挟风霜，骏迈曲折，气举其辞。”[①]张啸虎评道：“其词锋犀利，笔力遒劲，被认为是弹事的能手。……任昉的这篇弹奏，较有充实内容，没有过多考究文辞，语言晓畅，议论周密有力。”[②]聂石樵说：“‘且道恭云逝，城守累旬……惟此斯人，有腼面目。’以排比之句式表现雄壮盛健的审判力，辞锋凌厉，所向风靡。”[③]刘跃进说：“任昉、陆倕等人的骈体创作，尤以思理明朗、文笔练达著称于世。任昉的奏弹文如《奏弹曹景宗》《奏弹萧颖达》《奏弹范缜》等，凌厉峻切，文显神畅，骈散相间，词采斐然。其他如《王文宪集序》《齐竟陵文宣王行状》等，学深笔健，条畅明达。”[④]

《为府僚劝进梁公笺一》：

伏承嘉命，显至伫策，明公逡巡盛礼，斯实谦尊之旨，未穷远大之致，何者？嗣君弃常，自绝宗社，国命民生，翦为仇雠，折栋崩榱，压焉自及。卿士怀脯斫之痛，黔首惧比屋之诛。明公亮格天之功，拯水火之切，再躔日月，重缀参辰，反龟玉于涂泥，济斯民于坑岸，使夫匹妇童儿，羞言伊吕，乡校里塾，耻谈五霸；而位卑乎阿衡，地狭于曲阜，庆赏之道，尚其未洽。夫大宝公器，非要非距，至公至平，当仁谁让。明公宜祇奉天人，允膺大礼，无使后予之歌，同彼胥怨，兼济之仁，翻为独善。

李兆洛评道：“嫖姚激越，与他人微婉之致异矣。”[⑤]又在阮籍《为郑冲劝晋王笺》的评语中写道：“此与任彦升篇，皆意寓规切，故语无因

① ［清］李兆洛，《骈体文钞》，上海：世界书局，1936 年，第 304 页。
② 张啸虎，《中国政论文学史稿》，湖北：武汉出版社，1992 年，第 347 页。
③ 聂石樵，《魏晋南北朝文学史》，北京：中华书局，2007 年，第 442 页。
④ 刘跃进，《论竟陵八友》，《文学遗产》1992 年第 3 期。
⑤ ［清］李兆洛，《骈体文钞》，上海：世界书局，1936 年，第 236 页。

惭色。”[①]

情感与气势，是中国传统笔论两个重要的范畴。《礼记·乐记》：“是故情深而文明，气盛而化神，和顺积中而英华发外，唯乐不可以为伪。”[②]《文心雕龙·檄移》：“故其植义扬辞，务在刚健，插羽以示迅，不可使辞缓；露板以宣众，不可使义隐，必事昭而理辨，气盛而辞断，此其要也。若曲趣密巧，无所取材矣。”[③]刘师培说：“大凡文气盛者，音节自然悲壮；文气渊懿静穆者，音节自然和雅；此盖相辅而行，不期然而然者。”[④]

第四节　任笔的影响

一、妙绝南朝

据《南史·任昉传》所载，任昉八岁即能作文，自制《月仪》，辞义甚美。[⑤]传中没有说明评论人，当为乡长、族老所评。任昉笔长，是南朝文论家的共识。《南史·任昉传》载：“俭每见其文，必三复殷勤，以为当时无辈。”[⑥]《南史·任昉传》：“既以文才见知，时人云‘任笔沈诗’。”[⑦]陆倕《感知己赋赠任昉》：“轸工迟于长卿，逾巧速于王粲，固乃度平子而越孟坚，何论孔璋而与公干。”[⑧]刘孝标《广绝交论》：“遒文丽

---

① ［清］李兆洛，《骈体文钞》，上海：世界书局，1936 年，第 233 页。
② ［清］阮元校刻，《十三经注疏》，北京：中华书局，1980 年，第 1536 页。
③ 詹锳，《文心雕龙义证》，上海：上海古籍出版社，1989 年，第 782 ～ 783 页。
④ 刘师培，《中古文学史讲义》，见《中古文学论著三种》，沈阳：辽宁教育出版社，1997 年，第 116 页。
⑤ ［唐］李延寿，《南史》，北京：中华书局，1975 年，第 1452 页。
⑥ 同上。
⑦ 同上注，第 1455 页。
⑧ ［唐］欧阳询，《艺文类聚》，上海：上海古籍出版社，1982 年，第 558 页。

藻，方驾曹、王。”[①]萧绎《金楼子·立言》说：“任彦升甲部阙如，才长笔翰。”[②]《梁书·文学传序》：“其在位者，则沈约、江淹、任昉，并以文采妙绝当时。”[③]《南史·沈约传》：“时谢玄晖善为诗，任彦升工于笔，约兼而有之，然不能过也。”[④]萧纲《与湘东王书》说：“任昉、陆倕之笔，斯实文章之冠冕，述作之楷模。”[⑤]

二、名重北朝

《北史·魏收传》载：“收每议陋邢文。邵又云：‘江南任昉，文体本疏，魏收非直模拟，亦大偷窃。’收闻乃曰：‘伊常于沈约集中作贼，何意道我偷任。’任、沈俱有重名，邢、魏各有所好。”[⑥]王晖业说：“江左文人，宋有颜延之、谢灵运，梁有沈约、任昉，我子升足以陵颜轹谢，含任吐沈。”[⑦]

三、唐、宋以来的选评

李商隐说：“任昉当年有美名，可怜才调最纵横。”[⑧]文同说：“幸自文章亦可怜，不消一事已为贤。”[⑨]清代文选学兴起，一批评家对任笔进行了细致的品评。何焯《义门读书记》评《齐宣德皇后令》《天监三年策秀才文》《上萧太傅固辞夺礼启》《百辟劝进今上笺》《王文宪集序》《齐竟陵文宣王行状》共6篇。[⑩]黄侃《文选评点》评点《出郡传舍哭范仆射》《赠郭桐庐出溪口见候余既未至郭仍进村维舟久之郭生方至诗》

① ［唐］姚思廉，《梁书》，北京：中华书局，1973 年，第 106 ～ 111 页。
② ［梁］萧绎，《金楼子》，文渊阁四库全书本，第 4 卷。
③ ［唐］姚思廉，《梁书》，北京：中华书局，1973 年，第 685 ～ 686 页。
④ ［唐］李延寿，《南史》，北京：中华书局，1975 年，第 1413 页。
⑤ 同上注，第 1248 页。
⑥ ［唐］李延寿，《北史》，北京：中华书局，1974 年，第 2034 页。
⑦ 同上注，第 2758 页。
⑧ ［唐］李商隐，《读任彦升碑》，见《李义山诗集》，四部丛刊本，第 6 卷。
⑨ ［宋］文同，《丹渊集》，文渊阁四库全书本，第 12 卷，第 13 页。
⑩ ［清］何焯，《义门读书记》，北京：中华书局，1987 年。

《齐宣德皇后令》《天监三年策秀才文》《为齐明帝让宣城郡公第一表》《为范尚书让吏部封侯第一表》《为萧扬州作荐士表》《为褚咨议蓁让代兄袭封表》《为范始兴作求立太宰碑表》《奉答敕示七夕诗启》《为卞彬谢修卞忠贞墓启》《上萧太傅固辞夺礼启》《奏弹刘整》《到大司马记室笺》《百辟劝进今上笺》《王文宪集序》《刘先生夫人墓志铭》《齐竟陵文宣王行状》共18篇。[①]李兆洛《骈体文钞》评《梁武帝禁储令》《齐宣德皇后令》《天监三年策秀才文》《为范始兴作求立太宰碑表》《百辟劝进今上笺》《为萧扬州作荐士表》《为齐明帝让宣城郡公第一表》《为范尚书让吏部封侯第一表》《为褚咨议蓁代兄袭封表》《弹萧颖达》《齐禅梁策》《奏弹曹景宗》《奏弹刘整》《王文宪集序》《刘先生夫人墓志铭》《齐竟陵文宣王行状》《为庾杲之与刘居士虬书》共17篇[②]。许梿《六朝文絜》评点《天监三年策秀才文》《为卞彬谢修卞忠墓启》共2篇。[③]吴汝纶《任彦升集选》选点《为齐明帝让宣城郡公第一表》《为范尚书让吏部封侯第一表》《为范始兴作求为太宰碑表》《为萧扬州作荐士表》《上萧太傅固辞夺礼启》《为卞彬谢修卞忠墓启》《到大司马记室笺》《天监三年策秀才文》《王文宪集序》《齐竟陵文宣王行状》《吊刘文范文》10篇。[④]

四、渐开四六体门径

吕兆禧说：“彦升发迹齐朝，逮事梁祖，勋庸翰藻，与右率并驱一时，流誉北庭，为邢、魏宗下。虽优劣互有诋非，要之胫颈不齐、修短各适，文辞具在，可与知者。”[⑤]范文澜认为：“以宋颜延之为代表的一派骈文，偏重辞采，非对偶不成句，非用事不成言，形体是很美观的，但

① 黄侃，《文选评点》，上海：上海古籍出版社，1985年。
② ［清］李兆洛，《骈体文钞》，上海：世界书局，1936年。
③ ［清］许梿评选，［清］黎经诰笺注，《六朝文絜笺注》，上海：上海古籍出版社，1982年。
④ ［梁］任昉撰，［清］吴汝纶评选，《任彦升集选》，《汉魏六朝百三家集选》一卷本。
⑤ ［明］吕兆禧，《跋任彦升集后》见《汉魏诸名家集二十一种》，万历天启间汪氏刻本。

冗长堆砌，意少语多，也是这一派的通病。以齐梁任昉、沈约等人为代表，所谓永明体的一派骈文，修辞更加精工，渐开四六门径。以梁陈徐陵、庾信为代表，所谓徐庾体的一派骈文，已形成为原始的四六体。”①

任昉少年时期以善写文章受到长辈的称许，青年时期又以笔札受到王俭的看重，齐梁之际，主掌萧衍霸府文笔，创作了大量禅代文章。任昉之笔，用词工巧骈丽，用典圆润，委婉周密，情与气偕。任昉以笔著称于世，笔是任昉的代表文体，也是齐梁时代的文学典范，在当时和后世都产生了深远的影响。

① 范文澜，《中国通史》，北京：人民出版社，1994 年，第 826 页。

第八章

任昉之诗

作为齐梁诗坛一个代表性的诗人，任昉诗风被概括为善铨事理、拓体渊雅、竞须新事、词不贵奇。善铨事理，本是对史书、射策、七体、连珠等文字的要求。任诗中指事，延续了建安以来的诗，其目的是更好地叙述和抒情。晋代傅咸和应璩，直接引经典入诗。宋代的颜延之、谢庄等人，用事更为密集。任昉一系诗人长期搜集钻研杂史类书，受经学影响不深，就在诗中引入一些经史以外的典故，在回归历史传统中寻找诗歌革新的道路。以《诗品》和《南齐书·文学传序》为线索，我们还可以考出任昉诗派的成员：谢超宗、丘灵鞠、刘祥、檀超、钟宪、颜则、顾则心、王融、刘绘、丘迟、刘苞、刘孝绰、王僧孺等。

第一节　任昉的诗型

任昉诗现存22首，根据诗型来分，有赠答诗、闲适诗、咏物诗、送别诗、释奠诗、奉和诗6类，另有《厉吏人讲学诗》1首，《柏梁台联句》不计。

一、赠答诗

现存任昉赠答诗8首：《赠徐征君诗》（484）、《答何征君诗》（486）、《答刘居士诗》（486）、《赠王僧孺诗》（500）、《答刘孝绰诗》（502）、《赠郭桐庐出溪口见候余既未至郭仍进村维舟久之郭生方至诗》（507）、《答到建安饷杖诗》（507）、《寄到溉诗》（507）。

《赠徐征君诗》（484）：

促生悲永路，早交伤晚别。自我隔容徽，于焉徂岁月。情非山河阻，意似江湖悦。东皋有儒素，杳与荣名绝。曾是违赏心，曷用箴余缺。眇焉追平生，尘书废不阅。信此伊能已，怀抱岂暂辍。何以表相思，贞松擅严节。

《南齐书·徐伯珍传》载："徐伯珍，字文楚，东阳太末人也。少孤贫，学书无纸，常以竹箭、箬叶、甘蕉及地上学书。山水暴出，漂溺宅舍，村邻皆奔走，伯珍累床而坐，诵书不辍。叔父璠之与颜延之友善，还袪蒙山立精舍讲授，伯珍往从学。积十年，究寻经史，游学者多依之。太守琅琊王昙生、吴郡张淹并加礼辟，伯珍应召便退，如此者凡十二焉。征士沉俨造膝谈论，申以素交。吴郡顾欢擿出《尚书》滞义，伯珍训答，甚有条理，儒者宗之。好释氏、老、庄，兼明道术。岁尝旱，伯珍筮之，如期而雨。举动有礼，过曲木之下，趋而避之。永明二年，刺史豫章王辟议曹从事，不就。建武四年卒，年八十四。受业生凡千余人。”[①]《隋书·经籍志》著录：“《周易问答》一卷，扬州从事徐伯珍撰。”[②]这首诗是任昉代竟陵王所作。

《答何征君诗》(486)：

> 散诞羁靮外，拘束名教里。得性千乘同，山林无朝市。勿以耕蚕贵，空笑易农士。宿昔仰高山，超然绝尘轨。倾壶已等药，命管亦齐喜。无为叹独游，若终方同止。

任昉在《齐竟陵文宣王行状》中说：“高人何点，蹑屩于钟阿。”此诗当作于任昉任竟陵王记室参军之时。梁简文帝有《征君何先生墓志》。这首诗与竟陵王优待征士的心意是一致的，表达了任昉对何点绝世高蹈的隐士情怀的高度肯定。

《答刘居士诗》(486)：

> 君子之道，亦有其四。高行绝俗，盛德出类。才同文锦，学非书肆。望之可阶，即之难至。辍精天理，蹱象少微。人与俗异，道与人违。庭飞熠燿，室满伊威。行无辙迹，理绝心机。

《南齐书·刘虬传》载：“(刘虬)，字灵预，南阳涅阳人。旧族，徙居江陵。虬少而抗节好学，须得禄便隐。永明三年，刺史庐陵王子卿表虬及同郡宗测、宗尚之、庾易、刘昭五人，请加蒲车束帛之命。诏征为通直郎，不就。竟陵王子良致书通意。虬答曰：‘虬四节卧病，三时营灌，畅余阴于山泽，托暮情于鱼鸟，宁非唐、虞重恩，周、邵宏施？虬进不研机入玄，无洙泗稷馆之辩；退不凝心出累，非冢间树下之节。远泽既洒，仁规先著。谨收樵牧之嫌，敬加轼蛙之义。’”[③]任昉当时在竟陵王府任记室参军，此诗为代竟陵王所作答诗。

《答刘孝绰诗》(502)：

---

① ［梁］萧子显，《南齐书》，北京：中华书局，1972 年，第 945 ～ 946 页。
② ［唐］魏徵，《隋书》，北京：中华书局，1973 年，第 911 页。
③ ［梁］萧子显，《南齐书》，北京：中华书局，1972 年，第 939 页。

阅水既成澜，藏舟遂移壑。彼美洛阳子，投我怀秋作。久敬类诚言，吹嘘似嘲谑。兼称夏云尽，复陈秋树索。讵慰耋嗟人，徒深老夫托。直史兼褒贬，辖司专疾恶。九折多美疹，匪报庶良药。子其崇锋颖，春耕励秋获。

《南史·刘孝绰传》载："梁天监初，起家著作佐郎。"[①]为《归沐诗赠任昉》曰："步出金华省，还望承明庐。壮哉宛洛地，佳丽实皇居。虹霓拖飞阁，兰芷覆清渠。圆渊倒荷芰，方镜写簪裾。白云夏峰尽，青槐秋叶疏。自我从人爵，蟾兔屡盈虚。杀青徒已汗，司举未云书。文昌愧通籍，临邛幸第如。夫君多敬爱，蟠木滥吹嘘。时时释簿领，驺驾入吾庐。自唾诚硃砆，无以俪璠玙。但愿长闲暇，酌醴荐焚鱼。"任昉答诗前半部分复述了刘孝绰赠诗的内容，后面部分对这位年轻才子进行了勉励。

《赠郭桐庐出溪口见候余既未至郭仍进村维舟久之郭生方至诗》(507)：

朝发富春渚，蓄意忍相思。涿令行春返，冠盖溢川坻。望久方来萃，悲欢不自持。沧江路穷此，湍险方自兹。叠嶂易成响，重以夜猿悲。客心幸自弭，中道遇心期。亲好自斯绝，孤游从此辞。

《水经注》曰："桐庐溪又东北，径新城县入浙江。县故富春地，孙权置，后省并桐庐，咸和九年，复立为县。浙江又东北入富阳县，故富春也。晋后名春，改曰富阳也。"[②]

二、闲适诗

现存任昉闲适诗4首：《苦热诗》(501)、《泛长溪诗》(507)、《落日泛舟东溪诗》(507)、《济浙江诗》(507)。

《苦热诗》(501)：

旭旦烟云卷，烈景入东轩。倾光望转蕙，斜日照西垣。既卷蕉

① 逯钦立，《先秦汉魏晋南北朝诗》，北京：中华书局，第1835页。

② [北魏] 郦道元，《水经注》，四部丛刊本，第40卷。

梧叶，复倾葵藿根。重簟无冷气，挟石似怀温。霡霂类珠缀，喘吓状雷奔。

《乐府诗集》《艺文类聚》《初学记》有梁简文帝、鲍照、何逊《苦热诗》，此诗当为闲适之作。著作时间已经不可详考了。全诗前六句写物候，后四句写人的感受。用赋法铺排，把暑热之苦写得十分详细。

《泛长溪诗》（507）：

徇禄聚归粮，依隐谢羁勒。绝物甘离群，长怀思去国。长溪永东舍，震区穷水域。道遇垂纶叟，聊访问津惑。弭楫申九言，无为累牵缨。长泛沧浪水，平明至曛黑。

《落日泛舟东溪诗》（507）：

黝黝桑柘繁，芃芃麻麦盛。交柯溪易阴，反景澄余映。吾生虽有待，乐天庶知命。不学梁甫吟，唯识沧浪咏。田荒我有役，秩满余谢病。

《济浙江诗》：

昧旦乘轻风，江湖忽来往。或与归波送，乍逐翻流上。近岸无暇目，远峰更兴想。绿树悬宿根，丹崖颓久壤。

《水经注》："浙江又左合绝溪，溪水出始新县西，东径县故城南，为东西长溪。"[①]又《通典》古扬州有福建郡下辖八县，其中有长溪。[②]此长溪当指东西长溪，非长溪县，下诗《落日泛舟东溪诗》可以为证。故此诗当作于任昉任新安太守之时。任昉抱病出守新安，似有隐情，可能受到同僚的排挤和皇上的猜忌，所以，他用了屈原《怀沙》的典故："绝物甘离群，长怀思去国。"诗歌还化用了《卜居》中的意思："道遇垂纶叟，聊访问津惑。"最后，选择了"长泛沧浪水，平明至曛黑"这种游山玩水的生活态度。

① ［北魏］郦道元，《水经注》，四部丛刊本，第40卷。
② ［唐］杜佑，《通典》，北京：中华书局，1988年。

三、咏物诗

现存任昉咏物诗 3 首：《同谢朓花雪诗》（486）、《严陵濑诗》（507）、《咏池边桃诗》（年代不详）。

《同谢朓花雪诗》（486）：

土膏候年动，积雪表晨暮。散葩似浮玉，飞英若总素。东序皆白珩，西雝尽翔鹭。山经陋蜜荣，骚人贬琼树。[①]

《南齐书·陆慧晓传》载："时陈郡谢朓为左长史，府公竟陵王子良谓王融曰：'我府二上佐，求之前世，谁可为比？'融曰：'两贤同时，便是未有前例。'"任昉与谢朓同在竟陵王府，故有唱和花雪诗一首。诗歌前六句用拟人和比喻的方法描写了雪景。

《严陵濑诗》（507）：

群峰此峻极，参差百重嶂。清浅既涟漪，激石复奔壮。神物徒有造，终然莫能状。

《后汉书·严光传》："严光字子陵，一名遵，会稽余姚人也。"又："除为谏议大夫，不屈，乃耕于富春山，后人名其钓处为严陵濑焉。"《水经注》："第二是严陵濑。濑带山，山下有石室。汉光武帝时，严子陵之所居也。故山及濑，皆即人姓名之。山下有盘石，周回十数丈，交枕潭际，盖陵所游也。"[②]任昉在新安太守任上作此诗。此诗共六句，一二句写富春山重峦叠嶂，三四句写富春江水湍急清澈，五六句直抒所感，全诗都是即目直寻，没有用典。

《咏池边桃诗》：

已谢西王苑，复揖绥山枝。聊逢赏者爱，栖趾傍莲池。开红春灼灼，结实夏离离。

此诗作时不详。从文辞上看，应是宫廷唱和之作。

---

① ［唐］欧阳询，《艺文类聚》，北京：中华书局，1965 年，第 24 页。

② ［北魏］郦道元，《水经注》，四部丛刊本，第 40 卷。

四、送别诗

现存任昉送别诗 3 首：《别萧咨议衍诗》（485）、《出郡传舍哭范仆射》（503）、《别举诗》（507）。

《别举诗》（507）：

讵念耋嗟人，方深老夫托。

《梁书·谢举传》："谢举，字言扬，中书令览之弟也。幼好学，能清言，与览齐名。起家秘书郎，迁太子舍人，轻车功曹史，秘书丞，司空从事中郎，太子庶子，家令，掌东宫管记，深为昭明太子赏接。秘书监任昉出为新安郡，《别举诗》云：'讵念耋嗟人，方深老夫托。'其属意如此。"

五、释奠诗

现存任昉释奠诗 1 首：《为王嫡子侍皇太子释奠宴》（485）。《礼记》所载，凡天子出征，受命于祖，受成于学。执有罪反，必释奠于学。[①]许敬宗说："秦汉释奠无文。"[②]魏正始年间由太常释奠，晋武帝泰始七年（271）、晋惠帝元康三年（293），两次于大学释奠。泰始六年（270）、元康五年（295），两次于辟雍行。东晋明帝做太子里，亦行释奠礼。晋成帝、晋穆帝、晋孝武、晋成帝皆亲释奠。晋有潘尼（250？～311）《释奠诗》。宋文帝元嘉二十二年（445），太子释奠，颜延之作有《侍皇太子释奠宴诗》。齐武帝永明三年（485）皇太子释奠。《南齐书·武帝纪》："（永明三年）十月壬戌，诏曰：'皇太子长懋讲毕，当释奠，王公以下可悉往观礼。'"《南齐书·礼志》："永明三年正月，诏立学，创立堂宇，召公卿子弟下及员外郎之胤，凡置生二百人。其年秋中悉集。……其冬，皇太子讲《孝经》，亲临释奠，车驾幸听。"任昉、王俭、萧子良、沈

① ［梁］萧子显，《南齐书》，北京：中华书局，1972 年，第 144 页。
② ［唐］杜佑，《通典》，北京：中华书局，1988 年，第 1474 页。

约、何胤、王思远、阮彦、王僧令、袁浮丘等都有释奠诗。任昉《为王嫡子侍皇太子释奠宴》曰：

在昔归运，阻乱弘多。夷山制宇，荡海为家。风云改族，日月增华。钦圣兹远，怀道兹冲。践言动俗，果行移风。进往一篑，启或三蒙。冰实因水，金亦在镕。惟神知化，在物立言。乐正雅颂，咸被后昆。告奠明祀，观道圣门。日月不息，师表常尊。[①]

整首诗前8句写建国立业的过程，后10句写立学的意义，最后4句写奠师。

六、 奉和诗

现存任昉奉和诗2首：《九日侍宴乐游苑诗》（505）、《奉和登景阳山诗》（505）。另有《厉吏人讲学诗》（507）1首。

第二节　任昉的诗风

钟嵘说："近任昉、王元长等，词不贵奇，竞须新事。"[②]又说："彦升少年为诗不工，故世称'沈诗任笔'，昉深恨之。晚节爱好既笃，文亦遒变，善铨事理，拓体渊雅，得国士之风，故擢居中品。但昉既博学，动辄用事，所以诗不得奇。"[③]在钟嵘看来，任昉诗风有以下四个特点：一拓体渊雅，二善铨事理，三竞须新事，四词不贵奇。

一、拓体渊雅

渊雅，首先指为人通达儒雅。《三国志·魏书》："管宁渊雅高尚，

① ［唐］欧阳询，《艺文类聚》，北京：中华书局，1965年，第696页。
② 曹旭，《诗品集注》，上海：上海古籍出版社，1996年，第180页。
③ 同上注，第316页。

确然不拔。”[①]《三国志·魏书·杜恕传》裴松之注：“（阮）武字文业，阔达博通，渊雅之士。”[②]

就文风而言，渊雅指文体和正，声调雅致。《文心雕龙·诏策》：“观文、景以前，诏体浮杂，武帝崇儒，选言弘奥。策封三王，文同训典；劝戒渊雅，垂范后代；及制诰严助，即云厌承明庐，盖宠才之恩也。”[③]范文澜说：“是故两汉文章，著于班范，体制和正，气息渊雅，不为激音，不为客气，若云后代之文，有能盛于两汉者，虽愚者亦知其不能矣。”[④]顾起纶评蔡汝楠之诗曰：“声调渊雅，情兴高朗，其集为杨用修所选者，为艺林珍赏。”[⑤]《四库全书总目提要·橘山·四六》：“北宋四六，大都以典重渊雅为宗。南渡末流，渐流纤弱。”[⑥]

要做到行文渊雅，首先要有渊博的学识。《四库全书总目提要·曝书亭集》：“至所作古文，率皆渊雅。良由茹涵既富，故根柢盘深。”[⑦]其次要有良好的儒学修养。渊雅的对立面是峻切与直致。《诗品》：“晋中散嵇康颇似魏文，过为峻切，讦直露才，伤渊雅之致。”[⑧]这是论嵇康的为人。沈德潜说：“嵇叔夜四言诗，时多俊语，不模仿三百篇，允为晋人先声。”[⑨]这是说嵇康的诗风。渊雅出于儒家，直致出于道家。《庄子集释·人间世》疏：“直致率情，任于天命，甚自简易，岂有难邪！此其难者，言不难。”[⑩]

钟嵘称赞任昉有国士之风。国士本指保家卫国的勇士。《左传·成公十六年》：“皆曰国士在，且厚，不可当也。”[⑪]《史记·淮阴侯列传》萧

① ［晋］陈寿，《三国志》，北京：中华书局，1959 年，第 366 页。
② 同上注，第 508 页。
③ 詹锳，《文心雕龙义证》，上海：上海古籍出版社，1989 年，第 736 页。
④ 范文澜，《文心雕龙注》，北京：人民文学出版社，1958 年，第 597 页。
⑤ ［明］顾起纶，《国雅品》，文渊阁四库全书本，第 4 卷。
⑥ ［清］纪昀，《文渊阁四库全书本总目提要》，北京：中华书局影印本，1965 年，第 161 卷。
⑦ 同上注，第 173 卷。
⑧ 曹旭，《诗品集注》，上海：上海古籍出版社，1996 年，第 210 页。
⑨ 詹锳，《文心雕龙义证》，上海：上海古籍出版社，1989 年，第 88 页。
⑩ ［清］郭庆藩，《庄子集释》，北京：中华书局，1961 年，第 163 页。
⑪ ［清］阮元校刻，《十三经注疏》，北京：中华书局，1980 年，第 475 页。

何追回韩信后对刘邦说："至如信者，国士无双。王必欲长王汉中，无所事信；必欲争天下，非信无所与计事者。"[①]《三国志·魏书·陈登传》刘备在刘表府对许汜说："君有国士之名，今天下大乱，帝主失所，望君忧国忘家，有救世之意，而君求田问舍，言无可采，是元龙所讳也，何缘当与君语？"[②]《三国志·魏书·贾诩传》载，官渡之战，袁绍遣使招张绣，贾诩对来使说："归谢袁本初，兄弟不能相容，而能容天下国士乎？"[③]曹魏以来，将那些才堪经国的士人也称为国士，加以礼遇。《三国志·魏书·董昭传》："窃见当今年少，不复以学问为本，专更以交游为业；国士不以孝悌清修为首，乃以趋势游利为先。"[④]《晋书·徐邈传》："足下选纲纪必得国士，足以摄诸曹；诸曹皆是良吏，则足以掌文案；又择公方之人以为监司，则清浊能否，与事而明。"[⑤]《宋书·王敬弘传》："先帝拔臣于蛮荆之域，赐以国士之遇。"[⑥]

所谓国士之风，在武指团结将士、奋不顾身、勇赴国难的精神。《史记·李陵传》引司马迁对李陵的评价："陵事亲孝，与士信，常奋不顾身以殉国家之急。其素所畜积也，有国士之风。"[⑦]《三国志·蜀书》："关羽、张飞皆称万人之敌，为世虎臣。羽报效曹公，飞义释严颜，并有国士之风。"[⑧]《三国志·吴书·凌统传》："虽在军旅，亲贤接士，轻财重义，有国士之风。"[⑨]《三国志·吴书·孙登传》："范慎、华融矫矫壮节，有国士之风。"[⑩]在文则指孝友淳厚、垂范士林的品德。《梁书·裴子野传》："幼禀至人之行，长厉国士之风。"[⑪]钟嵘说任昉为士林领袖。

---

① ［汉］司马迁，《史记》，北京：中华书局，1959 年，第 2611 页。
② ［晋］陈寿，《三国志》，北京：中华书局，1971 年，第 229 页。
③ 同上注，第 329 页。
④ 同上注，第 442 页。
⑤ ［唐］房玄龄，《晋书》，北京：中华书局，1974 年，第 2357 页。
⑥ ［梁］沈约，《宋书》，北京：中华书局，1974 年，第 1367 页。
⑦ ［汉］司马迁，《史记》，北京：中华书局，1959 年，第 2455 页。
⑧ ［晋］陈寿，《三国志》，北京：中华书局，1971 年，第 951 页。
⑨ 同上注，第 1296 页。
⑩ 同上注，第 1365 页。
⑪ ［唐］姚思廉，《梁书》，北京：中华书局，1973 年，第 422 页。

钟嵘说任昉拓体渊雅，有国士之风，首先褒扬了任昉的品德，从侧面肯定了任昉的文风。

二、善铨事理

《文镜秘府论·论体》说："故将发思之时，先须惟诸事物合于此者。既得所求，然后定其体分，必使一篇之内，文义得成；一章之间，事理可结。通人用思，方得为之。大略而论：建其首，则思下辞而可成；陈其末，则寻上义不相犯；举其中，则先后须相附依：此其大指也。"[①] 文章必须与事理相合，前后贯通。

善铨事理本是对散文体的要求。先看历史散文。《汉书·司马迁传》："然自刘向、扬雄博极群书，皆称迁有良史之材，服其善序事理，辨而不华，质而不俚，其文直，其事核，不虚美，不隐恶，故谓之实录。"[②]再看政论散文如射策。《后汉书·桓谭传》："愚夫策谋，有益于政道者，以合人心而得事理也。"[③]《文心雕龙·议对》："又对策者，应诏而陈政也；射策者，探事而献说也。言中理准，譬射侯中的；二名虽殊，即议之别体也。古者造士，选事考言。汉文中年，始举贤良，晁错对策，蔚为举首。及孝武益明，旁求俊乂，对策者以第一登庸，射策者以甲科入仕，斯固选贤要术也。观晁氏之对，验古明今，辞裁以辨，事通而赡，超升高第，信有征矣。仲舒之对，祖述《春秋》，本阴阳之化，究列代之变，烦而不慁者，事理明也。公孙之对，简而未博，然总要以约文，事切而情举，所以太常居下，而天子擢上也。杜钦之对，略而指事，辞以治宣，不为文作。及后汉鲁丕，辞气质素，以儒雅中策，独入高第。凡此五家，并前代之明范也。"[④]

---

① 詹锳，《文心雕龙义证》，上海：上海古籍出版社，1989 年，第 1260 页。
② ［汉］班固，《汉书》，北京：中华书局，1962 年，第 2378 页。
③ ［南朝宋］范晔，《后汉书》，北京：中华书局，1965 年，第 959 页。
④ 范文澜，《文心雕龙注》，北京：人民文学出版社，1958 年，第 440 页。

创作七体、连珠也要求辨于事理。《文心雕龙·杂文》："仲宣《七释》，致辨于事理。"[①]陈绎甚至认为精于事理是所有笔的标准："精于事理之文，假笔札以著之者。"[②]《文章辨体序说·连珠》："大抵'连珠'之文，穿贯事理，如珠在贯。其辞丽，其言约，不直指事情，必假物陈义以达其旨，有合古诗风兴之义。其体则四六对偶而有韵。"[③]如陆机《演连珠》曰："臣闻日薄星回，穹天所纪物；山盈川冲，厚地所以播气。五行错而致用，四时违而成岁，是以百官恪居，以赴八音之离；明君执契，以要克谐之会。"[④]谭献说："文字之用，不外事理，骈俪词夸，不能尽理之精微、事之曲折，乃为谈古文者所鄙夷。承学之士，先学陆、庾《连珠》，沉思密藻，析理述事，充之复何所滞？"[⑤]

任昉将散文、韵文的这种写作方法运用到诗歌创作中。他写的《赠王僧孺诗》（500）、《出郡传舍哭范仆射》（503）诸作就有善铨事理的特点。

《赠王僧孺诗》（500）：

> 惟子见知，惟余知子。观行视言，要终犹始。敬之重之，如兰如芷。形应影随，曩行今止。百行之首，立人斯著。子之有之，谁毁谁誉。修名既立，老至何遽。谁其执鞭，吾为子御。刘略班艺，虞志荀录。伊昔有怀，交相欣勖。下帷无倦，升高有属。嘉尔晨灯，惜余夜烛。

《梁书·王僧孺传》载，普通三年（522）卒，年五十八。又说，建武初，有诏举士，扬州刺史始安王遥光表荐秘书丞王暕及僧孺曰："前侯官令东海王僧孺，年三十五，理尚栖约，思致悟敏，既笔耕为养，亦佣书成学。""建武初"当为《梁书》误记。由普通三年（522）上推23

① 詹锳，《文心雕龙义证》，上海：上海古籍出版社，1989 年，第 507 页。
② 同上注，第 77 页。
③ 同上注，第 498 页。
④ ［唐］欧阳询，《艺文类聚》，北京：中华书局，1965 年，第 1036 页。
⑤ 詹锳，《文心雕龙义证》，上海：上海古籍出版社，1989 年，第 518 页。

年，得知此篇作于永元二年（500），时年王僧孺“除尚书仪曹郎，迁治书侍御史，出为钱唐令”[①]。这首四言诗有三层含义。第一层写两人相互敬重，交情深厚。任昉与王僧孺同为齐太学博士，受业于王俭门下，又同为竟陵王萧子良门客。任昉入文惠太子府任步兵校尉，王僧孺也曾在拟选调名单之列：“文惠太子闻其名，召入东宫，直崇明殿。欲拟为宫僚，文惠薨，不果。”[②]真不愧是“形应影随”，交情之久，交情之深，由此可见。王僧孺由治书御史出为钱唐令，作为朋友，任昉肯定了他的品行：“百行之首，立人斯著。子之有之，谁毁谁誉。修名既立，老至何遽。”这何尝不是任昉借机进行的自我表达。当时，任昉在东昏侯朝中担任中书郎，与王僧孺一起整理秘阁书籍，当世对任昉颇有微词，认为他们投靠了幸臣梅虫儿，有辱士林。任昉在诗中表明了两人都有遗世独立的操守。最后一层是与王僧儒回忆一起整理书籍，研习目录学的情景，表明他们并没有参与梅虫儿和茹法珍那些勾当。

《出郡传舍哭范仆射诗》（503）：

平生礼数绝，式瞻在国桢。一朝万化尽，犹我故人情。待时属兴运，王佐俟民英。结欢三十载，生死一交情。携手遁衰孽，接景事休明。运阻衡言革，时泰玉阶平。浚冲得茂彦，夫子值狂生。伊人有泾渭，非余扬浊清。将乖不忍别，欲以遣离情。不忍一辰意，千龄万恨生。已矣平生事，咏歌盈箧笥。兼复相嘲谑，常与虚舟值。何时见范侯，还叙平生意。与子别几辰，经涂不盈旬。弗睹朱颜改，徒想平生人。宁知安歌日，非君撤瑟晨。已矣余何叹，辍舂哀国均。

《梁书·范云传》：“（天监）二年，卒，时年五十三。”[③]这首诗作于范云卒时，全诗一唱三叹。首段回忆政治上的合作，二段回忆咏歌之事，三段表达哀思。“一朝万化尽，犹我故人情”“结欢三十载，生死一交

① ［唐］姚思廉，《梁书》，北京：中华书局，1973 年，第 470 页。

② 同上。

③ 同上注，第 232 页。

情”为全诗之警策，开杜诗之先路。[①]

李东阳十分推崇作诗以铨事理，他说：“感兴之作，盖以经史事理播之吟咏，岂可以后世诗家者流例论哉？”[②]从《诗经》的回环复沓，到《楚辞》的反复歌咏，再到南朝的善诠事理，体现了诗歌创作不断向“笔化”“文人化”方向发展的趋势。

三、竞须新事

《南史·任昉传》：“时人云：‘任笔沈诗。’昉闻，甚以为病。晚节转好著诗，欲以倾沈。用事过多，属辞不得流便。”[③]渊雅与用事是密切关联的。司空图《与李生论诗书》：“诗贯六义，则讽谕抑扬，渟蓄渊雅，皆在其中矣。然直致所得，以格自奇。”[④]渊雅的诗风，从用典中出；奇格的诗风，自直致中来。

诗中指事，也是诗歌“笔化”的体现，是指诗人借用典故来反映现实、抒发情感。在五言诗兴起之初，指事是一种颇为高明的写作技巧。《文心雕龙·比兴》：“附理者，切类以指事；起情者，依微以拟议。”[⑤]王闿运论学诗之法说：“故知学古当渐渍于古，先作论事理短篇，务使成章，取古人成作，处处临摹，如仿书然，一字一句，必求其似。如此者家书帐记，皆可摹古，然后稍记事，先取今事与古事类者比而作之，再取今事与古事远者比而附之，终取今事为古所绝无者改而文之，如是非十余年之专功，不能到也。”[⑥]文人诗，不同于歌谣，当以学识为基，以灵性为重。

建安诗人，已经开指事之风。《文心雕龙·明诗》：“暨建安之初，

① 曹道衡、沈玉成编著，《南北朝文学史》，北京：人民文学出版社，1998 年，第 183 页。
② ［明］李东阳，《麓堂诗话》，文渊阁四库全书本，卷首。
③ ［唐］李延寿，《南史》，北京：中华书局，1975 年，第 1455 页。
④ ［清］董浩等编，《全唐文》，北京：中华书局，1983 年，第 807 卷，第 8485 页。
⑤ 詹锳，《文心雕龙义证》，上海：上海古籍出版社，1989 年，第 1337 页。
⑥ 范文澜，《文心雕龙注》，北京：人民文学出版社，1958 年，第 511 页。

五言腾踊，文帝、陈思，纵辔以骋节；王、徐、应、刘，望路而争驱；并怜风月，狎池苑，述恩荣，叙酣宴，慷慨以任气，磊落以使才；造怀指事，不求纤密之巧，驱辞逐貌，唯取昭晰之能：此其所同也。”[①]刘师培《南北文学不同论》：“建安之初，诗尚五言。七子之作，虽多酬酢之章，然慷慨任气，磊落使才，造怀指事，不求纤密，隐意蓄含，余味曲包，而悲哀刚劲，洵乎北土之音。”[②]建安时期，诗中指事虽有，但并不常见。

晋宋以来，指事之风愈加浓烈，以傅咸、应璩为代表。傅咸写有七经诗，现存《孝经诗》《论语诗》《毛诗诗》《周易诗》《周官诗》《左传诗》。[③]《孝经诗》曰：“立身行道，始于事亲。上下无怨，不敢恶人。孝无终始，不离其身。三者备矣，以临其民。以孝事君，不离令名。进思尽忠，义则不争。匡救其恶，灾害不生。孝悌之至，通于神明。”[④]这些诗歌中的句子，大多是从经书中抄摘而来的。钟嵘说：“长虞父子，繁富可嘉。”[⑤]赵翼说：“按晋时傅咸已有集经诗……此则实为集句之权舆，又不自宋初始矣。”[⑥]钟嵘说：“魏侍中应璩诗，祖袭魏文，善为古语，指事殷勤，雅意深笃，得诗人激刺之旨。”[⑦]应璩的代表作为《百一诗》：“下流不可处，君子慎厥初。名高不宿著，易用受侵诬。前者隳官去，有人适我闾。田家无所有，酌醴焚枯鱼。问我何功德，三入承明庐。所占于此土，是谓仁智居。文章不经国，筐箧无尺书。用等称才学，往往见叹誉。避席跪自陈，贱子实空虚。宋人遇周客，惭愧靡所如。”[⑧]这首诗指事繁密，化用了许多经书中的句子，如“下流不可处，君子慎厥初”，

① 詹锳，《文心雕龙义证》，上海：上海古籍出版社，1989 年，第 196 页。
② 同上注，第 196 页。
③ ［唐］徐坚，《初学记》，北京：中华书局，1980 年，第 21 卷。
④ ［唐］欧阳询，《艺文类聚》，北京：中华书局，1965 年，第 985 页。
⑤ 曹旭，《诗品集注》，上海：上海古籍出版社，1996 年，第 378 页。
⑥ ［清］赵翼，《陔余丛考》，北京：中华书局，1963 年，第 23 卷。
⑦ 曹旭，《诗品集注》，上海：上海古籍出版社，1996 年，第 231 页。
⑧ ［梁］萧统，《文选》，上海：上海古籍出版社，1986 年，第 1016 页。

出自《论语》和《尚书》。《论语·子政》："是以君子恶居下流，天下之恶皆归焉。"[①]又如"仁智居"出自《论语·雍也》"智者乐水，仁者乐山"[②]。"避席"出自《孝经》第一章"曾子避席"。[③]经部以外，还有些诗句出自史部和集部。如"名高"一句出自《史记·魏其武安侯列传》："灌夫亦倚魏其而通列侯宗室为名高。"[④]"焚枯鱼"一句出自蔡邕《与袁公书》："酌麦醴，燔干鱼，欣然乐在其中矣。"[⑤]"承明庐"出自《三国志·魏书·文帝纪》："臣松之案：诸书记是时帝居北宫，以建始殿朝群臣，门曰承明，陈思王植诗曰'谒帝承明庐'是也。"[⑥]"贱子"出自《汉书·楼护传》："时请召宾客，邑居樽下，称'贱子上寿'。"[⑦]诗人借用周客的典故，表现自己"文章不经国，筐箧无尺书"却位列"承明庐"的惭愧之情。此外，应璩还使用了新典"文章不经国"，这是与他同时代的曹丕所说的话。

刘宋朝后，作诗喜指事者有颜延之、谢灵运、谢庄、刘骏等人。张戒说颜延之"诗以用事为博，始于颜光禄（延之）"[⑧]。《南齐书·文学传》说宋齐诗坛有三派，分别以鲍照、谢朓、颜延之为代表，又说颜延之一派："此则傅咸《五经》、应璩指事，虽不全似，可以类从。"[⑨]钟嵘说："又喜用古事，弥见拘束，虽乖秀逸，固是经纶文雅。才减若人，则蹈于困踬矣。"[⑩]其《北使至洛诗》曰："振楫发吴州，秣马陵楚山。涂出梁宋郊，道由周郑间。前登阳城路，旦夕望三川。伊洛绝津济，台馆无尺椽。宫阶多巢穴，城阙生云烟。"[⑪]诗前六句写自己的行程，全部都是

---

① ［清］阮元校刻，《十三经注疏》，北京：中华书局，1980 年，第 173 页。
② 同上注，第 54 页。
③ 《孝经》，四部丛刊本，第 1 卷。
④ ［汉］司马迁，《史记》，北京：中华书局，1959 年，第 2847 页。
⑤ ［梁］萧统，《文选》，上海：上海古籍出版社，1986 年，第 1016 页。
⑥ ［晋］陈寿，《三国志》，北京：中华书局，1971 年，第 76 页。
⑦ ［汉］班固，《汉书》，北京：中华书局，1962 年，第 3708 页。
⑧ ［宋］张戒，《岁寒堂诗话》，文渊阁四库全书本，卷上。
⑨ ［梁］萧子显，《南齐书》，北京：中华书局，1972 年，第 908 页。
⑩ 曹旭，《诗品集注》，上海：上海古籍出版社，1996 年，第 270 页。
⑪ ［唐］欧阳询，《艺文类聚》，北京：中华书局，1965 年，第 486 页。

用古地名。而这些早年耳熟能详的地方，今天却满目疮痍，成为异国。诗人笔笔白描，悲凉之感油然而生。钟嵘说谢灵运："其源出于陈思，杂有景阳之体。故尚巧似，而逸荡过之，颇以繁富为累。"[①]钟嵘说谢庄："希逸诗气候清雅，不逮于王、袁，然兴属闲长，良无鄙促也。"[②]其《侍宴蒜山诗》曰："龙旌拂纡景，凤盖起流云。转蕙方因委，层华正氛氲。烟竟山郊远，雾罢江天分。调石飞延露，裁金起承云。"[③]钟嵘说宋孝武帝刘骏："孝武诗，雕文织彩，过为精密，为二藩希慕，见称轻巧矣。"[④]

齐、梁时代作诗用事的诗人，则以任昉为代表。其有《咏池边桃诗》：

> 已谢西王苑，复揖绥山枝。聊逢赏者爱，栖趾傍莲池。开红春灼灼，结实夏离离。[⑤]

全诗六句，几乎句句用典。"西王苑"用了《汉武故事》中的典故："东郡献短人，呼东方朔。朔至。短人因指朔谓上曰：西王母种桃，三千岁一为子，此儿不良也，已三过偷之矣。后西王母下，出桃七枚。母因啖二，以五枚与帝。帝留核著前，母问曰：用此何？上曰：此桃美，欲种之。母笑曰：此桃三千年一著子，非下土所植也。"[⑥]"绥山枝"用了《列仙传》里的典故："葛由，羌人，好克木作羊卖之，骑羊入蜀，蜀中王侯贵人追之，上绥山，皆得仙，故里谚曰：得绥山一桃，虽不能仙，亦足以豪。"[⑦]"莲池"化用了鲍照的诗句："入莲池，折桂枝。""灼灼"出自《诗经·周南·桃夭》："桃之夭夭，灼灼其华。""离离"出自《诗经·王风·黍离》："彼黍离离，彼稷之

① 曹旭，《诗品集注》，上海：上海古籍出版社，1996 年，第 160 页。
② 同上注，第 409 页。
③ ［唐］欧阳询，《艺文类聚》，北京：中华书局，1965 年，第 143 页。
④ 曹旭，《诗品集注》，上海：上海古籍出版社，1996 年，第 405 页。
⑤ ［唐］欧阳询，《艺文类聚》，北京：中华书局，1965 年，第 1470 页。
⑥ 同上注，第 1468 页。
⑦ 同上注，第 1469 页。

苗。”我们再看梁简文帝《咏初桃诗》：“初桃丽新采，照地吐其芳。枝间留紫燕，叶里发轻香。飞花入露井，交干拂华堂。若映窗前柳，悬疑红粉妆。”[①]全诗描绘了桃花初开，清香扑鼻，紫燕纷飞，花瓣在井台、堂前飘洒的景象。全用赋体，写诗人眼前所见，心中所感，即目直寻，没有一句用典。

《同谢朏花雪诗》(486)：

> 土膏候年动，积雪表辰暮。散葩似浮玉，飞英若总素。东序皆白珩，西滬尽翔鹭。山经陋蜜荣，骚人贬琼树。[②]

“土膏”用《国语》典故：“先时九日，太史告稷曰：‘自今至于初吉，阳气俱蒸，土膏其动。弗震弗渝，脉其满眚，谷乃不殖。’稷以告王，曰：‘史帅阳官以命我司事曰：距今九日，土其俱动。王其祗祓，监农不易。’王乃使司徒咸戒公卿、百吏、庶民，司空除位于籍，命农大夫咸戒农用。”[③]“积雪”句用《尚书大传》中的典故：“北方之极，自丁令北，至积雪之野，帝颛顼，神元冥司之。自秋分，数四十六日，迎冬于北堂，距邦六里。”[④]“东序”两句用班固《览海赋》：“松乔坐于东序，王母处于西箱。”[⑤]《诗经·周颂·臣工之什》：“振鹭于飞，于彼西雍。”《国语》：“王孙圉聘于晋，定公飨之，赵简子鸣玉以相，问于王孙圉曰：‘楚之白珩犹在乎？’对曰：‘然。’简子曰：‘其为宝也，几何矣。’”[⑥]《山海经》：“《中次六经》缟羝山之首，曰平逢之山，南望伊洛，东望谷城之山，无草木，无水，多沙石。有神焉，其状如人而二首，名曰骄虫，是为螫虫，实惟蜂蜜之庐，其祠之：用一雄鸡，禳而勿

---

① ［唐］欧阳询，《艺文类聚》，北京：中华书局，1965 年，第 1470 页。
② 同上注，第 24 页。
③ 《国语》，四部丛刊本，第 1 卷。
④ 《尚书大传》，四部丛刊本，第 3 卷。
⑤ ［唐］欧阳询，《艺文类聚》，北京：中华书局，1965 年，第 152 页。
⑥ 《国语》，四部丛刊本，第 18 卷。

杀。”[①]《离骚》：“折琼枝以继佩。”[②]诗歌使事用典十分繁密。

同写雪花，何逊的《咏雪诗》则要通脱得多：“凝阶似月夜，拂树晓疑春。萧散忽如尽，徘徊已复新。若逐微风起，谁言非玉尘。”[③]简文帝《咏雪诗》：“晚霰飞银砾，浮云暗未开。入池消不积，因风随复来。思妇流黄素，温姬玉镜台。看花言可折，定自非春梅。”[④]全诗前四句写雪景，后四句写思妇，都是白描，基本上没有用什么典故。又简文帝《雪朝诗》：“同云凝暮序，严阴屯广隰。落梅飞四注，翻霙舞三袭。实断望如连，恒分似相及。已观池影乱，复视帘珠湿。”[⑤]鲍照《咏雪诗》：“胡风吹朔雪，千里度龙山。集君瑶台里，飞舞两楹前。”[⑥]虞羲《望雪诗》：“岁杪云昼昏，玄池冰夜结。远风金河起，吹我玉山雪。”[⑦]沈约《咏余雪诗》：“阴庭覆素芷，南阶褰绿葹。玉台新落构，青山已半亏。”[⑧]庾肩吾《咏花雪诗》：“瑞雪坠尧年，因风入绮钱。飞花洒庭树，凝瑛结井泉。寒光晦八极，同云暗九天。已飘黄竹路，共庆白渠田。”[⑨]这几首写雪景的诗都没有大量使用典故。

任昉《答到建安饷杖诗》(507)：

> 故人有所赠，称以冒霜筠。定是湘妃泪，潜洒遂邻彬。扶危复防咽，事归薄暮人。劳君尚齿意，矜此杖乡辰。复资后生彦，候余方欠伸。献君千里笑，纾我百忧嚬。坐适虽有器，卧游苦无津。何由乘此竹，直见平生亲。

任昉扩展了到溉的诗意，诗中引用了典故。“湘妃泪”出自刘向《列女传》：“舜既嗣位，升为天子，娥皇为后，女英为妃。封象于有庳，

① 《山海经》，四部丛刊本，第5卷。
② ［汉］王逸，《楚辞章句》，四部丛刊本，第1卷。
③ ［唐］欧阳询，《艺文类聚》，北京：中华书局，1965年，第24页。
④ 同上注，第23页。
⑤ 同上。
⑥ 同上。
⑦ 同上。
⑧ 同上。
⑨ 同上注，第24页。

事瞽叟犹若初焉。天下称二妃聪明贞仁。舜陟方，死于苍梧，号曰重华。二妃死于江湘之间，俗谓之湘君。”①《诗经·王风·兔爰》：“我生之初，尚无造；我生之后，逢此百忧。”②

《答刘居士诗》(486)：

> 君子之道，亦有其四。高行绝俗，盛德出类。才同文锦，学非书肆。望之可阶，即之难至。辍精天理，躔象少微。人与俗异，道与人违。庭飞熠耀，室满伊威。行无辙迹，理绝心机。

第一句用典。《论语·公冶长》：“子谓子产：‘有君子之道四焉：其行己也恭，其事上也敬，其养民也惠，其使民也义。’”③《礼记·中庸》：“君子之道四，丘未能一焉，所求乎子，以事父，未能也；所求乎臣，以事君，未能也；所求乎弟，以事兄，未能也；所求乎朋友，先施之，未能也。庸德之行，庸言之谨；有所不足，不敢不勉，有余不敢尽；言顾行，行顾言，君子胡不慥慥尔！”④第二句用典。《淮南子·原道训》：“称至德高行，虽不肖者知慕之。”⑤《周易·系辞上》：“显诸仁，藏诸用，鼓万物而不与圣人同忧，盛德大业至矣哉！富有之谓大业，日新之谓盛德。”⑥《汉书·金日磾传》：“帝年幼，选置师友，大司徒孔光以明经高行为孔氏师，京兆尹金钦以家世忠孝为金氏友。”⑦第三句用典。《淮南子·缪称训》：“故管子文锦也，虽丑登庙；子产练染也，美而不尊。”⑧《法言·吾子》：“好书而不要诸仲尼，书肆也。好说而不要诸仲尼，说铃也。”⑨第四句用典。《论语·子张》：“子贡曰：“君子一言以为知，一

① ［汉］刘向，《列女传》，四部丛刊本，第1卷。
② 《毛诗》，四部丛刊本，第4卷。
③ 《论语》，四部丛刊本，第3卷。
④ 《礼记》，四部丛刊本，第16卷。
⑤ ［汉］刘安，《淮南子》，四部丛刊本，第1卷。
⑥ 《周易》，四部丛刊本，第7卷。
⑦ ［汉］班固，《汉书》，北京：中华书局，1962年，第2964页。
⑧ ［汉］刘安，《淮南子》，四部丛刊本，第10卷。
⑨ ［汉］扬雄，《法言》，四部丛刊本，第2卷。

言以为不知，言不可不慎也！夫子之不可及也，犹天之不可阶而升也。”[①]《论语·子张》：“子夏曰：‘君子有三变：望之俨然，即之也温，听其言也厉。’”[②]第五句用典。《春秋繁露》：“天之禁阴如此，安得不损其欲而辍其情以应天？”[③]《汉书·天文志》：“廷藩西有随星四，名曰少微，士大夫。”第七句用典。崔豹《古今注》曰：“萤火一名晖夜，一名景天，一名熠耀，一名磷，一名丹良，一名丹鸟，一名夜光，一名宵烛。腐草为之，食蚊蚋也。”《诗经·豳风·东山》：“伊威在室，蠨蛸在户。町畽鹿场，熠耀宵行。”第八句用典《大戴礼记·保傅》：“秦世所以亟绝者，其辙迹可见也，然而不辟者，是前车覆，而后车必覆也。”《洛阳伽蓝记》：“有沙门宝公者，不知何处人也。形貌丑陋，心机通达，过去未来，预睹三世。”[④]

《厉吏人讲学诗》(507)：

> 暮烛迫西榆，将落诚南亩。曰余本疏惰，颓暮积榆柳。践境渴师臣，临政饥益友。旰食愿横经，终朝思拥帚。虽欣辨兰艾，何用辟蒿莠。

“暮烛”一典出自刘向《说苑》：“楚庄王赐群臣酒，日暮，酒酣，灯烛灭，乃有人引美人之衣者，美人援绝其冠缨，告王曰：‘今者烛灭，有引妾衣者，妾援得其冠缨，持之，趣火来上，视绝缨者。’王曰：‘赐人酒，使醉失礼，奈何欲显妇人之节而辱士乎？’乃命左右曰：‘今日与寡人饮，不绝冠缨者不欢。’群臣百有余人皆绝去其冠缨而上火，卒尽欢而罢。”[⑤]“师臣”一典出自班固《白虎通德论》：“故《韩诗内传》曰：

① 《论语》，四部丛刊本，第 10 卷。
② 同上。
③ ［汉］董仲舒，《春秋繁露》，四部丛刊本，第 10 卷。
④ ［魏］杨衒之，《洛阳伽蓝记》，四部丛刊本，第 4 卷。
⑤ ［汉］刘向，《说苑》，四部丛刊本，第 6 卷。

'师臣者帝，交友受臣者王，臣臣者爵，鲁臣者亡不行。'"[①]"益友"一典出自《汉书·刘向传》："呜呼！向言山陵之戒，于今察之，哀哉！指明梓柱以推废兴，昭矣！岂非直谅多闻，古之益友与！"[②]"横经"一典出自谢承《后汉书》，曰："董春，字纪阳，会稽余姚人。少好学，师事侍中祭酒王君仲，受古文《尚书》。后诣京房授《易》，究极圣旨，条列科义。后迁师立精舍，远方门徒、学者常数百人。诸生每升讲堂，鸣鼓三通，横经捧手。请问者百人。"[③]

新事是与故事相对的。刘向说："臣向所校中书说苑杂事及向书民间书互校雠，分别次序，除去与新序复重者，更造新事十万言以上，凡二十篇，七百八十四章，号曰新苑，皆可观。"[④]也就是说，任昉诗中所引，均为此前诗人所不引的新典故。任昉诗歌现在不多，我们要找到任昉喜用新典的证据，似乎十分困难。但任昉还残存有一部《述异记》，由此可以看出，任昉确实掌握了许多"新事"。任昉既然能用吁怪的典故来解书、诗、古诗、乐府诗、表、官仪等，也完全有可能用来作诗。任昉诗中的典故，既有外家的，也有内家的；既有正史的，也有别史的。

史学家与文学理论家都曾站在文体学的立场，对诗中的用典、以笔写诗做了批评。其实，诗中用典，是诗歌发展的必经之路。陈衍说："昉祈向康乐，心摹力追，所用事如'撤瑟''辍舂'之类，并非僻书。诗之工不工，不关乎此也。记室引为大戒，然则《三百篇》之有待传笺者，非尽删不可矣。"[⑤]陈衍也认为作诗用典不能一概否定。就算是钟嵘本人，也有公允之论。他在品谢灵运诗时说："嵘谓若人兴多才高，寓目

① ［汉］班固，《白虎通德论》，四部丛刊本，第4卷。
② ［汉］班固，《汉书》，北京：中华书局，1962年，第1973页。
③ ［唐］徐坚，《初学记》，北京：中华书局，1980年，第18卷。
④ ［汉］刘向，《新苑》，四部丛刊本，序。
⑤ 曹旭，《诗品集注》，上海：上海古籍出版社，1996年，第319页。

辄书，内无乏思，外无遗物，其繁富，宜哉！然名章迥句，处处间起；丽典新声，络绎奔会。譬犹青松之拔灌木，白玉之映尘沙，未足贬其高洁也。”[①]诗中用典，是要以良好的学识作为基础的。陈钟凡说：“自宋颜延之为文喜用故事，于时化之。齐、梁之际，任昉用事尤多，都下之土慕之，转为穿凿。……又《刘峻传》：武帝每集文士，策经史事。范云、沈约之徒，皆引短推长。当时安成王秀，使刘峻撰《类苑》一百二十卷。武帝即命诸学士，撰《华林偏略》以高之。由是类书大兴，文贵数典，不复能自铸伟词矣。钟氏云云，明诗文以抒情体物为尚，不以数典隶事为工也。”[②]葛晓音将竞须新事与易见事联系起来，认为任昉作诗用典是诗歌创作的进步，她说：“钟嵘曾提到‘近世任昉王元长等词不贵奇，竞须新事’（《诗品序》），前辈论者把这段话看作是批评王融、任昉等继承宋‘大明泰始中，文章殆同书钞’的遗风，并用以说明齐梁为文好隶事、‘拘挛补纳、蠹文已甚’的弊病。齐梁间矜尚数典用事之风确是事实，咏物题材的盛行就与这种风气有关。但其用典以‘辞不贵奇’为前提，即遣词明白易懂，不尚奇僻，不同于宋人牵引古语经史类似的抄书式的用事方法，‘竞须新事’是与‘易见事’的要求相联系在一起的。《颜氏家训·文章篇》说：‘邢子才尝曰：“深候文章，用事不使人觉，若胸臆语也，深以为服之！”’也就是说既要用新事，又要不露用典之迹，如直陈胸臆般明白易见，齐梁的很多咏物诗都能使典故暗含在真切的物态描绘之中，而又一目了然。对于晋宋诗一味缉事比类，引经据典，夸耀博学的做法来说，这显然是一大进步。”[③]

---

① 曹旭，《诗品集注》，上海：上海古籍出版社，1996 年，第 160 页。

② 陈钟凡，《中国文学批评史》，上海：中华书局，1929 年，第 46 页。

③ 葛晓音，《论齐梁文人革新宋诗的功绩》，见《汉唐文学的嬗变》，北京：北京大学出版社，1990 年，第 63 页。

四、词不贵奇

奇在齐梁文论中的含义十分丰富。陆侃如、牟世金说："刘勰所谓'奇'，在不同场合，有不同的意义：有时做褒词用，含有卓越不凡的意思；有时做贬词用，含有怪诞反常的意思；须根据上下文的具体情况细加区别。"①细细推敲，可得数义。

其一为立意新颖。《文心雕龙·神思》："意翻空而易奇，言征实而难巧也。"②《文心雕龙·体性》："新奇者，摈古竞今，危侧趣诡者也。"③《文心雕龙·辨骚》："是以枚、贾追风以入丽，马、扬沿波而得奇；其衣被词人，非一代也。"④

其二为用词特别。《文心雕龙·奇正》："故文反正为乏，辞反正为奇。效奇之法，必颠倒文句，上字而抑下，中辞而出外，回互不常，则新色耳。"⑤《文心雕龙·定势》："自近代辞人，率好诡巧，原其为体，讹势所变，厌黩旧式，故穿凿取新，察其讹意，似难而实无他术也，反正而已。故文反正为乏，辞反正为奇。效奇之法，必颠倒文句，上字而抑下，中辞而出外，回互不常，则新色耳。"⑥《文心雕龙·明诗》："俪采百字之偶，争价一句之奇，情必极貌以写物，辞必穷力而追新。从质及讹，弥近弥澹，何则？竞今疏古，风昧气衰也。"⑦《文心雕龙·风骨》："若骨采未圆，风辞未练，而跨略旧规，驰骛新作，虽获巧意，危败亦多。岂空结奇字，纰缪而成经矣！"⑧

---

① 詹锳，《文心雕龙义证》，上海：上海古籍出版社，1989 年，第 1136 页。
② 同上注，第 984 页。
③ 同上注，第 1015 页。
④ 同上注，第 161 ～ 162 页。
⑤ 同上注，第 1136 页。
⑥ 同上注，第 1134 页。
⑦ 同上注，第 208 页。
⑧ 同上注，第 1069 页。

文学批评家主张写诗作文不能过分出奇，也不能过分平实。《文心雕龙·风骨》：“若夫镕铸经典之范，翔集子史之术，洞晓情变，曲昭文体，然后能莩甲新意，雕画奇辞。昭体故意新而不乱，晓变故辞奇而不黩。”[①]梁元帝《内典碑铭集林序》：“但繁则伤弱，率则恨省。存华则失体，从实则无味。或引事虽博，其意犹同；或新意虽奇，无所倚约；或首尾伦帖，事似牵课；或前后博涉，体制不工。能使艳而不华，质而不野，博而不繁，省而不率，文而有质，约而有润，事随意转，理逐言深，所谓菁华，无以间也。”[②]

钟嵘两次提到任昉诗不奇。《诗品序》曰：“近任昉、王元长等，词不贵奇，竞须新事。”[③]中品曰：“但昉既博学，动辄用事，所以诗不得奇。”[④]诗不贵奇，词不贵奇，都由用事所致。《诗品》言奇，除任昉诗外，还品曹植诗曰：“骨气奇高，词采华茂。”[⑤]又品陆机诗曰：“尚规矩，不贵绮错，有伤直致之奇。然咀嚼英华，厌饫膏泽，文章之渊泉也。”[⑥]骨气文采之奇，由直致所致。“词不贵奇”“诗不得奇”是批评任昉的诗歌遣词立意过于平实，这都是他作诗善铨事理、竞须新事导致的。

拓体渊雅，是指文体和正，声调雅致，这是以渊博的学识和良好的儒学修养为基础的。钟嵘称赞任昉孝友淳厚、垂范士林、品德高尚，有国士之风。善铨事理，是指文章必须与事理相合，前后贯通。它本是对历史散文、政论散文的要求，后又应用到连珠、七体等韵文。任昉将这种写作方法运用到诗歌创作中，推动了南朝诗歌朝“案头化”“文人化”的方向发展。指事是五言诗发展的必由之路。建安诗人，已

① 詹锳，《文心雕龙义证》，上海：上海古籍出版社，1989 年，第 1066 页。

② ［唐］释道宣，《广弘明集》，四部丛刊本，第 20 卷。

③ 曹旭，《诗品集注》，上海：上海古籍出版社，1996 年，第 180 页。

④ 同上注，第 316 页。

⑤ 同上注，第 97 页。

⑥ 同上注，第 132 页。

经开指事之风。晋宋以来，指事之风愈加浓厚，以傅咸、应璩为代表。刘宋朝后，作诗喜指事者有颜延之、谢灵运、谢庄、刘骏等人。到齐梁一代，则有任昉诗派。任昉作诗喜欢引用新典故，有外家的，也有内家的；既有正史的，也有别史的。渊雅的对立面是直致。渊雅出于儒家，直致出于道家。渊雅的诗风，从指事中出；奇格的诗风，自直致中来。

第三节　任昉诗派

钟嵘说："尔来作者，寖以成俗。"[①]又说："少年士子，效其如此，弊矣。"[②]《南史·任昉传》："晚节转好著诗，欲以倾沈。用事过多，属辞不得流便。自尔都下之士慕之，转为穿凿，于是有才尽之谈矣。"[③]曹道衡说："《诗品序》下篇中说到作诗用典之风，先举颜延之、谢庄，后举任昉、王融，可见他的诗风对任昉曾有很大影响。这种看法有一定根据。事实上主张作诗取法陆机和颜延之是齐梁文坛中不少人的主张。……王通肯定任昉，并把他和陆机、颜延之、王俭联系起来，实际上是继承了齐梁以来某些文人的观点。这种观点，在当时代表着一个流派。这个流派在当时曾有不小的影响。"[④]王运熙说："《南齐书·文学传论》：'所说缉事比类，非对不发，博物可嘉，职成拘制'云云，就是指任昉这一派。"[⑤]是知齐梁诗坛有任昉诗派。长期以来，古代文学界对任昉诗派鲜有讨论。现据《诗品》的品语及当时的诗风进行一些考索，

① 曹旭，《诗品集注》，上海：上海古籍出版社，1996 年，第 180 页。
② 同上注，第 316 页。
③［唐］李延寿，《南史》，北京：中华书局，1975 年，第 1455 页。
④ 曹道衡，《论任昉在文学史上的地位》，见《魏晋南北朝文学论集》，香港：文史哲出版社，1994 年，第 607 ～ 622 页。
⑤ 王运熙，《中国古代文论管窥》，合肥：齐鲁书社，1987 年，第 115 ～ 116 页。

并试做评论。

一、任昉诗派诗人

钟嵘说：“檀、谢七君，并祖袭颜延，欣欣不倦，得士大夫之雅致乎！余从祖正员尝云：‘大明、泰始中，鲍、休美文，殊已动俗，惟此诸人，传颜、陆体。用固执不如，颜诸暨最荷家声。’”[①]是知谢超宗、丘灵鞠、刘祥、檀超、钟宪、颜测、顾则心属于任昉诗派。

谢超宗（？～483），字几卿，系谢灵运之孙。《南齐书·乐志》：“建元二年（前139），有司奏，郊庙雅乐歌辞旧使学士博士撰，搜简采用，请敕外，凡义学者普令制立。参议：太庙登歌宜用司徒褚渊，余悉用黄门郎谢超宗辞。超宗所撰，多删颜延之、谢庄辞以为新曲，备改乐名。”[②]其诗现存《齐南郊乐章》13首，《齐北郊乐歌》6首，《齐明堂乐歌》15首，《齐太庙乐歌》16首，不具录。

丘灵鞠，生卒年不详，吴兴乌程人，《南齐书·丘灵鞠传》载，少好学，善属文。明帝使著《大驾南讨纪论》。时方禅让，太祖使灵鞠参掌诏策。灵鞠宋世文名甚盛，入齐颇减。蓬发弛纵，无形仪，不治家业。宋孝武殷贵妃亡，灵鞠献挽歌诗3首，著《江左文章录序》，起太兴，讫元熙。文集行于世。[③]丘诗现存两句：“云横广阶暗，霜深高殿寒。”[④]此句诗出自《宋书·王诞传》：“诞少有才藻，晋孝武帝崩，从叔尚书令珣为哀策文，久而未就，谓诞曰：‘犹少序节物一句。’因出本示诞。诞揽笔便益之，接其秋冬代变后云：‘霜繁广除，风回高殿。’珣嗟叹清拔，因而用之。”[⑤]从这两句来看，丘灵鞠的诗符合“词不贵奇，竞须新事”的特点。

① 曹旭，《诗品集注》，上海：上海古籍出版社，1996年，第432页。
② ［梁］萧子显，《南齐书》，北京：中华书局，1972年，第167页。
③ 同上注，第889页。
④ ［宋］李昉等，《太平御览》，四部丛刊本，第599卷。
⑤ ［梁］沈约，《宋书》，北京：中华书局，1974年，第1491页。

刘祥，生卒年不详，字显征，东莞莒人也。《南齐书·刘祥传》载，祥少好文学，性韵刚疏，轻言肆行，不避高下。永明初，撰《宋书》，讥斥禅代。著《连珠》十五首，为御史中丞任遐所奏，获罪付廷尉。乃徙广州。祥至广州，不得意，终日纵酒，少时病卒，年三十九。[①]刘祥诗不存。

檀超（？～480?），字悦祖。少好文学，放诞任气。建元二年（480），初置史官，以超与骠骑记室江淹掌史职。上表立条例，开元纪号，不取宋年。封爵各详本传，无假年表。超史功未就，卒官。[②]萧子显所撰的《南齐书》，就是在这个基础上删订而成的。[③]檀超诗现不存。

钟宪，生卒年不详，事不详，是钟嵘的从祖父。今存五言诗《登群峰标望海诗》一首：

> 苍波不可望，望极与天平。往往孤山映，处处春云生。差池远雁没，飒沓群凫惊。嚣尘及簿领，弃舍出重城。临川徒可羡，结网庶时营。

全诗十句，八句属对。“孤山”用庾阐《扬都赋注》中的典故：“烽火以炬置孤山头，皆缘江相望，或百里，或五十、三十里，寇至则举以相告，一夕可行万里。”[④]仲长统诗曰：“春云为马，秋风为驷；按之不迟，劳之不疾。”[⑤]王俭《褚渊碑文》：“风仪与秋月齐明，音徽与春云等润。”[⑥]《诗经·邶风·燕燕》：“燕燕于飞，差池其羽。”鲍照《舞鹤赋》：“将兴中止，若往而归；飒沓矜顾，迁延迟暮。”李善注：“飒沓，群飞貌。”[⑦]刘孝孙《早发成皋望河诗》：“远近洲诸出，飒沓凫雁喧。”[⑧]

---

① ［梁］萧子显，《南齐书》，北京：中华书局，1972 年，第 642 页。
② 同上注，第 891 页
③ ［清］赵翼，《陔余丛考》，清乾隆五十五年（1785）湛贻堂藏本，第 7 卷。
④ ［晋］陈寿，《三国志》，北京：中华书局，1971 年，第 47 卷，第 1148 页。
⑤ ［唐］徐坚，《初学记》，北京：中华书局，1980 年，第 1 卷。
⑥ ［梁］萧统，《文选》，上海：上海古籍出版社，1986 年，第 817 页。
⑦ 同上注，第 633 页。
⑧ ［唐］徐坚，《初学记》，北京：中华书局，1980 年，第 6 卷。

谢偃《观舞赋》："乍差池以燕接，又飒沓而凫连。"[①]景公欲更晏子之宅，曰："于之宅近市，湫隘嚣尘，不可以居，请更诸爽垲者。"[②]《后汉书·戴就传》："扬州刺史欧阳参奏太守成公浮臧罪，遣部从事薛安案仓库簿领，收就于钱唐县狱。"[③]沈约《和左丞庾杲之移病诗》："嚣喧满眼前，簿领纷盈膝。"[④]左思《吴都赋》："郛郭周匝，重城结隅。"[⑤]

颜测，生卒年不详，琅玡临沂人，颜延之次子，竣弟。《宋书·颜竣传》："太祖问延之：'卿诸子谁有卿风？'对曰：'竣得臣笔，测得臣文。'"[⑥]《诗品》说颜测最荷家声，他的诗与颜延之的诗风格最相似。可惜，由于他的诗绝大部分都散佚了，今存《七夕连句诗》二句："云扃息游彩，汉渚起遥光。"[⑦]两句属对齐整，诗中用典。刘向《九叹》："容与汉渚，涕淫淫兮。"王逸《章句》："汉，水名也。《尚书》曰：'嶓冢导漾，东流为汉。'"[⑧]又有《九日坐北湖联句诗》："亭席敛徂蕙，澄酒泛初兰。"[⑨]也为属对之句。

顾则心，生卒年不详，事迹不详，《何逊集》载其《望廨前水竹》一首：

> 萧萧丛竹映，澹澹平湖净。叶倒涟漪文，水漾檀栾影。相思不会面，相望空延颈。远天去浮云，长墟斜落景。幽痾与岁积，赏心随事屏。乡念一遭回，白发生俄倾。

全诗12句，非对不发，句句用典。《楚辞·九怀》曰："秋风兮萧萧，舒芳兮振条。"[⑩]宋玉《高唐赋》："水澹澹而盘纡兮，洪波淫淫之溶

① ［唐］徐坚，《初学记》，北京：中华书局，1980年，第15卷。
② ［晋］杜预撰、［唐］陆德明释音，《春秋经传集解》，四部丛刊本，第20卷。
③ ［南朝宋］范晔，《后汉书》，北京：中华书局，1965年，第2691页。
④ ［唐］徐坚，《初学记》，北京：中华书局，1980年，第11卷。
⑤ ［梁］萧统，《文选》，上海：上海古籍出版社，1986年，第215页。
⑥ ［梁］沈约，《宋书》，北京：中华书局，1974年，第1595页。
⑦ ［唐］徐坚，《初学记》，北京：中华书局，1980年，第4卷。
⑧ ［汉］王逸，《楚辞章句》，四部丛刊本，第16卷。
⑨ ［唐］徐坚，《初学记》，北京：中华书局，1980年，第4卷。
⑩ 《楚辞》，四部丛刊本，第15卷。

漪。"[①]《诗经·魏风·伐檀》:"坎坎伐檀兮,置之河之干兮。河水清且涟猗。"《吕氏春秋·慎大览第三》曰:"天下丈夫女子莫不延颈举踵,而愿安利之。"[②]谢灵运《东郡发都诗》:"将穷山海迹,永绝赏心悟。"[③]《楚辞·九章》:"入溆浦余儃佪兮,迷不知吾所如。"[④]

钟嵘说:"近任昉、王元长等,词不贵奇,竞须新事。"[⑤]是知王融系任昉诗派。

王融(467～493),是王俭的侄子,任昉与他在王俭府就结识,直到永明元年(483)以后才进入萧子良幕府,任竟陵王司徒板法曹行参军。后来,他又到了文惠太子府,迁太子舍人。后因拥立萧子良失败被赐死,年二十七岁。《梁书·武帝纪》:"融俊爽,识鉴过人,尤敬异高祖。每谓所亲曰:'宰制天下,必在此人。'"[⑥]王融《从武帝琅琊城讲武应诏诗》:

治兵闻鲁策,训旅见周篇。教民良不弃,任智理恒全。白日映丹羽,赪霞文翠旃。凌山炫组甲,带衣被戎船。凝葭郁摧怆,清管乍联绵。早逢文化洽,复属武功宣。原陪玉銮右,一举扫燕然。[⑦]

这首诗代表了王融诗歌的风格,基本上句句属对,使事用典十分繁密。

除此以外,任昉诗派还与齐梁诗坛的到溉、到洽、张率、刘孝绰、司马褧、刘显、刘之遴、刘杳、谢举、周兴嗣、王籍、臧严、伏挺、伏暅、陆厥、殷钧、殷芸、刘苞、吴均等人有较广泛的交往。

天监六年(507),任昉出任新安太守,好友建安太守到溉寄给他一根竹杖,并附了一首《饷任新安班竹杖因赠诗》:"邛竹藉旧闻,灵寿资前识。复有冒霜筠,寄生桂潭侧。文彩既班烂,质性甚绸直。所以夭夭

① [梁]萧统,《文选》,上海:上海古籍出版社,1986年,第877页。
② [秦]吕不韦,《吕氏春秋》,四部丛刊本,第3卷。
③ [梁]萧统,《文选》,上海:上海古籍出版社,1986年,第486页。
④ [汉]王逸,《楚辞章句》,四部丛刊本,第4卷。
⑤ 曹旭,《诗品集注》,上海:上海古籍出版社,1996年,第180页。
⑥ [唐]姚思廉,《梁书》,北京:中华书局,1973年,第2页。
⑦ [唐]欧阳询,《艺文类聚》,北京:中华书局,1965年,第1066页。

真，为有乘危力。未尝以过投，屡经芸苗植。”[①]“邛竹”一句用《史记·西南夷列传》中的典故：“及元狩元年，博望侯张骞使大夏来，言居大夏时见蜀布、邛竹、杖，使问所从来，曰‘从东南身毒国，可数千里，得蜀贾人市。’”[②]“灵寿”出自《汉书·孔光传》“赐太师灵寿杖”[③]。左思《吴都赋》曰：“竹则苞笋抽节，往往萦结；绿叶翠茎，冒霜停雪。”

二、任昉诗派批评

任昉诗歌长期受到史家和文学理论家的贬斥。曹道衡说：“（任昉）这一派的诗歌，现在传世者甚少，这大约和当时一些批评家与选本的编订者大抵不大欣赏他们的诗作有关。”[④]

先看史家对任昉诗派的批评。《南齐书·文学传论》说：“次则缉事比类，非对不发，博物可嘉，职成拘制，或全借古语，用申今情，崎岖牵引，直为偶说，唯睹事例，顿失清采。”[⑤]我们统计了今存任昉自484年到507年所写诗歌共22首282句，其中对句172句，占61%，并没有达到所谓非对不发的程度。

表13：任昉诗歌对句、散句统计表

诗名	系年	对句	散句
赠徐征君诗	484	促生悲永路，早交伤晚别。 自我隔容徽，于焉徂岁月。 情非山河阻，意似江湖悦。	东皋有儒素，杳与荣名绝。 曾是违赏心，曷用箴余缺。 眇焉追平生，尘书废不阅。 信此伊能已，怀抱岂暂辍。 何以表相思，贞松擅严节。

① ［唐］欧阳询，《艺文类聚》，北京：中华书局，1965年，第1209页。
② ［汉］司马迁，《史记》，北京：中华书局，1959年，第2996页。
③ ［汉］班固，《汉书》，北京：中华书局，1962年，第3363页。
④ 曹道衡，《论任昉在文学史上的地位》，见《魏晋南北朝文学论集》，香港：文史哲出版社，1994年，第607～622页。
⑤ ［梁］萧子显，《南齐书》，北京：中华书局，1972年，第908页。

（续表）

诗名	系年	对句	散句
别萧咨议衍诗	484	离烛有穷辉，别念无终绪。 歧言未及申，离目已先举。 揆景巫衡阿，临风长楸浦。 浮云难嗣音，徘徊怅谁与。	傥有关外驿，聊访狎鸥渚。
为王嫡子侍皇太子释奠宴	485	夷山制宇，荡海为家。 风云改族，日月增华。 钦圣兹远，怀道兹冲。 践言动俗，果行移风。 进往一篑，启或三蒙。 冰实因水，金亦在镕。 惟神知化，在物立言。 告奠明祀，观道圣门。 日月不息，师表常尊。	在昔归运，阻乱弘多。 乐正雅颂，咸被后昆。
答刘居士诗	486	高行绝俗，盛德出类。 才同文锦，学非书肆。 望之可阶，即之难至。 辍精天理，躔象少微。 人与俗异，道与人违。 庭飞熠耀，室满伊威。 行无辙迹，理绝心机。	君子之道，亦有其四。
同谢朏花雪诗	486	土膏候年动，积雪表晨暮。 散葩似浮玉，飞英若总素。 东序皆白珩，西雝尽翔鹭。 山经陋蜜荣，骚人贬琼树。	
答何征君诗	486	散诞羁靮外，拘束名教里。 倾壶已等药，命管亦齐喜。 无为叹独游，若终方同止。	得性千乘同，山林无朝市。 勿以耕蚕贵，空笑易农士。 宿昔仰高山，超然绝尘轨。

（续表）

诗名	系年	对句	散句
赠王僧孺诗	500	观行视言，要终犹始。 敬之重之，如兰如芷。 形应影随，曩行今止。 刘略班艺，虞志荀录。 下帷无倦，升高有属。 嘉尔晨灯，惜余夜烛。	惟子见知，惟余知子。 百行之首，立人斯著。 子之有之，谁毁谁誉。 修名既立，老至何遽。 谁其执鞭，吾为子御。 伊昔有怀，交相欣勖。
苦热诗	501	倾光望转蕙，斜日照西垣。 既卷蕉梧叶，复倾葵藿根。 重簟无冷气，挟石似怀温。 霡霂类珠缀，喘吓状雷奔。	旭旦烟云卷，烈景入东轩。
答刘孝绰诗	502	阅水既成澜，藏舟遂移壑。 久敬类诚言，吹嘘似嘲谑。 兼称夏云尽，复陈秋树索。 讵慰耋嗟人，徒深老夫托。 直史兼褒贬，辖司专疾恶。 九折多美疹，匪报庶良药。	彼美洛阳子，投我怀秋作。 子其崇锋颖，春耕励秋获。
出郡传舍哭范仆射	503	待时属兴运，王佐俟民英。 结欢三十载，生死一交情。 携手遁衰孽，接景事休明。 运阻衡言革，时泰玉阶平。 浚冲得茂彦，夫子值狂生。 伊人有泾渭，非余扬浊清。	平生礼数绝，式瞻在国桢。 一朝万化尽，犹我故人情。 将乖不忍别，欲以遣离情。 不忍一辰意，千龄万恨生。 已矣平生事，咏歌盈箧笥。 兼复相嘲谑，常与虚舟值。 何时见范侯，还叙平生意。 与子别几辰，经涂不盈旬。 弗睹朱颜改，徒想平生人。 宁知安歌日，非君撤瑟晨。 已矣余何叹，辍舂哀国均。
九日侍宴乐游苑诗	505	帝德峻韶夏，王功书颂平。 共贯沿五胜，独道迈三英。 我皇抚归运，时乘信告成。 一唱华钟石，再抚被丝笙。 黄草归雒木，梯山荐玉荣。 时来浊河变，瑞起温洛清。 物色动宸眷，民豫降皇情。	

（续表）

诗名	系年	对句	散句
奉和登景阳山诗	505	南望铜驰街，北走长楸埒。 别涧宛沧溟，疏山驾瀛碣。 奔鲸吐华浪，司南动轻枻。 日下重门照，云开九华澈。 观阁隆旧恩，奉图愧前哲。	物色感神游，升高怅有阅。
答到建安饷杖诗	507	献君千里笑，纾我百忧嚬。 坐适虽有器，卧游苦无津。	故人有所赠，称以冒霜筠。 定是湘妃泪，潜洒遂邻彬。 扶危复防咽，事归薄暮人。 劳君尚齿意，矜此杖乡辰。 复资后坐彦，候余方欠伸。 何由乘此竹，直见平生亲。
寄到溉诗	507		铁钱两当一，百易代名实。 为惠当及时，无待凉秋日。
厉吏人讲学诗	507	暮烛迫西榆，将落诫南亩。 曰余本疏惰，颓暮积榆柳。 践境渴师臣，临政饥益友。 旰食愿横经，终朝思拥帚。 虽欣辨兰艾，何用辟蒿莠。	
严陵濑诗	507	清浅既涟漪，激石复奔壮。	群峰此峻极，参差百重嶂。 神物徒有造，终然莫能状。
泛长溪诗	507	徇禄聚归粮，依隐谢羁勒。 绝物甘离群，长怀思去国。 长溪永东舍，震区穷水域。 弭楫申九言，无为累牵缠。	道遇垂纶叟，聊访问津惑。 长泛沧浪水，平明至曛黑。
落日泛舟东溪诗	507	黝黝桑柘繁，芃芃麻麦盛。 交柯溪易阴，反景澄余映。 不学梁甫吟，唯识沧浪咏。 田荒我有役，秩满余谢病。	吾生虽有待，乐天庶知命。
济浙江诗	507	或与归波送，乍逐翻流上。 近岸无暇目，远峰更兴想。 绿树悬宿根，丹崖颓久壤。	昧旦乘轻风，江湖忽来往。

（续表）

诗名	系年	对句	散句
赠郭桐庐出溪口见候余既未至郭仍进村维舟久之郭生方至诗	507	沧江路穷此，湍险方自兹。	朝发富春渚，蓄意忍相思。涿令行春返，冠盖溢川坻。望久方来萃，悲欢不自持。叠嶂易成响，重以夜猿悲。客心幸自弭，中道遇心期。亲好自斯绝，孤游从此辞。
别举诗	507		讵念耋嗟人，方深老夫托。
咏池边桃诗	不详	已谢西王苑，复揖绥山枝。开红春灼灼，结实夏离离。	聊逢赏者爱，栖趾傍莲池。
总计		172	110

诗中引用新事，尤为传统史家所不容。这种偏见来自于史学传统。刘知几对魏晋以来史学家们取异端杂说的风气进行了讥讽："但中世作者，其流日烦，虽国有策书，杀青不暇，而百家诸子，私存撰录，寸有所长，实广闻见。其失之者，则有苟出异端，虚益新事，至如禹生启石，伊产空桑，海客乘槎以登汉，姮娥窃药以奔月。如斯踳驳，不可殚论，固难以污南、董之片简，沾班、华之寸札。"[①]

再看文学理论家对任昉的批评。萧绎说："比见京师文体，懦钝殊常，竞学浮疏，急为阐缓。玄冬修夜，思所不得，既殊比兴，正背《风》《骚》。若夫六典三礼，所施则有地；吉凶嘉宾，用之则有所。未闻吟咏情性，反拟《内则》之篇；操笔写志，更摹《酒诰》之作；迟迟春日，翻学《归藏》；湛湛江水，遂同《大传》。"[②]在萧绎看来，当时的使事用典作诗，已经误入歧途了。他用了一些比喻来说明这个现象。《毛诗序》说"吟咏情性，以讽其上"，而作诗却要模仿《内则》。《礼记·内则》篇，言治家事，与吟情咏性无涉。抒发自己的心志，却要学《酒

① ［唐］刘知几，《史通》，四部丛刊本，第5卷。
② ［唐］姚思廉，《梁书》，北京：中华书局，1973年，第690页。

诰》。《尚书·周书·酒诰》篇，言商沉湎于酒而国亡，以诫后世子孙，与操笔写志无涉。“春日迟迟”是《诗经》里的句子。《诗经·豳风·七月》：“春日迟迟，采蘩祁祁。”又《诗经·小雅·鹿鸣之什》：“春日迟迟，卉木萋萋。仓庚喈喈，采蘩祁祁。”“湛湛江水”[①]是楚辞里的句子，与《归藏》《大传》都不是一类。萧绎批评当时在京师的文学家们把诗歌与学术混为一谈，表现出强烈的文学自觉意识。萧绎认为，学术与文学，诗与笔之间，必须界限分明：“若以今文为是，则古文为非；若昔贤可称，则今体宜弃。”[②]笔的主要方法，用之入诗，就不免遭到批评。刘勰则主张折中，《文心雕龙·通变》：“故练青濯绛，必归蓝蒨；矫讹翻浅，还宗经诰。斯斟酌乎质文之间，而隐括乎雅俗之际，可与言通变矣。”[③]刘勰说：“然俗听飞驰，职竞新异，雅咏温恭，必欠伸鱼睨；奇辞切至，则拊髀雀跃，诗声俱郑，自此阶矣。”[④]

钟嵘所赞赏的是刘绘、丘迟等人的诗风。钟嵘说：“元长、士章，并有盛才。词美英净，至于五言之作，几乎尺有所短。譬应变将略，非武侯所长，未足以贬卧龙。”[⑤]刘绘（458～502），字士章，彭城人，《南齐书·刘绘传》载，永明末，京邑人士盛为文章谈义，皆凑竟陵王西邸，绘为后进领袖。时张融、周颙并有言工，融音旨缓韵，颙辞致绮捷，绘之言吐，又顿挫有风气……中兴二年（532），卒。年四十五。[⑥]刘绘有《入琵琶峡望积布矶诗》曰：“江山信多美，此地最为神。以兹峰石丽，重在芳树春。照烂虹蜺杂，交错锦绣陈。却瞻了非向，前观已复新。翠微上亏景，青莎下拂津。”[⑦]

① ［汉］王逸，《楚辞章句》，四部丛刊本，第9卷。
② ［唐］姚思廉，《梁书》，北京：中华书局，1973年，第690页。
③ 詹锳，《文心雕龙义证》，上海：上海古籍出版社，1989年，第1094页。
④ 同上注，第255页。
⑤ 曹旭，《诗品集注》，上海：上海古籍出版社，1996年，第454～455页。
⑥ ［梁］萧子显，《南齐书》，北京：中华书局，1972年，第841～842页。
⑦ ［唐］欧阳询，《艺文类聚》，北京：中华书局，1965年，第487页。

钟嵘说："丘诗点缀映媚，似落花依草。故当浅于江淹，而秀于任昉。"[①]丘迟（464～508），字希范，吴兴乌程人。丘灵鞠子。《梁书》本传载，高祖平京邑，霸府开，引为骠骑主簿，甚被礼遇。时劝进梁王及殊礼，皆迟文也。天监七年（508），卒官，时年四十五。[②]丘迟《望雪诗》："氛氲发紫汉，杂沓被朱城。倏忽银台构，俄顷玉树生。绵绵九轨合，昭昭四区明。"[③]这首诗如果和吴均的相比，风格很不相同。吴均《咏雪诗》："微风摇庭树，细雪下帘隙。萦空如雾转，凝阶似花积。不见杨柳春，徒看桂枝白。"[④]丘迟《夜发密岩口诗》："弭棹才假寐，击汰已争先。敞朗朝霞澈，惊明晓魄悬。方寻仰危石，百丈窥重泉。丛枝上点点，崩溜下填填。"[⑤]我们细读这两首诗，属对用典都十分繁密，而且多用叠字。许文雨《诗品讲疏》："以仲伟所评，知范、丘二家，均务于清浅，较诸江郎古峭之语，筋力于王微者，为殊科矣。若夫任昉博物，动辄用事，视范丘清浅之章，殊损奇秀之致焉。"[⑥]

由于这两层力量的压制，任昉诗派的缺陷被放大了，在梁代诗坛的地位也日益式微。吴乔说："至于沈、鲍，文体倾侧，宫体滔滔，作俑于此。永明、天监之际，鲍体独行，延之、康乐微矣。"[⑦]王钟陵说："永明之际，我们可以看到诗歌沿着两条线索在发展：一条是谢朓对谢灵运诗风的继承，一条是沈约对鲍照诗路的继续，这是从纵向上来说。从横向上说，小谢、沈约、王融等永明体诗人的作品，其思想内容和艺术风格又有相似或相通之处，特别在建立新体诗上，他们又都有其一致的努力，从而就历史横断面来说，构成了同元嘉阶段所不同的又一诗歌发展阶

① 曹旭，《诗品集注》，上海：上海古籍出版社，1996年，第312页。
② ［唐］姚思廉，《梁书》，北京：中华书局，1973年，第687页。
③ ［唐］欧阳询，《艺文类聚》，北京：中华书局，1965年，第24页。
④ 同上。
⑤ 同上注，第106页。
⑥ 许文雨，《钟嵘诗品讲疏》，成都：成都古籍出版社，1983年，第104页。
⑦ ［清］冯班：《钝吟杂录》，文渊阁四库全书本，第5卷，第7页。

段。”[①]甚至在近代学者的研究中，任昉诗派长期被忽略。

胡应麟曾指出，沈约与任昉之诗水平相当，时人夸大了二者的差距，他说：“休文四声八病，首发千古妙铨，其于近体，允谓作者之圣。而自运乃无一篇，诸作材力有余，风神全乏。视彦升、彦龙，仅能过之。”[②]沈约诗歌扬名当世，倒不在于他的诗写得多么出色，而是他的主张迎合了当时文学批评界的风尚。

五言诗新变，从刘宋初期就开始了。刘勰说：“推而论之，则黄唐淳而质，虞夏质而辨，商周丽而雅，楚汉侈而艳，魏晋浅而绮，宋初讹而新。从质及讹，弥近弥澹，何则？竞今疏古，风末气衰也。”[③]任昉和沈约代表了新变的两个不同方向。沈约一派继承了鲍照的逸气，大胆地吸收了声韵学方面的新进展，热衷于吸取世俗生活中的养分，逐渐演化永明体诗。任昉诗系是在回归历史传统中寻找诗歌革新的道路。两者对诗歌革新的努力是一致的，但方向并不相同。任昉一派重视中国文化的内在传统，而沈约的声律论，却受到来自外来佛教的影响。曹道衡在说到任昉诗风的形成时，说从任昉的经历上看，他比谢朓、王融都大，在齐朝就已经形成自己的创作习惯。[④]可略作补充的是，尽管任昉年龄比沈约小，但在齐世的文名却胜过沈约。曹道衡先生曾论到南齐诗风的变化问题[⑤]，任昉是江淹一派诗风的代表。任昉、沈约之后，中国诗歌发展的两条路线融为一体，走上了内容与形式，传统因子与外来因子相结合的革新道路。我们看梁初与任昉有交往的诗人，都继承了中国诗歌革新事业。从这个意义上说，研究任昉诗派诗歌有着非同寻常的意义。

---

① 王钟陵，《中国中古诗歌史》，江苏教育出版社，1988 年，第 642 页。

② ［明］胡应麟，《诗薮》，上海古籍出版社，1979 年，第 2 卷，第 152 页。

③ 詹锳，《文心雕龙义证》，上海：上海古籍出版社，1989 年，第 1089 页。

④ 曹道衡，《论任昉在文学史上的地位》，见《魏晋南北朝文学论集》，香港：文史哲出版社，1994 年，第 607 ～ 622 页。

⑤ 曹道衡，《江淹、沈约的南齐诗风》，见《中古文学史论文集续编》，台北：文津出版社，1994 年，第 181 页、第 206 页。

附录 | 任昉年谱

大明四年庚子（460）　任昉1岁

《梁书·任昉传》："昉（天监）六年春，出为宁朔将军，新安太守。……视事期岁，卒于官舍，时年四十九。"赛按，由天监七年（508）上推四十九年，任昉生年当为大明四年（460）。

萧子良生。《南史·萧子良传》："隆昌元年，加殊礼，剑履上殿，入朝不趋，赞拜不名，进督南徐州。其年疾笃，谓左右曰：'门外应有异。'遣人视，见淮中鱼无算，皆浮出水上向城门。寻薨，年三十五。"赛按，隆昌元年为494年，萧子良卒岁三十五，萧子良当生于此年。

萧长懋两岁。刘绘两岁。宗夬四岁。刘景素八岁。王俭八岁。陶弘景八岁。范云九岁。王慈九岁。何昌㝢十三岁。孔稚圭十三岁。江淹十六岁。张融十六岁。明山宾十七岁。沈约十九岁。庾杲之十九岁。何点二十二岁。刘虯二十二岁。陆澄三十六岁。

大明五年辛丑（461）　任昉2岁

大明六年壬寅（462）　任昉3岁

刘孝标生。《梁书·刘孝标传》："普通二年卒，时年六十。"

赛按，普通二年为521年，刘孝标当生于是年。

大明七年癸卯（463）　任昉4岁

任昉诵诗数十篇。《梁书·任昉传》：“幼而好学，早知名。”《南史·任昉传》：“四岁诵诗数十篇。”（又见《文选·出郡传舍哭范仆射》李善注引刘璠《梁典》）赛按，足见任昉家学甚好，聪明颖悟。

大明八年甲辰（464）　任昉5岁

萧衍生。《南史·梁本纪》：“帝以宋孝武大明八年岁次甲辰生于秣陵县同夏里三桥宅。”

丘迟生。《梁书·丘迟传》：“（天监）七年（508），卒官，时年四十五。”赛按，丘迟当生于是年。

永光元年、景和元年、明帝泰始元年乙巳（465）　任昉6岁

王僧孺生。《梁书·王僧孺传》：“普通三年（522），卒，时年五十八。”赛按，王僧孺当生于此年。

刘勰约生于此年。

泰始二年丙午（466）　任昉7岁

何逊生。赛按，参见李伯齐《何逊行年考》。

谢庄卒。《宋书·谢庄传》：“泰始二年（466），卒，时年四十六。”赛按，谢庄当生于421年。

泰始三年丁未（467）　任昉8岁

任昉作《月仪》。《南史·任昉传》：“八岁能属文，自制《月仪》，辞义甚美。褚彦回尝谓遥曰：‘闻卿有令子，相为喜之，所谓百不为多，一不为少。’由是闻声藉甚。”赛按，《月仪》今已佚。

王融生。《南齐书·王融传》：“（永明十一年）诏于狱赐死。时年二十七。”赛按，王融当生于此年。

泰始四年戊申（468）　任昉9岁

钟嵘约生于此年。（据曹旭《诗品集注》）

泰始五年己酉（469）　任昉10岁

裴子野生。《梁书·裴子野传》：“中大通二年（530）卒官，年六十二。”赛按，裴子野当生于此年。

吴均生。《梁书·吴均传》:“普通元年(520),卒,时年五十二。”赛按,吴均当生于此年。

孔休源生。《南史·孔休源传》《梁书·孔休源传》:“(中大通)四年(532),卒,年六十四。”赛按,孔休源当生于此年。

泰始六年庚戌(470) 任昉11岁

陆倕生。《梁书·陆倕传》:“普通七年(526),卒,年五十七。”赛按,陆倕当生于此年。

泰始七年辛亥(471年) 任昉12岁

任昉以孝友为从叔晷所知。《南史·任昉传》:“昉年十二,从叔晷有知人之量,见而称其小名曰:‘阿堆,吾家千里驹也。’昉孝友纯至,每侍亲疾,衣不解带,言与泪交,汤药饮食,必先经口。”赛按,孝友是中国传统士大夫的六行之首。孝友之德,自后汉以来,受到士大夫的提倡,到晋更备受推重。东晋士族南渡,孝友作为士人的文化传统,得以保存和发扬。文士集团出身的皇室,也以孝友相标榜。孝友是南朝人入仕最基本的条件。南朝人认为,在家孝友与出仕忠诚是一致的。家族的实力,对南朝士子的仕途有着重要的影响。这从客观上使得士人家重于国,孝重于忠,朝廷更替频繁。

泰豫元年壬子(472) 任昉13岁

元徽元年癸丑(473) 任昉14岁

任昉始与范云交往。任昉《出郡传舍哭范仆射》:“结欢三十载,生死一交情。”赛按,范云卒于天监二年(503),由此上推三十年,任昉与范云初交当为是年。

王俭修订《元徽四部书目》。

王俭作《七志》。元徽元年(473)八月,秘书丞王俭表上所撰《七志》三十卷,大凡一万五千七百四卷。(《宋书·后废帝本纪》《南齐书·王俭传》《隋书·经籍志》《七录·序目》)《王文宪集序》:“俭于是采公曾之《中经》,刊弘度之《四部》,依刘歆《七略》,更选《七志》四十卷,上表献之。表辞甚典。”赛按,志、表辞现不存。

元徽二年甲寅（474）　任昉 15 岁

江淹被刘景素贬为吴兴县令。《梁书·江淹传》：“淹固求之，景素大怒，言于选部，黜为建安吴兴令。”

元徽三年乙卯（475）　任昉 16 岁

任昉辟丹阳尹刘秉主簿。《梁书·任昉传》：“宋丹阳尹刘秉辟为主簿。时昉年十六。”赛按，任昉的第一份职务是任刘宋朝丹阳尹刘秉主簿，即地方官的书记员，官阶在九品以下，不算是朝官，只能说是在地方府衙做见习生。主簿是普通士子仕进的必由之路，一般都要待上几个月。

任昉以气忤秉子。《梁书·任昉传》：“以气忤秉子。久之，为奉朝请。”赛按，刘秉有两个儿子，一个叫刘承，一个叫刘俣。任昉不知得罪了其中的哪一个，也不知道是因为什么事而得罪的。但《文选·出郡传舍哭范仆射》李善注引刘璠《梁典》说：“十六举秀才第一。”因此我们知道，任昉担任丹阳尹主簿、奉朝请都是元徽二年（474）的事。

任昉初为奉朝请。《南史·任昉传》：“初为奉朝请。”《梁书·任昉传》：“久之，为奉朝请。”赛按，本传所谓“久之”，不过一年的时间，实际上并不久。这次开罪刘家人，并不是坏事。据《梁书·陶季直传》，刘秉跟袁粲两人对萧道成权势日盛很不满，想找陶季直联手扳倒萧道成，于是找陶季直商量对策。陶季直认为他们是两个儒生，成不了事，坚决不参与。后来，刘秉被萧道成以谋反罪处死。奉朝请召，跟在皇帝身边，知晓一些朝廷大事，比起在地方官府中做主簿，见识相对要广一些，因此是一个十分重要的见习岗位，一般由皇帝的贵戚或重臣的后代担任。奉朝请不是朝官，也没有品第，没有朝廷编制限制，人数很多，到了萧齐，更为泛滥。士族青年都把奉朝请作为做朝官的开始。奉朝请之后，一般可外派为刺史，也有的升任朝廷中的重要职务。

任昉举南兖州秀才第一。《梁书·任昉传》：“举兖州秀才 。”《南史·任昉传》：“举兖州秀才。”赛按，《文选·出郡传舍哭范仆射》李善注引刘璠《梁典》：“昉十六举秀才第一。”

任昉迁征北行参军。《梁书·任昉传》："迁征北行参军。"赛按，刘景素好文章书籍。招集才义之士，以收名誉，由是朝野属意。元徽三年（475），夺刘景素征北将军。任昉旋即解职。《南史·刘景素传》："昉解征北行参军。"赛按，征北行参军，即征北将军府行参军。与任昉同在建平王府任职的有江淹、刘琎、王螭、何昌宇、李尉之等人。士人到军中就职，是南朝士子较普遍的做法，为后来担任地方官员兼任武官职务打下一定的基础。任昉后来做义兴、新安太守，即兼任将军。

任昉始与江淹交往。《梁书·江淹传》："宋建平王景素好士，淹随景素在南兖州。"

元徽四年丙辰（476） 任昉17岁

任昉拜太学博士。《南史·任昉传》："拜太学博士。"《梁书·任昉传》："拜太常博士。"赛按，太常博士自古有之，是掌管祖先祭祀的官员，周时有春官宗伯，秦时有奉常，汉时有太常。后汉以来，这个职务逐渐虚化。到了南朝，就更加式微了。中国的博士制度始于战国，到秦成为定制，是国家的智库，汉代则将博士视为掌握专门之学的高等教育专家。《梁书》本传说任昉拜太常博士，那是沿袭了东晋以前的说法，是不准确的。南朝太学博士有两类，其一是掌握了某门专门之学，担负起国家教育和智库的专家学者。但任昉明显不属于这类太学博士。任昉在职时还只有16岁，就算他再怎么聪颖，也不大可能成为皇家智库专家。这说明，在当时，太学博士进一步虚化，更倾向于指代学生而不是学官，与奉朝请差不多。按《宋书·百官志》，博士为六品，有品第，还领薪水，南朝士子，都把它当作入仕的阶梯。与任昉情况相似的还有范泰、贾匪之、颜竣、萧嶷、到㧑、陆澄、贾渊、周捨、萧琛、顾协、徐摛、王僧孺、刘之遴、刘之亨、范缜、贺玚等。

刘景素被杀。《宋书·后废帝纪》《宋书·刘景素传》："刘景素被杀，年二十五。故记室参军王螭、故主簿何昌宇并上书讼景素之冤。"赛按，刘景素当生于452年。

升明元年丁巳（477） 任昉18岁

任昉青年时身长七尺五寸。《梁书·任昉传》：“身长七尺五寸。”赛按，容貌魁伟一直是士大夫人物审美的重要标准。南朝士人都很看重身高。七尺五寸是南朝士大夫审美的基本标准。重视身高的风气，首先来自于皇室。南朝开国帝王，大多都是行伍出身，皇帝及皇室成员一般身材高大。其次，可能还带有地方偏见。北方士族比南方士族一般情况下要高一些。当然，也有一些身材矮小的，因才华特别出众而受到世人的重视。

到沆生。《梁书·到沆传》：“（天监）五年（506），卒官，年三十。”赛按，到沆当生于此年。

萧琛生。《梁书·萧琛传》：“大通二年（528）……卒，年五十二。”赛按，萧琛生于此年。

到洽生。《梁书·到洽传》：“大通元年（527），卒于郡，时年五十一。”赛按，到洽当生于此年。

刘之遴生。《梁书·刘之遴传》：“太清二年（548），侯景乱，之遴避难还乡，未至，卒于夏口，时年七十二。”赛按，刘之遴当生于是年。

王融生。

升明二年戊午（478） 任昉19岁

任昉进入王俭幕府。《王文宪集序》：“昉行无异操，才无异能，得奉名节，迄将一纪。”赛按，王俭卒于永明七年（489），上推十二年，任昉入王俭府当为是年。

王俭任吏部郎。《南齐书·王俭传》：“王俭任吏部郎。”

建元元年己未（479） 任昉20岁

任遐为尚书左丞，弹劾陆澄。《南齐书·陆澄传》：“建元元年，骠骑咨议沈宪等坐家奴客为劫，子弟被劾，宪等晏然。左丞任遐奏澄不纠，请免澄官。”

范云入萧子良府。《南齐书·范云传》：“齐建元初，竟陵王子良为会稽太守，云始随王，王未之知也。”《南史·范云传》：“齐建元初，竟陵王子良为会稽太守，云为府主簿。”

沈约入文惠太子萧长懋府。《梁书·沈约传》：“齐初为征虏记室，带襄阳令，所奉之王，齐文惠太子。太子入居东宫，为步兵校尉，管书记，直永寿省，校四部图书。”

刘秉被杀。《南齐书·高帝纪》：“刘秉为齐高帝所杀。”

建元二年庚申（480）　任昉 21 岁

王俭上表辞吏部郎。

建元三年辛酉（481）　任昉 22 岁

刘孝绰生。《南史·刘孝绰传》：“大同五年（539），卒官，时年五十九。”赛按，刘孝绰当生于此年。

建元四年壬午（482）　任昉 23 岁

任昉始与萧衍交往。《梁书·任昉传》：“昉天监元年笺曰：‘昉受教君子，将二十年，咳唾为恩，眄睐成饰，小人怀惠，顾知死所。’”赛按，上推二十年，任昉始与齐武帝交系于是年。

褚渊卒。《南齐书·褚渊传》：“司徒褚渊薨，年四十八。”（又见《南齐书·武帝纪》）赛按，褚渊生于435年，与任昉叔任遐交好。《南齐书·虞玩之传》：“遐字景远，好学，有义行，兼与太祖素游，褚渊、王俭并见亲爱。”

刘苞生。《梁书·刘苞传》：“苞天监十年（511）卒，时年三十。”赛按，刘苞当生于是年。

永明元年癸亥（483）　任昉 24 岁

任昉作《为卞彬谢修卞忠贞墓启》。赛按，启云：“伏见诏书并郑义泰宣敕，当赐修理臣亡高祖、晋故骠骑大将军、建兴忠贞公壶坟。”诏书不存。郑义泰为太乐令，事不详。《南齐书·乐志》又按：“点门世信佛，从弟遁以东篱门园居之，德璋为筑室焉。园有卞忠贞冢，点植花于冢侧，每饮必举酒酹之。”（《南史·何点传》《梁书·何点传》《文选·齐竟陵文宣王行状》李善注引萧子显《齐书》）又按，《墓启》“碑表芜灭，丘树荒毁，狐兔成穴，童牧哀歌”云云，知修墓当在孔稚圭为何点兄弟筑室之前。又按：“永明元年四月，有诏修刘秉、沈攸之墓，诏文有‘魏矜袁绍，恩洽丘墓，晋亮两王，荣覃余裔，二代弘义，前载美谈’。”（《南齐书·武帝纪》）修卞壶墓事亦在当年乎？不可辨也。聊系之。

任遐入萧衍霸府，与褚渊、王俭交好。《南齐书·虞玩之传》：“霸府初开，宾客辐凑，太祖留意简接，玩之与乐安任遐，俱以应对有席上之美，齐名见遇。遐字景远，好学，有义行，兼与太祖素游，褚渊、王俭并见亲爱。官至光禄大夫，永元初卒。”

萧子良为竟陵王。《齐竟陵文宣王行状》：“武皇帝嗣位，进封竟陵郡王，食邑加千户，复授使持节、都督南徐、兖二州诸军事、镇北将军、南徐州刺史，迁使持节、侍中、都督南兖徐北兖青冀五州诸军事、征北将军、南兖州刺史。”（《南齐书·竟陵文宣王传》）

王俭进号卫将军，参掌选事。（《南齐书·王俭传》）萧衍为卫将军王俭东阁祭酒。（《梁书·武帝纪》）谢朓为卫将军王俭东阁祭酒。（《南齐书·谢朓传》）庾杲之出为卫将军王俭长史。（《南齐书·庾杲之传》）陆杲为卫将军王俭主簿。（《梁书·陆杲传》）

建平王刘景素以王礼还葬旧墓。《宋书·刘景素传》：“故景素秀才刘琎上书以王礼返葬刘景素。”（《宋书·刘景素传》）

永明二年甲子（484）　任昉25岁

任昉辟卫将军王俭丹阳尹主簿，受到王俭知遇。《梁书·任昉传》：“永明初，卫将军王俭领丹阳尹，复引为主簿。俭雅钦重昉，以为当时无辈。”《王文宪集序》：“二年，以本官领丹阳尹。”赛按，任昉在王俭幕府。《南史·任昉传》：“永明初，卫将军王俭领丹阳尹，复引为主簿。俭每见其文，必三复殷勤，以为当时无辈，曰：‘自傅季友以来，始复见于任子。若孔门是用，其入室升堂。’于是令昉作一文，及见，曰：‘正得吾腹中之欲。’乃出自作文，令昉点正，昉因定数字。俭拊几叹曰：‘后世谁知子定吾文！’其见知如此。”赛按，任昉因著文获王俭推重。《南史·伏暅传》：“伏暅父曼容与乐安任遥皆匿于齐太尉王俭，遥子昉及暅并见知。”赛按，任昉父任遥亦在王俭幕府。

任昉与萧衍互致提携之旨。《梁书·任昉传》：“始高祖（萧衍）与昉遇竟陵王西邸，从容谓昉曰：‘我登三府，当以卿为记室。’

昉亦戏高祖曰：'我若登三事，当以卿为骑兵。'谓高祖善骑也。至是，故引昉符昔言焉。昉奉笺曰：'昔承清宴，属有绪言，提挈之旨，形乎善谑，岂谓多幸，斯言不渝。'"

任昉作《赠徐征君诗》。《南齐书·徐伯珍传》："徐伯珍，字文楚，东阳太末人也。永明二年，刺史豫章王辟议曹从事，不就。"赛按，此诗当赠于是时。

萧琛在王俭府。《梁书·萧琛传》："萧琛为丹阳尹王俭主簿。"

永明三年乙丑（485）　任昉 26 岁

任昉辟司徒竟陵王萧子良记室参军。《梁书·任昉传》："转司徒竟陵王记室参军。"《宋书·百官志》："宋太宗已来，皇子、皇弟虽非都督，亦置记室参军。"赛按，刘宋以来，皇子府依都督府例，设记室参军。《通典·职官》："建安王为雍州刺史，表求管记，乃以江革为征北记室参军。革弟观又为参军兼记室。任昉曰：'文房之任，总卿兄弟。'故历代皆为文士之华选云。"赛按，任昉在萧子良府从事起草文案以及参谋咨询工作，其职责可比晋后东海王司马越记室参军孙惠："职文疏，预参谋议。"《梁书·范云传》："王为丹阳尹，召为主簿，深相亲任。……转补征北南郡王刑狱参军事，领主簿如故，迁尚书殿中郎。子良为司徒，又补记室参军事。"赛按，任昉与范云任同一职位。《梁书·任昉传》："以父忧去职。性至孝，居丧尽礼。"赛按，任昉因父母相继去世，服丧去职。

任昉迁司徒刑狱参军事。《梁书·任昉传》："迁司徒刑狱参军事。"赛按，任昉从王俭幕府出来后，随即进入萧子良幕府。当时萧子良为司徒，任昉做司徒刑狱参军事，主要负责审理囚犯，品级与主簿差不多。如范云就曾任征北南郡王刑狱参军事，领主簿如故，迁尚书殿中郎，岑之敬曾任武陵王安西府刑狱参军事，何之元曾任安西刑狱参军，荀伯玉曾任齐高帝冠刑狱参军，杜之伟曾任邵陵王刑狱参军。赛按，这是一个比较卑微的职位。《陈书·杜之伟传》："又转刑狱参军。之伟年位甚卑，特以强识俊才，颇有名当世。"赛按，这为任昉后来出任御使中丞打下一定的基础。任昉这一次能在复杂的政治斗争中顺利脱身，没有受到宋、齐易代的影响，当与他的母族有关系。

任昉入为尚书殿中郎。《梁书·任昉传》："入为尚书殿中郎。"赛按，尚书郎，西汉旧置四人，分掌匈奴单于营部、羌夷吏民、户口垦田和财帛委书等。至魏，尚书郎有殿中、吏部、驾部凡二十三郎。刘宋置二十曹郎。接待外使是尚书殿中郎的职责之一。

任昉与宗夬同接魏使。《梁书·宗夬传》："永明中，与魏和亲，敕夬与尚书殿中郎任昉同接魏使，皆时选也。"赛按，在当时，接待魏使的人要求学识、文笔、辩才俱佳。《南齐书·谢朓传》："寻以本官兼尚书殿中郎。隆昌初，敕朓接北使，朓自以口讷，启让不当，不见许。"《梁书·范缜传》范缜的之子范胥："有口辩，大同中，常兼主客郎，对接北使。"《梁书·范岫传》："永明中，魏使至，有诏妙选朝士有词辩者，接使于界首，以岫兼淮阴长史迎焉。"赛按，在接待北方来使的过程中经常发生一些有趣的争辩。《南齐书·张融传》："上使融接北使李道固，就席，道固顾之而言曰：'张融是宋彭城长史张畅子不？'融嚬蹙久之，曰：'先君不幸，名达六夷。'"《南史·庾杲之传》："杲之尝兼主客郎对魏使，使问杲之曰：'百姓那得家家题门帖卖宅？'答曰：'朝廷既欲扫荡京洛，克复神州，所以家家卖宅耳。'魏使缩鼻而不答。"赛按，尚书殿中郎不算高级别官员。《南齐书·陆慧晓传》："太祖辅政，除为尚书殿中郎。邻族来相贺，慧晓举酒曰：'陆慧晓年踰三十，妇父领选，始作尚书郎，卿辈乃复以为庆邪？'"

任昉以父忧去职。《梁书·任昉传》："以父忧去职。"《梁书·任昉传》："昉纯孝，泣血三年，杖而后起。齐武帝谓昉伯遐曰：'闻昉哀瘠过礼，使人忧之，非直亡卿之宝，亦时才可惜，宜深相全譬。'遐使进饮食，当时勉励，回即呕出。昉父遥本性重槟榔，以为常饵，临终常求之，剖百许口，不得好者，昉亦所嗜好，深以为恨，遂终身不尝槟榔。"（《南史·任昉传》同）

任昉作《别萧咨议衍诗》。《梁书·武帝纪》："（衍）累迁隋王镇西咨议参军。”《全梁文》：“王融、萧琛、王延、宗夬、殷芸同有别诗。”赛按，《古文苑》署“任殿中昉”，此诗当为任昉任尚书殿中郎时所作。

任昉作《为王金紫谢齐武帝示皇太子律序启》。《南齐书·王俭传》：“三年，领国子祭酒。叔父僧虔亡，俭表解职，不许。又领太子少傅，本州中正，解丹阳尹。”赛按，为王俭所作谢启当系于是年。

任昉作《为王嫡子侍皇太子释奠宴》。《南齐书·武帝纪》)：“（永明三年）十月壬戌，诏曰：‘皇太子长懋讲毕，当释奠，王公以下可悉往观礼。’”赛按，萧子良、沈约、南郡王同有诗，见《艺文类聚》卷三十八。

王僧虔卒。《南齐书·王僧虔传》：“永明三年，薨。时年六十。”赛按，王僧虔生于宋元嘉三年（426）。

永明四年丙寅（486）　任昉 27 岁

任昉作《答刘居士诗》。《梁史·刘虬传》：“永明三年，刺史庐陵王子卿表虬及同郡宗测、宗尚之、庾易、刘昭五人，请加蒲车束帛之命。诏征为通直郎，不就。竟陵王子良致书通意。虬答曰：‘虬四节卧病，三时营灌，畅余阴于山泽，托暮情于鱼鸟，宁非唐、虞重恩，周、邵宏施？虬进不研机入玄，无洙泗稷馆之辩；退不凝心出累，非冢间树下之节。远泽既洒，仁规先著。谨收樵牧之嫌，敬加轼蛙之义。’”赛按，《答刘居士诗》当作于此年。

任昉作《答何征君诗》。《梁书·何点传》：“司徒竟陵王子良欲就见之，点时在法轮寺，子良乃往请，点角巾登席，子良欣悦无已，遗点嵇叔夜酒杯、徐景山酒铛。”赛按，《答何征君诗》应作于昉任竟陵王记室参军之时。

任昉作《同谢朏花雪诗》。《南齐书·陆慧晓传》：“时陈郡谢朏为左长史，府公竟陵王子良谓王融曰：‘我府二上佐，求之前世，谁可为比？’融曰：‘两贤同时，便是未有前例。’”赛按，任昉与谢朏同在竟陵王府，故有唱和花雪诗之作，谢诗今不存。

永明五年丁卯（487）　任昉28岁

任昉与竟陵八友交游。《南史·竟陵文宣王传》："子良永明二年为护军将军，兼司徒。"《梁书·武帝纪》："春，正月，乙亥，以后将军柳世隆为尚书右仆射；竟陵王子良为护军将军兼司徒，领兵置佐，镇西州。子良少有清尚，倾意宾客，才俊之士，皆游集其门。开西邸，多聚古人器服以充之。记室参军范云、萧琛、乐安任昉、法曹参军王融、卫军东阁祭酒萧衍、镇西功曹谢朓、步兵校尉沈约、扬州秀才吴郡陆倕，并以文学，尤见亲待，号曰八友。"《南史·沈约传》："时竟陵王招士，约与兰陵萧琛、琅琊王融、陈郡谢朓、南乡范云、乐安任昉等皆游焉。当世号为得人。"赛按，萧子良为司徒在正月，时任昉与竟陵八友游，但因服父忧并未入竟陵王府。范云任萧子良府记室参军，即称记室参军范云，而只言乐安任昉，此明证也。《资治通鉴·齐纪》："记室参军范云、萧琛、乐安任昉、法曹参军王融、卫军东阁祭酒萧衍、镇西功曹谢朓、步兵校尉沈约、扬州秀才吴郡陆倕，并以文学尤见亲待，号曰八友。法曹参军柳恽、太学博士王僧孺、南徐州秀才济阳江革、尚书殿中郎范缜、会稽孔休源亦预焉。"赛按，柳恽、王僧孺、江革、孔休源同与之游。司马光系此事于永明二年（482），误。《金楼子·说蕃》："竟陵萧子良好文学，我高祖（萧衍）、王元长、谢元晖、张思光、何宪、任昉、孔广、江淹、虞炎、何僩、周颙之俦，皆当时之杰，号士林也。"赛按，张融、何宪、孔广、江淹、虞炎、何僩、周颙同与之游。

任昉预萧子良钞书事。《南史·竟陵文宣王子良传》："（子良）善立胜事，夏月客至，为设瓜饮及甘果，著之文教。士子文章及朝贵辞翰，皆发教撰录。"《南齐书·竟陵文宣王传》《南史·竟陵文宣王传》："五年，正位司徒，给班剑二十人，侍中如故。移居鸡笼山邸，集学士抄五经、百家，依《皇览》例为《四部要略》千卷。"赛按，萧子良正月实授司徒仍兼侍中。

任昉父忧未除，续遭母忧。《南史·任昉传》："昉先以毁瘠，每一恸绝，良久乃苏，因庐于墓侧，以终丧礼。哭泣之地，草为不生。昉素强壮，腰带甚充，服阕后不复可识。”赛按，《梁书》本传谓其续遭母忧，《南史》本传谓其遭继母忧。

庾肩吾生。《南史·庾肩吾传》：“建武三年，诏征为司空主簿，不就，卒。”赛按，庾肩吾当生于是年。

永明六年戊辰（488）　任昉 29 岁

任昉服母忧，去职。

永明七年己巳（489）　任昉 30 岁

任昉服母忧，去职。

任昉编《齐太尉王文宪集》六十卷，作《王文宪集序》。《王文宪集序》：“昉尝以笔札见知，思以薄技效德，是用缀缉遗文，永贻世范。”赛按，任昉素为王俭所知重，故于序末特云此。

任昉作《启萧太傅固辞夺礼》。《文选·萧太傅固辞夺启》李善注引刘璠《梁典》：“昉时为尚书殿中郎，父忧去职，居丧，不知盐味。冬月单衫，庐于墓侧。齐明作相，乃起为建武将军骠骑记室，再三固辞，帝见其辞切，亦不能夺。”赛按，萧鸾于永明七年（489）拜尚书左仆射。任昉作启固辞，亦当是年事也。

任昉作《求为刘瓛立馆启》。《南齐书·刘瓛传》：“（永明）七年，表世祖为瓛立馆。”

任昉作《为庾杲之与刘居士虬书》。《南齐书·刘虬传》：“虬字灵预，南阳旧族，好黄老之术。齐室屡征不就，竟陵王子良致书通意，虬婉言谢绝。”《南齐书·庾杲之传》：“永明中，诸王年少，不得妄与人接，敕杲之与济阳江淹五日一诣诸王，使申游好。寻又迁庐陵王中军长史，迁尚书吏部郎，参大选事。转太子右卫率，加通直常侍。”赛按，庾杲之于王俭卒后，即转入文惠太子府为右卫率，代竟陵王招士。

王俭卒。《南齐书·王俭传》：“其年疾，上亲临视，薨，年三十八。”赛按，王俭生于宋元嘉二十九年（452）。

永明八年庚午（490）　任昉31岁

任昉除母忧。

任昉任文惠太子步兵校尉，管东宫书记。《梁书·任昉传》："服除，拜太子步兵校尉，管东宫书记。"赛按，任昉这次出仕得到了齐明帝的赏识："齐明帝深加器异，欲大相擢引，为爱憎所白，乃除太子步兵校尉，掌东宫书记。"赛按，此两处记录任昉除太子步兵校尉，掌东宫书记时间不相同。一为服除，当为永明八年（490），入文惠太子东宫。一为明帝所擢，当在建武元年（494），入东昏侯东宫。任昉并非被齐明帝所提拔进入东昏侯东宫，《南史》本传所记有误。任昉服父母丧尽孝，得到从中表亲文惠太子的赏识，加之有竟陵王萧子良的推荐，即进入了太子府。《南齐书·竟陵文宣王传》："又与文惠太子同好释氏，甚相友悌。"《宋书·百官志》："屯骑校尉、步兵校尉、越骑校尉、长水校尉、射声校尉。五校并汉武帝置。……秩二千石。"赛按，太子翊军、步兵、屯骑三校尉，属东宫职僚，一般由甲族有才望的年轻士子担任。《梁书·庾于陵传》："旧事，东宫官属，通为清选，洗马掌文翰，尤其清者。近世用人，皆取甲族有才望，时于陵与周捨并擢充职。"太子步兵校尉，有武职与文职两种。武职可领军作战，如沈庆之，《宋书·孝武帝纪》："时缘江蛮为寇，太祖遣太子步兵校尉沈庆之等伐之。"文职可作表上疏，任昉即掌东宫书记，如范述曾职事。《梁书·范述曾传》："齐初，至南郡王国郎中令，迁尚书主客郎、太子步兵校尉，带开阳令。述曾为人謇谔，在宫多所谏争，太子虽不能全用，然亦弗之罪也。竟陵王深相器重。"

任昉任仪曹郎。《南齐书·王慈传》有"仪曹郎任昉议"文字。赛按，仪曹郎需通朝仪。《南史·孔休源传》："武帝尝问吏部尚书徐勉，求一有学艺解朝仪者，为尚书仪曹郎。"

任昉作《齐明帝谥议》。赛按，仪曹郎掌吉凶礼制。《通典·职官》："魏尚书有仪曹郎，掌吉凶礼制。历代多有，例在吏部篇。宋、齐仪曹属祠部。"任昉仪曹郎任上当作《齐明帝谥议》。

任昉与刘沨共掌秘阁四部。《南史·何宪传》："任昉、刘沨共执秘阁四部书，试问其所知，自甲至丁，书说一事，并叙述作之体，连日累夜，莫见所遗。"

任昉作《为齐竟陵王世子临会稽郡教》。《南齐书·萧昭胄传》："昭胄乃良之子，字景，永明八年，以竟陵世子为宁朔将军，会稽太守。"赛按，此文当昉为世子临会稽郡时所作，故系于是年。

永明九年辛未（491）　任昉 32 岁

任昉称美刘之遴。《梁书·刘之遴传》："十五举茂才对策，沈约、任昉见而异之。"《南史·刘虬传》："吏部尚书王瞻尝候任昉，遇之遴在坐，昉谓瞻曰：'此南阳刘之遴，学优未仕，水镜所宜甄擢。'即辟为太学博士。昉曰：'为之美谈，不如面试。'时张稷新除尚书仆射，托昉为让表，昉令之遴代作，操笔立成。昉曰：'荆南秀气，果有异才，后仕必当过仆。'"赛按，刘之遴生于 477 年，此当系于是年。

任昉作《为褚咨议蓁让代兄封袭表》。

任昉作《又为褚咨议蓁让代兄袭封表》。《南齐书·褚榛传》："永明八年，（蓁）改封巴东郡侯。明年，表让封还贲子霁，诏许之。"王慈卒。《南齐书·王慈传》："永明九年，卒。年四十一。"赛按，王慈生于宋元嘉二十八年（451）。

庾杲之卒。《南齐书·庾杲之传》："九年，卒。年五十一。"赛按，庾杲之生于宋元嘉十八年（441）。

王谌卒。《南齐书·王谌》："九年，卒。年六十九。"赛按，王谌生于宋景平元年（423）。

永明十年壬申（492）　任昉 33 岁

任昉作《为齐明帝让宣城郡公第一表》。《梁书·任昉传》："鸾使昉具表草，帝恶其辞斥，甚愠，昉由是终建武中，位不过列校。"

永明十一年癸酉（493）　任昉 34 岁

文惠太子萧长懋卒。《南齐书·文惠太子传》："文惠太子卒，年三十六。"赛按，萧长懋生于宋大明元年（457）。

齐郁林王隆昌元年　海陵王延兴元年　建武元年甲戌（494）　任昉 35 岁

齐郁林王萧昭业，字符尚，小名法身，文惠太子长子。母曰王皇后。建元元年（479）六月，封南郡王。永明十一年（493）四月，立为皇太孙。七月戊寅，即皇帝位。隆昌元年（494）七月癸巳，皇太后令废郁为林王。萧谌等弑于延德殿西衖，舆尸出徐龙驹宅，葬以王礼，年二十一。年号：隆昌，一年。太傅：竟陵王子良。大将军：萧鸾。司徒：竟陵王子良。司空：王敬则。

竟陵王萧子良卒。《南齐书·郁林王传》："隆昌元年夏四月戊子，太傅竟陵王子良薨。"

沈约作《追崇竟陵王子良诏》。《文苑英华》："沈约拟郁林王《追崇竟陵王子良诏》。"

齐废帝海陵恭王萧昭文，字季尚，文惠太子第二子。永明四年（486），封临汝公。武帝世，位至冠军将军、持节、南豫州刺史。郁林王即位，改封新安王，进使持节，扬州刺史。隆昌元年（494）七月癸巳，郁林王废，西昌侯鸾奉帝纂统。丁酉，即皇帝位。十月辛亥，皇太后令废为海陵王。建武元年（494），诏王依汉东海王强故事，给虎贲、旄头、画轮车、设钟簴宫县。十一月，称王有疾，数遣御师占视，乃殒之。依东海王强故事。谥曰恭。年十五。年号：延兴，一年。太傅：萧鸾。大将军：萧鸾。太尉：王敬则。司徒：鄱阳王锵、庐陵王子卿。司空：陈显达。

任昉作《为萧扬州荐士表》。《文选·为萧扬州荐士表》李善题下注引刘璠《梁典》："齐建武初，有诏举士，始安王表荐琅玡王僧孺。"

任昉称美刘孝绰。《南史·刘孝绰传》："孝绰父绘，齐时掌诏诰，孝绰年十四，绘常使代草之。父党沈约、任昉、范云等闻其名，命驾造焉，昉尤赏好。"《梁书·刘孝绰传》："孝绰大同五年卒官，时年五十九。"赛按，刘孝绰年十四时，正是建武元年（494）。

陆澄卒。《南齐书·陆澄传》："隆昌元年卒，年七十。"赛按，陆澄生于宋元嘉二年（425）。

建武二年乙亥（495） 任昉 36 岁

任昉作《为范始兴作求立太宰碑表》。《南齐书·竟陵文宣王子良传》："建武中，故吏范云上表为子良立碑，事不行。"赛按，表中有云："人之云亡，忽移序岁。"是知此乃建武二年（495）事。

江敩卒。《南齐书·江敩传》："建武二年，卒，年四十四。"赛按，江敩生于宋元嘉二十九年（452）。

刘虬卒。《南史·刘虬传》："三年，迁西中郎长史、蜀郡太守，行益州事。未至蜀，道卒。"赛按，刘虬，生于宋元嘉十五年（438）。卒于是年，年五十八。

建武三年丙子（496） 任昉 37 岁

任昉与张率、陆厥经沈约介绍开始交往。《梁书·张率传》："建武三年，（张率）举秀才，除太子舍人。与同郡陆倕幼相友狎，常同载诣左卫将军沈约，适值任昉在焉，约乃谓昉曰：'此二子后进才秀，皆南金也，卿可与定交。'"赛按，沈约向任昉引荐张率和陆厥。《梁书·张率传》："大通元年，服未阕，卒，时年五十三。"赛按，张率此年当为二十一岁。《南齐书·陆厥传》："永元元年，始安王遥光反，厥父闲被诛，厥坐系尚方，寻有赦令，厥恨父不及，感恸而卒，年二十八。"赛按，陆厥此年当为二十四岁。《艺文类聚》："张率，建武三年举秀才，除太子舍人。与同郡陆倕、陆厥幼相友狎，尝同载诣左卫将军沈约，遇任昉在焉。约谓昉曰：'此三子后进秀才，皆南金也，卿可与交。'由此与昉友。"赛按，此说有误。任昉与陆倕同为竟陵八友，早有交往。故陆倕不在其列。

任昉作《为萧侍中拜袭封表》。《南齐书·萧昭胄传》："建武三年，复为侍中，领骁骑将军，转散骑常侍、太常，以封境边虏，后改封巴陵王。"

建武四年丁丑（497） 任昉 38 岁

任昉作《为王思远让侍中表》。《南齐书·明帝纪》："丙辰，尚书令王晏伏诛。"《南齐书·王思远传》："晏既诛，迁思远为侍中。”赛按，故系让表于是年。

任昉作《吊乐永世书》。《南齐书·乐预传》：“乐预建武中为永世令，民怀其德，卒官。”赛按，此文之写作时间待考，今姑系于此。

任遐为官禄大夫，无金印紫绶。《南齐书·百官志》：“乐安任遐为光禄，就王晏乞一片金，晏乃启转为金紫，不行。”

张融病卒。《南齐书·张融传》：“建武四年，病卒。年五十四。”赛按，张融生于宋元嘉二十一年（444）。

何昌宇卒。《南齐书·何昌宇传》：“四年，卒。年五十一。”赛按，何昌宇生于宋元嘉二十四年（447）。

永泰元年戊寅（498）　任昉 39 岁

永元元年己卯（499）　任昉 40 岁

任昉作《齐司空曲江公行状》。《南齐书·萧遥欣传》：“遥欣以建武中改封曲江公，永元元年卒，赠司空。”

任遐卒。《南齐书·虞玩之传》：“遐字景远……官至光禄大夫，永元初卒。”

谢朓下狱死。《南齐书·谢朓传》：“又使御史中丞范岫奏收朓，下狱死。时年三十六。”赛按，谢朓生于宋末大明八年（464）。

刘沨被杀。《南齐书·刘沨传》：“及遥光败，沨静坐围舍。……因以衣带结兄衣，具见杀。”

永元二年庚辰（500）　任昉 41 岁

任昉迁中书郎。《梁书·任昉传》：“明帝崩，迁中书侍郎。”《南史·任昉传》：“永元中，昉纡意于梅虫儿，东昏中旨用为中书郎。”

赛按，《梁书》还记载任昉这次受到提拔的原因说：“昉雅善属文，尤长载笔，才思无穷，当世王公表奏，莫不请焉。昉起草即成，不加点窜。沈约一代词宗，深所推挹。”赛按，《梁书》据国史立传，有美必书之，有恶必讳之，故但录其文采，纡意于梅虫儿一事则隐焉。被《梁书》隐瞒的逸闻，多记于《南史》中。《南史·任昉传》：“永元中，纡意于梅虫儿，东昏中旨用为中书郎。”《南史·茹法珍传》：“茹法珍，会稽人，梅虫儿，吴兴人，齐东昏时并为制局监，俱见爱幸。自江祏、始安王遥光等诛后，及左右应敕捉刀之徒并专国命，人间谓之刀敕，权夺人主。都下为之语曰：‘欲求贵职依刀敕，须得富豪事御刀。’”《南齐书·东昏侯纪》：“自是法珍、虫儿用事，并为外监，口称诏敕；中书舍人王咺之与相唇齿，专掌文翰。”是知任昉擢中书郎，为永元二年（500）事。赛按，任昉纡意于梅虫儿，似与竟陵王旧部受明帝、东昏侯猜忌有关。萧鸾辅政，先后废弑郁林、海陵二王，对萧道成的子孙，尽行杀戮。竟陵王子良早薨，然其子息仍不免于杀戮，其旧部也难逃猜忌。原出文惠太子府和竟陵王府的士人，不得不投到梅虫儿手下。今检《南史》《梁书》，见诸史籍者，除任昉之外，还有合桑偃、王亮诸人。

任昉作《赠王僧孺诗》。《梁书·王僧孺传》：“（僧孺）普通三年（522），卒，时年五十八。”赛按，以此上推，年三十五时当为齐永元二年（500），《赠王僧孺诗》当作于是年。

任昉编《地记》。《隋书·经籍志》：“《地记》二百五十二卷，梁任昉增陆澄之书八十四家，以为此记。其所增旧书，亦多零失。见存别部行者，唯十二家，今列之于上。”《南齐书·陆澄传》：“撰《地理书》及《杂传》，死后乃出。”赛按，陆澄卒于隆昌元年（494），任昉增写《地记》当在此后。又自建武以来，任昉受萧鸾猜忌，位不过列校。东昏朝中，又挂名侍中，颇为清闲，较有精力从事《地记》的编写工作。中兴元年（501）后，参与萧衍建梁事，无此闲暇。故系于是年。

永元三年、中兴元年辛巳（501）　任昉 42 岁

任昉为萧宝义司徒右长史，实际上在萧衍霸府任幕僚。《梁书·任昉传》：“永元末，为司徒右长史。”《南史·齐本纪》：“丁酉，以骠骑大将军晋安王宝义为司徒。”《南史·萧宝义传》：“宝义少有废疾，不堪出人间，止加除授，为都督、扬州刺史，仍以始安王遥光代之。”赛按，永元末的司徒为萧宝义。萧宝义重病不能履司徒之职，职为萧衍所领。任昉实际上是在萧衍的霸府上任职。萧宝义于永元三年（501）春为司徒，任昉直到年末才为右长史，因为此年十二月，萧衍在南齐朝的势力达到鼎盛，最终取代了萧齐。此后任昉的历次提拔，都与萧衍有关。任昉除司徒右长史在春季。

任昉为萧衍骠骑大将军记室参军。《梁书·任昉传》："高祖克京邑，霸府初开，以昉为骠骑记室参军。"赛按，事在十二月。《梁书·武帝纪》："（中兴元年）十二月……授高祖中书监、都督扬南徐二州诸军事、大司马、录尚书事、骠骑大将军、扬州刺史、封建安郡公。"

任昉主掌萧衍霸府文笔，沈约参制。《南史·任昉传》："梁武帝克建邺，霸府初开，以昉为骠骑记室参军，专主文翰。每制书草，沈约辄求同署，尝被急召，昉出而约在，是后文笔，约参制焉。"

任昉作《与江革书》。《梁书·江革传》："中兴元年，萧衍入石头，乃使革制书与吴兴太守袁昂，于坐立成，辞义典雅，高祖深赏叹之，因令与徐勉同掌书记。……时吴兴沈约、乐安任昉并相重赏。"《南史·江革传》："时吴兴沈约、乐安任昉与革书云：'比闻雍府妙选英才，文房之职，总卿昆季，可谓驭二龙于长途，骋骐骥于千里。'"

萧统生。《南史·萧统传》："三年三月……四月乙巳，暴恶，驰启武帝，比至已薨，时年三十一。"赛按，推可得萧统生于是年。

孔稚圭卒。《南齐书·孔稚圭传》："（永元）三年，稚珪疾，东昏屏除，以床轝走，因此疾甚，遂卒。年五十五。"赛按，孔稚圭生于宋元嘉二十四年（447）。

中兴二年壬午（502 年 1 ～ 3 月）　任昉 43 岁

刘绘卒。《南齐书·刘绘传》："中兴二年，卒。年四十五。"赛按，刘绘生于梁太平二年（557）。

天监元年壬午（502 年 3 ～ 12 月）　任昉 43 岁

任昉为萧衍骠骑大将军记室参军，专主文翰。《梁书·武帝纪》："（十二月）授高祖中书监、都督扬、南徐二州诸军事、大司马、录尚书、骠骑大将军、扬州刺史，封建安郡公，食邑万户，给班剑四十人，黄钺、侍中、征讨诸军事并如故；依晋武陵王遵承制故事。”赛按，萧衍得势后，立即将任昉引入府中，以兑现多年前两人的一场戏言相托。《梁书·任昉传》：“高祖克京邑，霸府初开，以昉为骠骑记室参军。”（《南史·任昉传》同）《梁书·任昉传》：“梁台建，禅让文诰，多昉所具。”赛按，任昉为记室参军，专门负责撰写禅让文告。《南史·任昉传》：“专主文翰。”赛按，今考之《梁书·武帝纪》，昉所撰文告有：《封梁公诏》《进梁公爵为王诏》《禅位诏》《齐帝禅位梁诏》《策梁公九锡文》《禅位梁王策》《禅位梁王玺书》《禅梁册》《为齐宣德皇后临朝答梁王令》《宣德皇后再敦劝进梁王令》《宣德皇后重敦劝梁王令》。

任昉拜黄门侍郎。《梁书·任昉传》：“高祖践阼，拜黄门侍郎。”赛按，梁武帝萧衍刚登基，就让任昉做黄门侍郎，跟随左右，出谋划策，可见他对任昉的信任。黄门侍郎是一个十分重要的职位，刘向在写信给其儿子刘歆的信中说：“黄门郎，显处也。”《宋书·百官志》：“给事黄门侍郎，四人，与侍中俱掌门下众事。……掌侍从左右，关通中外，诸王朝见，则引王就坐。”赛按，与任昉同任的，还有范云、沈约和萧象。《梁书·范云传》：“东昏既诛，侍中张稷使云衔命出城，高祖因留之，便参帷幄，仍拜黄门侍郎，与沈约同心翊赞。”《梁书·桂阳嗣王象传》：“高祖平京邑，赠给事黄门侍郎。”萧衍于天监元年（502）夏四月登基。任昉任黄门郎即在此时，但任职不长，即获升迁。

任昉迁吏部郎中。《梁书·任昉传》：“迁吏部郎中。”《梁书·武帝纪》：“丁卯，加领军将军王茂镇军将军。以中书监王亮为尚书令、中军将军，相国左长史王莹为中书监、抚军将军，吏部尚书沈约为尚书仆射长兼侍中，范云为散骑常侍、吏部尚书。”《文选·出郡传舍哭范仆射》注引《梁典》曰：“范云为吏部尚书。”又曰：“昉为吏部侍郎。”赛按，任昉就是在这时进入吏部任郎中的。

任昉因为不称职被罢了吏部侍郎职务。《梁书·任昉传》：“重除吏部郎，参掌大选，居职不称。”赛按，任昉为什么不称职呢？《文选》卷二十三《出郡传舍哭范仆射》有“浚冲得茂彦，夫子值狂生"一句，李善注曰："夫子，谓范云。狂生，昉自谓也。"任昉因狂生之故而解职。又《南史·任昉传》："昉好交结，奖进士友，不附之者亦不称述，得其延誉者多见升擢，故衣冠贵游莫不多与交好，坐上客恒有数十。"任昉在选官任上，大力提拔南方士族和寒族，为当时北方士族所不容，被人称为狂生，这或许是任昉遭解职的真正原因。

任昉掌著作郎。《梁书·任昉传》："寻以本官掌著作。"《宋书·百官志》："汉东京图籍在东观，故使名儒硕学，著作东观，撰述国史。著作之名，自此始也。魏世隶中书。晋武世，缪征为中书著作郎。元康中，改隶秘书，后别自为省，而犹隶秘书。著作郎谓之大著作，专掌史任。晋制，著作佐郎始到职，必撰名臣传一人。宋氏初，国朝始建，未有合撰者，此制遂替矣。"刘知几《史通》："当魏太和中，始置著作郎，职隶中书，其官即周之左史也。晋元康初，又职隶秘书，著作郎一人，谓之大著作，专掌史任，又置佐著作郎八人，宋、齐已来，以'佐'名施于'作'下。旧事，佐郎职知博采，正郎资以草传，如正、佐有失，则秘监职思其忧。其有才堪撰述，学综文史，虽居他官，或兼领著作。亦有虽为秘书监，而仍领著作郎者。若中朝之华峤、陈寿、陆机、束皙，江左之王隐、虞预、干宝、孙盛，宋之徐爰、苏宝生，梁之沈约、裴子野，斯并史官之尤美，著作之妙选也。而齐、梁二代又置修史学士，陈氏因循，无所变革，若刘陟、谢昊、顾野王、许善心之类是也。"赛按，任昉掌著作郎，有别于沈、裴二人。沈、裴二人著以正史。任昉有《杂传》二百四十七卷、《地记》二百五十二卷、《地理书钞》九卷，皆杂述之类，参行于正史。

任昉作《到大司马记室笺》。《到大司马记室笺》："记室参军事任昉死罪。"

任昉作《禅位梁王策》。据《梁书·武帝纪》。

任昉作《禅位梁王玺书》。据《梁书·武帝纪》。

任昉作《齐宣德皇后令》。据《梁书·武帝纪》。

任昉作《初封诸功臣诏》。《梁书·武帝纪》："诏封文武功臣新除车骑将军夏侯详等十五人为公侯，食邑各有差。"赛按，天监元年（502）四月丙寅，高祖即皇帝位于南郊。

任昉作《追封丞相长沙王诏》。

任昉作《追封永阳王诏》。

任昉作《追封衡阳王桂阳王诏》。《梁书·武帝纪》："天监元年四月丙寅，追封太傅懿为长沙郡王，谥曰宣武。齐后军咨议敷为永阳郡王，谥曰昭。弟齐太常畅为衡阳郡王，谥曰宣。齐给事黄门侍郎融为桂阳郡王，谥曰简。"赛按，以上三诏，当作于是时。

任昉作《封临川安兴建安等五王诏》。《梁书·武帝纪》："天监元年四月丙寅，以弟中护军宏为扬州刺史，封临川郡王；南徐州刺史秀安成郡王；雍州刺史伟建安郡王，左将军恢鄱阳郡王；荆州刺史憺始兴郡王。"

任昉作《为范尚书让吏部封侯第一表》。《梁书·范云传》："天监元年四月，高祖受禅，是日迁云散骑常侍，吏部尚书，封霄城县侯。"

任昉作《吏部郎表》。《梁书·任昉传》载，任昉于高祖践阼即迁吏部郎中，此表中有"方今皇明御宇，升长咸亨，泾渭缙绅，无谬衡石；抑扬庶品，亦俟能官。顾已循涯，孰用祗荷，唯知死所，未识所报"（《全梁文》卷四二）之语，显系拜吏部时之谢表。

任昉作《为梁武帝集坟籍令》。《梁书·王泰传》："天监元年，泰迁秘书丞。齐永元末，后宫火，延烧秘书，图书散乱殆尽。泰为丞，表校定缮写，高祖从之。"

任昉作《奏请郊庙备六代乐》。《隋书·音乐志》："天监元年，武帝思弘古乐，下诏访百僚，是时对乐者七十八家，昉即其一焉。"

任昉作《丞相长沙宣武王碑》。

任昉作《抚军桂阳王墓志铭》。赛按，1980 年 9 月于南京太平门外栖霞区出土，此碑撰于天监元年（502）十一月，则《宣武王碑》亦当作于是年。兄先弟后，合情合理。

任昉作《刘先生夫人墓志铭》。《南齐书·刘瓛传》："（永明）七年，表世祖为瓛立馆……及卒，门人受学〔者〕并吊服临送。时年五十六。"赛按，刘瓛卒于永明七年（502）。先是瓛娶王法施女（李善注引《刘氏谱》）后王氏卒也，瓛卒后为王氏族人合葬。天监元年（502）下诏为瓛王立碑，此墓志当与刘瓛碑同时作，故当系于此。

任昉作《奉答敕示七夕诗启》。《文选·任彦升奉答敕七夕诗启》注引《任昉集》："聊为七夕诗五韵，殊未近咏歌。卿虽讷于言，辨于才，可即制付使者。"

任昉作《静思堂秋竹应诏》。

任昉作《奉和登贵阳山诗》。《梁书·到洽传》："即召为太子舍人。御华光殿，诏洽及沆、萧琛、任昉侍宴，赋二十韵诗，以洽辞为工，赐绢二十匹。"赛按，天监元年（502），洽为太子舍人，常与昉及到沆、萧琛侍宴赋诗。此数首诗文，当即此时奉和应诏之作。

任昉作《赋体》。赛按，《艺文类聚》卷五六载有梁武帝、王僧孺、陆倕、柳憕所作《赋体》各一首，内容及体式大致相同，则此篇应为应诏之作。

任昉作《答刘孝绰诗》。《南史·刘孝绰传》："梁天监初，起家著作佐郎，为归沐诗赠任昉，昉报曰：'彼美洛阳子，投我怀秋作。讵慰耋嗟人，徒深老夫托。直史兼褒贬，辖司专疾恶，九折多美疹，匪报庶良药。'"

任昉作《文章缘起》八十四条。赛按，1924年《任氏宗谱》卷二系此事于出为义兴太守前。今从之。

吴筠有《赠任黄门诗》。（《艺文类聚》卷三一）

刘孝绰有《归沐呈任中丞昉诗》。（《文苑英华》卷二四七、《艺文类聚》卷三一）

天监二年癸未（503）　任昉44岁

任昉出为义兴太守。《梁书·任昉传》《南史·任昉传》："天监二年，出为义兴太守。”

与到溉、到洽交游。《南史·到溉传》：“梁天监初，昉出守义兴，要溉、洽之郡，为山泽之游。”

任昉在任清廉。《梁书·任昉传》：“在任清洁，儿妾食麦而已。友人彭城到溉，溉弟洽，从昉共为山泽游。及被代登舟，止有米五斛。既至无衣，镇军将军沈约遣裙衫迎之。”《南史·任昉传》：“岁荒民散，以私奉米豆为粥，活三千余人。时产子者不举，昉严其制，罪同杀人。孕者供其资费，济者千室。在郡所得公田奉秩八百余石，昉五分督一，余者悉原，儿妾食麦而已。友人彭城到溉、溉弟洽，从昉共为山泽游。及被代登舟，止有绢七匹，米五石。至都无衣，镇军将军沈约遣裙衫迎之。”

任昉作《出郡传舍哭范仆射》《与沈约书》。《文选》李善注引刘璠《梁典》曰：“天监二年，仆射范云卒。任昉自义兴贻沈约书曰：永念平生，忽为畴昔。然此郡，谓义兴也。”赛按，任昉已赴义兴。

任昉重任吏部郎，旋即被解职。《梁书·任昉传》《南史·任昉传》：“重除吏部郎，参掌大选，居职不称。”

任昉除御史中丞。《梁书·任昉传》《南史·任昉传》：“昉既出为义兴太守，旋入为御史中丞。”《南史·到溉传》：“梁天监初，昉出守义兴，要溉、洽之郡，为山泽之游。昉还为御史中丞，后进皆宗之。”《梁书·任昉传》：“天监二年，出为义兴太守。”赛按，是知任昉除黄门侍郎、吏部郎中并掌著作为天监元年事。《宋书·州郡志》：“义兴太守，晋惠帝永兴元年，分吴兴之阳羡、丹阳之永世立。永世寻还丹阳。本扬州，明帝泰始四年，度南徐。”《南齐书·州郡志》：“南徐州，镇京口。吴置幽州牧，屯兵在焉。丹徒水道入通吴会，孙权初镇之。……今京城因山为垒，望海临江，缘江为境，似河内郡，内镇优重。宋氏以来，桑梓帝宅，江左流寓，多出膏腴。领郡如左：……义兴郡，永明二年，割属扬州，后复旧。”《梁书·曹景宗传》：“天监三年八月司州城陷，为御史中丞任昉所奏。"《梁书·任昉传》:"寻转御史中丞。"《通典·职官》:"又《职官录曰》:'梁吏部郎旧视中丞,迁侍中。'又陈吏部郎中秩六百石。"《宋书·百官志》:"御史中丞,一人。掌奏劾不法。"《南齐书·百官志》:"今中丞则职无不察,专道而行,驺辐禁呵,加以声色,武将相逢,辄致侵犯,若有卤簿,至相驱击。宋孝建二年制,中丞与尚书令分道,虽丞郎下朝相值,亦得断之,余内外众官,皆受停驻。"

任昉召集兰台聚。《南史·到溉传》:"昉还为御史中丞,后进皆宗之,时有彭城刘孝绰、刘苞、刘孺,吴郡陆倕、张率,陈郡殷芸,沛国刘显及到溉、到洽,车轨日至,号曰兰台聚。"

任昉作《奏弹曹景宗》。《梁书·曹景宗传》载,天监二年十月,魏犯司州,围刺史蔡道恭。时魏攻城日苦,城中负板而汲,景宗望门不出,但耀军游猎而已。三年八月,司州城陷,为御史中丞昉所奏,武帝以功臣寝而不治。《南史·曹景宗传》:"二年十月,魏攻司州,围刺史蔡道恭。城中负板而汲,景宗望关门不出,但耀军游猎而已。及司州城陷,为御史中丞任昉所奏。帝以功臣不问,征为右卫将军。"

任昉任秘书监,直到天监六年(507)卸任。《梁书·任昉传》:"寻转御史中丞,秘书监,领前军将军。自齐永元以来,秘阁四部,篇卷纷杂,昉手自雠校,由是篇目定焉。"赛按,任昉领秘书监一职,主要负责收集图书,撰写秘阁书目。《宋书·百官志》:"汉桓帝延熹二年,置秘书监。……掌艺文图籍。"《通典·职官志》:"宋与晋同,梁曰秘书省。"天监四年(505),任昉官御史中丞,天监六年(507)又出为新安太守,则官秘书监当在天监五年(506)间。

任昉领前军将军。《梁书·任昉传》:"领前军将军。"《宋书·百官志》:"左军将军,右军将军,前军将军,后军将军。……晋武帝初,置前军、右军……是为四军。"赛按,王志为任昉前任。《梁书·王志传》:"天监元年,以本官领前军将军。"任昉的任职,可比照范岫。《梁书·范岫传》:"入为给事黄门侍郎,迁御史中丞、领前军将军、南北兖二州大中正。永元末，出为辅国将军……”

任昉作《秘书阁四部书目》。赛按，齐末兵火，延及秘阁。有梁之初，缺亡甚众。爰命秘书监任昉躬加部集。又于文德殿内别藏众书，使学士刘孝标等重加校进，乃分术数之文，更为一部，使奉朝请祖暅撰其名录。其尚书阁内别藏经史杂书，华林园又集释氏经论，自江左篇章之盛，未有逾于萧梁者也。（《七录·序目》《隋书·经籍志》）1924 年《任氏宗谱》卷二书此事于此下。

萧纲生。《梁书·本纪》：“（大宝）二年……于是太宗崩于永福省，时年四十九。”赛按，萧纲当生于是年。

陈霸先生。《陈书·本纪》：“高祖以梁天监二年癸未岁生。”

范云卒。《梁书·范云传》：“（天监）二年，卒，时年五十三。”赛按，范云生于宋元嘉二十八年（451）。

天监三年甲申（504）　任昉 45 岁

任昉作《天监三年策秀才文》。赛按，此文当系昉任吏部郎中参掌大选时所作。

任昉作《求荐士诏》。赛按，诏文中有“朕纂统鸿业，夕寅畏大宝，思用俊异，协赞雍熙”等语，系昉参掌大选时所作。

任昉作《答陆倕感知己赋》。《南史·陆倕传》：“梁天监初，为右军安成王主簿，与乐安任昉友，为《感知己赋》以赠昉，昉因此名以报之。”《梁书·安成王秀传》：“又天监三年，进号右将军。”赛按，则陆倕为安成王秀主簿当在是年，赠昉答赋亦当作于是年。

任昉作《述异记》。赛按，任昉天监三年（504）撰。昉家书三万卷，多异闻，又采于秘书，撰此记。中兴馆阁书目《郡斋读书记》卷一二作“天监中”。

陆倕作《感知己赋赠任昉》。（《艺文类聚》卷三一）

刘孝绰作《赠任中丞诗》。（《艺文类聚》卷三一）

宗夬卒。《梁书·宗夬传》：“（天监）三年，卒，时年四十九。”赛按，宗夬生于宋孝建三年（556）。

何点卒。《梁书·何点传》："天监三年，卒，时年六十八。"

天监四年乙酉（505）　任昉46岁

任昉作《奏弹范缜》。《南史·王亮传》：天监四年（505），"御史中丞任昉因奏缜妄陈褒贬，请免缜官，诏可"。

任昉作《奏弹萧颖达》。《梁书·萧颖达传》："萧颖达为御史中丞时所奏。"

任昉作《奏弹刘整》。《文选·奏弹刘整》："文首有御史中丞臣任昉稽首言。"

任昉作《九日侍宴乐游苑诗》。《南史·刘孝绰传》："武帝时宴幸，令沈约、任昉等言志赋诗。"赛按，此诗当为与沈约侍宴时所作，今姑系此。

任昉作《奉和登景阳山诗》。赛按，奉和当与宴乐同为一时之事。

任昉作《祭日不宜遍舞六代乐议》。《通典》卷一四七："梁武帝时，太常任昉奏：'据魏王肃议，周礼，宾客皆作备乐。况天地宗庙，事之大者。《周官》："以六律、六同、五声、八音、六舞大合乐，以致鬼神，以和邦国。"请依王肃，祀祭郊庙备六代乐。'"《文馆词林》：按，诗云："欣遇以来，四载斯日。"又云："子登王朝，为代规矩。"故系于是年。赛按，到洽作《赠任昉诗》。

江淹卒。《梁书·江淹传》："天监四年卒，时年六十二。"赛按，江淹生于宋元嘉二十一年（444）。

天监五年丙辰（506）　任昉47岁

任昉作《为皇太子求一日一入朝表》。《梁书·昭明太子传》："五年六月庚戌，始出居东宫。太子性仁孝，自出宫，恒思恋不乐。"

任昉作《为昭明太子答何胤书》。《梁书·何胤传》《南史·何胤传》："昭明太子钦其德，遣舍人何思澄致手令以褒美之。此书当作于是时。"赛按，此条参铃木虎雄《沈约年谱》。沈约有《为武帝与谢朏敕》。

到沆卒。《梁书·到沆传》："（天监）五年，卒官，年三十。"

魏收生。赛按，《北史·魏收传》："武平三年（560）薨，赠司空、尚书左仆射，谥文贞。有集七十卷。"魏收当为此年生。

天监六年丁亥（507）　任昉 48 岁

任昉出为宁朔将军。《梁书·任昉传》："六年春，出为宁朔将军。"赛按，《南齐书·百官志》："冠军将军、辅国将军、宁朔将军、宁远将军，龙骧将军。"赵翼《廿二史考异》："《南齐志》，宁朔将军列于辅国之后。据此志官品先后次之，似宁朔当在龙骧之后矣。"宁朔将军是五将军中官品最低的。《通典·职官》："晋郡守皆加将军，无者为耻。"一般在出任地方官之前，都会加封为将军。《梁书·王份传》王份天监初："迁宁朔将军……兰陵太守。"这是齐以来的通例。如《梁书·王志传》："征拜黄门侍郎，寻迁吏部侍郎。出为宁朔将军、东阳太守。"《梁书·王琳传》记载王份"除宁朔将军、零陵内史"。《梁书·萧子恪》："初为宁朔将军，淮陵太守。"《梁书·范岫传》："出为宁朔将军，南蛮长史，南义阳太守。"《梁书·孙廉传》："齐初，为宁朔将军，钱塘令。"

任昉出为新安太守。《梁书·任昉传》："出为新安太守。"《任氏宗谱》收有当年的任命书："皇帝敕曰：朝廷设官，欲振纪纲，励风俗，弼成国家之治。苟非其人，曷胜其任。新安太守任昉，身贤发科，授以期职，式克只慎，以举其官，是以锡之敕命，以示褒嘉。夫郡守者，上守君德，下守民心，文以守内，武以守外，其益坚尔志，益竭尔责，毋私于法，毋倚于势，毋讦以为直，毋奇以为能。制行懋修，殊报在望，汝往钦哉，毋潜朕命，天监六年（疑有缺文）十五日下。"

任昉在新安实养病。沈约《送任彦升出守新安诗》："有志须身健，关心在□□。□□□□□，□□□□难。湖海方连旱，新安适少宽。为州人不乏，千万强加餐。"《南史·任昉传》："武帝闻问，方食西苑绿沈瓜，投之于盘，悲不自胜。因屈指曰：'昉少时常恐不满五十，今四十九，可谓知命。'"赛按，新安因为山水好，适合士大夫前往修身养性。《宋书·羊欣传》："太祖重之，以为新安太守，前后凡十三年，游玩山水，甚得适性。"《梁书·萧几传》："为新安太守，郡多山水，特其所好，适性游履，遂为之记。"《梁书·徐摛传》："摛商较纵横，应答如响，高祖甚加叹异，更被亲狎，宠遇日隆。领军朱异不说，谓所亲曰：'徐叟出入两宫，渐来逼我，须早为之所。'遂承间白高祖曰：'摛年老，又爱泉石，意在一郡，以自怡养。'高祖谓摛欲之，乃召摛曰：'新安大好山水，任昉等并经为之，卿为我卧治此郡。'中大通三年，遂出为新安太守。"赛按，任昉这次外放新安，主要是养病。《宋书·州郡志·扬州》："新安太守，汉献帝建安十三年，孙权分丹阳立曰新都，晋武帝太康元年更名。领县五。户一万二千五十八，口三万六千六百五十一。去京都水一千八百六十，陆一千八百。"《南齐书·州郡志》："新安郡：始新、黟、遂安、歙、海宁。"

任昉在新安为政清省。《梁书·任昉传》："在郡不事边幅，率然曳杖，徒行邑郭。民通辞讼者，就路决焉。为政清省，吏人便之。"

任昉在新安为政清廉。《南史·任昉传》："在郡尤以清洁著名，百姓年八十以上者，遣户曹掾访其寒温。尝欲营佛斋，调枫香二石，始入三斗，便出教长断，曰：'与夺自己，不欲贻之后人。'郡有蜜岭及杨梅，旧为太守所采，昉以冒险多物故，实时停绝。吏人咸以百余年未之有也。为家诫，殷勤甚有条贯。"《南史·羊欣传》："文帝重以为新安太守。在郡十三年，乐其山水，尝谓子弟曰：'人生仕宦至二千石，斯可矣。'及是便怀止足。"任昉做了一个二千石太守，死在任上，却十分贫困，只有桃花米二十石。《南史·任昉传》："卒于官，唯有桃花米二十石，无以为敛。遗言不许以新安一物还都，杂木为棺，浣衣为敛。阖境痛惜，百姓共立祠堂于城南，岁时祠之。"赛按，任昉在新安的政绩很好，受到当地百姓的怀念。《任氏宗谱》曰："富资，溪名。在新安郡。唐曰歙州，今日徽州府歙县之北四十里宁泰乡十二都，因昉公梁天监六年春为郡守，游息于其所。公殁，郡民感慕，更名曰昉溪，与夫村岭僧坊亦皆以昉名之。岭有亭，名曰升亭。又有别流，名曰升溪。溪畔有盘石，名曰任公钓台。有徒杠，名曰任公桥。其所奉祀之堂名曰任公祠。唐刺史卢公嫌斥其名，始改溪村比曰任公。米县令张侯又改其寺曰任公。后人以岭与亭咸以任公称之。任氏子孙世为桑梓，因黄巢寇掠，散奔他处。后有许姓居其傍，而公之子祠寺，任氏子姓仍岁奉蒸尝焉。"洪适《文章缘起跋》："郡之为郡，且千岁守将不知几人，独公至今有名字。并城四十里，曰村曰溪，皆以任著，旁有僧坊亦借公为重，则遗爱在人，盖与古循吏比。"

任昉作《别举诗》。《梁书·谢举传》："秘书监任昉出为新安郡，《别举诗》云：'讵念耋嗟人，方深老夫托。'其属意如此。尝侍宴华林园，高祖访举于览，览对曰：'识艺过臣甚远，惟饮酒不及于臣。'高祖大悦。转太子中庶子，犹掌管记。"

任昉作《答到建安饷杖诗》。赛按，《艺文类聚》卷六十九有梁到溉"饷任新安班竹杖"，因赠诗曰，故此诗作于新安任上。

任昉作《寄到溉诗》。《南史·到溉传》：溉"后为建安太守，昉以诗赠之，求二衫段云：'铁钱两当一，百易代名实，为惠当及时，无待凉秋日。'溉答云：'余衣本百结，闽中徒八蚕，假令金如粟，讵使廉夫贪。'"

任昉作《厉吏人讲学诗》。《艺文类聚》："暮烛迫西榆，将落诫南亩。曰余本疏惰，颓暮积榆柳。践境渴师臣，临政饥益友。旰食愿横经，终朝思拥帚。虽欣辨兰艾，何用辟蒿莠。"赛按，前四句言其年老，又有"践境渴师臣，临政饥益友"。言其尚贤清廉。推诗意，当为新安任上所作。

任昉作《严陵濑诗》。《后汉书·严光传》："严光字子陵，一名遵，会稽余姚人也。除为谏议大夫，不屈，乃耕于富春山，后人名其钓处为严陵濑焉。"赛按，此诗当为任昉在新安富春山作。

任昉作《济浙江诗》。赛按，任昉游富春山水，作了一系列类似作品。

任昉作《落日泛舟东溪诗》。

任昉作《泛长溪诗》。

任昉作《赠郭桐庐出溪口见候余既未至郭仍进村维舟久之郭生方至诗》。顾野王《舆地志》："桐庐县，吴分富阳之桐庐溪也。"刘孝标《集》曰："郭桐庐峙。"赛按，《文选·赠郭桐庐出溪口见候余既未至郭仍进村维舟久之郭生方至诗》李善注所引，知此为昉任新安太守时所作。

任昉作《清暑殿效柏梁台体诗》。赛按，《艺文类聚》卷五六署"新安太守任昉"。任昉与梁武帝、侍中徐勉、丹阳丞刘泛、黄门侍郎柳憕、吏部郎中谢览、侍中张卷、太子中庶子王峻、御史中丞陆杲、右军主簿陆倕、司徒主簿刘洽、司徒左西属江葺共作《清暑殿效柏梁台体诗》。

殷钧撰《梁天监六年四部书目录》四卷。（《隋书·经籍志》《梁书·殷钧传》）

徐陵生。《陈书·徐陵传》："（开皇）十九年以疾卒，时年七十三。"

天监七年戊子（508）　任昉 49 岁

任昉卒于新安官舍。《梁书·任昉传》："视事期岁，卒于官舍，时年四十九。"

追赠任昉太常卿，谥曰敬子。《梁书·任昉传》："追赠太常卿，谥曰敬子。"《南史·丘迟传》："迟辞采丽逸，时有钟嵘著《诗评》云：'范云婉转清便，如流风回雪。迟点缀映媚，似落花依草。虽取贱文通，而秀于敬子。'"赛按，南朝谥例，按其官位之大小而分别为王、公、侯、伯、子。任昉天监七年（508）过世时，忝位新安太守、宁朔将军，属子爵，当谥敬子。死者凡赠太常卿的，一般都谥为敬子。《南齐书·江敩传》："赠（江敩）散骑常侍、太常，谥曰敬子。"《南史·刘悛传》："赠（悛）太常、常侍、都尉如故。谥曰敬子。"《梁书·刘孺传》："父悛，齐太常敬子。"《史记正义·谥法解》："夙夜警戒曰敬"，"合善典法曰敬"。赛按，任昉曾为御史中丞，这是一个清显的职位，所以后人尊称他为任中丞，又尊称他为任敬子。

任昉有四个儿子。据《任氏宗谱》，长子名坷字东皇（里），奔父丧还乡，娶程氏，生二子。次子名坒，字西华，留寓歙之城北富资，占籍为民，以奉祠事焉。家甚贫，不能自振。尝冬月服葛帔练裙，道逢故旧刘孝标，见而矜之，作《广绝交论》。娶汪氏。合葬昉坑，郡人至今称曰任公任婆坟。三子名址，字南容，随兄坒公占籍奉祠，娶吴氏，合葬昉坑。四子名堦，字北叟，随兄坒公占籍奉祠，娶蒋氏，合葬升溪。刘孝标《广绝交论》："藐尔诸孤，朝不谋夕，流离大海之南，寄命嶂疠之地。"《南史·任昉传》："有子东里、西华、南容、北叟，并无术业，坠其家声。"赛按，任昉二、三、四子留在富资江畔为民，故刘孝标作有《广绝交论》。而任昉长子奉丧回乡，继承父业。《梁书·任昉传》："第四子东里，颇有父风，官至尚书外兵郎。"（本传有误，应作长子。）

任昉有五部著作：《地记》《地理书钞》《杂传》《文章缘起》《述异记》。赛按，《地记》二百五十二卷，《地理书钞》九卷，《杂传》二百四十七卷，《文章缘起》一卷，《述异记》二卷。

沈约作《太常卿任昉墓志铭》。（《艺文类聚》卷四九）

王僧孺作《太常敬子任府君传》。（《艺文类聚》卷四九）

丘迟卒。《梁书·丘迟传》："（天监）七年，卒官，时年四十五。"

萧绎生。《梁书·萧绎传》："世祖孝元皇帝讳绎，字世诚，小字七符，高祖第七子也。天监七年八月丁巳生。"

庾信生。（倪璠《庾子山年谱》）

何逊卒。《梁书·何逊传》："服阕，除仁威庐陵王记室，复随府江州，未几卒。"

| 主要参考文献 |

【任昉著述类】

［梁］任昉，《任彦升集》，《汉魏诸名家集》六卷本。

［梁］任昉，《任中丞集》，《汉魏六朝百三名家集》一卷本。

［梁］任昉，《任中丞集》，《增定汉魏六朝别集》本。

［梁］任昉，《任彦升集》，《汉魏六朝名家集》初刻五卷本。

［梁］任昉撰、［清］吴汝纶评选，《任彦升集选》，《汉魏六朝百三家集选》一卷本。

［梁］任昉，《文章缘起》，《山堂先生群书考索》延佑七年圆沙书院刊本一卷本。

［梁］任昉撰、［明］陈懋仁注，《文章缘起》，《丛书集成初编》一卷本。

［梁］任昉撰、［明］陈懋仁补注、［清］方熊补注，《文章缘起》，《邵武徐氏丛书》初刻一卷本。

［梁］任昉撰、［明］陈懋仁补注、［清］方熊补注，《文章缘起》，文渊阁四库全书收两淮马裕家藏本。

［梁］任昉撰、［清］任兆麟校，《文章始》，心斋十种一卷本。

［梁］任昉撰、韩静芳注，《文章缘起注》，《女师学院期刊》1933 年第 1 卷第 3 期。

［梁］任昉，《述异记》，《汉魏丛书》二卷本。

［梁］任昉，《述异记》，《五朝小说大观》一卷本。

［梁］任昉，《述异记》，商务印书馆《说郛》本。

［梁］任昉撰、［清］王仁俊辑，《述异记》，《玉函山房辑佚丛书》一卷本。

［明］陈懋仁，《续文章缘起》，《砚北偶钞》一卷本。

主要参考文献

【任昉研究类】

曹道衡，《论任昉在文学史上的地位》，《齐鲁学刊》1993 年第 4 期。

戴丽，《南朝学者任昉的文献学成就》，《云梦学刊》2003 年第 5 期。

胡耀震，《任昉代褚蓁表和相关的〈文选〉旧注》，《文献》1999 年第 2 期。

胡耀震，《任昉为褚蓁表若干问题考辨》，《聊城师范学院学报》（哲学社会科学版）1998 年第 3 期。

罗国威，《任昉年谱》，《四川大学学报》1994 年第 1 期。

谭家健，《试论任昉》，《文学评论丛刊》1982 年第 16 辑。

汪泓，《历代对任昉骈文之评价》，《郑州大学学报》2001 年第 6 期。

熊清元，《任昉诗文系年考证》，《黄冈师专学报》1992 年第 2 期。

张顶政，《任昉年谱略稿》，《西南民族学院学报·增刊》（哲学社会科学版）1999 年 8 月。

张基地，《任昉里籍略考》，2010 年 8 月 10 日稿本。

张金平，《试论南朝学者任昉的诗歌创作特色》，《德州学院学报》2009 年第 3 期。

郑雅如，《齐梁士人的交游——以任昉的社交网络为中心的考察》，《台大历史学报》2009 年第 4 期。

钟涛，《任昉骈文略论》，《青海师范大学学报》1993 年第 3 期。

【经部类】

［汉］刘熙，《释名》，四部丛刊本。

［汉］许慎，《说文解字》，涵芬楼影印藤花榭本。

［汉］扬雄，《方言》，四部丛刊本。

［魏］张辑，《广雅》，文选楼丛书本。

［梁］顾野王，《玉篇》，四部丛刊本。

［唐］陆德明，《经典释文》，四部丛刊本。

［宋］陈彭年，《广韵》，四部丛刊本。

［清］纪昀，《沈氏四声考》，几辅丛书本。

［清］马建忠，《马氏文通》，清光绪十三年商务印书馆排印本。

［清］钱绎，《方言笺疏》，广雅书局刊本。

［清］阮元校刻，《十三经注疏》，北京：中华书局，1980 年。

[清] 王引之，《经传释词》，守山阁丛书本。

[清] 徐乾学，《读礼通考》，文渊阁四库全书本。

[清] 张尚瑗，《左传折诸》，文渊阁四库全书本。

【史部类】

[汉] 班固，《汉书》，北京：中华书局，1962 年。

[汉] 班固等，《东观汉纪》，丛书集成初编本。

[汉] 刘向，《列女传》，四部丛刊本。

[汉] 司马迁，《史记》，北京：中华书局，1959 年。

[汉] 荀悦，《汉纪》，四部丛刊本。

[汉] 赵晔，《吴越春秋》，四部丛刊本。

[吴] 韦诏注，《国语》，四部丛刊本。

[晋] 常璩，《华阳国志校补图注》，上海：上海古籍出版社，2009 年。

[晋] 陈寿，《三国志》，北京：中华书局，1959 年。

[晋] 孔晁注，《逸周书》，四部丛刊本。

[晋] 袁宏，《后汉纪》，四部丛刊本。

[后晋] 刘昫，《旧唐书》，北京：中华书局，1975 年。

[南朝宋] 范晔，《后汉书》，北京：中华书局，1965 年。

[梁] 慧皎，《高僧传》，上海：上海古籍出版社，1992 年。

[梁] 沈约，《宋书》，北京：中华书局，1974 年。

[梁] 萧子显，《南齐书》，北京：中华书局，1972 年。

[北魏] 郦道元，《水经注》，四部丛刊本。

[北魏] 杨衒之，《洛阳伽蓝记》，四部丛刊本。

[北齐] 魏收，《魏书》，北京：中华书局，1974 年。

[唐] 杜佑，《通典》，北京：中华书局，1988 年。

[唐] 房玄龄，《晋书》，北京：中华书局，1974 年。

[唐] 李延寿，《北史》，北京：中华书局，1974 年。

[唐] 李延寿，《南史》，北京：中华书局，1975 年。

[唐] 令狐德芬，《周书》，北京：中华书局，1971 年。

[唐] 刘知几，《史通》，四部丛刊本。

［唐］魏徵，《隋书》，北京：中华书局，1973 年。

［唐］姚思廉，《陈书》，北京：中华书局，1972 年。

［唐］姚思廉，《梁书》，北京：中华书局，1973 年。

［宋］鲍彪校注，《战国策校注》，四部丛刊本。

［宋］高似孙，《史略》，古逸丛书本。

［宋］罗泌、罗萍注，《路史》，文渊阁四库全书本。

［宋］司马光，《资治通鉴》，四部丛刊本。

［宋］欧阳修、［宋］宋祁，《新唐书》，北京：中华书局，1975 年。

［宋］郑樵，《通志》，北京：中华书局，1987 年。

［元］脱脱，《宋史》，北京：中华书局，1977 年。

［明］程敏政，《新安文献志》，文渊阁四库全书本。

［清］穆章阿等编，《嘉靖一统志》，四部丛刊本。

［清］浦起龙，《史通通释》，清乾隆浦氏求放心斋刊本。

［清］夏历恕等，《湖广通志》，文渊阁四库全书本。

［清］杨士骧、孙葆田等，《重修山东通志》，上海：商务印书馆影印本。

［清］岳浚、法敏等，《山东通志》，文渊阁四库全书本。

［清］张廷玉，《明史》，北京：中华书局，1974 年。

［清］章学诚，《文史通义》，上海：上海书店，1988 年。

［清］章学诚，《章学诚遗书》，北京：文物出版社，1985 年。

［清］赵翼著，王树民校证，《廿二史札记校证》，北京：中华书局，1984 年。

【子部类】

［周］荀况，《荀子》，四部丛刊本。

［秦］吕不韦，《吕氏春秋》，四部丛刊本。

［秦］吕布韦辑，［汉］高诱注，［清］毕沅校，《吕氏春秋》，上海：上海古籍出版社，1996 年。

［汉］蔡邕，《独断》，抱经堂丛书本。

［汉］桓宽，《盐铁论》，四部丛刊本。

［汉］贾谊，《新书》，四部丛刊本。

［汉］刘安、［汉］高诱注，《淮南子》，四部丛刊本。

［汉］刘向，《说苑》，四部丛刊本。

［汉］刘向，《新序》，四部丛刊本。

［汉］陆贾，《新语》，四部丛刊本。

［汉］王充，《论衡》，四部丛刊景通津草堂本。

［汉］王充，《论衡》，上海：上海人民出版社，1974 年。

［汉］扬雄，《法言》，四部丛刊本。

［汉］应劭，《风俗通义》，四部丛刊本。

［魏］刘劭，《人物志》，四部丛刊本。

［魏］王肃，《孔子家语》，四部丛刊本。

［晋］葛洪，《抱朴子内外篇》，平津馆丛书本。

［梁］萧绎，《金楼子》，文渊阁四库全书本。

［北齐］颜之推，《颜氏家训》，四部丛刊本。

［北齐］刘书，《刘子》，上海古书流通处影印旧活字本。

［后晋］李瀚、［宋］徐子光注，《蒙求注》，学津讨原本。

［隋］虞世南，《北堂书钞》，天津：天津古籍出版社，1988 年。

［隋］王通，《中说》，四部丛刊景宋本。

［唐］白居易、［宋］孔传，《白孔六帖》，明刊本。

［唐］马总，《意林》，四部丛刊本。

［唐］欧阳询，《艺文类聚》，北京：中华书局，1965 年。

［唐］欧阳询，《艺文类聚》，上海：上海古籍出版社，1982 年。

［唐］释道宣，《广弘明集》，四部丛刊本。

［唐］魏徵，《群书治要》，四部丛刊本。

［唐］徐坚，《初学记》，北京：中华书局，1980 年。

［宋］晁公武，《郡斋读书志》，四部丛刊本。

［宋］晁公武，《郡斋读书志》，文渊阁四库全书本。

［宋］陈振孙，《直斋书录解题》，文渊阁四库全书本。

［宋］陈振孙，《直斋书录解题》，上海：上海古籍出版社，1987 年。

［宋］晁载之，《续谈助》，清光绪十三年刻本。

［宋］陈骙等撰，赵士炜等考，《中兴馆阁书目辑考》，北平图书馆排印本，1933 年。

［宋］陈骙，《中兴馆阁书目》，北京：现代出版社，1987 年。

主要参考文献

［宋］陈思，《两宋明贤小集》，文渊阁四库全书本。

［宋］高承，《事物纪原》，北京：中华书局，1989 年。

［宋］洪迈，《容斋随笔》，四部丛刊本。

［宋］黄伯思，《东观余论》，津逮秘书本。

［宋］李昉等，《太平广记》，北京：人民文学出版社，1959 年。

［宋］李昉等，《太平御览》，四部丛刊本。

［宋］李石，《续博物志》，文渊阁四库全书本。

［宋］沈括，《梦溪笔谈》，津逮秘书本。

［宋］王尧臣，《崇文总目》，北京：现代出版社，1987 年。

［宋］王应麟，《玉海》，文渊阁四库全书本。

［宋］吴淑注，《事类赋注》，清坊刻明华麟祥本。

［宋］吴曾，《能改斋漫录》，聚珍版丛书本。

［宋］尤袤，《遂初堂书目》，北京：现代出版社，1987 年。

［宋］曾慥，《类说》，明天启本。

［元］马端临，《文献通考》，文渊阁四库全书本。

［元］陶宗仪，《说郛》，上海：上海古籍出版社，1988 年。

［明］程荣，《汉魏丛书》，万历二十年刻本。

［明］何允中，《广汉魏丛书》，万历二十年序刻本。

［明］胡维新，《两京遗编》，涵芬楼影印本。

［明］焦竑，《国史经籍志》，粤雅堂丛书本。

［明］祁承㸁，《澹生堂藏书目》，续修文渊阁四库全书本影印本。

［明］商浚，《稗海》，明刊本。

［明］沈津辑，《百家类纂》，明隆庆元年刊本。

［明］吴琯，《古今逸史》，上海涵芬影印本。

［明］徐𤊹，《徐氏家藏书目》，续修文渊阁四库全书本影印本。

［明］佚名，《道藏》，民国十二年到十五年商务印书馆影印本。

［明］佚名，《五朝小说大观》，1926 年上海扫叶山房石印本。

［明］钟惺，《合刻五家言》，明刊本。

［明］周子义，《子汇》，涵芬楼影印本。

［清］陈述，《补南齐书艺文志》，《二十五史补编》本，上海：开明书店，1936 年。

［清］崇文书局，《百子全书》，1919年上海扫叶山堂石印本。

［清］丁丙、丁仁，《八千卷楼书目》，续修四库全书影印1923年铅印本。

［清］何焯，《义门读书记》，北京：中华书局，1987年。

［清］黄奭，《汉学堂丛书》，光绪十九年子澧集成刻本。

［清］洪颐煊，《经典集林》，1926年陈氏慎初堂影印本。

［清］纪昀，《文渊阁四库全书本总目提要》，北京：中华书局影印本，1965年。

［清］季振宜，《季沧苇藏书目》，续修四库全书本影印本。

［清］焦循，《焦氏类林》上海：商务印书馆，丛书集成初编本，1936年。

［清］李兆洛，《骈体文钞》，上海：世界书局，1936年。

［清］茆泮林，《十种古逸书》，道光二十二年梅瑞轩刻本。

［清］钱大昭，《补后汉书艺文志》，积学斋丛书。

［清］钱谦益，《绛云楼书目》，续修四库全书本影印本。

［清］钱曾，《读书敏求记》，续修四库全书本影印本。

［清］钱遵，《钱遵王述古堂藏书目》，续修四库全书本影印本。

［清］陶珽，《重编说郛》，顺治三年周南李氏刻本。

［清］王谟，《汉唐地理书钞》，北京：中华书局影印本，1981年。

［清］王仁俊，《补梁书艺文志》，上海图书馆稿本。

［清］王仁俊，《补宋书艺文志》，上海图书馆藏本。

［清］王仁俊，《汉书艺文志校补》，上海图书馆稿本。

［清］王仁俊，《玉函山房辑佚丛书续编三种》，上海：上海古籍出版社，1989年。

［清］汪士汉，《秘书二十一种》，康熙八年新安汪氏刻本。

［清］王应麟，《汉书艺文志考证》，《二十五史补编》本，上海：开明书店，1936年。

［清］徐乾学，《传是楼书目》，续修文渊阁四库全书本影印本。

［清］姚振宗，《汉书艺文志条理》，《二十五史补编》本，上海：开明书店，1936年。

［清］姚振宗，《后汉书艺文志》，《二十五史补编》本，上海：开明书店，1936年。

［清］姚振宗，《隋书经籍志考证》，《二十五史补编》本，上海：开明书店，1935年。

［清］叶德辉，《观古堂所著书》，光绪三十三年叶氏刻本。

［清］叶德辉，《秘书省续编到四库阙书目》，观古堂所著书本。

［清］永瑢，《文渊阁四库全书本总目》，北京：中华书局，1965年。

［清］赵翼，《陔余丛考》，清乾隆五十五年（1785）湛贻堂藏本。

［清］赵翼，《陔余丛考》，北京：中华书局，1963 年。

［清］周中孚，《郑堂读书记》，吴兴刘氏嘉业堂刻本。

［清］朱铭盘，《南朝梁会要》，上海：上海古籍出版社，1984 年。

【集部类】

［晋］阮籍撰，陈伯君校注，《阮籍集校注》，北京：中华书局，1987 年。

［南朝宋］鲍照撰，钱仲联增补集说校，《鲍参军集注》，上海：上海古籍出版社，1980 年。

［梁］何逊撰，李伯齐校注，《何逊集校注》，济南：齐鲁书社，1989 年。

［梁］江淹撰，［明］胡之骥注，《江文通集汇注》，北京：中华书局，1984 年。

［梁］僧佑，《弘明集》，四部丛刊本。

［梁］萧统编，［唐］六臣注，《文选》，四部丛刊本。

［梁］萧统，《文选》，上海：上海古籍出版社，1986 年。

［梁］萧统编，［唐］李善注，《文选》，上海：上海古籍出版社，1997 年。

［北周］庾信撰，［清］倪璠注，《庾子山集注》，北京：中华书局，1980 年。

［唐］杜甫撰，［宋］王洙等注，《分门集注杜工部诗》，四部丛刊本。

［唐］李商隐，《李义山诗集》，四部丛刊本。

［宋］陈骙，《文则》，北京：人民文学出版社，1998 年。

［宋］陈起，《江湖小集》，文渊阁四库全书本。

［宋］葛立方，《韵语阳秋》，上海：上海古籍出版社影印本，1984 年。

［宋］洪适，《盘洲集》，四部丛刊本。

［宋］黄彻，《䂬溪诗话》，北京：人民文学出版社，1998 年。

［宋］李涂，《文章精义》，北京：人民文学出版社，1998 年。

［宋］刘克庄，《后村先生大全集》，四部丛刊本。

［宋］陆游，《老学庵笔记》，文渊阁四库全书本。

［宋］阮阅，《诗话总龟》，北京：人民文学出版社，1998 年。

［宋］王应麟，《困学纪闻》，文渊阁四库全书本。

［宋］魏其贤、叶棻，《五百家播芳大全文粹》，文渊阁四库全书本。

［宋］文同，《丹渊集》，文渊阁四库全书本。

［宋］吴子良，《荆溪林下偶谈》，文渊阁四库全书本。

[明] 程敏政,《明文衡》,文渊阁四库全书本。

[明] 胡应麟,《少室山房笔丛》,光绪二十二年广雅书局刻本。

[明] 胡应麟,《少室山房类稿》,续金华丛书本。

[明] 胡应麟,《诗薮》,上海:上海古籍出版社,1979 年。

[明] 陆时雍,《古诗镜》,文渊阁四库全书本。

[明] 宋濂,《宋学士文集》,四部丛刊本。

[明] 孙矿,《孙月峰先生评文选》,济南:齐鲁书社,1995 年。

[明] 唐顺之,《稗编》,文渊阁四库全书本。

[明] 吴讷,《文章辨体序说》,北京:人民文学出版社,1998 年。

[明] 杨慎,《丹铅总录》,乾隆五十九年九思堂刻巾箱本。

[明] 杨慎,《升庵全集》,乾隆六十年养拙山房丛刻本。

[清] 毕沅,《山海经新校正》,光绪三年浙江书局刻本。

[清] 陈维崧,《陈迦陵文集》,四部丛刊本。

[清] 郝懿行,《山海经笺疏》,龙溪精舍丛书本。

[清] 洪亮吉,《江北诗话》,北京:人民文学出版社,1998 年。

[清] 黄宗羲,《明文海》,文渊阁四库全书本。

[清] 康熙,《御定全唐诗》,文渊阁四库全书本。

[清] 林纾,《春觉斋论文》,北京:人民文学出版社合编本,1998 年。

[清] 刘大櫆,《论文偶记》,北京:人民文学出版社合编本,1998 年。

[清] 钱谦益,《牧斋初学集》,四部丛刊景明崇祯十六年刻本。

[清] 沈季友,《檇李诗系》,文渊阁四库全书本。

[清] 施闰章,《学余堂文集》,文渊阁四库全书本。

[清] 孙梅,《四六丛话》,光绪十年刊本。

[清] 谭献,《复堂日记》,半厂丛书初印本。

[清] 王士禛选,[清] 闻人倓笺,《古诗笺》,上海:上海古籍出版社,1980 年。

[清] 翁方纲,《石洲诗话》,北京:人民文学出版社合编本,2001 年。

[清] 吴德旋,《初月楼古文绪论》,北京:人民文学出版社合编本,1998 年。

[清] 吴景旭,《历代诗话》,文渊阁四库全书本。

[清] 吴梅村,《梅村家藏稿》,四部丛刊本。

[清] 吴绮,《林蕙堂全集》,文渊阁四库全书本。

主要参考文献

[清] 许梿评选，[清] 黎经诰笺注，《六朝文絜笺注》，上海：上海古籍出版社，1982 年。

[清] 徐师曾，《文体明辨序说》，北京：人民文学出版社，1998 年。

[清] 许学夷，《诗源辩体》，北京：人民文学出版社，2001 年。

[清] 朱彝尊，《静志居诗话》，北京：人民文学出版社，1998 年。

【时人著述类】

北京大学中文系，《两汉文学史参考资料》，北京：中华书局，1962 年。

北京大学中文系，《魏晋南北朝文学史参考资料》，北京：中华书局，1962 年。

北京大学中文系，《中国小说史》，北京：人民文学出版社，1978 年。

曹道衡，《中古文学史论文集》，北京：中华书局，1986 年。

曹道衡，《中古文学史论文集续编》，台北：文津出版社，1994 年。

曹道衡，《南朝文学与北朝文学研究》，南京：江苏古籍出版社，1999 年。

曹道衡，《从〈文选〉看中古作家的地理分布》，《齐鲁学刊》2004 年第 6 期。

曹道衡，《兰陵萧氏与南朝文学》，北京：中华书局，2004 年。

曹道衡，《魏晋文学》，合肥：安徽教育出版社，2001 年。

曹道衡、刘跃进，《南北朝文学编年史》，北京：人民文学出版社，2000 年。

曹道衡、沈玉成，《南北朝文学史》，北京：人民文学出版社，1998 年。

曹道衡、沈玉成，《中古文学史料丛考》，北京：中华书局，2003 年。

曹旭，《诗品集注》，上海：上海古籍出版社，1994 年。

曹旭，《诗品研究》，上海：上海古籍出版社，1998 年。

曹旭，《中日韩〈诗品〉论文选评》，上海：上海古籍出版社，2003 年。

陈谦豫，《中国小说理论批评史》，上海：华东师范大学出版社，1989 年。

陈群，《文学集团与南朝文人的社会生活》，《烟台大学学报》（哲社版）2004 年第 4 期。

陈戍国，《诗经校注》，长沙：岳麓书社，2004 年。

陈松雄，《齐梁丽辞论衡》，台北：文史哲出版社，1996 年。

陈寅恪，《元白诗笺证稿》，上海：上海古籍出版社，1978 年。

陈寅恪，《金明丛稿初编》，上海：上海古籍出版社，1980 年。

陈钟凡，《中国文学批评史》，上海：中华书局，1927 年。

陈钟凡，《汉魏六朝文学》，北京：商务印书馆万有文库本，1929 年。
程千帆，《闲堂文薮》，济南：齐鲁书社，1984 年。
程千帆，《程千帆全集》，石家庄：河北教育出版社，2000 年。
程毅中，《古小说简目》，北京：中华书局，1981 年。
程章灿，《世族与六朝文学》，长春：黑龙江教育出版社，1998 年。
邓国光，《挚虞研究》，香港：学衡出版社，1990 年。
邓仕樑，《两晋诗论》，香港：香港中文大学出版社，1972 年。
丁福保，《历代诗话续编》，北京，中华书局，1983 年。
段启明，《中国古代小说戏曲述评辑略》，北京：华文出版社，2002 年。
范宁，《博物志校正》，北京：中华书局，1980 年。
范文澜，《文心雕龙注》，北京：文化学社，1931 年。
范文澜，《文心雕龙注》，北京：人民文学出版社，1958 年。
范文澜，《中国通史》，北京：人民出版社，1994 年。
范子烨，《中古文人生活研究》，济南：山东教育出版社，2001 年。
方正耀，《中国古代小说批评史略》，北京：中国社会科学出版社，1990 年。
冯尔康，《中国古代的宗族与祠堂》，北京：商务印书馆，1996 年。
傅刚，《昭明文选研究》，北京：中国社会科学出版社，2000 年。
高步瀛、曹道衡、沈玉成点校，《文选注义疏》，北京：中华书局，1985 年。
高文强，《佛教与永明文学批评》，武汉：湖北教育出版社，2006 年。
葛剑雄，《中国移民史》（先秦至魏晋南北朝时期），福州：福建人民出版社，1997 年。
葛晓音，《汉唐文学的擅变》，北京：北京大学出版社，1990 年。
顾易生、蒋凡，《先秦两汉文学批评史》，上海：上海古籍出版社，1990 年。
郭建勋，《汉魏六朝骚体文学研究》，长沙：湖南教育出版社，1997 年。
郭建勋，《楚辞与中国古代韵文》，长沙：湖南师范大学出版社，2001 年。
郭建勋，《先唐辞赋研究》，北京：人民出版社，2004 年。
郭绍虞，《中国文学批评史》，上海：新文艺出版社，1955 年。
郭绍虞，《沧浪诗话校释》，北京：人民文学出版社，1983 年。
郭绍虞，《照隅室古典文学论文集》，上海：上海古籍出版社，1983 年。
郭预衡，《中国散文史》，上海：上海古籍出版社，1986 年。
郭在贻、张涌泉、黄征，《敦煌变文集校议》，长沙：岳麓书社，1990 年。

主要参考文献

何诗海，《文学集团与永明体诗篇制的确立》，《文艺理论研究》2005 年第 3 期。

何祥荣，《南北朝骈文艺术探颐》，香港：汇智出版有限公司，2005 年。

洪隆顺，《中外六朝文学研究文献目录》，台北：台湾汉学研究中心，1987 年。

侯忠义、刘世林，《中国文言小说史稿》，北京：北京大学出版社，1990 年。

胡宝国，《知识至上和南朝学风》，《文史》2009 年第 4 期。

胡大雷，《中古文学集团》，桂林：广西师范大学出版社，1996 年。

胡德怀，《齐梁文坛与四萧研究》，南京：南京大学出版社，1997 年。

胡玉缙，《文渊阁四库全书本总目提要补正》，北京：中华书局，1964 年。

胡士彪，《魏晋南北朝文体学》，上海：上海古籍出版社，2004 年。

黄晖，《论衡校释》，北京：中华书局，1999 年。

姜书阁，《骈文史论》，北京：人民文学出版社，1986 年。

金荣华，《六朝志怪小说情节单元索引》，台北：中国文化大学，1986 年。

邝健行，《中国诗歌论稿》，香港：新亚研究所，1982 年。

李剑国，《唐前志怪小说史》，天津：南开大学出版社，1984 年。

李剑国，《唐前志怪小说辑释》，上海：上海古籍出版社，1986 年。

李泽厚，《中国古代思想史论》，北京：人民出版社，1985 年。

林家骊，《竟陵王西邸学士及其活动考略》，《文史》1998 年总第 45 辑。

林家骊，《沈约研究》，杭州：杭州大学出版社，1998 年。

刘大杰，《中国文学发展史》，北京：中华书局，1963 年。

刘汝霖，《东晋南北朝学术编年》，北京：中华书局，1987 年。

刘师培，《论文杂记》，北京：人民文学出版社，1959 年。

刘师培，《中国中古文学史》，北京：人民文学出版社，1959 年。

刘纬毅，《汉唐方志辑佚》，北京：北京图书馆出版社，1997 年。

刘叶秋，《魏晋南北朝小说》，北京：中华书局，1962 年。

刘永济，《十四朝文学要略》，哈尔滨：黑龙江人民出版社，1984 年。

刘跃进，《中国古代文人创作态势的形成——从古诗十九首及南朝文学谈起》，《社会科学战线》1992 年第 3 期。

刘跃进，《永明文学研究》，台北：文津出版社，1992 年。

刘跃进，《门阀士族与永明文学》，北京：生活·读书·新知三联书店，1996 年。

刘跃进，《中古文学文献学》，南京：江苏古籍出版社，2000 年。

刘跃进、范子烨，《六朝作家年谱辑要》，长春：黑龙江教育出版社，1999 年。

陆侃如，《中古文学系年》，北京：人民文学出版社，1985 年。

逯钦立，《先秦汉魏晋南北朝诗》，北京：中华书局，1983 年。

逯钦立，《汉魏六朝文学论集》，西安：陕西人民出版社，1984 年。

卢盛江，《文镜秘府论汇校汇考》，北京：中华书局，2006 年。

鲁迅，《汉文学史纲》，见《鲁迅文集》，北京：人民文学出版社，2005 年。

鲁迅，《中国小说史略》，上海：上海古籍出版社，2001 年。

罗根泽，《中国文学批评史》，上海：上海古籍出版社，1984 年。

罗根泽，《罗根泽古典文学论文集》，上海：上海古籍出版社，1985 年。

罗国威，《敦煌本〈昭明文选〉研究》，长春：黑龙江教育出版社，1999 年。

骆鸿凯，《文选学》，北京：中华书局，1989 年。

罗宗强，《魏晋南北朝文学思想史》，北京：中华书局，1996 年。

马建智，《〈文心雕龙〉文体分类探析》，《社会科学家》2005 年第 3 期。

穆克宏，《六朝文体分类的发展》，《滴石轩文存》，福州：海峡文艺出版社，1994 年。

南开大学中文系，《中国小说史简编》，北京：人民文学出版社，1979 年。

聂石樵，《先秦两汉文学史稿》，北京：北京师范大学出版社，1994 年。

聂石樵，《魏晋南北朝文学史》，北京：中华书局，2007 年。

齐治平校注，《拾遗记》，北京：中华书局，1981 年。

钱志熙，《魏晋诗歌艺术原论》，北京：北京大学出版社，2005 年。

钱志熙，《早期诗文集形成问题新探——兼论其与公宴集、清谈集之关系》，《齐鲁学刊》2008 年第 1 期。

钱锺书，《管锥篇》，北京：中华书局，1986 年。

钱锺书，《谈艺录》，北京：中华书局，1996 年。

乔好勤，《王俭论》，《武汉大学学报》1985 年第 3 期。

乔好勤，《王俭著述考》，《河南图书馆学刊》1985 年第 3 期。

任起烇，《任氏宗谱》，上海图书馆藏，1924 年木活字本。

上海图书馆，《中国丛书综录》，北京：中华书局，1962 年。

孙昌武，《中国文学中的维摩诘与观音》，北京：高等教育出版社，1996 年。

汤用彤，《汉魏两晋南北朝佛教史》，北京：北京大学出版社，1997 年。

汤用彤，《魏晋玄学论稿》，上海：上海古籍出版社，2005 年。

主要参考文献

田余庆，《东晋门阀政治》，北京：北京大学出版社，1991 年。

王利器，《颜氏家训集解》，北京：中华书局，1993 年。

王明，《抱朴子内篇校释》，北京：中华书局，1986 年。

汪荣祖，《史传通说》，北京：中华书局，1989 年。

王瑶，《中古文学史论集》，上海：上海古籍出版社，1982 年。

王瑶，《中古文学史论》，北京：北京大学出版社，1986 年。

王运熙，《汉魏六朝唐代文学论丛》，上海：上海古籍出版社，1981 年。

王运熙，《文心雕龙探索》，上海：上海古籍出版社，1986 年。

王运熙，《中国古代文论管窥》，济南：齐鲁书社，1987 年。

王运熙、顾易生，《魏晋南北朝文学批评史》，上海：上海古籍出版社，1996 年。

王增斌、田同旭，《中国古代小说通论综解》，北京：中国文联出版社，1999 年。

王锺陵，《中国中古诗歌史》，南京：江苏教育出版社，1988 年。

王重民，《敦煌变文集》，北京：人民文学出版社，1957 年。

项楚，《敦煌文学丛考》，上海：上海古籍出版社，1991 年。

萧华荣，《魏晋南北朝诗话》，济南：齐鲁书社，1986 年。

萧涤非，《汉魏六朝乐府文学史》，北京：人民文学出版社，1998 年。

辛刚国，《六朝贵游风气及其对文学的影响》，《江汉论坛》2004 年第 12 期。

徐复观，《中国艺术精神》，辽宁：春风文艺出版社，1984 年。

许文雨，《钟嵘诗品讲疏》，成都：成都古籍书店影印本，1983 年。

徐有富，《诗学问津录》，北京：中华书局，2013 年。

阎采平，《齐梁诗歌研究》，北京：北京大学出版社，1994 年。

杨明，《汉唐文学辨思录》，上海：上海古籍出版社，2005 年。

杨明照，《文心雕龙校注拾遗》，上海：上海古籍出版社，1982 年。

杨明照，《抱朴子外篇校笺》，北京：中华书局，1991 年。

杨明照，《文心雕龙校注拾遗补正》，南京：江苏古籍出版社，2001 年。

游国恩，《中国文学史》，北京：人民出版社，1963 年。

余嘉锡，《余嘉锡论学杂著》，北京：中华书局，1977 年。

余嘉锡，《四库提要辨证》，北京：中华书局，1980 年。

余嘉锡，《世说新语笺疏》，北京：中华书局，1983 年。

袁珂，《山海经校注》，上海：上海古籍出版社，1980 年。

袁行霈，《中国文学史》，北京：高等教育出版社，1998 年。
詹福瑞，《中古文学理论范畴》，保定：河北大学出版社，1997 年。
詹福瑞，《汉魏六朝文学论集》，保定：河北大学出版社，2001 年。
臧励龢，《汉魏六朝文》，上海：商务印书馆，1947 年。
詹锳，《文心雕龙义证》，上海：上海古籍出版社，1989 年。
张可礼，《东晋文艺综合研究》，济南：山东大学出版社，2001 年。
张蓓蓓，《略谈〈文选〉牵涉的几个中国文学史问题》，见《文选与文选学》，北京：学苑出版社，2003 年。
张蓓蓓，《齐竟陵王萧子良“西邸”文士集团考略》，见《毛子水先生 95 寿庆论文集》，台北：台湾幼狮出版社，1997 年。
张仁青，《魏晋南北朝文学思想史》，台北：台湾文史哲出版社，1978 年。
张少康，《文心雕龙新探》，济南：齐鲁书社，1987 年。
张少康，《古典文艺美学论稿》，北京：中国社会科学出版社，1988 年。
张啸虎，《中国政论文学史稿》，湖北：武汉出版社，1992 年。
张心澄，《伪书通考》，北京：商务印书馆，1957 年。
赵尔巽、柯劭忞，《清史稿》，北京：中华书局，1976 年。
中华书局编辑部点校，《全唐诗》，北京：中华书局，1999 年。
钟仕伦，《金楼子研究》，北京：中华书局，2004 年。
钟涛，《六朝骈文形式及其文化意蕴》，北京：东方出版社，1997 年。
周绍良、白化文，《敦煌变文论文目录》，上海：上海古籍出版社，1992 年。
朱东润，《中国文学批评史大纲》，台北：开明书店，1946 年。
朱东润，《中国文学论集》，北京：中华书局，1983 年。
［法］列维·布留尔著，丁由译，《原始思维》，商务印书馆，1981 年。
［日］遍照金刚，《文镜秘府论》，北京：人民文学出版社，1975 年。
［日］冈村繁，《冈村繁全集》，上海：上海古籍出版社，2002 年。
［日］户田浩晓著，曹旭译，《文心雕龙研究》，上海：上海古籍出版社，1990 年。
［日］铃木虎雄，《沈约年谱》，上海：商务印书馆，1935 年。
［日］兴膳宏，《六朝文学论稿》，长沙：岳麓书社，1989 年。
［新加］苏瑞隆、龚航主编，《廿一世纪汉魏六朝文学研究新视角——康达维教授花甲纪念论文集》，台北：文津出版社，2003 年。

跋

转眼间，距离《任昉与南朝士风》初次出版已经十年了。此间，我陆陆续续对本书所涉内容做了一些修订，并在相关学术会议和杂志上发表了。在比利时根特大学艺术哲学学院做博士后研究期间，我请导师巴德胜教授根据曹旭老师的中文序言写了英文序。巴德胜老师很认真，亲自翻译，多次找我核实中文与英文表述，我很感谢他。这些均在本次出版中得以体现。

学术其实是一棵树。有丰年，也有歉年，丰年长得多一点儿，歉年长得少一点儿。有时肥料足一点儿，会长得粗一些；有时土壤贫瘠一点儿，自然要精瘦一些。长得粗的可能较松软，长得细的也可能较坚韧。此消彼长，实在不必太计较。年轮都一样，每年长大一圈，一年一个年轮，长着长着，就都变大了。你看我们这批人，脸渐圆，腰渐粗，发渐少，不经意间，都从意气风发的青年步入老成持重的中年。

而我，却是一棵长在荒原的树。曹道衡先生和罗宗强先生都曾在大作中谦称自己基础不好，相形之下，我的底子就更薄了，可以说是零起点。我在拟古题乐府《善哉行》中写道：

予幼落薄祜，历历多辛苦。蛰伏荒蛮地，疏闻夫子语。

破壁照流萤，平沙书尺素。眇眇过洞庭，孤舟堪容与。

这诗写的是我打小在乡下的学习生活。我小时候没有上过什么好的学校，也没有读过多少经典书籍。家里兄妹三个，我是老大，家里很困难。我还记得上小学时，一个女同学背了一个好看点儿的书包，我很是羡慕，下课常常去摸一下，惹得她很不高兴，跑到高年级班找她姐姐来，把我骂了一顿。同桌的爸爸在小学里当老师，给他好几支笔，给他买的本子纸质都很好。而我，只有一支铅笔，用的都是很便宜的本子，只能写老师规定的作业。练字的时候，就用一块小石板。星期天到池塘岸基上挖一些黄泥巴，搓成条状，晒干了，当石笔用。直到四年级，我舅舅才送给我一支钢笔，是由几枝破钢笔的零部件拼装成的。我高兴得要命，尽管平时用不起墨水，还是当宝贝一样收在书包里。妈妈很节俭，一般不允许我们晚上做作业，说是要浪费电的。我得赶在天黑前把作业写完。要不，就得拖到第二天早上，借着晨光做作业。

我在书房里挂了一副自书的对联："诗书启俊奇，中道守芳贻"，形式不怎么工整，内容是选自《杨氏族谱》中的两句派语。我爷爷是"俊"字派，父亲是"奇"字派。胡晓明先生说，从派语上可以看出家学根底来。这自然是他对我的抬爱。我父母大字不识几个。我们杨家自明代起就搬到湘江边上的小村落居住，以耕读传家，一直就有重视教育的传统。杨家祠堂长期设有义学，供族中子弟读书。我的爷爷辈曾在这所义学里上过学。我们不是什么钟鸣鼎食的世家，也谈不上书香门第，却也算得上知书达理。由于持续遭受数十年的破坏，文化传承出现了断裂。我父亲被"文化大革命"耽误了，没读过多少书，也不大管我的学习。在农村的小学和初中念书时，我除了背读课本上的古文应付考试外，没有受过其他文学训练。从小学到初中，看得最多的是小人书。小学五年级时，我从邻居那里借来一本《三国演义》，放在床头，看了一个暑假，看得津津有味。

少年时代自由自在、如诗如画的乡村生活陶冶了我的性灵。我在念硕士时，写过一篇散文《春雨湖湘》，结尾写道：

> 雨后的春夜是最有韵味的！被雷声惊醒了的鳝鱼从洞里爬出来，躺在田里嗒叭嗒叭地吸着露水。你只要打一个煤油火把照着它，它就乖乖地躺着不动了，你再用手把它夹起来，放进别在腰上的扁篓里。那是怎样的春夜哟！微风轻拂着，夜空里挤满了清新的气息，田野上闪动着一对一对的火把，隐隐可听到年轻男女欢快的笑声，那肯定是他们又抓到了一条鳝鱼；或者，他们还有更大的收获……
>
> 这时缓时急的春雨，养成了湖湘大地上特有的舒缓的生活节奏。几把悠

闲游动的小伞，几条在雨中互相应答的水牛，这是你在静静的湖湘的春天里经常可以看到的景致。等到屋前屋后的青蛙吵得人实在睡不着觉了，故乡人就会从热乎乎的小床上爬起来，到屋檐下看一看那正在熨芽的种子还要不要呷水。过不久，在那粉白的黎明里，你就能听到一串串响亮的牛鞭，那是故乡人一年忙碌的开始。

这篇习作就是写湖湘大地宁静淡泊、闲散别致的生活。我读了袁行霈先生的《陶渊明集笺注》，后面附了若干和陶诗，我也学着和了两首，都是和乡村生活有关的。

《和陶潜停云诗》：

停云袅袅，零雨蒙蒙。六合氤氲，春草如茵。
南窗煮酒，香溢北庭。良朋不归，愿言怀人。
袅袅停云，蒙蒙零雨。六合氤氲，春草如盖。
陟彼东山，举手远睐。山路靡远，舟车不载。
适我西郊，有树蓊郁。春鸟时鸣，春水时逝。
足音不闻，音容不至。安得惠子，同语心字。
西郊有鸡，栖于庭树。西郊有牛，嗷嗷山麓。
日之夕矣，之子于路。之子不归，吾心安措。

《和陶潜时运诗》：

霭霭时运，清晖其日。释我冬衣，成我春服。
适彼郊野，我心如素。南风徐来，以阜万物。
草色弥新，花馨弥著。有鸟来亲，踊跃反顾。
嗡嗡嘤嘤，如倾如述。褰裳涉泉，鱼窜我怀。
放彼素鱼，放歌郊外。生亦有时，心亦何碍。
顺应造化，浑无所待。怡情自适，善哉善哉。

我稀里糊涂到县城参加了中考，以差不多科科满分的成绩考上了岳阳市第二师范学校。16岁，我就远离家乡，负笈进城念书，感觉十分新鲜，学得特别来劲。我在《涵清斋别诗》中写道：

凛凛涵清子，浩瀚出洞庭。临风起玉笛，对水邀楚灵。
行次君山渚，蜷局独屏营。江山抱奇气，雄才荡稚龄。

意欲追屈子，何讲景与宋。飒飒风吹雨，啾啾猿啼暝。

沅湘流日夜，九歌黯伤情。

我参加了校园文学社团，经常一个人跑到洞庭湖边上去背诵一些中外诗文。那时特别喜欢泰戈尔的诗歌。青青河畔草，悠悠思远道。湖面上波光荡漾，清风习习，渔歌阵阵。那种感觉，与当代人对着电脑、挂着耳机、听着音乐读书、背书是完全不一样的。我把乡下的书房命名为涵清斋，给自己取了个别号涵清子，语出孟浩然《望洞庭湖赠张丞相》“涵虚混太清”的句子。

我要特别感谢我读师范时的语文老师黄冠军先生。有一次，他布置我写一篇《草》的散文。我文心大发，寻章摘句，搜肠刮肚，从《诗经》《楚辞》中的草写起，一路写到歌曲“我是一棵无人知道的小草”结尾，写了一个多星期，把整个作文本都写完了。没想到黄老师居然将我的作文打印出来，给同年级每位同学发一份做范文。那时学校外面还没有打印店，打印还是一件稀罕事。看着自己的作品第一次变成油印字，我的兴奋之情就跟郁达夫当年发表处女作时差不多。当年暑假，我捧着徐中玉先生主编的《大学语文》和余冠英先生主编的《古诗精选》坐在自家后门口大声诵读。我对古代文学的兴趣，就是这时候培养起来的。

学习古代文学，基础差不要紧，但一定要有兴趣和氛围。有位研究生跟我说自己对古代文学一点儿兴趣都没有，不喜欢听古代文学的课程，也不喜欢参与古代文学的讨论。我说那你就不必来学这个专业。根特大学汉学系的马米歌博士，和我谈起她的博士论文选题庄子的“难得糊涂”，就兴致勃勃，喋喋不休。一个外国学者，从事中国研究，有这么大的“同情”，才有可能“理解”。我们中国人研究中国文化，如果没有体验，没有兴趣，那是做不出成绩来的。

1998 年，我好不容易有机会上大学念中文系，心里充满了欣喜。我拿到教材第一件事就是选自己感兴趣的编目，绘声绘色、充满感情地朗读起来。读到杜甫的“无边落木萧萧下，不尽长江滚滚来”，仿佛这个画面就在我的眼前。读到艾青的“为什么我的眼里常含泪水，因为我对这土地爱得深沉”，鼻子就酸酸的。作者的情感不自觉地移到我自己的心上。直到前后座位上的同学都用很怪异的眼神看着我，我才收声。念古代文学，移情很重要。读古诗文，不投入感情，就像写毛笔字用不上腕力，看起来轻飘飘的，没有感觉。学习古代文学，单靠默记还不行，还应该大声朗读，带着自己的情感去朗读。朗读的过程，也是情感体验的过程，生命体验的过程。这就是朱熹所谓的“切己体察”吧。在大学里，我还养成了背诵古文的习惯。我很佩服我的古代文学老师陈蒲清教授，他给我们上课，古诗文张口就来。与此同时，我还喜欢把古诗和外国小说改写成新诗。我大学时代的听课笔记里，藏了很多我自己写的诗。有同学来借我的笔记本去核对和抄写，不免要追问，这些诗是哪里来的。

2000 年 9 月，我考到湖南师范大学念硕士，一开始分到陈戍国老师门下。第一次见陈老师，他就布置我背诵由他点校的岳麓书社版“四书”“五经”。这套书简体横排无注释，虽然看不大懂，但很方便背诵。半年后，陈老师去了湖南大学岳麓书院。我转到郭建勋老师门下。

2001 年年初，我第一次到郭老师班上上课，郭老师见我的第一句话就是：面试的时候，你的基础很差呀。当场把我吓出一身冷汗。以后每次上课，都是战战兢兢，大气不敢出。郭老师说，湖南师大古代文学专业有治辞赋的传统，人人都要背楚辞。那时网络和手机都没有普及，功能也很少，到岳麓山上读书成了我最大的爱好。我经常爬到岳麓山上，对着湘江水，大声诵读《离骚》《山鬼》《湘君》《湘夫人》《文心雕龙》《诗品》。我读得声情并茂，乐在其中，自然能够陶冶性情，直养文心。朱熹所谓的“虚己涵咏”大概就是这种境界。除了文学书，史学书我也读一点儿。在岳麓山上，我把《史记》《汉书》《后汉书》《三国志》《新唐书》《旧唐书》都读完了，还读了《资治通鉴》，有的篇目我不止读一遍。学术著作更是点灯夜读。我读得最多的是《管锥篇》。我一般对照《管锥篇》，把原著找来读，学着钱锺书先生的方法来做笔记，书上边角处密密麻麻写的都是我做的小考证。我慢慢学着做学术研究。

刘勰在《文心雕龙》中说屈原写《离骚》，曾得江山之助。岳麓山春则嫩绿，夏则苍翠，秋则烂漫，冬则肃静，远望潇湘水，近看橘子洲，难免心猿意马，我写了一首《正情赋》：

夫何女之佳特兮，举世而莫能与之争。集天地之大化兮，汇万物之精灵。性高洁同兰蕙兮，体优雅而会心。美要眇而宜修兮，恒顾盼以自怜。拢娥眉以掩目兮，启皓齿而含唇。琢白玉以立颈兮，翻墨韵而随风。举素手以摄衣兮，指纤纤如柔荑。蹑虚步以探履兮，身袅袅而余馨。尝弦歌于东闺兮，隔湘水而闻音。心几乱而不止兮，屡溯游而相从。纵一苇之不如兮，数清秋之晨星。叹霜天之欲晓兮，倚乔木而驰神。初携手上河梁兮，又相与步于中庭。户绝尘染，空寂无人，铺章设采，拨瑟鸣琴。吾发《关雎》之曲，女和《褰裳》之声。曲罢对酌，交心而歌。吾起而歌曰："与苍天之皓月兮，从高树之孤禽。望两心之于一兮，致终岁而困穷。夜不寐以守影兮，昼数寝而求容。苟乐极而忘忧兮，恐欢欣其不真。"女立而和曰："独处闺兮弱无依，思君子兮情伤悲。君之来兮何其迟，日将夕兮华色衰。敢托身兮纵勿辞，恣相娱兮两相知。"酒酣兴尽，错陈而卧。弹乌臼之恶鸟，杀长鸣之晨鸡。恨东方之既曙，互掩泣而分离。觉枕树而昼寝，悲落叶于秋风。

我读着前人的诗词，一来了兴致，就拟写一些古体的诗文，当然也顾不上什么押韵和用典。写完还十分得意，把这些恶诗、恶词、恶文、恶赋发表在学校的报纸上，或是寄给师长们，得到前辈们的鼓励。

袁行霈先生建议我为自己的诗词作品作注。郭建勋老师说："《白马篇》如五丁开山，奇矫凌厉，刚健豪迈，颇有左思、鲍照之风。《子夜歌》如九曲回环，清丽流畅，深情绵邈，亦有吴声、西曲之致。然婉则婉矣，总觉风云气少，儿女情多，似未若《正情赋》之明雅巧丽者也。"蒋凡先生说我："在古代诗、词古文，甚或骈文，都有习作，并有一些较为成熟的作品。由于熟悉创作，这就给他研究古代的文章学提供了诸多方便条件。"邓国光先生说："先生为文，精思巧构，苟非得古人神髓者不能至于此也。以如此之文心从事古代文学之研究，信必能成大器，为学坛增光彩也。先生文采俊朗，亟盼善加珍视，努力奋进，苟能日诵萧《选》，蓄德日久，真积力入，自更上一层，项侔古人，凌风当代，吾自拭目。"我的涂鸦之作完全称不上这些谬奖，但师长们的激励却给了我莫大的鼓舞，我学习中国文学劲头更足。

郭老师是知名的古代文学研究专家，在辞赋文体研究方面卓有建树。我在《楚辞的文体研究》一文中写道：

中国传统的文体批评受"原始以要终，体本以正末"的影响很深，往往将新文体看成是旧文体的直线延伸；要么重本轻末，导致保守与复古，要么锐意标新，忽视发展与流变。建勋教授认为新文体的产生是诸多旧文体共同作用的结果，旧文体和新文体之间的同构性以及突破自身局限的内在必然性决定了向新文体演进的速度与规模。建勋教授没有把字词和篇章作为文体研究的基本单位。如果从字词入手，文体学就无法摆脱训诂学的影响，且受到时间和空间的双重限定；如果从篇章入手，文体学就未免要和政治伦理学联盟，迂回于从内容到形式的老路。建勋教授始终抓住“兮”字句式这个重心，因而能鲜明地突现楚辞体的特点，科学地反映楚辞体的演变及与其他文体的关系。

我在郭老师的指导下完成了硕士学位论文《祝尧〈古赋辨体〉研究》。祝尧是元代重要的辞赋学家，但他的官阶不高，生平没有详细记载，《广信府志》所记略详，我没有见到祝尧传世家谱，其家学渊源亦难考定。现存祝氏著述仅有《古赋辨体》和《手植桧赋》两种，其他均亡佚。仅存几处记其生平的文献表述各有不同，我只能根据元代的典章制度和《古赋辩体》的序跋稍加厘辩，写了篇短文《祝尧生平著述考略》。《古赋辨体》是元代重要的辞赋学著作，我写了5篇辞赋学方面的文章发表了。我从各地图书馆找到《古赋辨体》的几个版本：有明成化二年（1466）金宗润刻本、明嘉靖十一年（1532）刻本、明嘉靖十六年（1537）刻本和《四库全书》本。这算是我学术的起步。我在硕士学位论文《后记》中写道：

三年前，建勋先生不计愚驽且钝，收愚于门下。传愚道，授愚业，解愚惑。琢之磨之，奖之掖之。建勋师风神俊朗，望之而厉，即之也温，春风化雨，润物无声，谆谆善诱人。此文倘有些许萤光，皆是先生授火传薪之功。

倏忽之间，三年已逝。绿漫江南，情靡柳岸。轻舟载酒，仗剑西游。蓟北回首，兰台如梦。呜呼！世言得楚之神韵者，当峨冠博带，佩杜衡芳芷，于白水之滨、南溟之浦，浩歌阳春白雪。已矣乎！太史公曰：高山仰止，景行行止，虽不能至，心向往之。

2011年年底，蔡镇楚老师七十大寿，我正要动身到比利时留学，寄去一首《金缕曲》贺寿，也写了在湖南念书的往事：

蔡公七十矣。自东来，湘中诸事，莫不追忆。行色匆匆尘世里，欸乃离情别意。魂梦绕，江山对屹。闻道楚国饶才子，擒巨笔，横书天与地。枫林晚，归无计。

长帆未落今又起。漫西风，沧海茫茫，兰舟萍寄。诗兴正浓酒未已，又把朱弦重理。但吟对、师友知己。寿翁策杖问晨曦，看一练澄江芳林碧。霜雪化，盈桃李。

2003年，我把一些不成熟的习作寄给上海师范大学曹旭老师，作为我考博士的行卷，没想到得到了他的肯定，将我招至门下。曹旭老师给博士生和硕士生布置很多作业：《千家诗》是唐人的语文教材，要尽量背下来，不仅要背，而且要发音准确、音质优美；智永和尚书写的《千字文》是唐人的书法教材，要放大了原帖双钩后去描红，一笔一画都不能走样；陆机和李白都写了很多拟古诗，我们也要写拟古诗，还要把古诗改写成现代诗，把诗改写成散文。我对这些作业兴味盎然，把拟古的对象扩展到《古文观止》和《乐府诗集》，将这些拟作发表在上海师范大学的报纸上。2009 年春节，我去看曹老师，向他请教写书法的技巧。他先教我握笔的方法，然后握着我的手，示意我将腕力传达到笔尖上，并掌握在纸上运行的力度和速度。我回来照着他教的方法去临摹、创作，果然取得很大的进步。我把自己写的古诗文用毛笔写下来，装裱了，挂在墙上，看着是一种很不错的享受。

曹老师是《诗品》研究的大家。2003 年 8 月，我还没有办入学手续，曹老师就托蔡镇楚老师转交了《诗品集注》的原书和电子稿，要我校对。这项工作对于我这个专书研究的门外汉来说，无疑是一次艰难的学术训练。我花了整整一个暑假的时间，一个字一个字来看校、注和参考的文字，渐渐对专书研究产生了兴趣。我计划做一部《古赋辨体笺注》，已经完成了近 5 万字。后来博士阶段的研究方向发生变化，没能把这个专书研究做完。曹老师是六朝文学研究的专家，我选了《任昉研究》这个题目。我先把任昉的传记和作品拿来研究。做任昉传的笺注，做任昉的年谱。于是，不得不把任昉的身世、仕履、交游、著述、创作、学问都做了考证。这些问题都要涉及南朝的士风与文风，论题越来越广泛，越来越深入，一个接一个，一个问题就是一篇论文，几年间，竟然发表了 20 多篇论文，最后成书时，已经不能用《任昉研究》来概括全书了，只好以《任昉与南朝士风》为名出版。这个课题的完成让我在专人研究方面积累了一些经验。我本想在此基础上做《任昉集笺注》和《文章缘起笺注》，还收集了不少资料，确立了撰写体例，完成了一部分内容。

2006 年 12 月到 2009 年 10 月，我在上海音乐学院艺术学博士后流动站工作，合作导师是韩锺恩教授。韩老师是中国音乐美学学会的会长，是知名的音乐美学研究专家。我从古代文学专业转到音乐美学专业，跨度实在太大。西方音乐美学我不敢去涉足，中国音乐美学倒可以一试。中国音乐美学又分中国音乐美学史和中国音乐美学范畴。中国音乐美学史蔡仲德先生已经取得了瞩目的成就，中国音乐美学范畴蔡先生还没来得及研究。我在韩老师的指导下完成了博士后工作报告《中国音乐美学原范畴研究》。这算是一个专题研究，我分别探讨了儒家、墨家、道家、玄学家以及近现代音乐美学家提出来的音乐美学范畴，试图以范畴为基点，探讨中国音乐美学的理论体系及其流变。一进入这个领域，我就发现，如果不精读文本，是无法准确阐述一个范畴的。我着手编纂《中国历代乐论选》，作为音乐学院本科生、研究生的教材。我的博士后工作报告完成后，上海音乐学院艺术学博士后流动站聘请的评审专家和答辩专家给我提了不少修订意见，我自己也感觉这个专题研究还有很多不足：第一是没有准确理解中国传统音乐理论原典；第二是没有把中国传统音乐理论与中国传统音乐紧密结合起来，史论脱离；第三是在进行中西音乐美学理论比较的时候，有生搬硬套之嫌。

2009年，为完成上海音乐学院中国仪式音乐研究中心的课题，我回故乡，到杨家祠堂做田野调查，我重新省视乡土文化，在《人文与宗教》一文中写道：

> 我爷爷就是乡里小有名气的术士。小时候，爷爷常带着我采药、习武、背诵道家符咒，为乡民疗伤治病。上学以后，我被告知，爷爷的那一套都是封建迷信，愚昧落后。20多年来，我一直把奉儒敬学作为本职，把“极目天下，搜炼古今；学穷书府，思极人文”作为追求，与那些怪力乱神渐行渐远，以至于海天相隔。没想到，我做音乐学博士后，却承担了上海音乐学院中国仪式音乐研究中心《洞庭湖垸区丧礼道场音乐仪式研究》和《内观境界与迷幻中的仪式音声》的课题，似乎又回到了怪力乱神的语境中来。此前，我从经史子集中所学的知识已经不够，不得不下到村子里做田野调查。我带上摄像机、录音笔、电脑等工具，与许多像我爷爷那样的民间术士一起，奔走在乡间各种仪式场合。这才感觉到，儒教、道教、佛教、仪式与音乐之间，有着千丝万缕的关系。

我看到祠堂正厅挂着“四知堂主”“清白遗风”等匾额。这是纪念东汉先祖，著名经学家杨震的。据《后汉书·杨震传》记载，杨震专治欧阳《尚书》，门生众多，号称关西孔子，后入朝为官，清正廉明，不受贿赂，历代杨氏家族均以之为荣，很多杨氏祠堂都悬挂这两块匾额。这里每年都要举行四次儒家三献礼祭祖仪式，民间的丧葬礼礼仪和其他礼俗也保持着汉族古风。我还从几位族老那里听到《关雎》《薤露歌》《蒿里歌》《踏踏歌》等歌曲。

罗时进先生把存在于家谱、方志中的这一类撰述称为基层写作，家族文学是中国文学的第一课，这是很值得关注的。我根据族谱上的记载，仿照韩愈的《柳州罗池庙碑》，写了一篇祭祀迁湘始祖杨思伯的《享思伯》并序，这也算是基层写作吧。

杨公思伯，字克明，江西抚州金溪人，明洪武二年入迁长沙府，落业水砚口。六百四十年间，水砚杨氏下传二十四代，后裔蕃衍不息。康熙壬子，族人创家庙于水砚口岸，乾隆乙丑增事之，设书室以倡义学，兴祝由以治沉屙，淳风化俗，历数代矣。方圆百里，族与非族，皆蒙其荫蔽，以神庙奉之，香火不断。1949 年初，家庙分为贫民所居。“文革”后，砖瓦荡然无存矣。1993 年，合族人复建思伯庙于原址，整修族谱，序昭穆，敦伦常，丕扬先烈，昭示来兹。每逢吉日，则以儒家三献之礼祀之。赛乃思伯之后，从师诵楚辞有日，作骚体以享之。

吉日兮燎香，奠鲁酒兮椒浆。击金鼓兮浩倡，琼芳流兮未央。灵不来兮心伤，日既暮兮秋凉。引者告予兮路远，茅山隔兮蜷蜷。过豫章之金溪兮，择吉地以奠居。聚星沙与湘水兮，勤耕作以诵书。大乐奏兮清音转，鄱之阳兮稚羽旋。苍穹漠漠兮霭霭，横流涕兮欲何之。思伯之来兮乘虹霓，前凤飞兮后鳣集。颐且丰兮体正，目既炯兮神闲。回望余兮謇謇，相与言兮未言。人生多艰兮命舛，灵谁与兮云之际？周武王之孙兮唐叔虞之子，初封杨侯兮居山之西。杨太仆兮辞金，质诸天地兮鬼神。清白遗风兮千古，四知堂训兮未终。诗书启兮俊奇，中道守兮芳贻。三鞠兮三献，两心如一兮永不我弃。

此前，我对生活过的乡土既缺少同情，也不能理解。这个有着 700 年历史的小村落，尽管没出过什么文化人，但绝不是荒蛮之地，她与我的行为、思想都有密切联系。我把费孝通先生的《乡土中国》找来研读，更加深刻地体会到，正是这些村落，才构成了中国的文化地理。乡土的文化，就是中国的文化。乡土的历史，就是中国的历史。国学不仅仅在纸面上，还在田野里，不仅仅在历史中，还在现实里，文化不仅仅体现为文凭与学识，还体现为默会与传承。我祖辈、父辈言传身教的，也是中国文化的核心价值，具有跨地域性和跨空间性。我非常赞同冯骥才先生保护古村落的观点，江南的古村落是中国文化的保护遗产，是中国人的精神家园。我把这些情况采录下来，写成《思伯庙儒家三献礼祭祀仪式》《洞庭湖垸区佛教道场丧葬仪式》《洞庭湖垸区汉族儒家丧葬礼俗》等文章发表。

我想，如果能更深入地学习，把底子打牢一点儿，有助于我更好地理解中西文化。于是，我贸然给复旦大学中文系朱立元教授写信，自荐到文艺理论学科从事博士后研究。朱老师回函勉励，说我的研究基础还不错，但谦称中国古代美学非他所长，建议我联系同系汪涌豪教授。汪涌豪老师是文学批评范畴研究的专家，对范畴的构成、范式、特点，范畴与创作风尚，范畴与文体，都有启人心智的解读。汪老师看过材料后，鼓励我向复旦大学中文系博士后流动站递交入站申请。我答辩通过后，顺利进站。我跟汪老师商量，一方面我要借鉴汪老师文学批评范畴的思路，不断修订我的音乐美学范畴研究。另一方面，我要开辟新的研究领域，要做《乐记》的专书研究，从《乐记》的整理入手。

2006年，我到上海音乐学院任教，讲授《中国音乐文学》的课程。我把古谱中的诗词整理出来，编成《中国诗词歌曲选》，请作曲家和钢琴家来编写伴奏、请歌唱家来演唱。我获得国家艺术基金古谱诗词传承人才培养项目资助，培养了一大批青年歌唱家和音乐学者。我们带着学生一首一首地读，一首一首地吟，一首一首地唱，在上海音乐厅音乐茶座中推出《风雅中国》系列讲座，还利用东方讲坛进行宣讲。我还把这些歌诗带到比利时和德国去讲唱，拿到复旦大学文史研究、南京大学文学院、华东师范大学思勉高等人文研究院、上海大学文学院去和同仁们交流。在国内一些学术会议上，我也不时唱上一两首。黄霖先生、董乃斌先生、汪春泓先生、古风先生、李建中先生等都鼓励我，有机会多和大家唱一唱。

中国的诗歌，本来就是诗人情感、体验与理智的结晶。中国的文字，有声、有情、有意、有韵，我们通过音高、音长、音强、节奏、表情、手势、动作来表现，自然就意味深长。我又把一些古诗文改写成艺术歌曲的歌词，请青年作曲家和青年歌唱家合作，辑成一本《风雅中国诗词歌曲集》。曹老师一向主张既要研究，也要创作，他把创作比作打猎，把研究比作种地。我读了他的散文集《岁月如箫》，写了一段感想：

曹老师很健谈，我上他家，几个小时都是他在谈。一半谈文学研究，一半谈文学创作。文学研究好比种地，文学创作好比打猎。既要种种地，也要打打猎，既要有体验，也要有阐释。推己及人，由今证古，这样的研究才充实，这样的创作才丰盈。我听他讲，也照着他做。他作《诗品集注》《诗品研究》，我作《乐记集校集注》《乐记研究史》。他在日本的客寮里听蝉，我在比利时的寓所里话雨。他客居外国写故国，我寄寓他乡唱故乡。他相信文字的魔力，用文字释放痛苦，安顿生命，创造独立自由的精神，所以，他喜欢写散文，写诗歌。我相信，每一个汉字都长在五千年延绵不绝的中国文学里，有声、有情、有意、有韵，所以，我喜欢写散文，还喜欢写歌词。我让每一首歌都长在中国文化里，长在中国乡土里，长在我自己的生命里。我与作曲、声乐、音乐工程学专业的青年才俊们合作，把我写的文字变得可读、可诵、可吟、可唱。他的散文集叫《岁月如箫》，我们的歌曲集叫《风雅中国》。他在亚洲吟，我在欧洲唱。

章培恒先生主持文学古今演变研究，贯串着一个重要的理念：文心、文理、文体从古到今都是相通的。蒋凡老师说，郭绍虞先生和朱东润先生都主张将文学、史学、哲学和艺术结合起来研习。

蹒跚学步，一路走来，我的体会是，把文心、文学、文史、文化、文艺有机结合起来，贯通经、史、子、集，打通古、今、中、外，既辑证史料，又观察社会、体验生活，做通的学问，做活的学问，做有情致、有担当的学问。

杨　赛

2011 年 11 月于比利时根特大学

2012 年 11 月于复旦大学中国语言文学系

2021 年 4 月于上海音乐学院